KB271110

古代中國의 理解 5

古代中國의 理解 5

초판 1쇄 인쇄   2001. 5. 1
초판 1쇄 발행   2001. 5. 3

엮은이   서울대학교 동양사학연구실
펴낸이   김경희
펴낸곳   (주)지식산업사
         서울시 종로구 통의동 35-18
         전화 (02)734-1978(대) 팩스 (02)720-7900
         홈페이지 www.jisik.co.kr
         e-mail   jsp@jisik.co.kr
                   jisikco@chollian.net
         등록번호 1-363
         등록날짜 1969. 5. 8
인 쇄   청림문화사
제 책   서경

책 값   20,000원

ⓒ 서울대학교 동양사학연구실, 2001
ISBN   89-423-2039-2   93910

이 책을 읽고 필자에게 문의하고자 하는 이는
지식산업사 편집부나 e-mail로 연락 바랍니다.

古代中國의 理解
5

발간사 ― 追悼 故 閔斗基 先生

商周시기 犧牲 家畜의 需要-供給과 禮制의 機能 ····· 鄭 夏 賢 /　7

中國古代의 求雨習俗과 徙市 ······················ 李 成 九 /　63

古代中國의 西方전래문물과 崑崙山 神話 ················ 金 秉 駿 / 127

秦末과 前漢末 郡屬吏의 休息과 節日 ················· 李 成 珪 / 169
　―〈秦始皇 34년 曆譜〉와〈元延 2년 日記〉의 비교·분석을 중심으로

數字의 體系와 漢代人의 생활 ······················ 崔 振 默 / 221

漢代의 官과 爵 ································· 李 成 珪 / 277
　― 官爵賜與의 실제와 그 의미를 중심으로

中文摘要 / 347

商周時代犧牲家畜的需要供給和禮制的功能 ………… 鄭夏賢 / 7

中國古代的求雨習俗與徙市 ……………………………… 李成九 / 63

西方傳來文物與崑崙山神話 ……………………………… 金秉駿 / 127

秦末及西漢末年郡屬吏的休息與節日 …………………… 李成珪 / 169
　— 對〈秦始皇34年曆譜〉與〈元延2年日記〉的比較分析

數字體系與漢代人的生活 ………………………………… 崔振默 / 221

漢代的官與爵 ……………………………………………… 李成珪 / 277
　— 以官爵賜予情況及其意義爲中心之探討

中文摘要 / 347

발 간 사

— 追悼 故 閔斗基 先生 —

　前號를 민두기 선생의 정년 기념호로 발간한 것은 2년 반 전, 그때 우리는 무한한 허전함과 두려움을 삭이며 배전의 정진을 다짐하면서 앞으로 계속될 《古代中國의 理解》를 모두 선생께 바치려는 약속도 하였다. 그러나 누가 알았을 것인가! 본호가 바로 선생의 追悼 論集이 될 줄을…. 필자는 선생이 타계하신 이후에야 비로소 수년간 불치의 지병으로 심하게 고생하신 것도 알았지만, 지난해 2월 중순 선생을 마지막 뵈었을 때도 그 기미조차 모를 정도로 필자는 무심하고 어리석었다. 그러나 이것은 한편으로는 어떤 역경에서도 내색조차 않고 刻苦精進하는 선생의 삶과 학문의 신조를 웅변하는 것이기도 하다.

　필자의 주변에는 연구 조건이 좋은 나라에서 태어났다면 대학자가 될 수 있는 자질이 넘치는 선후배가 많고, 때로는 그들이 보통 학자도 되지 못하는 현실을 안타깝게 여기기도 한다. 필자는 선생의 생전, 선생이 미국이나 일본에서 태어났다면 정말 타의 추종을 불허할 빛나는 업적을 더 많이 내었을 것이라며 서로 웃은 적이 있지만, 선생은 한국의 현실에서 최선을 다하여 어디에 가도 당당한 대학자가 되신 분이며, 바로 이 때문에 선생은 우리에게 더욱 소중한 존재이다. 작년 5월 8일, 선생의 돌연한 서거 소식을 접한 이후 아직도 비통한 마음에서 헤어나지 못하는 것은 비단 우리들만이 아닐 것이다. 인생 68, 적은 나이도 아니고, 그나마 지병의 고통이 더 계속되지 않은 것으로 애써 위안을 삼아보려고 해도 역시 아쉬운 감정은 떨치기 어렵다. 이것은 계속되었을 선생의 업적을 더 이상 기대하기 어렵다는 것과 아울러 우리는 살아 있는 모범을 상실하였다는 현실을 절감하기 때문일 것이다.

그러나 生死異路라고 하였던가? 이제 우리는 감정의 타래를 벗어나 이 세상에서 우리에게 맡겨진 과업을 수행하지 않을 수 없는 것이다. 이 과업은 선생이 우리에게 제시하신 것이다. 선생의 일생 목표는 한국의 동양사학이 국제학계에서 당당한 위상을 인정받는 것이었다. 그래서 선생은 서재를 지킨 각고의 세월 속에서도 틈틈이 동분서주 국제학계와 交往하시기도 하였지만, 무엇보다도 아둔한 제자들에게조차 '靑出於藍'을 기대하셨던 것이다. 아마도 선생이 이것을 기대하시지 않았다면 제자에 대한 그 '유명한' 엄격함과 애정도 없었을 것이다. 적어도 이 기대에 부응하려고 노력이라도 하지 않는다면 우리는 학자로서의 의무를 저버리는 것일 것이다.

죽음은 이별이자 淨化의 계기이기도 하다. 부질없는 욕심이나 어리석음에서 비롯된 인생의 모든 갈등도 시비를 초월하여 화해할 수 있는 場이 마련되기 때문이다. 이 마당에서 우리는 본의건 아니건 서로 상처 준 것을 용서하고 용서받는다. 그러나 이것은 망각이 아니며 아름다운 추억으로 산 자와 죽은 자가 다시 연결되는 출발이다. 여기서 가장 중요한 것은 남은 자가 더 훌륭하고 아름답게 행복하기를 기대하는 떠난 자의 애정과 이 기대에 부응하려는 남은 자의 성실한 노력일 것이다. 역사학도로서 우리는 이것이 인류의 진보를 가져온 가장 중요한 원동력의 하나라고 믿는다. 선생과의 마지막 대화는 우연히도 '선생님께 부끄럽지 않는 좋은 글을 쓰겠다'는 것이었지만, 삼가 선생의 명복을 비는 우리의 儀式은 바로 선생의 생전 목표에 미력하나마 동참하는 것뿐일 것이다. 이 노력은 우리의 생이 다할 때까지 계속되어야 하겠지만 동시에 우리 역시 우리보다 훌륭한 후배와 제자들을 항상 겸손하고 설레는 마음으로 지켜보아야 할 것이다.

삼가 선생의 명복을 빌며 영전에 이 작은 노력을 우선 보고 드린다.

2001년 2월
집필자들을 대표하여, 李成珪 識

商周시기 犧牲 家畜의 需要-供給과 禮制의 機能

鄭 夏 賢[*]

Ⅰ. 머리말
Ⅱ. 商시기 대형 家畜의 用度
  1. 祭禮의 犧牲
  2. 食用과 動力源
Ⅲ. 商시기 대형 家畜의 需給
Ⅳ. 西周시기 犧牲의 需給 체계

  1. 周禮의 성립과 犧牲 需要의 규제
  2. 周의 禮制와 犧牲 家畜의 需給
Ⅴ. 맺음말 : 禮制와 流通 機能의 認識

Ⅰ. 머리말

필자는 예전에 말의 需給 구조를 주제로 한 논문에서 需給 구조와 함께 그것이 생산 방식에 어떻게 영향을 미쳤는가 살펴본 바 있다.[1] 그 과정에서 필자는 牧畜業 전반에 대해 이해하려면 다른 대형 家畜, 예컨대 소나 양과의 대비가 필요함을 알게 되었다.[2] 그런데 말의 경우

---

* 공주대 역사교육과 교수

1) 拙稿, 〈秦漢代 말(馬)의 이용과 需給 構造〉, 서울大學校 東洋史學硏究室 編,《古代中國의 理解》1, 지식산업사, 1994.

2) 古代의 대표적인 가축을 六畜이라 부르고 六畜은 이미 商시기에 주요 가축으로 자리잡고 있다. 六畜 가운데에서도 말, 소, 양을 제외하면 돼지와 개, 닭 등의 경우는 개별 農家의 飼育이 대부분의 비중을 차지하는 것으로 보인다. 그에 따라 流通 경위가 잘 파악되지 않으므로 이들에 대해

8

武備로서의 중요성 때문에 자료가 적지 않은 편이라 管理, 需給 등에 대한 추적이 가능하였지만, 소와 양의 경우는 관련된 자료를 수집하기가 쉽지 않았다.

이러한 문제점을 해결하고자 이전 시기와의 대비를 통해 需給 문제에 접근하는 방법을 취해 보았는데, 그리하여 商周시기까지 거슬러 올라가는 과정에서 흥미 있는 문제에 부딪혔다. 그것은 소, 양 등 家畜의 需要를 창출하고 조절하는 데 있어서 禮制가 일정한 역할을 하고 있지 않을까 하는 점이다. 예를 들어《禮記》,《周禮》등 禮制를 정리한 문헌들을 보면 특히 祭禮에 관련된 부분에서 家畜 犧牲이 어떤 경우, 어느 정도 소비되어야 하는가 하는 내용들이 상세하게 언급되어 있다. 당시 사회에서 祭祀의 비중이 큰 만큼 祭禮를 통한 祭需의 需要에 대해 禮制의 일부로 언급하는 것은 당연하다. 그러나《禮記》,《周禮》에서 祭禮에 그치지 않고 광범위한 부분에 걸쳐 家畜 犧牲의 需要뿐만 아니라 供給에 대해서까지 언급하고 있는 것을 보면[3] 과연 禮制가 어느 정도 家畜의 需要와 供給에 영향을 미쳤을까 하는 의문이 생기게 된다. 後代에 만들어진 禮制가 아니라 당시 실제로 流通의 機制로 작용하고 있었고, 그것도 流通 구조 전반에 걸쳐 상당한 비중을 차지하고 있었던 것은 아닐까. 당시 소와 양 등의 대형 가축은 어떠한 動機와 방식에 의해 需要와 供給이 진행되었을까.

이러한 의문들을 해결하기 위해서는 禮制의 틀이 갖추어지기 이전

서는 말, 소, 양 등 대형 가축과는 다른 방법으로 접근해야 할 것이다. 대형 가축 가운데에서도 말은 商시기부터 이미 武備로서의 중요성 때문에 각별한 취급을 받았지만 소와 양의 경우도 犧牲으로서의 중요성 등 공통점 때문에 수시로 竝稱되고 있다. 말도 犧牲으로 사용되고는 있지만 副葬의 사례를 제외하면 빈도에서 소나 양과 비교가 되지 않는다. 本稿에서는 주로 祭祀 등 禮制와의 관련 아래 검토할 예정이므로 소와 양을 주 대상으로 삼는다.

3) 需要에 대해서는 諸禮書에서 보편적으로 다루고 있는 데 비해 供給에 대해서는《周禮》에서 집중적으로 거론되고 있다. 本稿 IV章 2節의 서술 참조.

인 商시기부터 검토를 시작해 볼 필요가 있다. 이미 春秋末에 孔子가 언급하였듯이 商에는 商 나름대로의 禮制가 있었을 것이다.[4] 그러나 현재 문헌을 통해 접근이 가능한 禮制는 西周 초기 이후의 것이다. 西周 이후의 禮制가 家畜 犧牲의 需給에 있어서 어떠한 의미를 갖는가 살피려면 이전 단계인 商에서의 需給이 어떻게 이루어졌는가 하는 문제와 비교를 통해 가능할 것인데, 이렇게 문제를 검토해 가는 과정에서 단지 家畜 犧牲의 流通 문제에 그치지 않고 당시 財貨 전반의 需給 구조에 대해서도 이해의 실마리를 얻을 수 있으리라 생각한다.

Ⅱ. 商시기 대형 家畜의 用度

1. 祭禮의 犧牲

商시기 甲骨文의 占卜 내용 가운데 절대 부분이 祭祀에 관한 것임은 주지하는 대로이다. 당시에는 祭祀의 祭物로 소, 양, 돼지, 개 등 家畜 犧牲을 가장 빈번하게 사용하였다. 家畜이 犧牲으로 사용된 제사의 대상은 至上神인 帝를 비롯하여 先公先王과 先妣 등 祖上神, 黃河 등의 하천이나 산 등 自然神, 日月星辰, 방위의 神, 雲과 雨의 神 등 당시의 모든 神格에 걸쳐 있다.[5] 商시기에는 수많은 종류의 제사가 있었고 제사에서 家畜 犧牲을 사용하는 방법도 다양하였다. 여기에서 의문은 犧

---

4) 《論語》〈爲政〉, "子曰, '殷因於夏禮, 所損益可知也. 周因於殷禮, 所損益可知也'…" ; 〈八佾〉, "子曰, '夏禮吾能言之, 杞不足徵也. 殷禮吾能言之, 宋不足徵也'…." 商의 禮制에 대해서는 여러 연구자들의 검토에도 불구하고 구체적인 것은 아직 불분명하다. 연구성과 가운데에는 禮制의 기원을 더 거슬러 올라가 龍山文化 단계로부터 찾는 견해들이 많다. 徐苹芳 等,〈中國文明起源座談紀要〉,《文物》 1989-12 ; 高煒,〈龍山時代的禮制〉,《慶祝蘇秉琦考古五十五年論文集》, 同編寫組編, 文物出版社, 1989 ; 李禹階,〈史前中原地區的宗敎崇拜和'禮'的起源〉,《中國史硏究》 1995-1 등.

5) 商의 祭祀에 대해서는 王宇信·楊升南,《甲骨學一百年》(社會科學文獻出版社, 1999), 第13章〈商代宗敎祭祀及其規律的認識〉.

牲의 사용 방법에 있어서 어느 정도 규칙성이 확인되는가 하는 것이지만 기존의 연구를 참조하면 제사의 대상에 따라 방식이나 犧牲의 종류, 수량이 정해져 있는 것 같지는 않다.

우선 소모된 수량에 있어서는 1,000頭로부터 1, 2頭에 걸쳐 편차가 극심하다.[6] 편의대로 100頭 이상 대량이 쓰인 경우를 보면 다음의 사례 정도가 확인된다.[7]

---

6) 張秉權, 〈祭祀卜辭中的犧牲〉, 《歷史語言研究所集刊》 38, 臺北, 1968에서는 卜辭에 나타나는 家畜 犧牲에 대해 종류와 수량별로 수집해 놓아 개괄적인 상황을 아는 데 유용하다. 다만 빠진 자료들이 많고 판독도 정확하지 않은 부분이 많아 本稿에서는 일부 자료로만 이용하였다.

7) 卜辭는 原本을 직접 판독하지 않고 기존의 연구자들이 판독한 것을 이용하였다. 本稿에서 卜辭 자료를 참조한 논문들은 다음과 같다. 本稿에서 인용한 卜辭들은 인용문마다 어느 논문의 판독을 이용하였는가 논문을 나타내는 숫자로 표시하였다. 다만 僻字는 가능한 한 현재 통용되는 문자로 바꾸고 문장의 부호나 分節 등은 필자의 판단에 따라 수정하거나 보완하였다. 인용문 가운데 … 표시는 原本에서 殘缺 부분을 의미한다. (1) 黃然偉, 《殷周史料論集》(三聯書店, 1995-1); (2) 王宇信·楊升南, 《甲骨學一百年》(社會科學文獻出版社, 1999); (3) 胡厚宣, 〈卜辭中所見之殷代農業〉, 《甲骨學商史論叢》 2集, 齊魯大學國學研究所, 成都, 1945; (4) 凌純聲, 〈卜辭中社之研究〉, 杜正勝編, 《中國上古史論文選集》 下, 臺北 華世出版社, 1979; (5) 劉源, 〈商代祭祀所用犧牲的貢納和征取〉, 《中國社會歷史評論》 1, 天津古籍, 1999; (6) 福林, 〈殷代貢賦制度述論〉, 《中國古代財政史研究 : 夏商西周時期》, 中國財政經濟出版社, 1990; (7) 林澐, 〈從武丁時代的幾種'子卜辭'試論商代的家族形態〉, 《古文字研究》 1, 中華書局, 1979; (8) 姚孝遂, 〈商代的俘虜〉, 《古文字研究》 1, 1979; (9) 張永山·羅琨, 〈論歷組卜辭的年代〉, 《古文字研究》 4, 1980; (10) 姚孝遂, 〈牢·宰辨〉, 《古文字研究》 9, 1984 ; (11) 高明, 〈從甲骨文中所見王與帝的實質看商代社會〉, 《古文字研究》 16, 1989; (12) 連劭名, 〈甲骨刻辭中的血祭〉, 《古文字研究》 16, 1989; (13) 連劭名, 〈甲骨刻辭叢考〉, 《古文字研究》 18, 1992; (14) 方述鑫, 〈論非王卜辭〉, 《古文字研究》 18, 1992; (15) 方述鑫, 〈試論帝乙·帝辛卜辭〉, 《殷都學刊》 1992-4(《複印報刊資料》 92-12); (16) 黃天樹, 〈賓組卜辭的分類與年代〉, 《考古》 1998-9; (17) 劉源, 〈讀契偶識〉, 《考古與文物》 1999-4; (18) 盧岩·葛英會, 〈關于殷墟卜辭的彤祭〉, 《故宮博物院院刊》 2000-2(《複印報刊資料》 2000-4); (19) 彭邦炯, 〈甲骨文農業資料選集考辨〉 5, 《農業考古》 1990-2; (20) 張政烺, 〈釋它示──論卜辭中沒有蠶神〉, 《古文字研究》 1, 1979; (21) 張秉權, 〈祭祀卜辭中的犧牲〉, 《歷史語言研究所集刊》

① 丁巳卜, 爭貞：降𠦪千牛? 不其降𠦪千牛千人? （合集1027正）
② 乙亥(卜)：內, 𠦪大(乙)五百牛, 百伐? （合集39531）
③ 登大甲牛三百? （懷特904）
④ …兄丁征三百牢? （合集22274）
⑤ 御…大甲, 祖乙百㠱百羌卯三百牢（合集301）
⑥ 貞：御自唐, 大甲, 大丁, 祖乙百羌百牢（合集300）
⑦ 貞：燎𠦪百羊百牛百豕南五十? （合集40507）
⑧ 丁巳卜：侑燎于犬百羊百卯百牛? （合集32674）
⑨ 貞：戎丁用百羊百犬百豚? （合集15521）
⑩ 貞：𠦪口(=丁)用百羊百九十九豕, 十月? （甲3518）
⑪ …□□貞：御于父丁, 其百小牢?… （粹20）
⑫ …卜：㞢盤庚一百牢? （合集19917）
⑬ 貞：午(=禦)更牛三百, 从妣? 貞：禦自唐・大甲・大丁・祖乙百羌, 百牢? （合集300）
⑭ 庚戌卜：朕耳鳴, 㞢禦于祖庚羊百, 㞢用五十八, 㞢女(母)用? （乙5405）
⑮ 甲子卜, 爭貞：求年于丁, 豆十勿牛, 𠦪百勿牛? （佚1263）
⑯ 貞：御自唐, 大甲・大丁・且乙百羌百牢? （簠室3, 26）
⑰ (甲)戌卜, 貞：𦥔見(=獻)百牛, 用自上示? （屯南102）
⑱ 甲子卜, 㠱貞：来年于丁, 豆十勿牛, 𠦪百勿牛? （續1.44.4/佚126）
⑲ 癸亥卜, 万貞：翌丁卯酒彈牛百于丁? （粹528）
⑳ 丁亥卜, 㱿貞：昔乙酉𥳑延御…大丁大甲且乙百㠱百羌卯三百(牛)? （後上26.3）
㉑ 癸卯卜, 貞：彈㠱百牛百? 用 （前5.8.4）
㉒ □亥貞：…王又百㠱…百牛? （摭續81）
㉓ 貞：今燎百牛于唐出靑? （乙3336）
㉔ 辛亥卜, 王貞：𠦪父乙百牢? 十一月 （丙114）[8]

38, 1968.

8) ①No.2, p.542, ②No.2, p.543, ③No.2, p.543, ④No.2, p.543, ⑤No.2, p.543, ⑥No.2, p.543, ⑦No.2, p.544, ⑧No.2, p.544, ⑨No.2, p.544, ⑩No.11, p.25, ⑪No.13, p.67, ⑫No.14, p.148, ⑬No.14, p.180, ⑭No.7, p.326, ⑮No.1, p.8, ⑯No.1, p.15, ⑰No.5, p.118, ⑱No.3, p.77a, ⑲No.3, p.92a, ⑳No.3, p.99a, ㉑No.3, p.99b, ㉒No.21, p.195, ㉓No.21, p.195, ㉔No.21, p.211. 수록된 原本의 略稱은 연구자들마다 약간씩 차이가 있지만 대개 비슷하여 인용 논문을 따랐다. 예컨대 合集→甲骨文合集, 粹→殷契粹編,

12

用牲 祭祀를 기록한 卜辭의 사례가 막대한 숫자에 달한다는 사실을
감안하면[9] 100頭 이상 대량을 소비한 경우는 횟수로는 비중이 낮은 편
이다. 다음으로 이보다 규모는 작지만 30頭, 20頭, 10頭 하는 식으로
수십 頭씩을 사용한 예는 드물지 않게 나타난다. 이 밖에 수량이 확인
되는 卜辭에서는 대부분 1, 2頭에서 3頭 정도씩을 祭祀 犧牲으로 소비
하였다. 여기에서 두 가지 사실이 주목된다. 첫째, 확인되는 횟수는 극
히 적지만 때에 따라 수백 頭에서 1천 頭에 이르는 엄청난 양이 소모
되었다는 사실이다. 소량을 소비한 경우도 그것이 매일 반복되고 있었
다면 상당한 양에 달한다. 연구자들은 이러한 犧牲의 대량 소비에 주
목, 西周初 商의 禮制에 대한 대대적인 개혁을 거쳐 周禮가 자리잡는
과정에서 祭祀 소비에 절제가 이루어졌다고 보고 있다.[10] 둘째, 祭祀
대상이나 방식에 따라 犧牲의 종류나 수량이 정해져 있었는가 하는 문
제인데, 일단 위의 자료만을 일별해도 종류나 수량이 정해져 있지 않
았을 가능성이 높다.

먼저 첫째 문제에 대해 살펴보자. 祭禮에 엄청난 양의 家畜이 소모
되었다면 이는 商시기 사람들의 食生活과 어떻게 연결되는가. 祭禮에
이용된 祭需가 배분되어 食用으로 되는 것은 後代에는 상식에 속한다.
그리하여 원칙적으로는 제사가 아니면 酒肉을 맛볼 수 없다는 인식도
있었고[11] 秦末 陳平이 里의 제사에서 宰가 되어 祭肉을 공평하게 배분
함으로써 父老들로부터 칭송을 받았다는 일례(《史記》〈陳丞相列傳〉)

屯南→小屯南地甲骨. 대체적인 略稱은 孟世凱 編著, 《甲骨文小詞典》(上海,
1987)의 부록 〈殷墟甲骨著錄書簡表〉 참조.

 9) 劉興林, 〈論商代畜牧的發展〉, 《中國農史》 1994-4, p.60. 《殷虛書契考
釋》을 표본으로 조사한 바에 의하면 수록된 甲骨文 538片에는 거의 대부
분 用牲 기록이 포함되어 있고, 甲骨文을 집대성한 《甲骨文合集》의 祭祀
類 甲骨文 가운데에는 20% 정도에서 用牲이 확인되지만 나머지들도 殘
缺이나 문장상의 생략 등을 고려한다면 얼마든지 用牲 사례에 보충될 수
있을 것이라고 한다.

10) 王暉, 〈周原甲骨屬性與商周之際祭禮的變化〉, 《歷史研究》 1998-3.

11) 《鹽鐵論》〈散不足〉, "古者…非腰臘不休息, 非祭祀無酒肉".

도 눈에 뜨인다. 그러면 商시기에는 가축 犧牲이 後代와 같이 祭祀와 함께 食肉으로 사용되었는가, 아니면 제사에만 사용되었는가. 商시기에도 일반적으로 제사 후 燕食(宴食)이 있었다고 보는 견해[12]에 의하면 다음의 사례들이 그 증거가 된다.

> 甲午卜：王其侑祖乙, 王饗于庭?（屯南2470）
> 庚辰卜, 大貞：來丁亥其塞丁, 于大室畛, 祊西饗?（合集23340）

祖乙에게 侑祭를 지낸 뒤 庭에서 燕食을 열 것인가, 大室에서 武丁에게 제사 지낸 뒤 祊西로 옮겨 燕食을 열 것인가 물은 내용들이다. 다만 이러한 몇 개의 사례만을 가지고 일반화시키는 것은 성급하다. 여기에서 일단 燕食을 거행할 것인가 卜問하였다는 점을 감안한다면 祭禮 직후의 燕食이 원칙으로 정해진 것은 아닐 가능성이 있다. 예컨대 "來丁巳尊虘于父丁, 宜卅牛?"(合集32125)라 하여 다음 丁巳日에 父丁에게 제사 지낸 뒤 소 30頭를 燕食에 쓸 것인가 卜問한 일례만 보아도 燕食에 어떤 종류의 飮食이 제공될 것인가, 그리고 수량은 얼마인가 하는 것들이 정해져 있지는 않았다.[13]

여기에서 商代의 祭祀에서 犧牲은 어떻게 처리되었는가 분석해 볼 필요가 있다. 祭祀에서 가축 犧牲을 사용한 祭祀 방식으로는 登, 禘, 禦, 卌, 侑, 祉, 燎, 用, 㞢, 俎, 桒, 歲, 毁, 卯, 沈, 伐, 戈, 血, 冗, 彈, 毛, 筍, 埋, 戔, 戠, 朓, 夕, 酒, 簸 등이 확인된다.[14] 이상의 제사 사례 가운데 登을 비롯해 禘, 卌, 侑, 祉, 桒은 제사 명칭인 것 같다.[15] 다만 禦는 구덩

---

12) 宋鎭豪,〈夏商食政與食禮試探〉,《中國史硏究》1992-3, p.57.

13) 위와 같음. "宜"는 燕饗 儀式을 의미한다고 보았다. 그러나 "宜"는 犧牲을 죽여 牲肉을 俎上에 올려 놓는 형태로서 군대를 출정시킬 때의 祭儀라고 하며 金文에는 轉化되어 饗宴의 뜻으로 사용되기도 하였다는 說이 있다(白川靜,《字統》, 東京：平凡社, pp.161-162). 그렇다면 이 卜辭에서도 祭禮를 의미할 가능성이 있다.

14) 각각의 사례는 註6의 참고문헌들에서 인용하였다.

15) 于省吾,《甲骨文字釋林》(中華書局, 1979)；孟世凱 編著,《甲骨文小詞

14

이 안에 넣고 몽둥이로 때려죽이는 방식이고[16] 燎는 장작을 쌓고 그 위에 犧牲을 올려놓아 태워 죽이는 방식인데 제사 명칭으로도 받아들여지고 있는 듯하다. 이렇게 祭名이 동시에 用牲 방식을 의미한다든지 酒가 술을 바치는 제사였다는 점 등을 고려하면 禘 등 제사들도 祭名인 동시에 독자적인 用牲 방식을 의미할 가능성은 있다. 한편 用과 屮은 用牲의 통칭인 것 같고, 俎는 全牲을 이용하는 것으로 보이지만 구체적인 방식은 명확하지 않다. 燎는 불에 태우는 방식, 卯는 犧牲을 양분하는 방식, 沈은 물에 빠뜨리는 방식, 伐은 머리를 절단하는 방식, 戈는 창으로 찔러 죽이는 방식, 血과 𥂀은 殺牲하여 피를 취하는 방식, 彈은 擊殺하는 방식, 毛은 磔殺하는 방식, 戕는 斬首하는 방식으로 해석된다.[17] 이 밖에 歲는 犧牲을 분해해서 肢體를 공양하는 방식이고[18] 殽는 擊殺한 뒤 犧牲을 분해하는 방식인 것 같다.[19] 埋는 글자의 本義대로 매장하는 방식으로 생각된다. 箙은 활을 쏘아 죽이는 방식이라고 한다.[20] 戠에 대해서는 말린 牛肉을 올리는 제사라는 견해가 있다.[21] 이 밖에도 예는 극히 드물지만 肉類를 올리는 방식인 膴,[22] 그리고 犧牲을 죽여 말려서 祭需로 삼는 夕[23]이 있다. 龠는 의미가 분명하지 않다. 犧牲이 食用을 전제로 하고 있음을 확실하게 알려주는 것은 戠과 膴, 그

典》(上海辭書出版社, 1987); 趙誠 編著, 《甲骨文簡明詞典》(中華書局, 1988) 참조.

16) 衛斯, 〈從甲骨文材料中看商代的養牛業〉, 《中原文物》 1985-1, p.59.

17) 孟世凱 編著, 앞의 책, 각 항목 참조.

18) 于省吾, 〈釋戕〉, 앞의 책 p.67에 의하면 戕을 歲로 해석. 歲는 割牲해서 祭祀 지내는 用牲 방식인데 衛斯에 의하면 먼저 犧牲의 四肢를 절단해 죽이는 방식이라고 한다. 衛斯, 위와 같음.

19) 于省吾, 〈釋殽〉, 앞의 책.

20) 衛斯, 앞의 논문, p.59.

21) 于省吾, 〈釋戠〉, 앞의 책.

22) "來庚寅彭, 血三羊于妣庚, 㘸伐卅, 㘸冊及三腦?"(後上21.1/No.12, p.51); "壬辰卜, 殼貞. '呼子賓御屮母于父乙, 血羊, 㘸及三無, 五羊?'…(丙83正/No.12, p.51). 後者의 "無"는 膴와 같은 字로서 腦을 의미한다고 본다.

23) 于省吾, 〈釋夕〉, 앞의 책.

리고 夕 정도이다. 그렇다고 해서 이들도 祭禮 후 참석한 사람들의 燕食에 제공되었다는 증거는 없다. 그러나 개연성을 갖고 있을 뿐인데 이러한 개연성에 따른다면 歲의 경우도 쉽게 燕食에서 이용되었을 것이다. 이 밖에도 다른 用牲 방식들은 燕食으로 연결되었을 가능성이 있다.

그러나 燎,[24] 沈, 埋 등은 제사에 순전히 祭禮의 일차적인 용도로만 사용되었을 가능성이 높다. 게다가 燎나 沈의 경우는 다른 用牲 방식보다 특히 頻出한다. 燎祭의 경우, 100犬 100羊에서 30牛, 10勿牛, 10牢, 10小牢, 10小宰 등 빈번하게 다수의 犧牲이 소모되고 있다.[25] 沈祭의 경우, 燎祭보다 매회 소모된 수량은 적지만 역시 적지 않은 사례가 눈에 뜨인다.[26] 이렇게 볼 때 제사를 올릴 때 상당한 경우 犧牲들이 祭禮라는 일차적인 용도로만 사용되었을 가능성이 높다. 商시기에 車馬, 銅器와 陶器, 卜骨 등을 부순 뒤 副葬하는 碎物祭가 성행하였다는 사실[27]도 이러한 추측을 간접적으로 뒷받침한다. 祭物을 부숴서 供養하듯 歲, 羧, 卯, 乇 등의 用牲 방식도 犧牲을 분해해서 神에 바치는 형태였

---

24) "貞, 殄事于燎北宗, 不遘大雨?"(合集38231)라 한 卜辭를 北宗(아마 宗廟의 일부)에서 祭禮를 지낸 직후 燕食할 것인가 卜問한 것이라 본다면(宋鎭豪, 앞의 논문, p.62) 燎祭 후에도 犧牲을 먹었을 것으로 보인다. 그러나 이 경우도 燎祭와는 별도로 음식물이 준비된 것으로 보아야 할 것이다. 殷墟에서 발견된 犧牲坑 즉 祭祀坑 가운데에는 불에 태워진 犧牲의 잔재가 발견되기도 하는데 이들은 燎祭를 거친 것이 아닌가 추측하고 있다. 岡村秀典, 〈中國古代王權と祭祀〉, 《考古學研究》 46-2, 1999, p.76. 이를 볼 때 燎祭에 이용된 犧牲들은 鬼神을 위해 불태워졌을 가능성이 높다. 한편 《舊約》에 의하면 유대인들의 경우도 祭祀 의례에서 큰 비중을 차지하는 燔祭나 贖罪祭의 경우 불에 태워버리는 경우가 많았다. 〈출애굽기〉 29章(贖罪祭와 火祭에서 犧牲을 불태움) ; 〈레위기〉 1章(燔祭에서 犧牲을 불태움) ; 3章(和睦祭와 火祭) ; 4章, 6章, 7章, 8章, 9章, 14章과 〈민수기〉 15章 등 참조.

25) 本章의 卜辭 인용문 및 註76 卜辭 인용문 참조.

26) 위와 같음.

27) 何崝, 〈商代卜辭中所見之碎物祭〉, 同著, 《商文化窺管》, 四川大學出版社, 1994.

을 가능성이 높기 때문이다.[28]

이와 같이 燎, 沈, 埋를 제외한 다른 用牲 방식을 사용한 祭禮라고 해서 제사 이후 燕食이 꼭 수반되었다고 볼 수 있는 것은 아니다. 여기에서 家畜 犧牲의 용도 문제를 깊이 있게 이해하기 위해 家畜 犧牲이 널리 사용된 埋葬 사례를 함께 검토해 볼 필요가 있다.

家畜의 매장 사례는 일반 墓葬에 副葬된 경우와 祭祀坑에 매장된 경우로 나뉜다.[29] 우선 殷墟 일대의 祭祀坑 가운데에는 가축들이 매장된 사례를 어렵지 않게 발견할 수 있다.[30] 예컨대 奠基坑은 建物 基礎에 만들어진 祭祀坑인데 그 가운데 하나에는 소 10頭, 양 6頭, 개 20頭를 全骨로 매장하였고, 또 하나에는 소 30頭, 양 101頭, 개 78頭를 역시 全骨로 매장하였다.[31] 이러한 대형 祭祀坑은 예외로 쳐도 殷墟 일대에서는 지금까지 발견된 것 가운데 1천 개가 넘는 祭祀坑에서 人殉 또는 가축을 비롯한 獸骨들이 출토되었다.[32] 한편 墓葬은 많은 경우 家畜 犧牲과 人殉의 副葬이 결합되어 나타나고 있다.[33] 다만 人殉과 家畜 犧牲

---

28) 何崝, 앞의 논문 p.218에 의하면 殷墟에서 家畜 희생이 碎物祭의 대상으로 발견되지는 않은 것 같다. 그러나 三星堆文化 유지 가운데 犧牲을 분쇄해 매장한 사례가 있는 것(pp.212-213)을 보면 殷墟 등 商 유적에서도 앞으로 발견될 여지는 있다.

29) 埋葬에는 喪禮에 수반되는 副葬과 전적으로 祭祀만을 위한 埋葬의 구별이 있는 데에다가 喪禮와 祭禮는 禮制上에서도 각기 凶禮와 吉禮로 분류될 정도로 성격이 서로 다르다. 그러나 死者나 鬼神에 대한 儀禮라는 점에서 일치하므로 兩者를 묶어서 검토할 수 있을 것이다.

30) 中國社會科學院考古研究所, 《殷墟的發現與研究》(科學出版社, 1994), pp.112-118.

31) 岡村秀典, 《中國古代王朝形成期のおける畜産と動物犧牲の研究》(平成 9-10年度科研費報告書, 1999), p.7.

32) 註30 참조.

33) 黃展岳, 《中國古代的人牲人殉》(文物出版社, 1990), pp.111-128 〈殷商墓葬中人殉人牲登記表〉에서는 1934년부터 1986년에 걸쳐 殷墟 일대에서 발굴된 墓葬 가운데 人殉이 출토된 사례 105건을 제시하고 있다. 이 가운데 57건이 동시에 家畜을 副葬하고 있다.(불분명한 동물 副葬 1례 제외) 이들의 副葬 조합은 다음과 같다. 개:28례, 말:3례, 말+개:2례, 말+소+양+돼지+개:1례, 말+소+돼지+개:1례, 말+소+개:1례, 소+양

이 동시에 副葬된 경우는 전체 人殉 사례의 ½ 정도에 해당한다.[34] 家畜 犧牲의 副葬이 人殉 副葬만큼 유행하고 있지는 않았던 것 같지만 人殉 없이 家畜 犧牲만 副葬된 사례들도 있어서[35] 단정지을 수는 없고 家畜 犧牲의 副葬이 성행하였던 것은 분명하다.

여기에서 주의해야 할 것은 소와 양의 경우 위의 奠基坑 사례를 제외하고는 全骨 형태가 아니라 대부분 牛腿, 羊腿 등 肢體의 형태로 출토되고 있다는 사실이다.[36] 이에 비해 말은 祭祀坑이든 일반 墓葬이든 관계없이 때로는 마차와 함께 세트로, 때로는 말만 全骨을 매장하고 있어서 대조된다. 死者를 위한 食用이라는 의미로 소와 양을 제공하였기 때문이겠지만 이렇게 매장된 犧牲들은 전적으로 死者를 위한 禮物로 인식되었던 것이다.[37]

이와 같이 빈번하고 때로는 막대한 수량에 달하는 매장 사례들을 고려하면 商의 家畜 犧牲 소비 가운데 死者나 鬼神에 대한 供養이 점하는 비중은 매우 높았던 것 같다. 祭政一致의 사회 분위기에서 祭禮의 용도가 차지하는 높은 비중은 결과적으로 수백 頭, 심지어 1천 頭에 이르는 막대한 양의 犧牲까지 제사를 위해 소모하도록 만들었다. 물론 祭後 燕食으로 제공된 경우도 있었을 터이지만 전체적으로 보아 상당

+돼지+개 : 1례, 소+양+돼지 : 1례, 소+양+개 : 1례, 소+양 : 1례, 소+개 : 3례, 소 : 4례, 양+돼지+개 : 1례, 양+개 : 2례. 개의 경우는 대부분 墓室내에서도 다른 犧牲들과 출토된 지점이 달라 용도가 달랐음을 알 수 있고 말도 馬腿骨만 출토된 두 사례는 食用을 염두에 둔 듯하지만 이를 제외하면 대개 全骨로 副葬되었는데 운송 수단의 의미로 副葬되었을 것이다.

34) 위와 같음.

35) 孟憲武, 〈殷墟南區墓葬綜述—兼談幾个相關的問題〉, 《中原文物》 1986-3, p.83.

36) 黃展岳, 〈商代的墓地制度〉, 《考古》 1983-10, pp.942-943 ; 黃展岳, 앞의 책, pp.111-128, 〈殷商墓葬中人殉人牲登記表〉 참조.

37) 林巳奈夫, 〈殷周時代における死者の祭祀〉, 《東洋史研究》 55-3, 1996, p.13 및 16. 副葬된 靑銅器는 被葬者가 死後의 세계에서 사용하기 위한 것이라고 보고 있다. 가축 犧牲도 같은 의미로 이해할 수 있을 것이다.

부분이 제사의 일회적 용도로만 사용되었던 것 같다. 商末 箕子는 紂王의 失政을 지적하는 가운데

> 지금 殷民이 神祇에 바칠 犧牷과 犧牲[38]을 멋대로 훔쳐 가도 방치해 두고 (훔쳐 간 犧牲을) 먹어버려도 재앙이 내리지 않는다.(《書經》〈微子〉)

하여 殷民들의 세태를 비난하였다.[39] 이는 역설적으로 犧牲은 鬼神을 위해 제공되는 것이라는 인식이 商末까지 있었음을 잘 보여준다. 여기에서 商시기로 들어가면서 犧牲으로 소와 양이 급증하는 현상을 주목, 이들 犧牲은 國家의 성립 단계에서 지배층의 지배를 과시하기 위한 威信財 역할을 하였다는 견해는 주목할 만하다.[40]

두 번째로 商시기 祭祀 犧牲의 특징은 대상이나 방식에 따라 정해진 수량으로 祭禮를 치르지는 않았을 것 같다는 점이다. 王亥를 대상으로 한 제사를 일례로 들어보자.

① 甲辰卜, 殼貞 : 來辛亥燎于王亥卅牛? (後上25.16)
② 貞 : 燎王亥五牛? (金623)
③ 貞 : 燎于王亥九牛? 小吉. (金624)[41]

王亥라는 동일한 神을 대상으로 하고 燎라는 동일한 방식의 제사를 치루는 데도 매번 바쳐야 할 犧牲 소의 숫자를 달리해서 卜問하고 있다. 다음은 河 즉 黃河에 대한 제사 사례들인데 이 경우는 더욱 복잡하다.

---

38) 牲은 보통의 犧牲이고 牷은 純色의 犧牲을 가리킨다. 商周시기에는 毛色이 중요하게 취급되어 純色의 犧牲을 바칠 것이 요구되는 경우가 많았다. Ⅳ章 참조.
39) 商周시기의 史料에 나타나는 '民'은 많은 경우 피지배층인 庶民이나 衆人으로 해석되지만 이 경우 앞뒤의 내용을 고려할 때 피지배층으로 볼 수는 없을 것 같다.
40) 岡村秀典, 앞의 報告書, p.13.
41) ①No.1, p.18, ②No.1, p.19, ③No.1, p.19.

① 河燎二牛? 河燎三羊? 河燎叀羊二? 河燎叀羊三? (粹39)

② 燎于河一牢, 埋二牢? (前1.32.5)

③ …河二羊, 埋三… (庫542)

④ 乙巳卜, 爭貞：燎于河五牛, 沈十牛? 十月, 在鬥. (前2.9.2)

⑤ 河燎三羊, 沈牛? 己亥卜, 爭貞：王至于今水, 燎于河, 三小牢, 沈三
牛? (後上25.3)

⑥ 丙子卜, 爭貞：燎于河, 沈五牛? (金717)

⑦ 甲辰卜, 丙燎于河, 一羊一豕, 卯五牛? (粹44)

⑧ 丙子卜, 殼貞：乎言殼河, 燎三豕三羊, 卯五牛? (粹47)

⑨ 辛卯貞：其求禾于河, 燎二牢, 沈牛二? (粹9＋後上23)

⑩ 辛未貞：求禾于河, 燎三牢, 沈二牛, 牢? (摭續2)

⑪ …壬子貞：其求禾于河, 燎三牢, 沈五? (京津3892)

⑫ 辛□貞：求…河, 燎五小牢, 沈五牛, 卯五牛,…牢? (甲3660)

⑬ 辛未貞：年于河, 燎三牢, 沈三年(牛의 잘못?), 牢? (摭續2)[42]

河를 대상으로 한 祭禮는 燎祭만 거행되기도 하지만 대개 燎祭를 기본으로 해서 埋祭와 결합되거나, 沈祭와 결합되든지, 卯祭와 결합되었던 것 같다. 때에 따라서는 沈祭와 卯祭가 함께 추가되기도 하였다. ⑨, ⑩, ⑪, ⑫, ⑬의 경우 "求禾", "求…"한 내용을 보면 풍년을 기원하는 제사였음을 알 수 있지만 나머지 사례들 가운데 적어도 ④, ⑤, ⑥, ⑦, ⑧은 用牲의 규모라든가 燎祭를 기본으로 하는 양식 등으로 미루어 역시 풍년을 기원하는 祭禮였을 가능성이 높다. 그렇다면 河神 祭祀의 예를 통해서도 동일한 목적을 갖고 동일한 대상에게 치루어진 제사에서도 用牲 방식이나 犧牲의 수량이 고정되어 있지는 않았다는 사실이 확인된다.

마지막으로 社祭의 사례를 들어보자. 社는 후일 國家 祭禮의 근간으로 자리잡는 제사 대상이기 때문에 주의해 둘 필요가 있다.

① 燎于土(즉 社, 이하 생략), 三小牢, 卯一牛, 沈十牛? (前1.24.3)

---

42) 모두 No.1에서 인용. ①p.19, ②p.19, ③p.21, ④p.19, ⑤p.20, ⑥p.19, ⑦ p.19, ⑧p.19, ⑨p.20, ⑩p.20, ⑪p.20, ⑫p.20, ⑬p.22.

② 戊子卜：其又歲于亳土, 三小宰? (京津3950)
③ 貞：求年于土, 九牛? (鐵216.1)
④ 貞：燎于土, 三小牢, 卯二牛, 沈十牛? (前1.24.3)
⑤ 癸亥, 卜又土燎羊一小牢, 圉. (戩1.1)
⑥ 辛□, 筑, 沈于土牢? (鐵1.14.3)
⑦ 貞：燎于土, 一牛, 圉宰? (簠3.1.4)
⑧ 癸卯, 卜, 貞：乙巳酚杂, 自上甲廿示一牛, 下示羊, 土燎牢, 四戈彘, 四巫豕? (續1.2.4)
⑨ 一牢禦土? (通別二田4)
⑩ □午卜, 方禘, 三豕, 屮犬卯于土宰, 桼雨? (佚40)
⑪ 乙丑卜：又燎于土羌圉小宰? (粹18)
⑫ 卯于土宰, 桼雨? (佚40)
⑬ 其又歲于亳土三小(宰)? (瓠)
⑭ 亳土叀小宰? (粹21)[43]

卜辭는 대다수가 商王이 주체가 된 활동을 卜問한 것이기 때문에 인용문의 社는 商 王室의 社로 보아도 무리가 없을 것이다. 그런데 제사 방식도 祖上神 祭祀와 결합되기도 하고 方禘와 결합되기도 하며, 犧牲의 종류나 用牲 방식도 들쭉날쭉이다. 수량이 명기된 경우를 보아도 1頭에서 10여 頭까지 대중이 없다. 역시 定制化의 흔적이 확인되지 않는다.

商末의 祭祀도 나름대로 원칙은 있었을 것이다. 이러한 원칙은 예컨대 祖上神에 대한 제사 방식 등에서 확인되고 있다.[44] 특히 翌·祭·壹·畬·彡의 5種 祭儀를 통해 祖上神들을 대상으로 순환되었던 周祭는 매우 체계적인 제사였음이 밝혀지고 있다.[45] 또한 일견 방만해 보이는 商의 祭禮였지만 말기에는 定制化의 경향이 나타났고 이러한 변화가 어떠한 형태로든 西周初 禮制 정비에 영향을 주었을 것이라 생각되

---

43) ①No.1, p.22, ②No.1, p.22, ③No.1, p.22, ④No.4, p.1015, ⑤No.4, p.1015, ⑥No.4, p.1015, ⑦No.4, p.1015, ⑧No.4, p.1015, ⑨No.4, p.1016, ⑩No.4, p.1016, ⑪No.4, p.1018, ⑫No.4, p.1021, ⑬No.4, p.1021.

44) 常玉芝, 〈說文 武帝 一兼 略述 商末 祭祀 制度 的變化〉, 《古文字研究》 4, 1980. 특히 p.230.

45) 王宇信·楊升南, 앞의 책, 第13章 第2節 〈商代周祭制度及其規律的探索〉.

지만 이 문제는 本稿에서 다루는 범위를 벗어난다. 다만 西周의 祭禮
를 기준으로 할 때 用牲의 방식이나 犧牲의 종류, 수량 등이 定制化되
어 있다고는 보기 어렵다는 것이다. 本稿에서는 특히 이 부분에 주목
한다.

2. 食用과 動力源

다음은 食생활에서의 需要를 살펴보기로 한다. 당시 소, 양, 돼지와
같은 家畜들은 어느 정도 食用으로 이용되었을까. 春秋시대 이후의 자
료를 보면 庶民에 있어서 肉食은 養老의 대상으로서가 아니면 祭祀와
같은 특별한 경우에나 가능하였던 것 같다.[46] 漢代에도 특히 牛肉의 섭
취는 지배층에 속하고 있음을 표시하는 특권과 같은 효과를 지니고 있
었다.[47] 그러므로 皇帝 卽位같이 중대한 행사가 있을 때 百戶마다 牛와
酒를 하사함으로써[48] 백성들을 효과적으로 慰撫할 수 있었던 것이다.
그러나 商시기는 어떠했을까.

여기에서는 犧牲 副葬品을 통해서 간접적으로 확인해 볼 수밖에 없
다. 商末의 家畜 犧牲에 있어서는 신분의 차이에 따른 規律이 확인되
지 않는다는 견해가 있다.[49] 그렇다고 해서 피지배층인 庶民들까지도

---

46)《孟子》〈梁惠王上〉, "雞豚狗彘之食, 無失其時, 七十者可以食肉矣"라 한
　　내용을 참조하면 庶民들은 家畜 飼養이 잘 되어도 年老者들에게만 肉食
　　의 혜택이 돌아간 듯하다.《鹽鐵論》〈散不足〉, "古者…非臘腊不休息, 非祭
　　祀無酒肉"; "古者, 庶人糲食藜藿, 非鄕飮酒·腰腊祭祀, 無酒肉"에서 鄕飮
　　酒나 腰腊日, 祭祀를 제외하면 酒肉이 없었다고 한 내용에서 古者는 어느
　　시기를 지칭하는지 명확치 않으나 三代 또는 늦어도 先秦시기를 가리킨
　　다고 보아 무난할 것이다.
47) 崔德卿,〈戰國·秦漢시대 음식물의 調理와 食生活〉,《釜山史學》31,
　　1996, pp.34-36.
48) 漢代에는 皇帝의 卽位, 太子의 책봉, 改元 등 大事의 경우 酒와 함께
　　牛가 下賜되곤 하였다. 賜與의 단위를 明記한 경우는 每百戶마다 下賜되
　　고 있는바, 이는 社祭의 형식을 취한 뒤 최종적으로 食用으로 분배되었
　　다. 일례를 들면 "(宣帝)行幸河東, 祠后土…賜民爵一級, 女子百戶牛酒, 大
　　酺五日"(《漢書》〈宣帝紀〉 五鳳3年條).

제한 없이 家畜 犧牲을 소비할 수 있고, 따라서 庶民들도 肉類의 섭취가 용이하다는 의미는 아닐 것이다. 이미 살펴본 대로 소와 양의 副葬 사례는 대다수가 人殉과 결합되어 나타난다는 사실을 주의해야 한다. 신분 차이에 따른 規律이 없었다 하더라도 그것은 피지배층이 아니라 지배층 내부에서의 문제일 뿐이다. 奴隷로 추정되는 이들의 墓葬에서는 副葬品들의 거의 출토되지 않고 있고[50] 被葬된 殉葬者의 치아를 분석한 결과에 의하면 제대로 搗精하지 않아 겨가 붙은 상태인 곡물이나 草根들을 常食한 흔적이 확인된다고 한다.[51] 被殉葬者라는 특이한 사례를 가지고 그대로 모든 피지배층 庶民들의 일상적 食習慣에 적용하는 것은 곤란하겠지만 어느 정도의 추정은 가능할 것이다. 商시기에는 이미 지배 貴族들에게 肉類 섭취가 한정되는 경향이 나타나고 있었다 보아야 한다.

이러한 경향이 극단적으로 진전된 상황에서 箕子는 위에 인용한 바와 같이 殷民, 즉 貴族을 중심으로 한 商 지배층들의 常道를 넘는 犧牲 소비를 비난하였다. 商末에는 祭祀의 수요를 초과할 정도의 肉類 섭취가 지배 貴族들 사이에 유행하였던 것으로 보인다. 紂王은 고기를 매달아 놓은 나무로 숲을 만들어 연못에 담은 술과 함께 즐겼다고 하여(《史記》〈殷本紀〉 紂王條) 酒池肉林 故事의 유래가 되었지만 이러한 紂王의 淫行은 당시의 세태를 잘 반영하고 있다. 商末 殷民들의 淫行에 대해 周의 武王은 "犧牲과 粢盛이 흉포한 盜賊의 손에서 모두 없어지고 있다"(《書經》〈泰誓上〉) 하여 비난하였던 것이다. 商末의 이러한 肉食 성행은 무엇을 의미하는가. 이는 祭祀에서와 마찬가지로 지배층으로서의 과시를 위한 행위였다. 말하자면 家畜은 祭禮에서든 食생활에서든 핵심적인 威信財 역할을 하였던 것이다. 이를 확인시켜 주는 것이 이미 지적한 대로 商末 墓葬에서 소의 骨肉이 수시로 副葬品으로 출토되고 있다는 사실이다.

---

49) 黃展岳, 앞의 책, p.110.
50) 楊錫璋, 〈商代的墓地制度〉,《考古》 1983-10, p.933.
51) 郭寶鈞,《中國靑銅器時代》(北京 三聯書店, 1963), p.113.

다만 酒池肉林의 故事를 참조하면 肉食은 일상적인 생활보다 燕食의 형태로 주로 이루어졌을 것 같다. 특히 賓客에 대한 접대 형태의 燕食이 중요한데, 이 부분에서는 燕食의 규모, 그리고 食物의 종류와 수량 등이 定制化되어 있었는가가 문제가 된다. 祭祀에 관한 내용이 대부분을 차지하는 卜辭의 성격상 燕食에 대한 자료는 매우 적지만 燕食은 이를 통해 정치를 體現하는 수단으로서 중시되어 그 대상은 親屬, 諸侯, 官員, 方國의 君長 등에 걸쳤던 것 같다.[52] 그러나 燕食에 대해 卜問하였다는 사실 자체가 燕食 대상이나 성격에 따라 어떠한 飮食을 제공한다든가, 수량에 제한을 가한다든가 하는 것이 定制化되어 있지 않았다는 것을 증명한다. 다만 출토 副葬品,《書經》泰誓篇의 기록들을 통해 商의 지배 貴族들 사이에 상당한 양의 家畜이 소비되고 있었던 것만을 추측할 수 있을 뿐이다.

끝으로 소의 경우에 국한되지만 犧牲 소비에 대해 종합적으로 이해하려면 家畜을 動力源으로 이용하는 문제가 남는다. 말과 소가 六畜 가운데에서도 특히 중요한 비중을 차지하는 것은 動力을 이용할 수 있다는 점 때문이다. 소의 경우는 牛耕이 보급되면서 그 중요성이 급증하게 되는데, 牛耕이 언제 시작되었는가[53]에 대해서는 鐵製 犁의 보급과 관련지어 파악하는 것이 일반적이다. 물론 鐵製 犁의 보급 이전에도 木製 犁나 石製 犁를 이용하여 牛耕이 행해졌다는 說이 있고,[54] 그리하여 牛耕의 개시 시기를 商初까지 올려 잡기까지 한다.[55] 그러나 木

---

52) 宋鎭豪, 앞의 논문, p.62.

53) 牛耕의 起源과 보급은 이 주제만으로도 專論이 가능한 복잡한 문제로 연구 성과도 枚擧하기 어려울 정도이다. 다만 商代 起源說에 대해서는 다음 연구에 의해 대체적인 경향을 파악할 수 있다. 許進雄,〈甲骨文所表現的牛耕〉,《古文字硏究》9, 1984. 犁耕과 牛耕을 분리해서 犁耕은 龍山文化 단계 또는 그 직후에 출현했지만 牛耕은 금속제 犁, 특히 鐵製 犁가 출현하는 시기와 연결시켜 보아야 한다는 견해를 참고해도 商 起源說은 성립 근거가 약하다. 余扶危 · 葉萬松,〈試論我國犁耕農業的起源〉,《農業考古》1981-1.

54) 謝成俠,《中國養牛羊史》(北京 農業出版社, 1985), p.44.

55) 許進雄,〈甲骨文所表現的牛耕〉,《古文字硏究》9, 1984.

24

製 犁는 물론이겠지만 石製 犁도 현재 출토되는 형태로는 소의 動力을 감당할 수 없다는 지적이 있다.[56] 게다가 後述하듯이 한창 農耕에 동원될 시기에도 대량의 소를 犧牲으로 供養하는 것이 商의 실정인데 이러한 실정을 염두에 두면 商시기에 牛耕이 보급되었을 가능성은 희박하다. 설사 牛耕이 고안되었다 하더라도 보급되지 못하였을 것이다. 牛耕의 본격적인 이용은 鐵製 犁가 보급되면서 시작된다고 보는 것이 합리적이다.[57] 그렇다면 牛耕은 鐵製 犁의 존재가 확인되는 戰國시기[58]에나 시작되었다고 보는 것이 타당할 것이다.

그러나 牛耕에 이용하지 않더라도 소는 運送 수단으로서 활용될 수 있다. 소의 動力을 이용하는 것을 보통 服牛라고 하는데 기록에 의하면 商의 始祖인 王亥가 이미 服牛하였다고 한다.[59] 한편 黃帝의 臣下라든지 少昊때 인물로 알려진 鯀이 소를 이용했다는 기록도 있다.[60] 이들은 모두 실존 인물로 보기 어려우니까 이 기록이 전하는 說話들을 통해 商시기에는 이미 소가 운송 수단으로 활용되고 있었다는 정도로 받아들이는 것이 타당하다. 소를 운송 수단으로 이용하는 단계를 지나서야 牛耕이 고안되었을 터이지만 당시 운송 수단으로서는 어느 정도 이용되었을까. 《周禮》에서는 車制를 자세히 거론하면서 馬車와 牛車에 해당하는 大車를 엄밀하게 구분하고 있다. 그리고 馬車와는 구조를 달리하는 牛車를 사용해 貨物을 운반할 때는 소가 추가로 필요하였다는 지적도 있다.[61] 公器의 운반에 소가 이용되는 것은 물론 도로를 만들 때도

---

56) 牟永抗·宋兆麟, 〈江浙的石犁破土器—試論我國犁耕的起源〉, 《農業考古》 1981-2. 현재 出土되고 있는 石犁의 구조를 가지고는 소의 動力을 감당하면서 破土할 만한 것이 없다고 한다.

57) 傅築夫, 〈中國古代農耕的一个重大變革—兼評"殷人不但發明了犁耕而且發明了牛耕"說〉, 《紀念顧頡剛學術論文集》上冊, 成都 巴蜀書社, 1990, p.250.

58) 五井直弘, 〈鐵器牛耕考〉, 《三上次男博士喜壽記念論文集 : 歷史編》, 平凡社, 1985, pp.26-27. 특히 출토품 가운데 가장 오래된 鐵犁들은 대개 戰國 말기의 것에 해당한다고 한다.

59) 《世本》〈作〉, "胲作服牛". 胲는 즉 王亥를 가리킨다.

60) 《太平御覽》 卷899 獸部·牛中條에는 "鯀作服牛"라는 《世本》 佚文을 인용하고 "鯀, 黃帝臣也, 又云少昊時人始駕牛"라 注 달았다.

牛馬의 통행을 고려하였다.[62] 이러한 모든 사실은 소가 운송 수단으로
널리 사용되었음을 웅변하는 것이다. 또한 馬車는 휜 輈를 사용하므로
쉽게 부러질 수 있다고 한 지적[63]을 보아도 馬車는 물자의 주된 운송
수단이 아니었다. 적어도《周禮》에 근거를 두는 한 물자의 운송 수단으
로는 소가 주로 이용되었다고 보아야 한다. 그러나 禮制가 아닌 현실에
서는 어떠했을까. 문헌에서는 확인이 되지 않지만 西周 중반 戎과 交戰
하여 車馬 5乘과 함께 大車 20(乘)을 노획하였다는 師同鼎의 金文 기록
은 전투에 牛車가 다수 사용되었음을 잘 알려주는 사례이다.[64]

　한편 春秋시기 중반 百里奚가 소금을 소에 싣고 장사하러 다녔다는
기록이 보인다. 당시 소금의 운반에 牛車가 널리 사용되었음을 알려주
는 내용이다.[65] 이미 春秋 중반에는 보편적인 물자 운송 수단으로 자리
잡은 것 같다. 그리하여 "(黃河의) 龍門은 물고기에게 (넘기 어려운)

---

61)《周禮正義》卷69〈秋官·罪隷〉, "凡封國若家, 牛助爲牽傍". 疏에 의하면
　　大車에는 轅이 두 개가 있고(馬車처럼 한 개가 아니라) 이 大車의 앞에
　　서 끄는 소를 牽, 밖에서 보조하는 소를 傍이라 한다고 하였다. 그러므로
　　소가 추가로 필요하다는 것이다.

62)《周禮》〈地官·遂人〉, "凡治野, 夫閒有遂, 遂上有徑, 十夫有溝, 溝上有畛,
　　百夫有洫, 洫上有涂, 千夫有澮, 澮上有道, 萬夫有川, 川上有路, 以達于畿"
　　라 한 내용에 대해《周禮正義》의 注는 徑·畛·涂·道·路는 모두 車徒
　　를 國都에 통하게 하는 것으로 徑은 牛馬, 畛은 大車, 涂 이상은 乘車가
　　지나갈 수 있게 만든다고 하였다(《周禮正義》卷29).

63)《周禮》〈秋官·輈人〉, "唯轅直且無橈也" 및《周禮正義》卷77 같은 문장
　　에 대한 疏 참조.

64) 陝西周原扶風文管所,〈周原發現師同鼎〉,《文物》1982-12. "折首執訊, 俘
　　車馬五乘, 大車廿, 羊百…". 宋鎭豪,《夏商社會生活史》(北京 中國社會科學
　　出版社, 1994), pp.237-238에서는 이 사례를 이용, 軍隊에서 車馬와 大車
　　의 비율이 1 : 4라 보고 이 비율을 商의 軍制에까지 적용하고 있는데 車
　　馬와 大車는 노획한 鬼方의 것이어서 周制에 적용할 수 있을지 의문이고
　　또한 西周 중반 이후의 사례를 가감 없이 그대로 商시기에 적용하는 것
　　도 논리상 무리가 있는 듯하다.

65)《說苑》〈臣術〉, "秦穆公使賈人載鹽于衛, 衛諸賈人買百里奚以五羖羊之皮,
　　使將車之秦. 秦穆公觀鹽, 見百里奚牛肥, 曰, '任重, 道遠以險, 而牛何以肥
　　也?…'".

26

난관이고 太行山은 소에게 (넘기 어려운) 난관"(《尸子》 佚文)[66]이라고 이야기될 정도로 소의 이용이 일반화되었다. 戰國 말기에는 范雎의 충고에 따라 封地로 은퇴하는 秦의 穰侯를 위해 縣官에서 牛車 1천여 乘을 동원하였을 정도였다.(《史記》 范雎列傳) 周의 禮制에 나타난 牛車 관계 서술, 그리고 春秋戰國시기의 실정으로부터 유추할 때 西周시기에서 牛車 사용의 성행을 인정해도 좋을 것 같다.

그러면 商시기에는 어떠했을까. 甲骨文의 '牽'을 牛車로 해석하면서 卜辭에서 확인되는 50牽, 90牽, 150牽의 사례를 증거로 商末 牛車의 사용은 이미 車馬를 능가한다는 주장이 있다.[67] 그러나 車馬의 副葬이 성행하였던 사실과 비교하면 기이할 정도로 牛車가 출토되지 않고 있는 것은 이상하다.[68] 牛車는 馬車보다 신분 표지로서의 효과가 떨어져서였겠지만 이에 그치지 않고 일단 牛車의 사용이 많지 않았다는 가정을 내려볼 수는 없을까. 卜辭에 나타나는 '牽'의 사례가 극히 드문 것도 이러한 가정을 뒷받침한다.

여기에서 특히 다량의 물자 운송이 수반되었을 軍征에서는 어떠했는지 검토해 볼 필요가 있다.《書經》費誓篇은 周公의 아들 伯禽이 封國인 魯에 就國한 뒤 徐夷, 淮戎의 침략이 있자 이들을 정벌하기 위해 費에서 衆人들과 盟誓를 한 내용이다. 西周初의 것이기는 하지만 軍征에 대해 간접적으로 살필 수 있는 자료인데 그 중 甲冑와 弓矢, 矛戈를 손질하며 소와 말을 둘 외양간을 크게 하라 말한 것을 보면 소와 말이 軍征에서 특히 중시되고 있었음을 추측하게 한다.[69] 말의 경우는

---

66)《太平御覽》 卷899〈獸部〉11 牛中.

67) 宋鎭豪, 앞의 책, pp.237-238.

68) 일반적으로 牛車는 두 개의 轅을 사용하는데 두 개의 轅을 지닌 수레 모형은 戰國初의 유물에서 처음 나타난다고 한다. 五井直弘, 앞의 논문, p.27.

69)《書經》〈費誓〉, "今惟淫舍牿牛馬, 杜乃擭, 斂乃穽, 無敢傷牿, 牿之傷, 汝則有常刑". 우리를 수선함과 동시에 짐승을 잡기 위한 함정, 덫 따위도 메우거나 제거하며, 우리에 넣어 먹이는 소, 말을 상하게 하는 자에게는 형벌을 내린다고 하였다. 內閣版의 注에 의하면 軍이 所在하는 곳의 居民

武備로서 당연히 취해야 할 조치이겠지만 소의 경우는 어떠한가. 여기에서 周의 武王이 商을 멸한 후 말은 華山의 남쪽에 소는 桃林의 들에 풀어놓았다고 전하는 說話(《書經》武成)를 들어보자.[70] 평화의 정착과 民의 안정을 이룬 武王像을 만드는 데 일조한 이 說話는 《禮記》樂記를 비롯하여 《史記》周本紀 등에도 실려 있을 정도로 보편화되어 있던 것 같은데 《書經》본문의 내용을 加減 없이 받아들이면 商이 말과 함께 軍事的인 용도로 사용하였던 소를 풀어놓았다는 뜻이 된다. 그렇다면 軍征에는 상당한 숫자의 소가 동원된 듯하다.

그러나 소의 동원 목적이 주로 물자를 운반하기 위한 것이었는지는 의문이다. 軍征에서 소는 服牛로서만 아니라 犒牛라 하여 병사들의 食用으로 이용되기도 하였다. 春秋시기 중반 鄭의 상인 弦高가 장사를 나섰다가 鄭을 공격하러 오는 秦의 군대를 만나자 이들을 회유하면서 소 12頭를 먹였다는 내용(《左傳》僖公33年春)이나 戰國末 趙의 將軍 李牧이 匈奴를 대적하면서 매일 소를 잡아 軍事들에게 먹이며 사기를 높였다는 것(《史記》廉波藺相如列傳)은 대표적인 사례들이다.

여기에서 다시 商末 殷墟 일대에서 출토된 소의 副葬 형태에 대해 주목해 보자. 全骨 또는 頭骨을 副葬한 사례는 적고 대부분 腿骨 등의 肢體들이다.[71] 이러한 현상은 滇의 靑銅器에 牛頭의 표현이 빈번히 나타나는 사실과 대조된다. 雲南省 일대에는 지금도 소를 財富로서 중시하는데 그러한 가운데 소의 頭骨을 장식해 놓는 습관이 퍼져 있다고 한다.[72] 그러나 商시기에는 무엇보다 食肉의 공급원이라는 인식이 앞서 있었던 것 같다. 지배 貴族의 신분 과시를 위한 威信財 역할을 하였다 해도 食料로서의 인식 위에서였다는 뜻이다. 그러나 頭骨을 장식하는

에 대해 명령을 내린 것이라고 한다.

70) "王來自商, 至于豊, 乃偃武修文, 歸馬于華山之陽, 放牛于桃林之野, 示天下不服".

71) 註36 참조.

72) 汪寧生, 〈'滇'人的經濟生活和社會生活〉,《雲南靑銅器論叢》, 同編輯組編, 文物出版社, 1981, p.46.

28

풍습이 있었던 滇의 경우는 食料를 넘어선 가치, 즉 牛耕 등 動力源으로서의 역할이 중시되고 있었던 것이 아닐까. 또한 商末 말의 副葬이 거의 대부분 全骨 형태로 되고 있었던 것이 운송 수단으로서의 기능 때문이라고 볼 수 있다면 商末에는 服牛가 그렇게 확산되어 있었던 것 같지 않다.[73]

이와 같이 소에 대해서는 軍事的인 需要가 있었다 하더라도 服牛로서의 용도뿐 아니라 犒牛 즉 食用으로서의 용도가 컸기 때문이었다. 여기에다 牛車의 출토 사례가 희소한 사실을 감안할 때 商에서는 소의 경우 食用, 그리고 祭祀가 가장 중요한 需要였다고 추측한다. 商末 犧牲이 흉포한 盜賊의 손에 없어졌다거나, 祭祀에 사용될 犧牲을 食用으로 했다고 비난을 한 사실들에서는 服牛로서의 비중을 높게 볼 여지는 없다. 역시 祭祀 犧牲, 그리고 食用이 중요한 消費 용도였던 것이다.

지금까지의 내용을 정리해 보면 商시기에는 먼저 祭禮의 용도로서 종교적인 필요 때문에 대량의 家畜이 소모되었고 말기로 가면서 食用의 용도가 늘어났지만 두 경우 모두 지배층을 과시하는 신분적 표지, 즉 威信財 역할을 한 것이었다. 이 때문에 막대한 숫자의 家畜이 필요하였다. 그러면 이러한 막대한 양의 需要를 어느 정도 충족시킬 수 있었을까, 그리고 犧牲의 공급은 원활하게 이루어졌을까 검토해 볼 차례이다.

Ⅲ. 商시기 대형 家畜의 需給

이제 供給, 그리고 流通의 문제를 살펴보기로 하자. 商시기에는 처음 祭祀 犧牲으로서의 용도가 대형 家畜의 용도에서 가장 중요한 비중을

---

73) 衛斯, 앞의 논문 p.59. 衛斯도 商시기 소의 용도는 주로 食肉 대상과 祭祀物이고 犁耕과 駕牛의 용도는 아직 없었을 것이라 추정하였으나 논증은 되어 있지 않다. 필자의 생각으로는 물자 수송에 소가 이용되기는 하였지만 人力이 차지하는 비중이 아직 컸을 것으로 본다.

차지하였다. 그러던 것이 商末로 가면서 食料로서의 需要가 급증하게 되고 이에 덧붙여 服牛로서의 需要도 생겨나게 되었다. 이러한 과정에서 犧牲을 인식하는 방법도 더 현실적으로 변화한 것 같다. 일례를 들면 卜辭에 나타나는 '牢'와 '宰' 字의 뜻에 대해서는 과거 논란이 있었지만 祭禮를 위해 우리에서 전문적으로 飼養된 소, 양이라는 쪽으로 의견이 모아지고 있다.[74] 그런데 西周시기에 들어가서는 祭祀나 燕食에서 大牢는 牛·羊·豕, 小牢는 羊·豕를 제공하는 것으로[75] 牢의 용법이 바뀌었다. 商시기는 牛·羊과 牢·宰의 구분이 엄격하였는데 이제 소의 有無에 따른 大牢와 小牢의 구분으로 대체되었다. 犧牲의 분류 기준으로 祭禮를 위한 淨化라는 종교적 동기보다 犧牲의 실용적인 가치를 중시하게 된 것이다.

商시기에는 현실적인 필요에 의한 需給과는 거리가 있는 需要 현상이 나타났다. 그러면 당시의 방만한 需要가 供給에 어떻게 영향을 주었는가. 무엇보다 안정된 供給 체계를 조성할 수 있었는가. 이 점에서 우선 눈에 뜨이는 문제는 犧牲의 供養에 있어서 四時의 운행과 결부된 禁制들이 확인되지 않는다는 사실이다. 이는 안정적인 생산 기반을 마련한다는 점에서 後代에 매우 중시되었던 禁制들이다. 필자가 조사한 바로는 1월에서 12월에 걸쳐 어느 시기에도 소, 양, 돼지가 犧牲으로 供養되고 있다.[76] 여기에서 두 가지 사실을 지적할 수 있다. 첫째, 소의 경우

---

74) 姚孝遂, 〈牢·宰辨〉, 《古文字研究》 9, 中華書局, 1984 ; 劉源, 〈讀契偶識〉, 《考古與文物》 1999-4.

75) 《國語》〈楚語下〉. 周의 祭禮에 대한 觀射父 발언의 韋昭 注, "大牢, 牛羊豕也…小牢, 羊豕" ; 註134 참조.

76) 1月 : ①壬戌, 王曰, 夒報, 牛? 一月(庫1298/No.13, p.72). ②辛亥卜, 㞢貞 : 其鼓彡告于唐九牛? 一月(合集22749/No.16, p.80). ③乙亥卜, 爭貞 : 酒危方以牛自上甲? 一月(合集10084/No.16, p.81). ④丁□卜, 賓貞 : 求年于上甲, 燎三小宰, 卯三小牛? 一月(續1.3.1/No.1, p.19). ⑤丁□卜, 爭貞 : 求年于上甲禘三宰卯三牛? 一月…(簠.天24/No.19, p.356). ⑥丁丑卜, 宕貞 : 桒年(甲), 燎三小宰卯三牢? 一月(續1.31/No.3, p.120b). ⑦辛巳卜, 㗊貞 : 埋三犬燎五犬五豼卯四牛? 一月(前7.3.3/No.21, p.191). ⑧乙巳卜, 爭貞 : 燎于河五牛沈十牛? 一月(前2.9.3/No.21, p.192). ⑨庚辰卜, 大貞 : 來丁亥寇寚㞢枫歲羌

농사에서 動力源으로서의 역할이 아직 중요하지 않은 것 같다는 점, 둘째 後代에는 봄에는 生育에 지장을 주지 않도록 어린 가축이나 母體를 잡지 않는다는 원칙이 있었는데 적어도 어린 가축에 관한 한 卜辭 단계에서는 이러한 원칙이 아직 성립되어 있지 않았다는 점이다.

卯十牛? 一月(前6.16.1/No.21, p. 223).

2月：①…于唐, 卅羌, 卯卅牛…鬯? 二月(續2.20.6/No.3, p.99a). ②□巳卜, 宁貞枣年于♉, 五小羊圉? 二月(鄴下37.2/No.3, p.121b). ③辛酉卜, 賓貞：燎于夒白牛? 二月(人1/No.13, p.71). ④己亥卜, 貞：方帝一豕一犬一羊? 二月(甲3432/ No.21, p. 200).

3月：①…埋于河二宰? 三月(後上23.10/No.1, p.21). ②乙酉卜, 賓貞：史人于河, 沈三牛, 卯三牛? 三月(粹36/No.1, p.21). ③貞：毓祖乙召勹牛? 三月…(續1.16.2/No.21, p.186).

4月：①…甲午卜, 尹貞：王賓歲一牛, 亡尤? 在四月…(粹509/No.13, p.88). ②丁亥卜, 于翌戊子酒三豕祖乙, 庚寅用? 四月(續1.13.3/No.3, p.90b).

5月：①…甲午卜貞：翌乙未屮于祖乙羌十屮五, 卯宰屮一牛? 五月(佚154/No.10, p.28). ②乙卯卜, 一羊父乙不, 二羊父乙不? 五月(合集19932/No.14, p.145). ③丙申卜, 行貞：父丁歲勹牛? 在五月. 貞：丏勿?(續1.30.6/No.1, p.9). ④…□□卜, (貞)御娥于帚, 三宰? 五月(龜1.22.20＋1.44.6/No.3, p.67b). ⑤彭祖乙, 御十牛? 五月(甲887/No.3, p.90b). ⑥丙寅卜, 翌丁卯屮于祊宰屮一牛? 五月(前5.25.1/No.21, p.189).

6月：①庚辰卜, (行)貞：王(賓)盤庚, 升(伐羌二), 卯三牢, (亡尤)? 庚辰卜, 行貞：王賓餗, 亡尤? 在六月…(粹275/No.13, p.89). ②丁巳卜, 賓貞：屮于丁一牛? 六月…(合集339/No.15, p.79). ③癸未卜, 貞：翌丁亥酒兄丁一牛? 六月用(龜1.14.5/No.3, p.91a). ④戊子卜, 卽貞：兄己召一牛? 六月(續1.43.10/No.21, p.188).

7月：①…辛未其屮于血室, 五大牢? 七月…其祼于血室, 叀小羊?(金466/No.12, p.58). ②貞：燎于王亥? 七月(珠1036/No.1, p.19). ③乙丑卜, 出貞：大史工酒, 先酒, 其屮&匚于丁, 卅牛. 七月(前4.34.1/No.3, p.94a). ④癸亥卜, 㱿貞：燎上甲三牛屮伐(十)卯十豕? 七月(丙407/No.21, p.190).

8月：①…大(示)十宰, ＠五羊, 它示三宰? 八月(後上28.6/No.20, p.64). ②丙午卜, 賓貞：血八羊, 眔彭卅牛? 八月(京都83/No.12, p.53). ③貞：翌丁未酒燎于丁十小宰, 卯十勹牛? 八月(後上243/No.1, p.9). ④癸丑卜, 宁貞：彭大甲, 告于祖乙, 一牛? 八月用(續1.10.4/No.3, p.90b). ⑤貞：翌丁未酒母燎于丁, 十小宰, 卯十勹牛? 八月(後上24.3/No.3, p.92a). ⑥貞：牝? 八月(續2.22.8/No.21, p.186). ⑦丙午卜, 宁貞：屮八羊眔酒卅牛? 八月(京都s0083a/No.21, p.194). ⑧貞：翌癸未止酒卅牛? 八月(續2.20.5/No.21, p.194).

9月：①貞：枣于祊, 血三勹牛, 卯卅勹牛? 九月(續1.45.4/No.12, p.54).

商의 曆法에 대해서는 아직 歲首 문제 등이 결론이 나 있지 않은 상황이라 각 달이 後代의 어느 달에 해당하는지 분명하지 않다. 종래의 說에 의하면 대체로 商의 1月은 季冬 즉 夏曆의 12月에 해당한다고 보았는데, 근래 商의 1月이 孟夏로부터 季夏 즉 夏曆의 4月로부터 6月의 어느 달에 해당한다는 견해가 유력하게 제기되고 있다.[77] 자료를 일별하는 것만으로도 모든 달에 걸쳐 소를 犧牲으로 사용하고 있음을 알게 되지만 月次에 대한 견해의 차이를 고려하면서 더 검토해 보자. 소의 필요성은 起耕 때가 가장 높았을 것이라 생각되는데 그렇다면 仲春이나 季春에 해당한다. 종래의 說에 따를 경우 商曆 3月에서 4月에 해당한다. 後者의 견해를 따른다면 11月에서 12月, 또는 10月에서 11月, 아니면 9月에서 10月에 해당할 터인데 이 중 어느 달에도 소는 犧牲으로 쓰이고 있다. 만약 소가 農耕에 중요한 動力源이었다면 상징적으로라

---

②貞：翌辛未其出于血室，三大牢?　九月(鐵176.4/No.12, p.58).　③□卯卜, 出貞：今丁夕出于血室…牛?　不用?　九月(庫方505/No.12, p.58).　④乙亥卜, 中貞：曰其出于丁吏三牢?　九月(合集23059/No.16, p.79).　⑤貞：于宗酒卅小牢?　九月(後上208/No.1, p.32).　⑥貞：柰年于祊, 出三勺牛, 𡊄卅勺牛?　九月(續1.45.4, 佚46/No.3, p.77a).　⑦丙辰卜, 賓貞：旬于祊十牛十羊?　九月(前1.53.3/No.21. p.199).

10月：①乙巳出于母辛牢出一牛?　十月(金694/No.10, p.29).　②貞叶口用百羊, 百九十九豕?　十月(甲3518/No.11, p.24).　③燎于夔, 牢?　十月(前6.18.4/ No.13, p.71).　④乙巳卜, 爭貞：燎于河五牛, 沈十牛?　十月, 在鬥(前2.9.2/No.1, p.19).　⑤丙寅卜, 卽貞：翌丁卯父丁歲勺牛?　十月(續1.30.5/No.21, p.186).　⑥貞：禦子(弓)大子小羊?　十月(前4.16.6/No.21, p.206).

11月：①丁未卜, 貞：父丁祊, 其牢?　在十月又一, 兹用…(合集37853/No.15, p.53).　②…戌…生十一月其土, 卅牛?(甲釋954/No.1, p.298).　③貞：其出于妣庚五牢?　十一月(前1.35.7/No.21, p.209).　④辛亥卜, 王貞：𡊄父乙百牢?　十一月(丙編114/No.21, p.211).

12月：①丙申卜, 王貞：勺羊　于門, 又用?　十二月(合集19800/No.14, p.176).　②庚辰卜, 大貞：來丁亥寇寢出枫, 歲羌卅, 卯十牛?　十二月(合集13573, 22548/No.16, p.80).　③…丁五十小牢?　十二月(續2.19.2/No.21, p.211).

13月：①辛巳卜, 大貞：出自上甲元示三牛, 二示二(牛)?　十三月(前3.22.6/No.21, p.189).

77) 王宇信·楊升南, 앞의 책, 第14章 第3節 〈商代曆法的研究與復原〉, pp.683-684.

도 소의 소비를 절제하였을 것이라고 생각한다. 한편 商에서는 여러 달에 걸쳐 小牛나 小羊의 犧牲 사용이 보이는데 만약 前者의 견해를 따라 환산하면 孟春인 商曆 2月에, 後者의 견해를 따라 환산하면 대체로 仲春, 季春, 또는 孟夏에 어린 家畜을 쓴 사례가 나타난다.[78] 그렇다면 다음 章에서 서술하는 대로 春季에 어린 짐승의 살육을 금하는 西周 이래의 禮制와 어긋나는 것이다.

일단 後代의 제약이 성립되어 있지 않았다면 도대체 供給은 어떠한 방식으로 이루어졌을까. 명확하지 않지만 貢納, 그리고 商王 직할 牧地에서의 調達, 그리고 여타 牧地들에서의 徵發을 추정할 수 있다. 우선 貢納의 경우를 보면 官, 一族, 諸侯, 方國 등에서 犧牲의 貢納이 이루어졌다고 한다.[79] 그런데 사례들 사이에 수량에 있어서 격차가 크다. 卜辭에는 말, 소, 양 등이 貢納의 대상으로 눈에 뜨이는데,[80] 다른 家畜의 경우 수량에 대한 자료가 눈에 뜨이지 않고 소의 경우에만 1頭, 50頭, 300頭, 400頭를 바쳤다는 사례들이 확인된다.[81] 貢納의 정확한 내용을 추정하기에는 너무 간단한 斷片들이다. 그러나 심지어 羌人 한 사람과 소 한 마리를 바쳤다는 卜辭[82]가 있는 것을 고려한다면 고정적인 형태로 貢納이 이루어지고 있었던 것 같지는 않다. 商시기의 貢賦제도는 아직 원시적인 단계로서 매우 불안정하였다는 지적이 있는 것이다.[83] 다음의 사례를 참조해 보자.

---

78) 註76 참조.

79) 劉源, 〈商代祭祀所用犧牲的貢納和征取〉, 《中國社會歷史評論》 1, 天津古籍, 1999.

80) '古來馬'(乙5305/No.8　p.363) ; '奚來白馬'(乙3394/No.8　p.364) ; '妻來牛'(乙1283/No.8 p.364) ; '妥氏羊'(乙5303/No.8 p.363). '來', '氏'를 貢納의 의미로 해석하고 있다. 이 밖에 '收'도 貢納의 뜻을 가진 것으로 보기도 한다. '貞, 呼吳收牛'(佚669) ; '貞, 勿呼收羊'(續1.35) 모두 다음 논문에서 인용. 趙誠, 〈甲骨文行爲動詞探索(1)〉, 《古文字研究》 17, 1989 p.325.

81) '𠂤來一羌一牛'(甲525/No.8 p.364) ; '氏牛五十'(前1.29.1/No.8 p.364) ; '氏牛三百'(虛1527/No.9 p.82) ; '氏牛四百'(明1517/No.8 p.364).

82) 위와 같음.

83) 晁福林, 〈殷代貢賦制度述論〉, 《中國古代財政史研究 : 夏商西周時期》,　中乙亥卜, 爭貞：酚[illegible]方氏牛自上甲?　一月　(合集10084).
乙卯, 子見在大室白(戈)一, 耳琅九, 侑百牢, 王賞子黃瓚一, 貝百朋.[84]

　앞의 자료는 𠃊方이 보내온 소로 上甲 등에 대해 酚祭를 올릴 것인가 卜問한 卜辭라고 한다.[85] 調達 경위와 제사 대상을 동시에 명시한 사례는 이 밖에도 彎이 바친 牛로 上甲 등에 제사 지낼 것을 물은 卜辭, 古가 보내온 말로 黃尹에게 酒祭 지낼 것을 물은 卜辭 등이 확인된다.[86] 한편 두번째의 인용문은 商末 金文인데 百牢를 사용해 侑祭를 올렸다는 것은 알겠는데 왜 이 구절이 들어가는지가 명확하지 않았다. 이제 첫번째 卜辭의 서술 방식을 참조한다면 侑祭에 쓰일 100牢를 제공하였다는 의미로 볼 수 있을 것으로 생각된다. 기왕의 해석대로 王이 子에게 百牢의 侑祭를 베푼 것이라고 하려면 王이 "侑百牢" 구절의 앞에 기록되어야 할 것이다. 문장의 구조로 보아 子는 앞에 연결시켜 "侑百牢"를 子의 행위로 보는 것이 타당해 보인다. 그렇다면 商시기에는 수시로 개별적인 需要와 개별적인 供給이 직접 연결될 정도로 貢納 체계가 불안정하였음을 알려 주는 자료가 아닐까.
　한편 家畜을 각지에서의 徵發을 통해 供給하는 방법이 있었다고 한다.[87] 卜辭에 나타나는 牧들은 대개 牧地로 해석되는데[88] 그렇다면 이들로부터의 徵發이 있었을 터이지만 구체적으로 어떠한 형태로 이루어졌을까는 확인할 수 없다. 그리고 方國이나 諸侯들에 의한 貢納과 徵

　　國財政經濟出版社, 1990. 특히 pp.195-196.
84) 李學勤, 〈澧西發現的乙卯尊及其意義〉, 《文物》 1986-7. '見'은 獻의 뜻으로 해석된다. 張亞初, 〈古文字分類考釋論稿〉, 《古文字硏究》 17, 北京, 1989, p.239.
85) 晁福林, 앞의 논문, pp.183-184. '氏'는 于省吾에 의하면 '致의 뜻으로서 (아래 논문에서 再引) 이는 곧 貢納, 進獻을 의미한다고 본다. 張永山·羅琨, 〈論歷組卜辭的年代〉, 《古文字硏究》 4, 1980, pp.82-83.
86) 劉源, 앞의 논문, pp.124-125.
87) 彭邦炯, 《商史探微》(重慶出版社, 1988), p.230.
88) 王宇信·楊升南, 앞의 책, pp.546-552.

發 사이의 차이가 어떠한 것이었는지도 불확실하다. 다만 牧들 가운데에는 商의 직할 牧地라고 추정되는 牧들이 있어서 이들로부터의 調達이 商 말기 犧牲의 공급에서 상당한 비중을 차지하였던 것 같다.[89]

그러면 牧은 어떠한 형태로 되어 있었을까. 芻라는 전문으로 飼養을 맡은 노동력들이 있었고 2牧, 3牧, 9牧 하는 식으로 숫자로 헤아려진 것을 보면[90] 일정한 규모의 放牧地였던 것 같다. 일례를 들면 敦이라는 곳은 牧牛를 주로 하는 牧地였던 것 같은데[91] 王이 소의 상태를 살피러 갈 것인지 卜問한 卜辭[92]가 있을 정도로 중시된 것을 보면 商의 직할 牧地일 가능성이 높다. 혹시 商의 牧畜은 아직 耕地로 개간되지 않은 방대한 목초지에서의 遊牧 형태로 이루어지지 않았을까. 여기에서 다시 敦에 대해 주목하면 胡厚宣은 敦을 臺으로 판독하였다. 그에 의하면 商王은 이곳에서 受年, 즉 豊年을 기원하는 제사를 지내기도 하였고 "貞 : 呼黍于臺, 臺受年?" 하여 의미는 명확하지 않으나 黍의 播種과 함께 풍년 여부를 卜問하기도 한 듯하다.[93] 그렇다면 耕地가 인접한 지역인 圖에 광대한 목초지가 있었던 것 같지는 않다. 또한 臺은 率로부터는 반나절, 桑, 噩, 叀로부터는 하루거리에 있다고 한다.[94] 이들은 대개 田獵地였던 모양인데[95] 이와 같이 가까운 지역에 개별적인 田獵地가 산재해 있다면 역시 광대한 목초지로 보기는 어렵다. 이 臺에 대해 胡厚宣은 商 변방의 重鎭으로 파악하면서 山東省 경내 서부 평지 일대의 어느 곳으로 보고 있고, 李學勤 등은 敦으로 판독하면서 위치

---

89) 楊升南, 〈商代的財政制度〉, 《歷史硏究》 1992-5, pp.83-84.

90) 위와 같음.

91) 王宇信·楊升南, 앞의 책, p.549. "庚子卜, 叀, 貞, 勿牛于敦"(合集11153) ; "貞, 王往省牛于敦"(合集40181).

92) 위와 같음.

93) 胡厚宣, 〈卜辭中所見之殷代農業〉, 同著, 《甲骨學商史論叢》 2集, 齊魯大學國學硏究所, 1945, p.38a. 한편 p.33a에 의하면 黍는 種黍의 의미로 사용되었다고 한다.

94) 胡厚宣, 앞의 책, pp.40b-41a.

95) 孟世凱, 앞의 책, 桑, 噩, 叀條.

를 河北省 沈陽으로 비정하고 있다.[96] 어느 說을 따르든 현재의 환경을 감안한다면 이 지역에 광대한 牧草地가 형성되어 있다고 보기는 어렵다. 당시에는 田獵地와 牧地, 그리고 耕作地가 모자이크처럼 混在하고 있었던 것이 아니었을까. 그렇다면 규모도 그리 크지는 않았을 것이다. 이러한 수준의 牧地라면 거대한 需要를 감당하기에 안정된 공급원 역할을 하였을 것 같지는 않다.

한편 放牧과 병행해서 圈養이 이루어지고 있었던 것은 '牢', '牢' 字의 분석에서 살펴본 대로이지만 圈養은 供給에서 어느 정도의 비중을 차지하였을까. 우리에서 圈養 방식으로 飼養된 家畜을 祭禮를 위해 淨化 儀式을 거친 犧牲으로 특별히 취급하여 별도의 文字로 표기할 정도였다면 圈養 사육이 보편화되어 있었던 것으로 보기 어렵다. 본격적인 圈養은 민간 가정에서의 圈養 단계에 이르러서야 가능해지는데 가정에서의 圈養은 春秋시기에 시작된다고 보는 견해가 있다.[97] 아마 부분적으로는 放牧을 겸한 형태로서 완전한 방식의 圈養이 아니었을 것이다.[98]

이 위에 당시 家畜 供給의 실태에 대해 흥미를 끄는 자료들이 《周易》에 보인다. 《周易》에서도 卦辭, 爻辭와 같이 일찍 성립된 부분에는 단편적이지만 商周시기의 사회상이 반영된 자료들이 포함되어 있다고 한다.[99] 그 가운데 '喪羊于易, 无悔'(大壯卦), '喪牛于易, 凶'(旅卦)이라든가 '无妄之災, 或繫之牛'(无妄卦) 爻辭들은 商末 西周初 家畜의 약탈이 빈번하게 이루어졌음을 알려주는 자료들이다.[100] 商의 始祖라는 王亥가

---

96) 孟世凱, 앞의 책, 敦條.

97) 楊再·洪子燕·趙文漢·柏衛平, 〈中國畜牧史分期問題的討論〉, 《農業考古》 1992-1, p.299.

98) 彭邦炯, 앞의 책, p.228.

99) 許宏佺, 〈周易中所見氏族制崩壞期社會經濟之發展〉, 杜正勝編, 《中國上古史論文選集》下, 臺北, 1979(原稿는 《食貨》 4-4, 1936). 許宏佺는 《周易》의 일부 卦爻辭들을 특히 商末의 사회 발전의 상황을 보여주는 자료라고 보았다(pp.834-835). 王廷洽, 〈《周易》狩獵和畜牧研究〉, 陝西歷史博物館編, 《西周史論文集》上, 陝西人民敎育, 1993. 王廷洽은 商과 西周의 역사를 반영하고 있다고 보았다. 대체로 商末에서 西周初까지의 사회상을 반영하는 자료로 보는 것이 무방할 것이다.

36

有易에게 살해되고 僕牛 즉 服牛를 빼앗겼다는 說話[101]를 통해서도 商시기에 소, 양 등 犧牲 家畜의 약탈이 빈번하였음을 알게 된다. 이러한 실정이었기 때문에 放牧 때 放牧을 맡은 이들은 약탈에 대비하여 무장을 하고 있었다는 것이다.[102] 西周의 사례이기는 하나 앞에 인용한《書經》費誓篇에는

> 감히 도적질하거나 담장을 넘어 말과 소를 훔친다든지 노예들을 유인해내지 말라. 그러면 네게 큰 벌 있으리라.

는 내용이 諸侯의 훈계 가운데 실려 있어서 西周 초기에도 家畜의 약탈이 드물지 않았음을 알 수 있다. 한편 西周 초기의 靑銅器인 小盂鼎에는 盂가 式方을 정벌한 공로에 따라 王이 賞賜하였다는 내용의 銘文이 새겨져 있다.[103] 盂의 功勞는 사람 13,081명, 馬車 10輛(말은 不明)과 함께 소 355頭, 양 28頭를 노획한 것이어서 牛羊 犧牲이 얼마나 중시되었는지 알려줄 뿐만 아니라 당시에는 심지어 약탈도 중요한 調達 방식이었을 가능성을 추측하게 한다.[104] 이러한 상황들로 미루어 犧牲 가축의 공급은 매우 불안정한 상황에 놓여 있었을 것이다. 그리하여 貢納도 정기적으로 그리고 일정한 수량에 맞추어 이루어지기는 어려웠으리라 생각된다. 항상 일정한 숫자의 犧牲이 준비되어 있었다고

---

100) '喪羊于易, 无悔'에 대해 許宏焘는 商末 交易에서 양을 교환한 것이라 당연히 후회함이 없다고 해석하였는데(許宏焘, 같은 글 p.842) '喪'의 의미를 지나치게 확대 해석한 것 같다. 그리고 '喪牛于易, 凶' 구절과의 조화도 쉽지 않다. 王廷洽는 李鏡池의《周易通論》을 인용하여 交易에 나섰다가 소를 도둑맞았다는 뜻이라고 보았는데(王廷洽, 같은 글 p.527) 이 편이 더 합리적이다. '无妄之災, 或繫之牛'(无妄卦)에 대해 許는 도둑맞는 것을 막기 위해 소를 묶어서 기른 것이라고 해석하였다.

101)《山海經》〈大荒東經〉, "王亥托于有易·河伯僕牛, 有易殺王亥, 取僕牛".

102) 姚孝遂, 〈商代的俘虜〉,《古文字研究》1, 1979, p.368.

103) 郭沫若,《西周金文辭大系圖錄攷釋》下 (上海書店, 1999, 1935年 原稿), pp.35b-36a.

104) 註102에 의하면 약탈을 商시기 犧牲 공급 수단의 하나로 보고 있다.

는 이해하기 어렵다.[105)]

필자는 供給의 불안정이 결과적으로 안정된 需要가 자리잡지 못하게 만든 가장 중요한 원인이었을 것으로 본다. 商末 家畜이 凶盜들의 손에 없어지고 있어도 방관만 하고 있다고 紂王에 비난이 가해진 사실 역시 供給이 불안정하였던 상황을 반영하는 것이다. 이렇게 볼 때 武王이 商을 멸한 뒤 말은 華山의 남쪽에, 소는 桃林의 들에 풀어놓았다는 기록을 가지고 굳이 소를 武備로서 사용하지 않게 되었다고 해석할 필요는 없다. 紂王에 의해 약탈적으로 徵發된 犧牲들을 소모해 버리지 않고 다시 放牧시켜 增殖에 도움이 되도록 했다는 의미 정도로 받아들여도 무방할 것이다.

연구자들은 卜辭 자료에 나타나는 犧牲 숫자의 막대함에 현혹되어 商시기 牧畜業의 발전상을 강조하곤 한다. 물론 農業이 미약한 수준에 있던 상황에서 牧畜業이 상대적으로 부각될 수는 있다. 그러나 商末의 活況은 祭祀와 戰爭에 의해 비정상적으로 확대된 需要를 보인 것일 뿐이라는 지적도 있지만[106)] 牧畜業의 발달이라는 상황을 이야기한다기보다 祭政—致의 사회 구조로 인한 犧牲의 과도한 需要, 그리고 需要와 供給의 불안정한 상황을 보여준다고 이해하는 것이 더 옳다. 예컨대 卜辭에는 또한 막대한 수의 人牲이 나타나고 있는데 이 자료를 가지고 인구의 증가를 말하기는 곤란하지 않은가.

---

105) 沈載勳,《甲骨文》(民音社, 1990)은 孟世凱의 《殷墟甲骨文簡述》(文物出版社, 1980)을 편역한 것인데 p.213에서 항상 1천 마리 이상이 제사에 사용되도록 준비되어 있었다고 한다. 근거 자료로 든 "降뺌千牛千人" 卜辭는 단 하나의 사례만이 확인되고 있고 그 규모에서 예외적인 것으로 보이므로 이를 근거로 대량 공급이 확보되었다고 보기는 어렵다.

106) 劉興林, 〈論商代畜牧的發展〉,《中國農史》1994-4. 이 논문은 종래의 통설에 이의를 제기한 주목할 만한 연구이다. 劉興林은 家畜 소비의 성황은 商都인 殷墟 일대의 통치 계급에 국한된 것이고 牧畜業이 결코 당시 農業의 비중을 능가하지 않았으며 祭祀와 戰爭에 의해 비정상적으로 확대된 需要를 보인 것이라고 지적하였다.

Ⅳ. 西周시기 犧牲의 需給 체계

1. 周禮의 성립과 犧牲 需要의 규제

그러면 西周시기에는 家畜 犧牲의 需要-供給에 있어서 어떠한 변화가 나타나는가. 西周의 경우 犧牲의 사용 실례를 검토할 수 있는 방법이 제한되어 있다. 商은 卜辭를 통해 어느 정도 추적할 수 있었지만 周는 문헌에 단편적으로 나타나는 자료들뿐이다. 다만 禮를 정리한 문헌들은 犧牲의 연구에 유용한데 《周禮》나 《禮記》, 《儀禮》의 관련 諸篇에는 家畜 犧牲에 대해 풍부한 자료가 수록되어 있다. 근래 거듭 출토되는 새 자료들 때문에 疑古的 경향이 퇴색되어 가면서 특히 中國의 많은 연구자들이 諸禮書를 거리낌없이 西周 자료로 이용하고 있기는 하다.[107] 그러나 아직도 문제점들이 다 해결된 것은 아니다. 우선 諸篇의 성립 시기가 문제되지만 성립 시기와 관계없이 자료 자체가 부분적으로 春秋 이전의 상황을 반영하는 측면이 있기 때문에 이 점은 크게 문제되지 않는다. 다음으로는 理想化된 禮制를 소개하고 있기 때문에 현실과 거리가 있을 수 있다는 점인데 사실은 이 부분이 더 문제된다. 그러나 역시 出土 자료라든가 당시의 자료인 다른 문헌들을 통해 신빙성을 보완하는 방법으로 문제를 해결해 나갈 수 있을 것이다.

우선 《呂氏春秋》 12紀와 《禮記》 月令篇 가운데 四時의 운행에 照應시킨 禁制에 대해 주목할 필요가 있다. 다만 12紀와 月令篇의 내용이 그대로 西周시기의 실정을 반영하는가에는 논란의 여지가 있을 수 있으므로 여기에서 西周 초기의 자료로 주목받고 있는 《逸周書》[108]를 함

---

107) 《周禮》의 경우 이러한 경향이 두드러진다. 《周禮》에 대해서 다음을 참조. 楊善群, 〈論周禮的制訂在歷史上的進步作用〉, 《學術月刊》(上海) 1984-11; 彭林, 《周禮主體思想與成書年代研究》(中國社會科學出版社, 1991) ; 劉起釪, 〈周禮眞僞之爭及其書寫成的眞實依據〉, 《古籍整理與研究》, 中華書局, 1991 ; 李學勤, 〈從金文看周禮〉, 《綴古集》, 上海古籍出版社, 1998.

께 검토해 보자. 다음은 錯簡 때문에 해석이 애매한 곳이 많지만 西周의 소비에 대한 규제, 특히 四時와의 관련을 보여주는 부분들이다.

① 工人이 재료를 사용하거나 商人이 財貨를 유통시키고 百物·鳥獸·魚鼈(을 이용하는 데) 때를 맞추어 하지 않음이 없다(〈程典解〉).[109]
② 소와 양은 나이를 다 먹지 않았으면 잡지 않는다(〈程典解〉).
③ 사냥을 하고 물고기를 잡는 것은 반드시 때를 가려 한다. 胎中에 있거나 새끼인 가축을 잡지 않는다(〈文傳解〉).[110]
④ 春 3개월 동안에는 山林에 도끼를 갖고 들어가지 않음으로써 草木이 자라날 수 있게 하며 夏 3개월 동안에는 하천과 습지에 그물이나 數罟를 갖고 들어가지 않아 물고기와 자라들이 자라날 수 있게 한다(〈大聚解〉).

程典解의 인용문은 文王이 紂王의 失政을 개탄하며 지은 典範 가운데 일부분이고 文傳解는 文王이 아직 商의 諸侯였을 때 太子發, 즉 후일의 武王에게 내린 가르침 가운데 일부분이다. 大聚解는 周公이 禹의 제도를 받아들여 공표한 것이라 한다.[111] 이들을 통해 西周에서는 四時

---

108) 《逸周書》의 史料的 가치에 대해서는 楊寬, 〈論逸周書—讀唐大沛《逸周書》分編句釋手稿本〉, 《中華文史論叢》 1989-1. 本書 가운데에는 戰國이나 漢代에 작성, 편입된 부분도 있어서 西周 史料로서의 신뢰도에는 篇마다 편차가 있다. 다만 검토가 진행됨에 따라 더 많은 부분의 史料的 가치를 인정하는 경향이 있다. 黃懷信·張懋鎔·田旭東, 《逸周書彙校集注》(上海古籍出版社, 1995) 上 序言.

109) "工攻其材, 商通其財, 百物鳥獸魚鼈, 無不順時".

110) "畋漁以時, 童不夭胎, 馬不馳騖, 土不失宜". 錯簡 때문에 해석이 어렵다. 盧文弨는 《太平御覽》을 인용하여 "畋獵唯時, 不殺童牛, 不夭胎. 童牛不服, 童馬不馳不騖"라 注하였는데 이를 따른다. 《逸周書彙校集注》上, p.254.

111) 《逸周書彙校集注》 序言에 의하면 程典解篇은 春秋시기 論者들에 의해 이미 거론되었던 것으로 미루어 성립시기가 비교적 빠른 편에 속하는 것 같다. 〈世俘解〉篇 등 商周 교체를 직접 전달한다고 생각되는 篇들처럼 신뢰도가 높지는 않아도 西周의 史料로 보는 데는 무리가 없을 것이다. 〈文傳解〉篇과 〈大聚解〉篇도 서술 경향에서 〈程典解〉와 일치하는 점 등으로 볼 때 역시 西周 성립 시기의 사실을 전한다고 볼 수 있다.

의 運行에 순응하면서 資源의 낭비를 막는다는 인식이 商周 교체 이전부터 형성되어 있었음을 알게 된다. 이러한 인식은 犧牲 소비의 절제로 이어지고 있었다.《周易》旣濟卦에는

　　　동쪽의 이웃이 소를 잡아 (제사를 지내지만) 서쪽 이웃이 (검소하게) 여름 제사를 지내는 것만 못하다(東隣殺牛, 不如西隣之禴祭也).[112]

한 내용의 爻辭가 나오는데 이 爻辭를《禮記》에서는 사치한 제사보다는 검소해도 성의를 갖춘 제사가 효험이 있음을 입증하는 자료로 인용하고 있다.[113]《禮記》의 注에서 後漢의 鄭玄은 동쪽 이웃은 商을, 서쪽 이웃은 周를 가리키는 것으로 보았는데 이 견해는 현재도 받아들여지고 있다.[114] 그렇다면 이 爻辭는 周에서 제사를 검소하게 지내는 경향이 있었음을 알게 해주는 자료이다.《逸周書》의 서술 경향을 보아도 資源에 대한 절제된 소비로 德政을 베푼다는 내용이 중요한 줄거리를 이루고 있는 것이다.[115] 이렇게 보면《逸周書》에 흔적이 남아 있는 月令의 맹아는 이후《呂氏春秋》12紀나《禮記》月令篇의 月令으로 발전하였다고 생각된다. 周의 정책이 禮制에 반영되면서 月令으로 정리된 것이 아닐까.

　《呂氏春秋》12紀에 의하면 孟春에는 山林川澤에 제사 지내면서 암컷

---

112) 原文은 너무 간단하여 의미를 파악하기 힘들다. 그러나《鹽鐵論》〈孝養〉篇에는 文學의 발언 가운데 이 구절을 인용하고 이어서 富貴하고도 禮를 갖추지 못한다면 貧賤하면서 孝養을 실천하는 것만 못하다고 하였다. 原義를 잘 파악하고 있다 생각되므로 이를 참조하였다.

113)《禮記》〈坊記〉. 本篇에는 이 爻辭가 인용되어 있는데 爻辭 뒤에 "實受其福"이라는 문장이 덧붙여져 있다.

114) 許宏烋,〈周易中所見氏族制崩壞期社會經濟之發展〉,《食貨》 4-4, 1936 ; 王廷洽,〈《周易》狩獵和畜牧硏究〉, 陝西歷史博物館編,《西周史論文集》 上, 陝西人民敎育, 1993.

115) 본문에 인용한 사례들 외에도 淫祭를 금하고 있는 〈命訓解〉, 豊凶에 따른 需要 조절을 다루면서 특히 饑饉에 따른 검약을 강조하고 있는 〈糴匡解〉, 饑饉時 需要의 억제를 규정하고 있는 〈大匡解〉, 四時에 順應한 資源의 이용을 주장하고 있는 〈文傳解〉의 내용들을 참조.

을 犧牲으로 쓰지 않으며 어린 짐승이나 새끼를 밴 짐승을 잡지 않는다. 仲春에는 祭祀에 犧牲을 사용하지 않고, 季春에는 소와 말의 수컷을 牧場에 풀어놓아 암컷과 교배시킨다고 하였다.《禮記》月令篇의 내용도 大同小異하다. 이렇게 四時의 운행과 조화시킨 禁制가 명시되고 있는데 여기에서 흥미로운 사실이 발견된다. 家畜 犧牲은 물론 狩獵의 대상이 되는 짐승들도 生育 주기가 四季의 운행과 반드시 합치하지는 않는다는 것이다.[116] 다만 放牧의 환경 아래에서는 家畜이 봄이나 여름에 出産할 경우 용이하게 새끼를 키울 수 있다는 이점이 있을 뿐이다. 그리하여 굳이 季春의 交配를 유도하였기는 하다. 그렇다 해도 四時와 禁制가 연결된 것은 현실적인 필요성 때문만이 아니라 四季의 운행을 人事에 상징적으로 연계시킨 소치라고 생각된다.[117] 어쨌든 四季의 운행에 照應시킨 禁制는 가축에 대해서도 需要에서는 절제를 유도하는 동시에 안정된 생산 조건을 만드는 방향으로 작용하였던 것 같다.[118]

---

116) 우선 姙娠 주기가 말은 330~345일, 소는 278~294일, 양은 145~153일로서 말을 제하면 1년의 주기와 합치되지 않는다. 교배가 가능한 發情시기를 보면 말은 계절과 무관하고 소는 계절과 무관하지만 다만 여름이 상태가 좋으며 양의 경우 가을부터 초겨울에 발정이 더 활발하다고 한다. 계절에 관련해서는 양의 경우 放牧의 환경 아래에서 풀이 풍족해지는 봄에 태어난 새끼들만이 살아날 수 있다고 하였다. 소의 경우 만약 봄에 交接이 된다고 하면 태어나는 시기가 겨울이 될 가능성이 높다. 이들의 飼養을 일괄해서 1년의 운행과 관련지어 파악할 수는 없다. 任文淳·張京鎭,《새技術로 엮어진 實用畜産全書》, 서울, 1989.

117) 이러한 점에서 공동체의 재생산 유지를 위해 불가결하였던 자원의 보호를 民이 익숙한 주술적 타부에 의해 성취하고자 한 것이 12紀에 표현되었다고 본 견해는 타당하다. 李成九,《中國古代의 呪術的 思惟와 帝王統治》(一潮閣, 1997), p.264.

118) 한편《逸周書》에 의하면 作況에 따른 消費의 조절에도 관심을 보이고 있다.〈糴匡解〉, "成年, 年穀足, 賓·祭以盛"; "年儉穀不足, 賓·祭以中盛"; "年饑, 則勤而不賓, 擧祭以薄"; "大荒, 有禱無祭"; "(大荒)俾民畜唯牛羊";〈大聚解〉, "立祭祀, 與歲穀登下厚薄, 此謂德敎". 다만 諸禮에서도 作況에 따른 조절에 관심을 보이지만《逸周書》와 같이 作況에 따라 그때그때 조절하는 단순한 방식이 아니라 수년의 평균치를 구하는 보다 합리적인 방식으로 발전하고 있다.《禮記》〈王制〉, "量入以爲出, 祭用數之仂…

西周가 성립된 후 방만하였던 商의 祭祀에 대한 정비가 이루어진 것 같다.[119] 일단 西周에도 商의 祭儀 또는 用牲 방식은 상당 부분 그대로 계승되었다. 예를 들어 燎祭라든가 沈祭, 埋祭 등은 周의 祭禮에서도 확인된다. 그러나 燎祭라 해도 대상에 따라 제사 방식이 고정되는 식으로 변화하고 있다.[120] 또한 沈祭나 埋祭를 보면 商末에는 河에 대해서도 埋祭를 올리고 社에 대해서도 沈祭를 올린다든지 하여 대상에 따라 제사 방식이 정해진 것은 아니었다.[121] 그런데 西周가 되면 川澤에 대해서는 沈祭, 山地에 대해서는 埋祭 하는 식으로 제사 대상의 屬性과 조화시키는 방식으로 정리된 것 같다.[122] 특히 주목되는 사실은 後述하듯이 用牲의 종류와 수량에 대한 규제가 제도화된다는 점이다.

방만한 제사에서 가장 문제된 것이 犧牲의 과도한 소비였음은 이미 지적하였지만 이제 祭禮 일반에 있어서 犧牲의 사용에 제한이 가해지게 된다. 《禮記》 王制篇을 보면[123]

> 天子의 社稷에는 모두 大牢를 쓰고 諸侯의 社稷에는 모두 小牢를 쓴다… 天地에 祭祀 지내는 소는 송아지로서 그 뿔이 처음 나와 누에고치나 밤 열매와 같은 것을 쓴다. 宗廟에 바치는 소는 (좀더 자라) 뿔의 크기가 주먹만한 것을 쓴다. 諸侯들은 까닭 없이 소를 죽이지 못하고, 大

喪用三年之仂. 喪祭, 用不足曰暴, 有餘曰浩. 祭, 豊年不奢, 凶年不儉".

119) 王暉, 〈周初改制考〉, 《中國史研究》 2000-2. 王暉는 西周 초기에는 商의 祭禮를 계승한 부분이 적지 않았지만 周公에 이르러 先祖 祭祀, 用牲 방식 등에 개혁이 이루어졌다고 보면서 周公制禮作樂을 인정하였다.

120) 《周禮》〈春官 · 大宗伯〉, "以禋祀祀昊天上帝, 以實柴祀日月星辰, 以槱燎祀司中司命風師雨師".

121) 黃河에 대한 祭祀 사례 卜辭의 ②, ③社에 대한 祭祀 사례 卜辭의 ①, ④, ⑥.

122) 《周禮》〈春官 · 大宗伯〉, "以血祭祭社稷五祀五嶽, 以貍(埋의 잘못인 듯) 沈祭山林川澤". 의미에 대해서는 《周禮正義》 卷33 같은 條의 疏를 참조.

123) 《史記》〈封禪書〉에는 漢의 文帝가 博士諸生들로 하여금 6經의 내용들로부터 따다가 王制篇을 만들라고 하였는데 後漢末의 盧植에 의하면 本篇이 바로 이 王制篇이라고 한다. 그러나 성립시기가 前漢初였다고 해서 내용까지 後代의 것으로 이해할 필요는 없을 것이다.

> 夫는 까닭 없이 양을 죽이지 못하며, 士는 까닭 없이 개나 돼지를 죽이
> 지 못한다. 庶人은 까닭 없이 진기한 음식을 먹지 못한다. 평시의 음식
> 은 (祭祀 때의) 牲肉보다 나아서는 안 된다(밑줄 필자).

하여 犧牲의 消費에 대한 규제가 있었다. 위에서 살펴본 대로 商시기
의 社祭를 보면 犧牲의 종류나 수량 모두 들쭉날쭉이지만 많은 경우
십여 頭의 소를 쓴 적도 있다. 그러나《書經》召誥에 의하면 周公이
洛邑에 成周를 건설할 때 먼저 郊에서 소 2頭를 써 제사 지내고, 다음
날은 社를 세우면서 소와 양과 돼지를 각각 1頭씩 썼다고 한다.[124] 이
는 天子의 社稷에 大牢를 올린다는 王制篇의 규정에 합치한다. 이와
같이 西周에서는 禁制를 통한 犧牲 需要의 절제, 그리고 需要의 적절
한 억제가 이루어지고 있었다.

한편 祭祀는 이제 그대로 伴食, 즉 祭祀에 수반된 燕食과 결합되고
있다. 伴食으로부터 卿(또는 鄉)이 출현하였고 卿은 共祭共食에 참여
하는 자였다는 지적이 있지만[125] 祭禮에 이은 伴食이 제도로서 정착되
는 것은 周의 禮로부터 비롯하는 것 같다.

> (大夫는) 작은 양이나 작은 돼지로 祭祀 지내도 (祭禮에 참석한) 百
> 官들이 모두 족하지만 (諸侯는) 大牢로 祭祀 지내도 꼭 남는 것은 아니
> 다. 이렇게 (조절하는 것을) 稱이라고 한다.[126]

당시 제사에 참여하고 燕食를 향유하는 이들은 王 또는 諸侯들과 勸
力을 공유하는 신분이 되었다. 여기에서 大牢(또는 太牢)는 牛·羊·豕

---

124) “若翼日乙卯, 周公朝至于洛, 則達觀于新邑營. 越三月丁巳, 用牲于郊, 牛
二. 越翼日戊午, 乃社于新邑, 牛一羊一, 豕一”.

125) 李玄伯,〈家邦通論〉, 杜正勝編,《中國上古史論文選集》下, 臺北, 1979(原
1939年稿), pp.951-952.

126)《禮記》〈禮器〉. 같은 禮器篇에는 인용문의 아래에 “先王이 禮를 제정할
때 (적어야 할 때) 많지 않게 하고 (많아야 할 때) 적지 않도록 하였으니
오직 그 정도에 알맞게 하였을 뿐이다(先王之制禮也, 不可多也, 不可寡也,
唯其稱也)”라 하여 稱의 의미를 해설하고 있다.

를 갖추는 것이지만 아래《大戴禮》의 인용문에 보이듯 경우에 따라 소만으로도 大牢라 한 것 같다. 한편 少牢는 羊·豕를 조합한 것인데 역시 경우에 따라 양만으로 小牢라 하기도 하였다. 小牢의 비중이 낮았던 것은 말할 나위 없이 소에 비해 양과 돼지는 쉽게 求得할 수 있었기 때문이겠지만 西周의 禮制에서는 犧牲 사이의 차별이 명확해지면서 犧牲을 祭需로 쓰는 牢禮는 다음과 같이 신분상의 중요한 표지가 되었다.

> ① 다섯 종류 犧牲의 先後와 貴賤을 서술하면, 諸侯의 祭祀 犧牲은 소를 쓰는데 太牢라 말하고, 大夫의 祭祀 犧牲은 양을 쓰는데 小牢라 말하며 士의 祭祀 犧牲은 돼지 하나를 쓰는데 饋食이라 한다(《大戴禮》天圓篇).
> ② 이러한 까닭에 君子(즉 大夫 이상의 신분)[127]가 大牢로서 祭祀 지내는 것은 禮라 하고 보통 士가 大牢로 祭祀 지내는 것을 攘(즉 도적질하는 것)이라 한다(《禮記》禮器篇).

한편 西周의 禮制에서는 제사의 燕食뿐만 아니라 賓客禮에서도 많은 수의 犧牲이 소비된다. 周禮의 특징 가운데 하나가 祭禮와 동등한 비중을 둘 정도로 賓客禮가 강조되고 있다는 점인데,《禮記》에서는 "喪祭之用, 賓客之交, 義也"(禮器篇)라 하여 祭禮와 賓客禮를 並稱할 정도로 중시하고 있다.《周禮》에서도 예를 들면 太宰의 직책 중에는 9式에 걸쳐 節制하며 財用을 균등하게 할 것이 포함되고 있는데, 그중 첫째가 祭祀의 式이고 둘째가 賓客의 式이었다.[128] 또한 禮法에 따라 各官이 祭祀, 朝覲, 會同, 賓客, 軍旅, 喪荒, 田役에 대해 갖추어야 할 것들을 갖추도록 감독한다고도 하였다.[129] 外府의 역할로서 祭祀와 賓

---

127) 본문의 君子를 大夫 이상인 자로 해석한 것은 鄭玄의 注를 따른 것이다. 《禮記注疏》卷23.

128)《周禮》〈天官·冢宰〉. "以九式均節財用. 一曰祭祀之式, 二曰賓客之式, 三曰喪荒之式, 四曰羞服之式, 五曰工事之式, 六曰幣帛之式, 七曰芻秣之式, 八曰匪頒之式, 九曰好用之式".

129) 위와 같음.

客 등에 소요되는 財用의 幣帛 및 賜與의 財用을 공급하는 것을 기술하기도 하였다.[130]

　祭禮와 賓客禮 兩者는 財貨의 需給에서 차지하는 비중도 그중 높았던 것으로 보인다. 이들 兩者 사이에는 需要, 儀式 등의 측면에서 相通하는 부분이 적지 않았다고 여겨지는데 특히 家畜 犧牲의 사용에 대해서는 賓客에의 燕食에서는 어떻게 규정하고 있는가.

　　① (天子가) 諸侯를 맞이할 때는 들러리가 7人이며 7牢로 대접한다. 大夫를 맞이할 때는 들러리가 5人이며 5牢로 대접한다.(《禮記》禮器篇)
　　② 天子가 諸侯에게 이르면 諸侯는 한 마리의 송아지로 음식을 마련한다.…大夫들의 聘禮에는 脯와 醢를 쓴다.(《禮記》禮器篇)

　牢는 3牲 즉 牛·羊·豕를 갖춘 것을 말한다고 하니[131] 大牢에 해당한다. 7牢가 侯에 대한 饗應의 기준임은 《周禮》를 통해서도 확인되고 있지만(後述) 秦穆公이 포로가 된 晉惠公을 諸侯의 禮에 따라 7牢로 접대하고 돌려 보냈다는 기록[132]은 牢制의 원칙이 현실에서 실천되고 있었음을 알게 해준다. 祭禮가 燕食과 결합되고 賓客에 대한 饗應이 자리잡으면서 이제 食生活은 禮制의 핵심으로 자리잡게 되었다. 《禮記》에서는 "禮의 출발은 飲食으로부터 출발한다"(禮運篇) 하여 8政의 처음에 食政을 들고 있는데[133] 食政에서 家畜 犧牲은 특히 핵심적인 위치를 차지하였던 것 같다. 그리하여 春秋시기 楚의 觀射父는 周의 제사를 설명하는 가운데

　　天子는 大牢를 (식사로) 올리고 會로 제사 지낸다. 諸侯는 소 한 마

---

130) 《周禮》〈天官·冢宰〉, "凡祭祀·賓客·喪紀·會同·軍旅, 共(=供)其財用之幣帛, 賜與之財用".
131) 《周禮正義》卷71〈大行人〉, "其他皆如諸子之禮".
132) 《左傳》僖公15年 10月條, "秦伯…改館晉侯, 饋七牢焉".
133) 《禮記》〈王制〉, "八政；飲食, 衣服, 事爲, 異別, 度, 量, 數, 制".

리를 올리고 大牢로 제사 지낸다. 卿은 小牢를 올리고 소 한 마리로 제사 지낸다. 大夫는 돼지 한 마리를 올리고 小牢로 제사 지낸다. 士는 魚炙을 먹고 돼지 한 마리로 제사 지낸다. 庶人은 蔬菜를 먹고 물고기로 제사 지낸다.[134]

하여 신분에 따른 음식의 규제를 전하고 있다. 대체로 周禮와 합치하는 것이지만 이와 같이 食政에서 肉食은 지배 신분을 구별하는 중요한 기준이 되어 있었던 것이다.

이와 같이 牛羊 등 대형 家畜의 需要는 원칙적으로 士大夫 이상 지배 계층들에 국한된다. 祭禮의 원칙상 士 신분 아래에서는 牲肉을 쓰지 못하게 되어 있던 상황에서 家畜의 消費는 지배 신분을 나타내는 표지로서 중요한 역할을 하였던 것 같다. 이러한 분위기가 남아 있던 春秋初에 大夫들에 불만을 가진 어떤 이가 "고기 먹는 자들이란!" 하고 大夫들을 비난하였다는 기록은 당시의 실정을 잘 반영한다.[135]

2. 周의 禮制와 犧牲 家畜의 需給

이와 같이 周의 禮에서는 犧牲의 需要에 대해 節氣에 따른 규제, 豊凶에 따른 규제, 그리고 身分에 따른 규제 등의 갖가지 禁制가 있었음을 확인하였다. 그러면 이제 시각을 供給, 그리고 이와 연결된 流通의 측면으로 돌려보자. 이 문제를 검토하는 과정에서 먼저 王制篇의 "犧牲은 市에서 매매하지 않는다"는 제한에[136] 부딪히게 된다. 비단 犧牲

---

134) 《國語》〈楚語下〉, "天子舉以大牢, 祀以會. 諸侯舉以特牛, 祀以大牢. 卿舉以小牢, 祀以特牛. 大夫舉以特牲, 祀以小牢. 士食魚炙, 祀以特牲. 庶人食菜, 祀以魚". 韋昭의 注에 의하면 會는 三大牢에 해당하고, 特은 하나, 牲은 돼지를 의미한다고 한다.

135) 《左傳》莊公10年, "十年春, 齊師伐我, 公將戰. 曹劌請見. 其鄕人曰, ‘肉食者謀之, 又何間焉?’ 劌曰, ‘肉食者鄙! 陋, 未能遠謀’."

136) "凡執禽以齊衆, 不赦過. 有圭璧金璋, 不粥於市. 命服命車, 不粥於市. 宗廟之器, 不粥於市. 犧牲不粥於市. 戎器不粥於市. 用器不中度, 不粥於市. 兵車不中度, 不粥於市. 布帛精麤不中數, 幅廣狹不中量, 不粥於市. 姦色亂正色, 不粥於市. 錦文珠玉成器, 不粥於市. 衣服飮食, 不粥於市. 五穀不時, 果實未

에 그치는 것이 아니다. 圭璧金璋, 命服命車, 宗廟之器, 兵戎器 등 西周 貴族들이 전문적으로 소비하는 물품들이 모두 市에서 거래할 수 없게 되어 있었다.[137] 그러면 어떠한 방식으로 犧牲들이 流通되었을까? 우선 가장 비중이 컸을 西周 王室의 調達 과정에 초점을 맞춰보자.

《禮記》에 의하면 大史(太史)가 諸侯의 서열을 매겨 皇天上帝와 社稷에 바칠 犧牲을 賦課하며, 同姓의 邦國에는 寢廟에 제공할 芻豢 즉 꼴을 먹는 犧牲을 바치게 하고, 宰로 하여금 卿大夫로부터 庶民에 이르기까지 土田의 數를 헤아려 山川과 名川의 제사에 쓰일 犧牲을 賦課시켰다고 한다.[138] 한편 《周禮》에 의하면 이 밖에도 國中과 四郊의 人民, 六畜의 숫자를 파악하여 政令에 대비하며 때때로 賦를 徵收하는 閭師가 있는 것을 보면[139] 徵發이 가장 중요한 수단의 하나였을 것이다. 개개의 家畜에 대해 구체적으로 살펴보자.

《周禮》를 검토해 보면 王室의 犧牲 調達에 관계된 官職으로 牧人, 牛人, 充人, 羊人 등이 나타난다.[140]

> ① 牧人은 六牲을 목축하여 그것들을 번성하게 함으로써 祭祀의 牲과 牷[141]을 제공하는 일을 맡는다.…모든 祭祀에 犧牲을 공급할 때

熟, 不粥於市. 木不中伐, 不粥於市. 禽獸魚鼈不中殺, 不粥於市"(밑줄 필자).

137) 위와 같음.

138) 《禮記》〈月令·季冬〉, "乃命大史次諸侯之列, 賦之犧牲, 以共皇天上帝社稷之饗. 乃命同姓之邦, 共寢廟之芻豢. 命宰歷卿大夫至于庶民土田之數, 而賦犧牲, 以 共山林名川之祀".

139) 《周禮》〈地官·閭師〉, "閭師, 掌國中及四郊之人民六畜之數, 以任其力, 以待政令, 以時徵其賦".

140) 李成珪, 〈中國 古代 抑商 정책의 사회사적 배경 : 賈와 祭儀의 관계를 중심으로〉, 《古代中國의 理解》 3, 1997, pp.63-67에서는 《周禮》의 祭物 調達 과정을 다루면서 家畜과 관련된 庖人, 羊人, 犬人, 巫馬, 馬質을 분석하고 있다.

141) 牲은 보통의 犧牲이고 牷은 純色의 犧牲을 가리킨다. 《周禮》 본문에서는 뒤를 이어 "凡陽祀用騂牲毛之, 陰祀用黝牲毛之. 望祀各以其方之色牲毛之. 凡時祀之牲必用牷物. 凡外祭毀事用尨可也"라 하여 外祭의 경우는 잡털이 섞인 犧牲을 써도 되지만 중요한 祭祀에는 각기 그 祭祀에 맞는 純

는 充人에게 주어 기르게 한다.(地官·牧人條)

② 牛人은 나라의 公牛를 길러 나라의 政令에 대비하는 일을 맡는다. 모든 祭祀에 祭物로 바칠 소나 福을 구하는 데 쓸 소를 공급하여 樴人[142]에게 주어 먹이게 한다. 모든 賓客의 일에 牢禮, 積, 膳[143]으로 쓰일 소를 공급한다. 賓射禮에 향응을 제공할 때[144] 요리로 쓰일 소를 제공한다. 모든 會同, 軍旅, 行役에서 앞이나 옆에서 받쳐 줄 소[145]를 공급해 公器를 운반하도록 한다. 모든 祭祀에 소 犧牲을 담을 器物들을 제공하여 일에 대비한다.(地官·牛人條)

③ 充人은 祭祀에 쓰일 牲과 牷을 맡는데 五帝를 제사 지낼 때는 牢에 묶어 두어 세 달간 먹이고 先王에게 제사 지낼 때도 이와 같이 한다. 모든 散祭祀의 犧牲은 國邑의 城門에 묶어 두어 (祭祀 직전에) 기르게 한다.(地官·充人條)[146]

④ 羊人은 양 犧牲을 맡는다. 모든 祭祀에서 새끼 양을 淨化시키며 祭祀에서 양 犧牲을 해체하여 그 머리를 바친다.…賓客을 대접할 때는 (牢禮, 積, 膳에 쓰일) 法羊을 공급한다. 모든 沈辜, 侯禳, 釁漬[147]에 쓰일 양을 공급한다. 만약 牧人이 犧牲을 제공하지 못할 때는 司馬로부터 布를 받아 (자신의 屬人인) 賈로 하여금 犧牲을 사들여 공급하게 한다.(夏官上·羊人條)

色의 犧牲을 써야 한다고 하였다.

142) 《周禮正義》 卷23의 注. 《周禮》 本文은 職人으로 되어 있지만 樴人의 뜻으로서 樴은 말뚝을 의미하는데 樴人은 公牛 가운데 고른 소를 매어 두고 기르는 牧人, 充人이나 芻牛人과 같은 직책이라고 해석하였다.

143) 牢禮는 賓客에 대한 饗宴, 積은 賓客이 필요로 하는 財物을 제공하는 것, 膳은 閒禮로 賓客을 접대하는 것을 의미한다. 《周禮正義》 卷23〈牛人〉의 注.

144) 《周禮正義》 卷23의 疏에 의하면 賓射의 禮에는 燕食이 반드시 따른다고 한다.

145) 《周禮正義》 卷69〈秋官·罪隸〉의 疏에 의하면 大車의 앞에서 끄는 소를 牽, 밖에서 보조하는 소를 傍이라 한다고 하였다. 牛車를 직접 끌거나 옆에서 보조하는 소들을 牛人이 공급한다는 뜻으로 보아야 한다.

146) 《周禮正義》 卷23 疏에 의하면 大祭祀에서 淨化를 위한 3개월의 飼養이 필요한 것과 달리 散祭祀는 단지 열흘 이내의 飼養으로 되었다고 한다.

147) 沈辜는 贖罪를 위해 沈祭하는 것, 侯禳은 푸닥거리, 처음 사용하는 釁漬는 兵器 등에 피를 바르는 祭祀를 말한다. 《周禮正義》 卷50〈小祝〉의 疏, 卷57〈羊人〉의 疏 참조.

이 밖에 말의 供給과 관리에 관련된 馬政을 총괄하는 校人이 있다.[148] 일단 牧畜, 飼養은 牧人의 책임이었고 牛人, 羊人 등은 우선 牧人으로부터 犧牲을 제공받았던 것 같다. 牧人→牛人(→充人), 또는 牧人→羊人(→充人) 이러한 경로를 통해 소와 양 犧牲을 調達하였던 것인데 양의 공급 과정을 보면 이러한 調達 방식에 따르되 필요한 犧牲을 충족시키지 못할 때는 屬人인 賈[149]로 하여금 市에서 구입하도록 되어 있다. 充人은 아마 祭祀를 위해 犧牲의 淨化 과정이 필요하였기 때문에 설치되어 있었던 직책 같은데, 인용문에서 특별히 언급하고 있지는 않지만 市에서의 구입과 같이 不淨한 경로로 취득한 犧牲을 처리하는 과정에서 充人의 역할은 더 필요하였을 것이다. 그런데 羊人의 屬人에 賈가 보이는 것과는 달리 牛人에서는 보이지 않는다.[150] 그렇다면 특히 소의 경우만 市賣가 금지된 것인가? 《周禮》에는 市의 貨賄·六畜·珍異에 대한 일을 관장한 司市가 따로 나타나고 있다(地官·司市條). 그렇다면 家畜들의 賣買를 인정해야 되지만 혹시 六畜은 家畜들을 포괄적으로 지칭한 것이고 특정한 종류의 家畜만이 제외되었을 가능성은 없을까. 여기에서 말의 경우 馬政을 총괄하는 것으로 보이는 校人이 아니라 馬質의 屬人 가운데 賈가 배치되어 있는 점을 주의할 필요가 있다. 《周禮》에는 6畜, 6獸, 6禽의 공급을 맡았다고 하는 庖人이 따로 존재한다(天官·庖人條). 6畜의 調達을 맡은 별도의 官職으로 庖人이 존재하는 것은 食料

---

148) 말은 本稿에서는 주된 검토의 대상이 아니므로 간단히 소개한다. 말은 武備와 委身財로서의 중요성 때문에 중시되어 馬政에 관련된 직책은 꽤 복잡하다. 夏官 司馬條에 의하면 牧人 이외에도 말의 구입을 맡은 馬質, 養馬를 촉진하는 趣馬, 말에 관련된 祭祀와 질병 치료를 맡은 巫馬, 放牧을 맡은 牧師, 天子의 마굿간인 12閑 관리를 맡은 庾人, 畜養의 실제 책임자인 圉人들을 감독하고 교육시키는 圉師 등이 있다.

149) 李成珪, 앞의 논문. 賈는 吏와 徭役 징발자의 중간 성격을 지닌 존재로서 (pp.57-62), 賈는 商賈의 起源이 되기는 하였지만 단순한 商人으로서의 성격 보다 聖物 즉 祭物 調達者로 보아야 한다는 지적은 주목할 필요가 있다 (pp.79-80).

150) 《周禮》〈地官·司徒〉, "牛人中士二人, 下士四人, 府二人, 史四人, 胥二十人, 徒二百人"；〈夏官·司馬〉, "羊人, 下士二人, 史一人, 賈二人, 徒八人".

로서의 측면에서 6畜의 需要를 감안한 것이다. 燕食의 중요성이 증가하고 특히 家畜에 대한 食料로서의 필요성이 증대함에 따라 다른 官職들이 家畜의 調達을 맡기도 한 것이다. 그러나 庖人은 동시에 祭祀의 好羞 즉 고급 食料, 喪事의 庶羞 즉 일반 食料를 調達하기도 하고 봄에는 새끼 양과 새끼 돼지, 가을에는 송아지와 새끼 사슴을 공급하고 있다. 그런데 庖人은 牛人, 羊人 등으로부터 6畜을 공급받기도 하지만 賈를 屬人으로 두고 있어서[151] 市에서 購入, 調達하기도 하였던 모양이다. 결국 소도 필요할 때에는 市에서 買入하였다고 보아야 한다.

이들을 종합하면 적어도 犧牲에 관한 한 徵發, 그리고 자체 牧地로부터의 供給과 함께 市買의 방식으로 調達하였던 것 같다. 다만 徵發의 경우는 구체적인 경로가 확인되지 않는데, 두 가지 가능성이 예상된다. 첫째는 牧人에게 전달되어 관리를 거쳤을 가능성, 둘째는 각기 牛人, 羊人 등에 전달되었을 가능성이나 현재로는 단정짓기 어렵다.

이상에서 《周禮》를 중심으로 살펴본 것은 일단 王室에서의 需要-供給으로 한정된다. 西周시기에는 보다 방대한 需要가 諸侯들과 諸侯國의 지배층인 士大夫 신분으로부터 나왔을 것이다. 그러면 이들의 需要는 어떻게 충족될 수 있었을까. 현재로서 供給 방식을 확인하기는 어렵다. 다만 流通의 형태를 검토함으로써 우회적으로 供給 방식을 추정해 볼 수 있을 따름이다. 《禮記》曲禮下篇에서는 祭祀 때

> 天子는 (특별히 飼養한) 純色의 소를 쓰고 諸侯는 살찐 소를 쓰며 大夫는 구득한 소라면 (아무 것이라도) 괜찮다. 士는 양과 돼지를 쓴다(天子以犧牛, 諸侯以肥牛, 大夫以索牛, 士以羊豕).

하였다. 鄭玄의 注에 의하면 犧牛와 肥牛는 골라서 특별한 飼養 과정을 거친 소, 索牛는 구해 얻은 소라는 뜻으로 어떤 소라도 괜찮다는 의미라고 한다.[152] 상식적인 추측이지만 大夫 자신의 牧畜 飼養과 같은

---

151)《周禮》〈天官·冢宰〉, “庖人, 中士四人, 下士八人, 府二人, 史四人, 賈八人, 胥四人, 徒四十人”.

자체 調達을 의미하는 것은 아닐 것이다. 그러나 市에서의 犧牲 거래를 금지한 원칙이 준수된다면 調達이 어떻게 가능할까. 아마 현실에서는 어쩔 수 없이 市賣를 용인할 수밖에 없었을 것이고 그에 따라 현실을 반영한 이러한 규정까지 나왔을 터이지만 그보다 원칙에서도 이러한 제약을 보완하지 않으면 안 되었을 것이다.

그렇다면 家畜 犧牲의 需要를 충족시키면서 供給과 연결시키는 연결고리는 무엇이었을까 하는 근본적인 의문이 제기된다. 필자는 祭禮와 賓客禮 등 禮制를 통해서 流通 구조가 움직이고 있었던 것이 아닐까 가정해 보았다. 다시 말해 대상을 犧牲에 국한시켜 본다면 禮制에 의해 규정된 需要-供給 방식이 西周시기 流通 구조의 핵심이었다는 뜻이다.

祭禮에 대해서는 이러한 관점에서 이미 살펴본 대로이지만, 그러면 周禮에서 비중이 높아진 賓客禮의 경우는 어떠한가. 賓客禮의 실정을 알려면 賞賜와 交聘의 문제에 대해 주의할 필요가 있다. 周 王室에서 賞賜가 빈번하게 행해지고 있었음은 金文 자료들을 통해 확인되고 있지만[153] 이들 가운데에는 犧牲의 賞賜 사례도 보인다. 다만 소와 양의 賞賜 사례는 말과 비교할 때 극히 드물다. 대표적인 사례를 들어보자.

① 明公은 亢師에게 鬯酒와 金과 小牛를 賜與하며 秉祭에 쓰라고 말하였다. (또) 令에게 鬯酒와 金과 小牛를 賜與하였다.[154]
② 너에게 瓚과 璋 넷, 穀 하나, 宗彝 하나를 주니 장차 寶器로 사용하라. (또) 너에게 말 열 필과 소 열 마리를 준다. (또) 凵에 田 하나, 宲에 田 하나, 隊에 田 하나, 戴에 田 하나를 준다.[155]

---

152) 《禮記注疏》의 注 및 王夢鷗 註譯, 《禮記今註今譯》上(天津古籍出版社, 1987), pp.55-56.

153) 黃然偉, 〈殷周靑銅器賞賜銘文硏究〉, 앞의 책 참조.

154) 郭沫若, 《兩周金文辭大系圖錄攷釋》下, p.5b 〈令彝〉, "明公賜亢師鬯金小牛, 曰用秉, 賜令鬯金小牛". 明保는 周公의 아들 伯禽로서 魯의 諸侯가 된 인물인데, 인용문은 伯禽이 亢師와 令에게 賞賜한 것을 기록하고 있다.

155) 郭沫若, 《兩周金文辭大系圖錄攷釋》下, p.85b 卯段條, "賜汝瓚璋四, 穀一, 宗彝一, 將寶. 賜汝馬十匹, 牛十. 賜于凵一田, 賜于宲一田, 賜于隊一田, 賜于戴一田". 焚伯인 季가 卯에게 賞賜하였다는 내용인데 시기는 西周 중기

賞賜에는 冊命 賞賜와 非冊名 賞賜가 있어서 兩者 사이의 구별이 엄격하다는 사실이 지적되고 있지만[156] 여기 인용한 사례는 모두 非冊命 사례에 해당된다. 이들을 제외하고 확인되고 있는 犧牲 賞賜의 사례는 불과 몇 개에 불과하다.[157] 앞의 金文에서는 鬯酒, 金 즉 靑銅, 그리고 송아지를 하사하여 本祭를 지내게 하였는데 이와 같이 犧牲으로서 家畜을 賞賜하고 있었다. 뒤의 사례에서는 소 10頭가 어떤 용도로 賞賜된 것인지 분명치 않다. 다만 田土의 賞賜에 수반된 것으로 미루어 상징적인 服牛로 賜與되었을 가능성은 있다. 두 사례를 통해 賞賜에는 王에 의한 賞賜뿐만 아니라 諸侯로부터의 賞賜도 있었음을 알 수 있다.

賞賜는 殷代에도 행해지고 있었지만 靑銅器의 사례로 보아 西周시기의 빈번함에는 비교되지 않는다.[158] 한편 金文을 보면 賞賜의 대상으로 馬車와 馬匹의 사례가 頻出한다.[159] 이는 소, 양 등 犧牲 사례가 희소한 사실과 대조되지만 그러면 왜 이러한 현상이 나타났는가. 旣述하였듯이 犧牲들 사이에 차등화가 진행된 때문이다. 말은 馬車와 결합되어 冊命 儀式의 일부에 포함될 만큼 중요한 禮物로 자리잡게 되었다. 그리하여 주지하듯 지배 신분의 가장 중요한 표지 가운데 하나가 되었다. 商시기의 많은 墓葬에서 말들이 때로는 말만, 때로는 馬車와 세트로 全牲으로 副葬되었던 사실[160]로부터 이러한 현상은 이미 商末에 시작되었음을 알 수 있다. 상대적으로 소와 양은 비중이 떨어지게 되었

로 본다. 黃然偉,〈殷周靑銅器賞賜銘文研究〉, 앞의 책, pp.194-195,〈西周賞賜器物表〉.

156) 陳漢平,〈冊命金文所見西周輿服制度〉, 人文雜誌編輯部編,《西周史研究》, 北京, 1984, p.193 ; 詹子慶,〈周禮和西周社會〉, 陝西歷史博物館編,《西周史論文集》上, 陝西人民敎育, 1993.

157) 黃然偉,〈殷周靑銅器賞賜銘文研究〉, 위의 책, pp.194-195,〈西周賞賜器物表〉에 의하면 본문에 인용된 사례 외에 양 100頭를 賞賜한 예와 소 3頭를 賞賜한 예가 있을 뿐이다.

158) 위와 같음.

159) 위와 같음.

160) 李自智,〈殷商兩周的車馬殉葬〉, 陝西歷史博物館編,《周文化論集》, 三秦出版社, 1993.

고 그리하여 冊命 賞賜의 품목에서는 제외되었던 것 같다. 그러나 이미 사례를 검토한 대로 非冊命 賞賜에 소와 양이 대상으로 포함되고 있었음은 분명하다.

필자는 賞賜를 賓客禮의 범주에서 파악하였다. 다만 賞賜는 禮 가운데에서도 예외적인 절차에 속하지만 그럼에도 불구하고 諸禮書에서는 賓客禮의 일환으로 파악한 듯하다.[161] 이 문제에 대한 구체적인 논의는 다른 기회로 미루기로 하고 다음에는 賓客禮 가운데에서도 일상적인 交聘禮에 대해 살펴보자. 交聘禮를 관장한 大行人은 大賓의 禮와 大客의 儀를 주관하였는데 大賓들인 諸侯들에 대해 어떻게 대우하였는가 (《周禮》秋官·大行人條).

上公 : 들러리 9人, 9牢의 燕禮, 入境과 出境時 5積의 賜與.
諸侯 : 들러리 7人, 7牢의 燕禮, 入境과 出境時 4積의 賜與.
諸子 : 들러리 5人, 5牢의 燕禮, 入境과 出境時 3積의 賜與.

한편 諸侯들을 모아 燕食을 베푸는 경우는 12牢를 제공하였다.[162] 諸侯에 대해 7牢가 제공되었던 것은 앞에서 《禮記》禮器篇을 통해 살펴본 대로이지만 이러한 사례를 통해서도 《禮記》나 《周禮》가 동일한 周禮를 원형으로 하고 있었음을 추정할 수 있다. 大行人條에 의하면 이 밖에 諸伯은 諸侯에 準하고 諸男은 諸子에 準한다고 하였다. 그런데

---

161) 《禮記》〈聘義〉에서는 主國이 客을 대접하는 禮物의 종류와 수량을 언급한 뒤 때때로 행하는 賞賜는 정해진 수가 없는데 이는 禮를 극진히 하기 위해서라고 하였다. "燕與時賜無數, 所以厚重禮也. 古之用財者不能均如此, 然而用財如此其厚者, 言盡之於禮也". 또한 《周禮》〈天官冢宰〉篇에는 外府의 역할 가운데 "凡祭祀·賓客·喪紀·會同·軍旅, 共(=供)其財用之幣齎, 賜與之財用"라고 한 부분이 나오는데 문맥상 '凡' 이하의 문장이 하나로 연결된 것으로 본다면 (바로 다음에는 "凡邦之所用皆受焉" 문장이 이어짐) 祭祀 등에 쓰일 賜與의 財用을 공급하는 것도 역할에 포함된다고 볼 수 있다. 그렇다면 祭禮, 喪禮, 賓客禮, 會同禮, 軍禮 등에서 이루어지는 賜與는 《周禮》에서는 禮制의 범주 속에서 파악하고 있었던 것 같다.

162) 《周禮》〈秋官·掌客〉, "合諸侯而饗禮, 則具十有二牢".

이들에게 賜與되는 積에는 牢, 米, 禾, 芻, 薪이 포함된다.[163] 위에서 살펴본 대로 牢는 牛·羊·豕를 의미하지만 燕食뿐 아니라 賜與 대상에도 家畜 犧牲이 들어 있다. 이상은 周王의 諸侯에 대한 交聘禮이지만 諸侯들 사이에도 入出境時 3積을 제공하며 5牢를 饗應하도록 되어 있었다.[164] 이와 같이 소, 양 등 家畜 犧牲의 賜與는 交聘禮의 절차 가운데 常制로 포함되어 있었음을 알 수 있다.

한편 말을 제외한 犧牲 家畜 중에서도 소는 양이나 돼지와는 格을 달리하였다. 그리하여 牢禮에서 소가 포함되는지의 여부에 따라 大牢와 小牢가 구분되고 있기도 하지만 《周禮》에서는 같은 犧牲의 공급을 관장한 官職 가운데에서도 羊人, 犬人은 下士가 맡는 데 비해 牛人은 中士가 맡게 되어 있다. 이유는 肉類의 품질이나 家畜의 크기 때문이기도 하였겠지만 무엇보다 動力源으로서의 중요성이 가치를 더 높였을 것으로 생각한다.[165] 이미 1章에서 살펴본 대로 西周에서는 소가 물자의 運送 수단으로 널리 사용되기 시작하고 있었다.

이제 소나 양 등 犧牲 家畜은 신분 표지로서의 食관습을 겸한 肉類의 섭취, 動力源 등 현실적인 효용성을 근거로 需要가 확대되어 갔다. 祭禮에서의 需要도 어디까지나 燕食을 염두에 둔 것이었다. 효용성을 근거로 家畜의 需要가 증가하였다는 점은 副葬品에서 家畜 犧牲의 규모가 줄어드는 사실을 통해서도 간접적으로 확인할 수 있다. 주지하듯이 家畜의 副葬 규모는 商과 西周 사이에 큰 차이를 보인다. 春秋시기에도 일부 祭祀 유적에서 副葬이 확인되기는 하지만[166] 副葬品으로서

---

163) 《周禮正義》 卷71의 注, "每積有牢禮米禾芻薪".

164) 《禮記》〈聘義〉, "主國待客, 出入三積, 餼客於舍, 五牢之具陳於內, 米三十車, 禾三十車, 芻薪倍禾, 皆陳於外. 乘禽日五雙, 羣介皆有餼牢, 壹食再饗".

165) 岡村秀典, 앞의 보고서, p.13. 家畜이 食物을 통해 섭취한 에너지를 食肉으로 전환시키는 비율은 돼지가 35%, 양은 13%, 소는 6.5%로 소가 가장 낮다고 한다. 肉類만을 위해 飼育한다면 소는 적어도 農耕 지역에서는 경제성이 돼지에 비해 훨씬 떨어지는 家畜이 되는 것이다.

166) 岡村秀典, 앞의 논문 p.77에서는 雍城 유지에서 발견된 春秋 후기 秦의 祭祀坑들과 新田에서 발견된 春秋 초기에서 戰國초에 걸친 祭祀坑들을

家畜 犧牲은 급감하는 추세였다.

이와 같이 西周에서도 家畜에 대한 需要는 계속 늘어났을 것이지만 현실적으로 안정된 供給 체계를 갖추고 있지 못하고[167] 分權的인 통치 구조 때문에 流通마저 원활하지 못하였을 西周시기에 需要와 供給은 어떻게 연결될 수 있을까. 그 연결고리는 무엇이었을까. 여기에서 필자는 祭禮, 賓客禮 등을 통해 안정되고 지속적인 需要의 창출이 필요하였던 원인을 찾았던 것이다. 商에서 賞賜의 예가 별로 눈에 뜨이지 않는다는 사실도 당시의 사회 단계에 적합한 需給 체계가 제대로 작동하고 있지 않았다는 증거일 것이다. 이러한 상황을 타개하는 데 있어서 周의 制禮는 적절한 역할을 하였다고 할 수 있다.

西周에 성립된 禮制에서는 단지 需要의 억제만을 염두에 두고 있지 않았다. 諸侯들에 대한 賓客禮를 통해서도 확인할 수 있듯이 한 번의 交聘에 소모된 犧牲의 수는 결코 적은 것이 아니다. 그리하여 《禮記》 聘義篇에서는 交聘時 禮物의 定數를 열거한 뒤,

> 宴會나 때때로 賜與하는 데에는 정해진 숫자가 없는바 이는 禮를 존중하기 때문이다. 옛날에 누구나 이렇게 (풍성하게) 財貨를 쓸 수 있었던 것은 아니었다. 그러나 財貨를 소비하는 것이 이와 같이 厚하도록 (규정한) 것은 禮를 극진히 하기 위해서이다.

라 하였다.[168] 결국 禮의 실행을 통해 지속적이고 고정적인 需要가 창출될 수 있었던 것을 이와 같이 표현한 것이다. 이는 商 말기의 방만한 祭祀라든가 불안정한 需要와 供給 체계 등과 비교할 때 중대한 변

소개하고 있다. 그런데 특히 晉의 祭祀坑에서는 牛村古城南 유지를 예로 들면서 空坑이 52基인 데 비해 牛坑 1基, 羊坑 3基, 말과 羊의 합장坑이 1基로 되어 있다고 한다. 犧牲 副葬의 감소 추세를 확인할 수 있는 것이다.

167) 商末에 犧牲의 유통이 불안정하였고 이러한 현상은 西周 초기에도 지속되고 있었음을 앞에서 지적하였다.

168) 註161의 《禮記》 原文.

56

화이다. 祭禮에서의 일정한 需要, 그리고 賞賜나 交聘을 통해 표현되는
賓客禮에서의 需要 등은 西周의 禮制가 통용되는 지역이라면 대부분
일정한 규모로 需要가 지속되는 구조를 만들 수 있었다. 이렇게 祭禮
나 賓客禮 등을 통해 需要가 창출되고 이를 전제로 供給이 되는 방식
이 禮制에 의해 규정되어 있었던 것이다.[169] 《周禮》에서 많은 官職을
통하여 百物의 供給 방식에 대해 상세하게 언급하였던 것은 禮制의 특
성상 필연적인 결과이다.

끝으로 이러한 需給 구조는 일면 市場의 존재를 필요로 하면서도 다
른 일면에서는 市場 기능을 제한하였을 가능성이 있다. 실제 賣買를
통한 流通은 제한적이었을 가능성이 엿보인다. 말, 소, 또는 양이 화폐
로서의 매개 역할을 한 흔적이 발견되지 않는다는 점 때문이다.[170] 소
나 양이 활발하게 거래가 되고 있었다면 이동의 편리함이나 計量의 용
이함 때문에 물품 화폐로서 역할을 하게 되지 않았을까. 만약 그러했
다면 교환 매개로서 소 또는 양의 가치를 따진 數値 자료들이 발견되
어야 한다. 예컨대 소가 물품 화폐 구실을 한 雲南省의 少數 민족들
사이에는 소를 단위로 가지고 값을 매기거나 물건을 사는 일들이 성행
하였다고 한다.[171] 이러한 자료들이 눈에 뜨이지 않는 것이다. 여기에서
需要의 측면이든 供給의 측면이든 禮制가 작용하고 있었다는 점을 고
려해야 한다. 즉 祭禮의 대상으로서든 賓客禮의 대상으로서든 소에 대
해서는 禮制에 의해 성격이 규정되어 있고 그에 따라 犧牲으로서의 屬
性이 남아 있었기 때문에 流通이 市場에 전적으로 맡겨지기는 어려웠

---

169) 淸初 姚際恒은 交聘의 禮는 繁侈하여 聖人의 節儉의 가르침에 어긋나는
     것으로서 周制가 아니며 列國이 서로 교류하면서 나타난 春秋시기의 법
     도라고 보았으나 이러한 관점에서 볼 때 동의하기 어렵다. 陳祖武 點校,
     《儀禮通論》(中國社會科學出版社, 1999), pp.261-262, 卷8〈聘禮〉.
170) 姚政,〈論西周的貨幣〉,《四川師範學院學報(哲學社會科學版)》 1994-1. 西
     周에서는 商品 교환의 진전에 따라 여러 물품이 화폐로 사용되었는데 그
     것은 貝, 玉, 布, 斧斤, 皮, 金 또는 白金 정도라고 한다.
171) 汪寧生,〈'滇'人的經濟生活和社會生活〉,《雲南靑銅器論叢》,   同編輯組編,
     文物出版社, 1981, p.54.

다. 그러나《周禮》의 자료들을 통해서도 추정되듯이 役畜으로서의 역할이 증대되는 등[172] 현실적인 需要가 증가함에 따라 이면에서는 市賣의 필요성이 증가할 수밖에 없었다. 그 결과는 春秋시기에 들어가면 弦高가 소를 팔러 隣國을 돌아다닌 사실[173]에 의해서도 간접적으로 확인된다. 또한 孔子가 司寇를 맡은 뒤 魯에서 소와 말을 파는 이들은 투기를 노려 가격을 조작하거나 하지 않고 반드시 미리 적정가를 결정하고 買入을 기다리게 되었다는《荀子》의 기록[174]은 春秋末 家畜의 매매가 널리 확산되었음을 알려주는 좋은 예이다.

V. 맺음말 : 禮制와 流通 機能의 認識

商末에는 방만한 祭祀와 신분 과시를 위한 肉食의 유행으로 막대한 양의 家畜 犧牲이 소비되고 있었다. 中國의 연구자들은 商시기 卜辭 자료에 나타나는 家畜 사용의 수치에 끌려 商 牧畜業의 성과에 주목한다. 그러나 犧牲 관계 자료를 과연 牧畜業의 발달이라는 시각에서만 볼 수 있을까. 後代의 입장에서 보면 당시의 經濟力 수준으로는 이해하기 어려울 정도로 家畜 犧牲이 과도하게 소모되었다는 사실을 주목해야 될 것이고, 이는 당시 祭政一致의 풍조가 반영되었다는 점, 따라서 後代의 현실적인 효용성에 따라 家畜 犧牲이 소비된 것이 아니라는 점을 주의해야 한다. 그리하여 商의 비정상적으로 방만한 소비가 문제됨에 따라 需要를 적절히 조절할 필요성이 생기게 되고, 이러한 환경 가운데 西周의 禮制가 제정되었던 것이다. 그러나 문제는 과도한 消費

---

172) 羅西章,〈西周的畜牧業和漁獵〉,《西周史論文集》上, 1993.

173)《左傳》 僖公33年 春, "秦師及滑, 鄭商人弦高將市於周, 遇之, 以乘韋先, 牛十二犒師". 소를 팔러 다녔다는 明文은 없으므로 12頭의 소는 貨物을 실은 運送 수단이었을 수도 있다. 그러나 秦의 군대를 회유하고자 먼저 소의 가죽 4장(乘韋)을 바친 뒤 이어서 소를 바쳤다는 내용을 보면 12頭의 소는 팔기 위한 것이었을 가능성이 높다.

174)《荀子》〈儒效〉, "仲尼將爲司寇…魯之鬻牛馬者不豫賈, 必蚤正以待之也".

에만 있었던 것이 아니었다. 供給의 불안정은 더 심각한 문제였던 것 같다. 그리하여 안정된 供給 체계의 구축 역시 周에서 부딪힌 당면 과제였다. 이렇게 볼 때 禮制는 경제적인 측면에서만 분석한다면 적절한 需要를 창출하면서 그에 따라 生産의 안정된 기반까지 유지할 필요성에 의해 정비되었던 것이다. 다시 말하자면 禮制는 과도한 需要를 억제하는 데 그치는 것이 아니라 적절한 需要의 창출까지 가능케 하였다는 점을 주의해야 한다.[175] 이것은 周禮의 계산된 결과였을까, 아니면 의도하지 않은 효과였을까. 이 점에 대해서는 단정짓기 어렵다. 그러나 중요한 것은 적어도 《周禮》, 《禮記》 등 諸禮를 편집한 이들은 그 효과를 인식하고 있었다는 사실이다.

이상에서 필자는 西周의 分權的인 통치 구조에도 불구하고 禮制를 통해 안정된 流通 구조가 자리잡을 수 있었다고 추측하였지만 이는 《周禮》나 《禮記》와 같이 禮를 집대성한 문헌들에 의해 간접적으로 확인할 수밖에 없었다. 끝으로 本稿의 첫머리에서 제기한 문제, 즉 과연 周代에 있어서 禮의 경제적 역할은 어떠한 것이었을까 하는 문제를 이들 諸禮書에서는 어떻게 인식하고 있었는가 정리해 보자.

《說文解字》에서는 "禮란 鬼神을 섬기고 福을 불러들이는 것이라(禮, 所以事神致福也)" 하였다. 이는 事神이라는 禮의 본래 의미에 충실하게 해석한 것이라 생각된다.[176] 그러면 《禮記》와 《周禮》의 禮에 대한

---

175) 許倬雲, 〈周代的衣食住行〉, 同氏著, 《求古編》, 臺北, 1982, p.248. 許倬雲은 周代에는 農業의 발달에 따라 牧地나 산림이 점차 개간되어 肉食의 공급원이 줄어들어 富貴人만이 肉食이 가능하게 되었다고 한다. 흥미 있는 지적이지만 西周시기에 商시기보다 牧畜業이 오히려 더 발전하였다고 하는 연구도 있는 것을 보면 적어도 西周시기에 국한시키는 한 동의할 수는 없다. 唐嘉弘, 〈論畜牧和漁獵在西周社會經濟中的地位〉, 人文雜誌編輯部編, 《西周史硏究》, 人文雜誌叢刊 第2輯, 北京, 1984, p.34. 商과의 비교는 어렵겠지만 적어도 西周시기의 牧畜業 발전을 고려할 때 역시 생산을 需要와 연결시키기 위한 안정된 供給 체계의 필요성이 制禮의 동기 가운데 하나로 작용하였을 것이다.

176) 楊善群, 〈論《周禮》的制訂在歷史上的進步作用〉, 《學術月刊》(上海) 1984-11, p.40.

인식은 어떠한가.《禮記》曲禮篇에 "禮란 親한 것과 疎遠한 것의 구별을 짓고 사물의 서로 비슷한 것과 의심스러운 것을 명확히 하며 同類와 異類를 구별할 뿐만 아니라 일의 옳고 그른 것을 밝히는 것이라" 하였다.[177] 禮의 역할을 신분 질서를 정착시키는 것으로 보는 전통적인 이해 방식과 일치한다. 한편 禮에서 敎化를 통해 社會를 안정시키는 기능을 찾기도 하지만[178] 이러한 관점 역시 신분 질서의 정착과 相補的인 관계에서 禮를 이해하는 것이다. 그런데《周禮》春官 大宗伯條에는

> 禮樂으로써 天地의 조화와 온갖 財物의 생산에 화합함으로써 鬼神을 섬기고 萬民을 편안하게 하며 온갖 財物을 극진히 한다(以禮樂合天地之化百物之産, 以事鬼神, 以諧萬民, 以致百物).

하였다.《周禮正義》의 疏에서는 "以禮樂合天地之化百物之産" 구절에 대해 禮樂의 用度를 通論한 것이라고 해석하였다.[179] 또한《禮記》聘禮記의 注를 인용하여 "聖人은 禮樂을 만들어 萬物을 合聚하고 牲牢, 粢盛, 酒醴, 器服 등을 마련하여 祭祀, 賓客의 일에 대비하여 쓰일 수 있게 한다"고 설명하고 있다. 諸禮가 경제적 효과를 기대하였던 것은 분명하다. 禮制를 구성하고 있는 여러 요소들 가운데 특히 祭禮나 交聘禮 등을 통하여 禮制는 流通 기능을 발휘할 수 있었던 것이다. 이러한 점에서 교환 행위가 禮의 기원 가운데 하나였음을 인정하고 禮가 지닌 교환 즉 流通 기능을 분석한 楊向奎의 연구는 주목할 만하다.[180]

　禮制의 경제적 기능을 염두에 둔다면 戰國시대 이래 심심치 않게 제기되었던 侈靡의 논의가 어떠한 의미를 갖는지에 대해서도 이해할 수

---

177) "夫禮者, 所以定親疎, 決嫌疑, 別同異, 明是非也".

178) 楊善群, 앞의 논문, pp.40-41.

179)《周禮正義》卷35의 疏, "聖人制作禮樂合聚萬物, 爲牲牢粢盛酒醴器服之等, 以待祭祀賓客之事而用之也".

180) 楊向奎,《宗周社會與禮樂文明》(北京人民出版社, 1992), pp.229-244. 그는 potlatch라고 하는 贈送의 관습이 流通과 밀접한 관련이 있는데 이 potlatch가 발전하여 禮의 상당 부분을 구성하였다고 보았다.

있게 된다. 특히 侈靡가 需要의 창출을 통해 經濟上 活況을 유도한다
는[181] 측면을 고려한다면 社會의 통합에 需要의 창출과 이를 토대로 한
流通의 안정이 어느 정도 중요하였는지 인식하고 있었다는 증거로 볼
수 있을 것이다. 흥미 있는 사실은 周의 武王이 侈靡하였다는 說話가
佚文으로 남아 있다는 점이다.[182] 이는 紂王의 暴政을 바로잡고 민심을
안정시키기 위해 儉約을 실천하였다는 전통적인 武王의 인상과는 전혀
다르다. 물론《逸周書》가운데 商을 멸망시킨 뒤 막대한 숫자의 犧牲
을 소비하였다는 기록이 있는 것처럼 武王에 대한 이러한 시각을 뒷받
침하는 사실이 없는 것은 아니다.[183] 그러나 武王의 행적에 대해서는
史料 검토가 더 이루어져야 할 것이지만 기록의 실제 여부는 차치하더
라도 왜 武王이 侈靡하였다는 說話가 뒤에 전해지게 되었을까.

여기에서 필자는 이 說話를 통해 禮制가 요구된 환경을 읽어낼 수
있을 것으로 생각한다. 商周 교체 후 地方勢力들의 통합이라는 당면
과제에 접한 西周로서는 그 방법의 하나로서 財貨의 유통도 절실한 문
제였던바, 지배층인 士大夫들을 중심으로 안정적인 需要를 창출함으로
써 分權的인 상황에서도 나름대로의 流通 구조가 구축되기를 바라는
西周 王室의 고민이 이 說話에 잠재해 있다고 보고 싶다.

이와 같이 周의 禮制에는 需要의 창출이라는 계산이 들어 있었다.[184]

---

181) 郭沫若,〈侈靡篇的研究〉, 同氏著,《奴隷制時代》, 北京人民出版社, 1954.

182)《太平御覽》卷892에 수록된《管子》의 佚文, "武王爲侈靡, 令人豹襜豹裘,
方得入廟, 故豹皮百金, 臣家糴千鐘, 未得一豹皮".

183)《逸周書》〈世俘解〉, "(武王)用小牲羊犬豕於百神水土, 于誓社…用牛于天
于稷五百有四. 用小牲羊豕于百神水土社, 二千七百有一". 滅商 후의 祭祀에
서 소 504頭, 양과 돼지 2,701頭를 犧牲으로 썼다는 것인데 같은 篇에 수
렵으로 麋 5,235頭, 鹿 3,508頭를 잡았다는 기록도 있는 것을 보면 佚文
의 내용은 사실일 가능성이 있다. 다만 여기에서는《書經》등에 그려진
전통적인 武王像과는 다르다는 점이 중요할 뿐이다.

184)《禮記》〈禮運〉篇에서 "孔子曰…魯之郊禘非禮也, 周公其衰矣…故天子祭天
地, 諸侯祭社稷"라 하여 孔子의 말을 빌려 天地에 대한 祭祀는 天子의 일
인데 諸侯가 감행한 것은 僭濫이라고 한 것은 이러한 점에서 주의해 둘 필
요가 있다. 禮運篇에는 동시에 "故禮行於郊, 而百神受職焉. 禮行於社, 而百

그러나 周禮에서는 王室과 士大夫들을 중심으로 消費를 유도하여 需要를 창출하면서도 다른 일면에서는 儉約을 강조함으로써 보완 장치를 만들었다. 이 점에서 禮制는 교묘한 장치를 가지고 있다.《禮記》에서는 禮는 "많음을 貴한 것으로 여기는 경우도 있고 … 적음을 貴한 것으로 여기는 경우도 있다" 하여[185] 대조되는 논리를 설정하면서, '隆'과 '殺'의 상반된 개념을 수단으로 하여 일면 需要를 창출하면서도 일면 需要를 억제하는 구조를 만들었던 것이다. 그리하여 孔子를 빌려 "禮는 살피지 않을 수 없구나! 禮는 (형편에 따라) 한결같지 않으니 지나치게 풍성해도 안 되며 또 부족해서도 안 된다. 이를 일컫는 것이다"(禮器篇)라고 말하게 한 부분은 禮가 지닌 양면적인 역할을 적절하게 표현한 것이라 하겠다. 또한 禮의 이론을 발전시켜 누구보다 禮의 기능을 제대로 이해하였을 荀子는 "禮라는 것은 財物을 용도로 하고, 貴

貨可極焉. 禮行於祖廟, 而孝慈服焉. 禮行於五祀, 而正法則焉"라 하여 禮의 실천을 통해 物貨가 부족함이 없게 된다는 내용도 보인다. 이 가운데 주의할 부분은 둘째 구절인데 十三經注疏本《禮記》나 漢文大系本《禮記》의 해석을 따르면 땅에 제사 지냄으로써 地靈의 도움을 받아 五穀이 豊穰해지고 金玉이 드러나 모든 物貨가 넉넉해진다는 뜻으로 보아야 할 것 같다. 어쨌든 天地에 대한 祭祀를 통해 物貨를 넉넉하게 한다는 것이고, 그렇다면 天地에 대한 祭祀를 매개로 物貨의 창출이 天子에 귀속되는 책무로 인식되고 있었던 것이라 생각된다. 단지 문제는 첫째 인용문의 내용을 참고할 때 둘째 인용문 가운데 社에 대한 祭祀는 諸侯의 일이 아닌가 하는 점이다. 그러나 禮運篇의 앞뒤 문맥으로 미루어 둘째 인용문은 天子가 주관하는 禮의 효과에 대해 포괄적으로 언급한 것이다. 다만 諸侯의 社稷에 대한 祭祀가 天子의 天地에 대한 祭祀와 어떻게 관련되는가는 검토가 필요하다. 어쨌든 天地에 대한 祭祀가 天子의 일로 인식되었다는 것은 財貨의 창출도 기본적으로 天子 즉 周王이 주관하는 것으로 여겨지고 있었음을 의미한다.

185)《禮記》〈禮器〉, "禮, 有以多爲貴者…有以少爲貴者". 많음을 귀하게 여기는 사례로서《禮記》는 賓客禮에서 諸侯는 7介7牢, 大夫는 5介5牢로 신분이 낮아질수록 牢禮가 감소하는 것을 들었다. 적음을 귀하게 여기는 사례로서 社稷에 祭祀 지낼 때는 大牢, 즉 3牲을 모두 쓰지만 더 중한 祭祀 대상인 天에 祭祀지낼 때는 特牲, 즉 소 한 마리만 바치는 것으로 줄어들고, 天子가 諸侯들에 대해서는 7牢로 접대하지만 天子가 巡幸하여 諸侯들을 방문할 때는 송아지 한 마리로 접대하는 것을 들었다.

賤을 文飾으로 삼고, 많음과 적음을 가지고 차별을 하며, (때로는) 융성하게 치르고 (때로는) 간결하게 치르는 것을 要諦로 삼는다" 서술하였던 것이다.[186)

이와 같이 禮制가 지닌 流通의 기초라는 측면에 대해서는 여러 論者들이 이미 認識하고 있었다. 그러나 禮制에서 流通 기능으로서의 역할을 기대할 수 있었던 것은 祭禮나 食政에서 아직 종교적인 색채가 강하였던 시대까지였다. 이제 실용성에 따른 需要가 증가하면서 禮制에 기초를 둔 流通 구조는 해체되어 갔다. 변화의 요인은 이미 禮制가 근간을 이루고 있던 西周시기부터 존재하였지만 春秋시기가 되면서 비로소 流通 구조는 실용성에 근거를 둔 需給 체계로 변하기 시작하였던 것 같다.[187)

---

186) 《荀子》〈禮論〉, "禮者, 以財物爲用, 以貴賤爲文, 以多少爲異, 以隆殺爲要".
187) 李成珪 교수가 賈의 성격이 祭物 조달이란 聖職에서 官營 상품의 판매와 물자 구매를 담당하는 官商의 성격으로 변화하는 추세를 지적하고, 이 추세가 祭儀를 계기로 聖所에서 열리던 市가 城市 안으로의 이동하면서 상설시로 전환하는 변화와 병행한다고 논한 것은 이러한 점에서 시사하는 바 크다.(李成珪, 앞의 논문, pp.80-81) 다만 이러한 추세를 인정한다면 本稿에서 필자가 주목한 禮制에 표현된 유통 방식이 변화의 추세와 어떻게 연결되어 있었는가, 그리고 변화와 함께 禮制의 유통 기능은 완전히 해체되어 버렸는가 하는 문제들이 앞으로 검토가 필요한 부분이다.

中國古代의 求雨習俗과 徙市[*]

李 成 九[**]

Ⅰ. 徙市의 의미에 대한 재검토　　Ⅳ. 旱魃退治의 관념구조
Ⅱ. 市와 社·桑林·高禖　　　　　　Ⅴ. 맺음말
Ⅲ. 射日과 射鳥

Ⅰ. 徙市의 의미에 대한 재검토

筆者는 이전에 〈中國古代의 市의 觀念과 機能〉[1](以下 '前稿'라 칭함)이란 글을 발표하여, 원시단계의 市가 太陽神의 강림을 매개로 하여 祭禮와 集會, 行刑, 그리고 財貨의 비축 및 분배 등 포괄적 중대 행사가 거행되는 聖所임을 논증해 보았다. 그 뒤에 李成珪 교수는 〈中國古代 抑商 정책의 사회사적 배경—賈와 祭儀의 관계를 중심으로〉(《古代中國의 理解》3, 1997)에서 秦漢時代의 市籍者들이 본래 神殿을 管理하던 巫祝의 후예였음을 밝힘으로써 원초의 市가 성스러운 공간이었음을 보다 확실한 근거에서 입증해 주었고, 相田洋은 중국고대의 市가 異界로 통하는 境界에 설치된 異界로의 通路라는 입론을 제시했다.[2]

＊ 이 논문은 1998년도 학술진흥재단 자유공모과제 연구비에 의하여 지원되었음.

＊＊ 울산대 역사문화학과 교수

 1)《東洋史學研究》36, 1991；拙著,《中國古代의 呪術的 思惟와 帝王統治》(一潮閣, 1997), 第一章〈聖所·治所의 變化와 移動〉으로 修訂再錄.

특히 蕭兵은 市를 太陽神과 관련된 神聖中心으로 파악함으로써[3] 필자의 주장을 뒷받침해 주기도 했다.

그런데 이처럼 원초의 市를 太陽神의 강림장소로 이해할 경우에 문제가 되는 것은 市와 太陽神의 관련성을 의심케 하는 求雨習俗이다. 즉, 中國古代의 市가 降雨를 祈求하는 雩祭의 場으로 기능했는가 하면, 이와는 대조적으로 시장을 옮기는 이른바 徙市(移市) 행위가 求雨의 일환으로 거행된 사실이 그것이다. 필자의 궁금증을 더욱 증폭시키는 흥미로운 점은 漢代 이후 市에서 雩祭를 벌리던 습속이 사라진 뒤에는 徙市행위가 중국역대 正史를 비롯한 문헌에 핵심적 求雨習俗으로서 적지 않게 기록되어 있을 뿐만 아니라, 우리나라의 史書에도《三國史記》나《高麗史》에 간간이 보이다가《朝鮮王朝實錄》에는 엄청난 양의 사례가 확인되며, 일본에서도 동일한 求雨習俗이 존립했다는 점이다. 과연 太陽神이 祈雨祭의 대상이 될 수 있는가의 문제는 일단 차치하고라도, 도대체 降雨를 유발하기 위해 雩祭의 場인 市를 옮기는 행위는 어떻게 이해할 수 있단 말인가? 그런데 市에서의 雩祭와 徙市라는 求雨習俗은 一見 상반된 觀念의 소산으로도 보이지만, 어쨌든 양자의 求雨習俗의 출발점이 市라고 보면, 양자는 무언가 市에 대한 同一觀念의 연장선에 위치할 가능성이 높다. 문제는 양자의 습속을 지탱하는 저변의 관념이 무엇이었는가를 밝혀줄 만한 관련자료가 몇 가지에 불과할 정도로 극히 영성하다는 것이다.

市가 雩祭의 場이었음을 입증하는 자료는《詩經》〈陳風〉의 〈東門之枌〉의 내용이 유일하다. 市에서의 歌舞를 노래한 이 詩에는 '于差'와 '于逝'라는 어휘가 보이는데, 白川靜에 의하면 이는 바로 祈雨祭에서 巫가 내뱉는 吁嗟이기 때문에 이 詩는 祈雨祭에서의 歌舞, 즉 舞雩를 노래한 것이라[4] 한다. 필자 역시 前稿에서 〈東門之枌〉의 내용을 근거

---

2) 相田洋,《異人と市―境界の中國古代史》(東京 : 硏文出版), 1997.

3) 蕭兵,《中庸的文化省察》(湖北人民出版社, 1997), p.916.

4) 白川靜 譯注,《詩經國風》(東洋文庫 518, 東京 : 平凡社, 1990), pp.401-
   402 ; 同著《漢字の世界》1(東洋文庫 281, 東京 : 平凡社, 1976), p.71.

로 하여 거기에 보이는 市는 陳國의 東門 밖에 위치한 丘陵狀의 廣場을 지형적 배경으로 하며, 위치상 聖所로서의 市가 城邑 내부로 이전되기 이전의, 보다 원초적 단계의 市의 모습을 반영하고 있다[5]고 주장한 바 있다. 그렇다면 市에서 雩祭가 거행되었다는 것도 聖所로서의 市의 기능을 전제로 하는 것이라 할 수 있다.

한편 徙市의 含意를 엿볼 수 있는 용례도 《禮記》의 檀弓篇과 《春秋繁露》의 求雨篇 및 《論衡》의 明雩篇 등의 내용이 고작이다. 왜냐하면 문헌에 보이는 後代의 徙市는 원초적 의미나 본래의 취지가 완전히 망각된 채 단순히 화석화된 의례로서 답습되었기 때문이다. 우선 《禮記》의 사례를 검토해 보자.

> 가뭄이 들자 (魯)穆公이 縣子를 불러 물었다. "하늘이 오래도록 비를 내리지 않으니, 내가 暴尪하려 하는데 어떠한가?" (縣子가) 말하기를, "하늘이 비를 내리지 않는데 病者를 暴함은 가혹하니 不可하지 않겠습니까?" "그러면 내가 暴巫하려 하는데 어떠한가?" (縣子가) 말하기를, "하늘이 비를 내리지 않는데 이것을 어리석은 부인에게서 바라고 또 求하는 것은 소홀하지 않겠습니까?" "시장을 옮기면 어떠한가?" (縣子가) 말하기를, "天子가 崩御하면 7일 동안 巷市하고 諸侯가 薨하면 3일 동안 巷市하니 시장을 옮기는 것이 좋지 않겠습니까?"[6]

상기 내용에서 우선 엿볼 수 있는 戰國時代의 시대상은 呪術的 思惟와 理性的 思惟로 대별되는 新舊 세계관의 並存과 混淆이다. 穆公과 縣子가 각각을 대표하고 있다. 縣子는 합리적 세계관에 입각하여 暴尪과 暴巫의 주술적 효능을 철저히 부정하는 동시에 그 폭력성에 초점을 맞추어 이를 적극 부각함으로써 穆公으로 하여금 비폭력적인 徙市를 바람직한 求雨방식으로 채택하게끔 유도하고 있다. 그런 합리주의에

---

5) 拙稿, 〈中國古代의 市의 觀念과 機能〉, pp.6-7.
6) 《禮記集解》上 〈檀弓〉下, p.307, "歲旱 穆公召縣子而問然 曰 '天久不雨, 吾欲暴尪而奚若?' 曰 '天則不雨 而暴人之疾子 虐 毋乃不可與'. '然則吾欲暴巫而奚若?' 曰 '天則不雨 而望之愚婦人 於以求之 毋乃已疏乎?', '徙市則奚若?' 曰 '天子崩 巷市七日 諸侯薨 巷市三日. 爲之徙市 不亦可乎!'".

대비되는 穆公이 暴尫과 暴巫의 연장선에서 徙市를 거론했다고 볼 때, 徙市는 暴巫와 同類의 呪術的 求雨儀式임을 단언할 수 있다. 縣子의 徙市 수용도 '天人의 分'을 내세웠던 합리적 사상가인 荀子가 政治의 文飾수단으로서 祈雨祭와 같은 巫俗信仰을 활용하는 데 동의한 것과 같은 맥락에서 이해될 만하다. 그러나 또 한편 穆公이 합리주의에 밀려 暴尫이나 暴巫를 실천에 옮기지 못한다는 것은 이미 그러한 求雨習俗의 주술적 의미나 효험이 거의 망각, 퇴색의 단계에 이르렀음을 반증하며, 徙市 역시 대동소이한 지경에 처했을 것이다.[7]

　위의 인용에서 또한 주목되는 부분은 徙市와 巷市를 동일시하는 縣子의 설명이다. 巷市는 孔疏에 의하면 市場을 폐쇄하고 일용품은 邑里에서 교역하여 弔意를 표하는 것으로 되어 있으므로,[8] 徙市와 巷市의 본래 취지는 단순한 시장의 위치이동이라기보다는 폐쇄로 해석해 볼 만하다. 그런데 天子崩御에 따른 시장 폐쇄와 求雨의 일환으로서의 徙市가 동일한 차원에서 이야기된 이유는 무엇일까? 이에 대해 鄭玄은 徙市가 庶民의 喪禮로서 旱魃에 대한 憂戚의 표현이라 설명하고 있는데,[9] 이는 徙市와 동일시된 巷市가 弔意의 표현행위라는 것에서 유추한 해석으로 판단된다. 徙市가 呪術的 求雨행위임에 틀림없다고 보면, 鄭玄이 생존했던 後漢代에는 이미 徙市의 주술성에 대한 기억의 잔재조차 망각되었다고 일단 결론 내릴 수 있을 것 같다.

　아울러 鄭玄의 유추해석이 오류라면 天子의 崩御에 따른 巷市도 단순한 喪禮로 치부할 수 있을지 의심해 볼 만하다. 巷市를 喪禮로 규정하는 것은 市가 汚穢地域임을 전제로 하여 시끄럽고 더러운 市를 폐쇄

---

7) 상기 인용과 흡사한 내용은 《左傳》 僖公 21年條에 僖公과 臧文仲 간의 대화에도 보이는데 거기에는 暴巫尫이 焚巫尫으로 되어 있는 한편 徙市에 대한 언급은 없다. 이처럼 春秋시대를 배경으로 하는 焚巫尫가 戰國시대에는 暴巫尫으로 바뀌는 것도 주술적 의례의 폭력성에 대한 합리주의의 거부가 戰國에 들어오면 보다 진보했음을 입증한다.
8) 孔氏曰 "天子諸侯之喪 庶人憂戚 無復求覓財利 要有必須之物不得不求 故於邑里之內而爲巷市".
9) "徙市者 庶人之喪禮. 今徙市是憂戚於旱 若喪".

함으로써 슬픔을 표시한다는 것인데, 이는 어디까지나 후대의 市 인식이기 때문이다. 게다가 巷市가 都邑의 市를 폐쇄하는 것일 뿐 상행위 자체의 금지는 아니라는 점을 고려하면 그것이 喪禮로만 해석될 수 있는지 의문이다. 巷市가 古禮의 반영이라면 그것은 오히려 후대까지도 小太陽이나 태양의 후예로 인식, 상징된 天子의 죽음에 맞추어 태양신의 降臨地域을 일시 폐쇄했던 원초적 습속의 잔영일 가능성도 없지 않다(이와 관련된 논증은 후술). 다만 戰國時代에 붕괴된 禮의 재정립과정에서 신분에 따른 禮制의 등급화가 모색되면서 위의 인용에서 보듯 天子와 諸侯의 죽음에 따른 巷市 기간의 차등화가 입안되었으리라 추정할 수 있다.

　市의 폐쇄나 이동을 이처럼 태양신과 관련된 주술적 행위로 추정해 볼 때 주목되는 것이 火災에 대한 鄭의 조치를 언급한 다음과 같은 《左傳》의 내용이다.

　　　郊人들은 祝史를 도와 國邑의 북쪽을 소제하여 (祭壇을 만들고), (水神) 玄冥과 (火神) 回祿에게 火氣가 없어지도록 해달라고 빌고 四鄘에게 빌었다.…三日간 哭하고 國邑의 市를 열지 않았다.…7월에 鄭의 子産은 火災가 일어났던 연고로 크게 社祭를 거행하여 四方에 祓禳하여 火災의 厄을 털어냈다.(郊人助祝史　除於國北　禳火于玄冥·回祿　祈于四鄘…三日哭　國不市…七月　鄭子産爲火故　大爲社　祓禳於四方　振除火災)[10]

　위에서 3일간 哭하고 시장을 폐쇄한 것에 대해 杜預는 '示憂戚, 不會市', 즉 화재에 대한 근심과 슬픔의 표시라고 해석하지만, 이는 鄭玄의 徙市 해석과 마찬가지로 후세 儒家의 합리주의적 해석이다. 가령 《周禮》의 '女巫'條에 보이는 "凡邦之大災, 歌哭而請"이라는 구절은 哭이 소극적인 슬픔의 표시이기는커녕 災厄의 驅逐을 위한 적극적인 祈求의 일환임을 입증하고 있으며, 雩祭에서의 吁嗟 역시 비를 갈구하면서 탄식하고 울부짖는 呪文이나 呼哭으로 볼 수 있고,[11] 그런 의미에서 求雨

---

10)《左傳》昭公18年條.

祭는 哭禮라 할 수 있다. 그렇다면 상기 내용에 보이는 哭과 시장폐쇄
역시 火氣의 祓禳을 위한 呪術的 儀式으로 이해하기에 충분하다. 다만
春秋時代에는 이미 祝史가 주재하는 祭儀가 呪術性이 상대적으로 강한
辟邪 · 厭勝類의 巫俗을 대체하는 추세였기 때문에 哭과 시장 폐쇄는
부차적 儀式으로 밀려났다고 여겨진다. 또한 필자가 前稿에서 밝혔듯
이 春秋時代 鄭國의 市는 國邑의 東門 주위에 위치했는데, 상기하듯이
도읍의 북쪽에다 제단을 마련한 것이 北의 太陰氣로써 火氣를 祓禳하
려는 의도[12]라고 보면 동쪽의 市를 폐쇄하는 것은 陽氣의 억제를 위한
것으로 볼 수 있다. 반면에 2개월이 지난 뒤에 火災의 재발을 막기 위
해 社祭를 대대적으로 거행한 것은 社가 陰氣를 發揚하는 지역임을 보
여준다.

　　이상에서 살펴본 바와 같이 《禮記》와 《左傳》에 보이는 徙市 · 巷
市 · '國不市'는 漢儒 以來의 주석가들에 의해 모두 憂戚의 표시로 해석
되었지만, 이는 이른바 '市井'이라는 어휘에 집약된 汚穢地域으로서의
市에 대한 유가적 선입견을 전제로 한 오류로 판단된다. 徙市가 명백
히 呪術的 祈雨儀式이듯이 '國不市' 역시 火氣를 祓禳하기 위한 주술적
행위로 추정되기 때문이다. 이처럼 降雨를 유도하거나 火氣를 구축하
기 위해 市를 옮기거나 폐쇄하는 것은 市가 陽氣地域으로 인식된 때문
으로 해석할 수 있으며, 이런 인식의 연원은 원초의 市가 太陽神의 降
臨地域이라는 데 있다. 말하자면 太陽神이나 陽氣가 깃들어 있는 市를
이전하거나 폐쇄함으로써 陽氣=旱魃의 퇴치 · 소멸과 陰氣=降雨의 도
래를 꾀하는 것이다. 물론 성스러운 공간인 市를 옮기거나 폐쇄한다는
것은 神에 대한 도전과 모독일 수도 있고, 일부 求雨儀式이 神에 대한
모독이나 神像 학대를 통해 降雨를 도모하긴 하지만,[13] 과연 徙市가 그

---

11) 蕭兵, 《楚辭的文化破譯》(湖北人民出版社, 1991), pp.241-247 참조.

12) 杜預注, "爲祭處於國北者　就大陰禳火".

13) Michael Loewe, "The Cult of the Dragon and the Invocation of
　　Rain", Charles le Blanc and Susan Blader eds., *Chinese Ideas
　　about Nature and Society : Studies in Honour of Derk Bodde,*

런 부류의 태양신 모독행위인지는 의문이다. 그보다는 태양신 숭배의 쇠퇴단계에 나타난 辟邪·厭勝類의 주술로 추정되며, 따라서 〈東門之枌〉에 보이는 市에서의 雩祭가 보다 원초적인 求雨習俗을 간직하고 있다고 보아야 할 것이다. 후술하듯이 필자가 射日儀禮를 徙市나 巷市와 同軌의 呪術로 이해하려는 것도 그 때문이다.

徙市의 의미를 이처럼 陽氣地域인 市의 폐쇄나 移轉으로 일단 정리해 볼 때 부딪히는 최대의 난제는 秦漢時代에서의 徙市의 의미를 드물게나마 보여주는 《春秋繁露》의 求雨篇과 《論衡》의 明雩篇의 관련내용이 그것과 전혀 배치된다는 점이다. 필자는 이에 대해 求雨를 위한 徙市행위가 上古 以來 지속되었지만 市에 대한 관념의 변화 때문에 徙市를 지탱하는 저변의 관념도 바뀌었기 때문이라 해석하고 싶다. 우선 《春秋繁露》의 求雨篇을 검토해 보자.

〈求雨〉에서 확인할 수 있는 降雨呪術의 기본법칙은 陰陽交合과 ‘開陰閉陽’이다. 開陰閉陽이란 同類相引의 原理에 근거하여 陽에 속하는 것을 閉하고 陰에 속하는 것을 縱함으로써, 즉 抑陽盛陰함으로써 陰에 속하는 雨를 내리게 할 수 있다[14]는 것이다. 한편 陰陽交合은 구체적으로 ‘四時皆以庚子之日, 令吏民夫婦皆偶處’에서 드러나듯 백성 가운데 모든 부부들로 하여금 특정 날짜[15]에 성행위를 하도록 명령하여 降雨를 유발하는 것이다. 求雨를 위해 이처럼 성행위를 명령하는 것은 董仲舒가 呪術을 政治나 行政으로 인식했다는 증거이기도 하지만, 남녀

Hong Kong, 1987(Loewe, *Diviantion, Mythology and Monarchy in Han China*, Univ. of Cambridge Press, 1994 再錄, pp.150-151）; 黃强, 〈從“焚巫”“曝巫”到“曬菩薩”—中國民間求雨儀禮中贖罪觀念的形成與衍行〉, 《學習院大學東洋文化研究所調查研究報告》 37, 1993.

14) 《春秋繁露》〈同類相動〉, “天地之陰氣起 而人之陰氣應之而起 人之陰氣起 而天地之陰氣亦宜應之而起 其道一也. 明於此者 欲致雨則動陰以起陰 欲止雨則動陽以起陽 故致雨非神也”.

15) 庚子는 ‘더욱 번식한다’는 의미의 更孳와 同音이기 때문에 선택되었다고 한다(Derk Bodde, *Festivals in Classical China*, Princeton Univ. Press, 1975, “Introduction,” p.40). 그렇다면 이 역시 동종주술의 일환임은 두말할 나위 없다.

의 집단적 성교가 天地의 交感에 따른 甘雨와 豊收를 촉진한다는 同種
呪術관념은 미개사회와 고대민족에 보편적으로 확인된다고 볼 때 求雨
篇의 陰陽交合은 실현 가능성 여부야 어찌 되었든 그러한 上古 이래의
呪術的 관념을 충실하게 답습한 것 같기도 하다.[16] 그러나 求雨篇 전체
를 관류하는 開陰閉陽 또는 抑陽盛陰의 원칙에는 전통적인 鬼神論보다
는 기계적 陰陽二元論에 입각한[17] 작위성이 과다하다. 우선 求雨篇의
말미에 총결로서 제시된 "凡求雨之大體, 丈夫欲藏匿, 女子欲和而樂"은
開陰閉陽의 실체를 단적으로 드러내지만, 이러한 呪術的 관념은 先秦
時代에는 보이지 않던 것으로서, 董仲舒에 이르러 체계화된 政治思想
인 天人相關說의 呪術的 구체화라 볼 수 있다. 이처럼 董仲舒가 제시
한 求雨呪術은 전통적 呪術에 입각한 체계화가 아니라 哲學化된 주술
원리의 구체화였다. 이러한 작위성은 五行說에 맞추어 春·夏·季夏·
秋·冬 각 계절의 雩祭를 설정하고 雩祭의 장소나 祝·舞者의 服色,
龍의 색깔 등을 五行에 맞게 배당한 점에서도 확인되지만, 여기서 집
중분석될 徙市와 暴巫에서는 더욱 현저하다.

求雨篇에서 市는 이미 雩祭의 거행장소가 아니지만 핵심적인 求雨
儀禮는 市와 밀접한 관련을 갖는다. 이는 市에서 雩祭를 벌였던 원초
적 습속의 잔영인 듯도 하다. 이런 추측의 타당성 여부를 확인하기 위
해 우선 다음과 같은 내용부터 검토해 보자.

> 백성들로 하여금 邑里의 南門을 닫고 그 밖에다 물을 가져다 놓고,
> 邑里의 北門을 열고, 늙은 수퇘지를 갖추어 北門 밖에 가져다 놓으며

---

16) 그러나 〈止雨〉편에서 비를 그치게 하기 위해 官署에서 남편과 동거하
   는 관료 부인을 귀가조치한다는 조항("書十七縣 八十離鄕 及都官吏千石以
   下 夫婦在官者 咸遣婦歸")을 陰陽交合과 반대되는 陰陽分離로도 볼 수
   있을진대, 여기에는 이미 뚜렷한 작위성이 엿보인다고 할 수 있다.

17) 董仲舒가 "그러므로 비를 내리게 하는 것은 神이 아니다. 그럼에도 불
   구하고 神明같아 보이는 것은 그 道理가 微妙해서이다"(《春秋繁露》〈同
   類相動〉, "故致雨非神也. 而疑於神者 其理微妙也")라 한 것은 그러한 본
   질적 성격을 잘 드러낸다.

市中에도 수퇘지 한 마리를 가져다 놓도록 명령한다.[18]

　　上記하듯 남문을 닫고 북문을 여는 것은 閉陽開陰의 행위로서 후세의 求雨儀禮에서도 빈번히 확인되며 특히《朝鮮王朝實錄》에는 徙市와 함께 거의 천편일률적으로 등장한다. 그런데 북문을 열고 그 밖에다 늙은 수퇘지를 비치하는 것은 돼지가 北方과 陰氣에 해당되는 동물로 인식된 점을 고려하면[19] 陰氣의 조장이나 강화로 해석된다. 市中에 돼지를 비치하는 것 역시 동일한 효과를 겨냥한 행위임에 틀림없다고 볼 때, 市가 북문과 동일한 陰氣地域으로 설정되어 있음을 확언할 수 있다. 董仲舒가 市를 음기지역으로 인식한 것은 徙市에 대해 언급한 아래의 내용에서도 확인된다.

　　　　季夏(에 가뭄이 들면)…縣邑에 명령하여 10일 동안 시장을 邑의 南門 밖으로 옮기게 한다. 5일이 지나면 남자는 시장에 들어가지 못하도록 금지한다.[20]

　　우선 上記하듯 남자의 시장진입을 금지하는 것은 閉陽開陰의 일환이다. 그리고 시장을 남문 밖으로 옮기는 행위는 앞서 본 인용문에서 남문을 닫고 그 밖에다 물을 가져다 놓는 것과 동일한 발상의 소산이라 볼 수 있다. 즉, 남문을 닫고 그 바깥에 水=陰氣를 배치함으로써 남쪽으로 진입하는 陽氣를 차단하거나 격퇴하려는 의도와 동일하게 陰氣地域인 市를 남문 밖으로 옮기는 것은 市의 陰氣로써 閉陽하려는 壓勝呪術로 판단되기 때문이다.

---

18) "令民闔邑里南門　置水其外　開邑里北門　具老豭豬一　置之於里北門之外. 市中亦置豭豬一…".

19) 중국에서 上古 以來 돼지는 冥界·北方·水를 상징하는 동물로 여겨졌다. 이에 대해서는 葉舒憲,《中國神話哲學》(中國社會科學出版社, 1992), 第7章 7節〈商代人的圖騰編碼空間結構〉참조.

20)《春秋繁露》〈求雨〉, "季夏…令縣邑十日壹徙市　於邑南門之外. 五日禁男子無得行入市".

이처럼 《春秋繁露》에 보이는 市는 이제 聖所와는 전혀 무관한 단순한 陰氣地域으로 설정되어 있고, 徙市 역시 이런 관념의 연장선에서 위치한다. 원시 단계의 徙市가 설사 太陽神이나 旱鬼의 驅逐을 의미하지 않는다 할지라도 鬼神과 관련된 呪術이 분명할진대, 董仲舒의 주장처럼 陰氣를 옮겨 陽氣를 막는다는 기본관념에 기초하는 徙市는 원초적 주술의 철학적 변질이라 하지 않을 수 없다. 게다가 전술한 《左傳》의 내용처럼 邑의 북쪽에서 祭禮를 거행함으로써 火氣를 祓禳하는 例에 입각하더라도 董仲舒가 주장하는 徙市는 전통적 습속과는 동떨어진, 그야말로 '呪術을 위한 呪術'의 인상을 강하게 드러낸다.

그러나 어쨌든 秦漢시대에 市가 陰氣地域으로 인식된 것은 확실하다. 그 경위에 대해 필자는 前稿에서 태양신 강림의 성소였던 원초적 市가 세속권력의 대두와 함께 그의 본원적 기능을 朝(=조정)에 넘겨주고 陰氣를 상징하는 行刑의 場所로 전락했으며, 《周禮》의 내용에서 市를 宮城의 북쪽에 배치하는 '面朝後市'의 구도나, 王의 朝廷설립에 대비되어 后가 市를 설립한다는 내용은 그러한 변화를 단적으로 반영한다고 주장한 바 있다.

다시 본론으로 돌아가서, 求雨篇에 제시된 徙市가 원초적 의미를 이미 상실했다는 뚜렷한 증거는 同篇에 제시된 暴巫·暴尪 역시 원초적 단계의습속과는 전혀 동떨어진 도식적 '閉陽開陰'이라는 사실에서 확보된다. 求雨篇에 보이는 다음과 같은 巫·尪 관련 내용들을 검토해보자.

① 봄에 가뭄이 들어 비 내리기를 祈求할 때는…8일 동안 巫를 (햇볕에) 드러내고 尪을 모아둔다(春旱求雨…暴巫聚尪八日).
② (季夏의 가뭄에는 시장을 南門 밖으로 옮기고) 巫들을 시장 옆에 모아두고 그들을 위해 차양을 엮는다(聚巫市傍, 爲之結蓋).
③ 가을 (가뭄)에는 9일까지 巫와 尪을 (햇볕에) 드러낸다(秋暴巫尪至九日).

上記한 暴巫尪이 焚巫尪과 함께 商代의 卜辭에 확인된다는 것은 주지의 사실이다. 이런 儀式의 의미에 대해서는 女巫를 犠牲삼아 上帝에게 求雨하는 것이라거나,[21] 旱魃의 轉身인 尫이나 旱魃로 분장한 女巫를 暴하는 것은 바로 旱魃을 暴하는 상징적 행위라거나,[22] 또는 척박한 大地를 상징하는 巫를 暴함으로써 太陽의 자비로운 降雨를 유도하는 행위[23]라는 등 다양한 해석[24]이 있는데, 이 가운데 暴巫를 太陽에 대한 降雨의 유도라는 맥락에서 설명하는 것은 태양신의 강림장소인 원초적 市에서 巫가 吁嗟를 연발하면서 雩祭를 주재하는 것과 매우 흡사하다. 어쨌든 이런 다양한 해석에 의거할 때 暴(焚)巫尫이 본래 巫나 尫을 犠牲으로 하는 呪術的 求雨儀禮였던 것만은 분명하다.

　그러나 求雨篇에서 巫·尫을 暴·聚하는 것은 그들을 犠牲삼는 呪術이기는커녕 그들의 陰氣를 이용하여 陽氣를 퇴치하려는 것으로서 徙市와 동일한 발상의 소산이다. 이는 위의 ②에서 城南으로 옮겨진 시장 옆에 巫들을 모으는 것에서 우선 확인된다. 이러한 聚巫는 일견 市에서의 暴巫를 상정케 하지만, 徙市가 전술했듯이 陰氣로써 陽氣를 퇴치하기 위한 행위였다고 볼 때, 그것은 徙市의 효과를 극대화하기 위한 陰氣의 集中과 補強이며 궁극적으로는 開陰閉陽의 일환이었다. 특히 시장 옆에 소집된 巫들을 위해 차양을 만들어 햇빛을 가려준다는 발상은 聚巫가 商代의 焚巫나 暴巫와 본질적으로 다르다는 것을 웅변

---

21) 裘錫圭, 〈說卜辭的焚巫尫與作土龍〉, 《甲骨文與殷商史》(上海古籍出版社, 1983). 이와 유사하게 巫가 집단을 대표하여 불타 죽음으로써 神의 용서를 받아 降雨하게끔 하는 일종의 贖罪儀式이라는 주장(黃强, 〈從"焚巫""曝巫" 到"曬菩薩"〉)도 제기되었다.
22) 陳夢家, 〈商代的神話與巫術〉, 《燕京學報》 20, 1936, p.565.
23) E. H. Schafer, "Ritual Exposure in Ancient China", *Harvard Journal of Asiatic Studies*, Vol. 14, 1951, pp.142-143.
24) 이 밖에 巫의 呪力을 최대한 發揚하여 天을 감동시키기 위해 暴巫나 焚巫를 거행했다거나(鬼丸紀, 〈暴巫考〉, 《中國哲學》 十, 1981), 또는 陰陽交合의 원리에 입각하여 火와 女巫의 결합으로 交合을 상징함으로써 求雨의 목적을 달성하고자 한 것이라(宋兆麟, 《生育神與性巫術研究》, 北京 文物出版社, 1990 ; 洪熹 譯, 《生育神과 性巫術》, 東文選, 1998, p.370)는 다소 특이한 주장도 제기되었다.

한다. 왜냐하면 그것은 차양으로 태양의 陽氣를 막아 巫들의 陰氣를 보다 왕성하게 發揚하기 위한 조치로 해석되기 때문이다.

求雨篇에는 또한 土龍을 제작하는 동안에는 차양을 덮어두었다가 土龍이 完成되면 걷어버린다는 내용[25]이 보인다. 이에 대한 기존의 해석은 꽤 그럴 듯하다. 즉, 차양에 덮힌 미완성의 土龍은 潛淵 단계의 龍이며 완성된 土龍에 대해 차양을 제거하고 暴露하는 것은 熱暑로 龍에게 고통을 줌으로써 雲雨를 불러일으키도록 하기 위함이라는 것이다.[26] 그러나 이는 商代의 暴巫에 내재하는 관념을 董仲舒의 暴龍에 적용하는 오류를 범하고 있다. 董仲舒의 求雨原理인 開陰閉陽에 비추어 보면, 龍에 대한 結蓋는 미완성의 龍이 아직 陰氣를 갖추지 못했기 때문이며, 차양을 거두어 暴土龍하는 것은 暴巫가 그러하듯이 陰氣로써 양기를 물리치는 행위로 해석해야 할 것이다. 또한 龍을 완성한 뒤 차양을 거두는 절차에 의거하여 巫에 대한 結蓋도 마찬가지로 暴巫의 준비단계라 설명하지만[27] 이는 상기한 ①에서 聚尫이 暴巫와 동일한 최종단계의 求雨行爲임에 틀림없다고 볼 때 수긍할 수 없다.

求雨篇의 暴巫가 이처럼 開陰閉陽의 일환이었음은《春秋繁露》의 佚文에 보이는 "廣陵의 여자들과 여러 巫들은 아이건 어른이건 모두 그 郭門 밖에 서로 모인다"[28]는 내용에서 보다 확고히 입증된다. 왜냐하면 일반 여자들과 (女)巫들을 한데 모으는 求雨행위는 巫와 女子가 공통적으로 陰氣를 체현한 존재라는 인식을 전제로 하며, 그 역시 여성의 陰氣를 집중함으로써 陽氣를 퇴치하려는 呪術이기 때문이다. 이렇게 볼 때 董仲舒가 暴巫나 聚巫를 내세운 이유는 일반 여성보다 巫의 陰氣가 강하다고 인식한 데 있다고 추정된다.

暴巫와 聚巫가 이처럼 陰氣의 發揚을 의미한다면 이와 치환 가능한 暴尫과 聚尫 역시 동일한 의미로 추정된다. '尫'은 語源上 갑골문의 刪

---

25) "四時皆以水日　爲龍　必取潔土爲之　結蓋　龍成而發之".
26) 鬼丸紀,〈暴巫考〉, pp.3-4.
27) 위의 논문, p.3.
28)《藝文類聚》卷100, "(董仲舒)又曰, 廣陵女子諸巫　毋小大　相聚其郭門外".

字에서 연화된 것이라 하며, 이런 肉刑者를 비롯한 신체불구자들이 古代中國의 神政政治를 주도한 巫祝에 충당되었다고 한다.[29] 그러나 적어도 漢代에 오면 尫은 女巫와 거의 같은 의미로 사용된 것 같고, 이는 巫尫이 바로 女巫라는 杜預注[30]에 비추어볼 때 더욱 확실시된다. 商代의 暴巫尫 의식에서 巫尫이 旱魃의 化身 또는 상징이었다는 전술한 견해에 따른다면 董仲舒에 이르러 그들이 陽的 존재에서 陰的 존재로 뒤바뀐 꼴이 된다. 이런 맥락에서 보자면 陽氣地域이었던 원초의 市가 장구한 세월을 거치면서 陰氣地域으로 전환되는 과정도 충분히 수긍 가능하다.

이상에서 검토한 바와 같이 求雨篇의 暴巫·暴尫이 鬼神信仰을 전제로 하는 商代의 습속과 관념을 일부나마 보지하기는커녕 오로지 董仲舒의 도식적인 開陰閉陽 원리의 구체화에 불과했음이 확증되었으므로, 동일한 원리에 입각한 求雨篇의 徙市 역시 원초적 의미를 상실했다고 결론지어도 대과는 없을 것이다. 요컨대 求雨篇에는 暴巫와 土龍제작 및 徙市라는 원초적 求雨呪術이 모두 등장하지만 그것들은 이미 원초적 의미를 상실한 채 철저히 董仲舒의 開陰閉陽의 원리에 입각하고 있다. 한편《論衡》의 明雩篇에도 徙市에 대한 언급이 보이지만 그 의미는《春秋繁露》의 경우와도 다르다. 明雩篇에서 王充은 우선 앞서 검토된《禮記》의 내용을 인용하고 나서 다음과 같이 말한다. 즉,

縣子의 말에 따르면, 시장을 옮기면 비가 내린다.《詩經》과《書經》에 따르면, 月이 畢星에 걸리면 비가 내린다. 日月의 운행에는 항상된 節度

---

29) 李成珪,〈中國 古代 抑商정책의 사회사적 배경—賈와 祭儀의 관계를 중심으로〉,《古代中國의 理解》3, 1997, pp.45-48 ; Schafer, "Ritual Exposure in Ancient China", pp.160-161에서도 유사한 해석을 내린다.

30)《春秋經典集解》上(上海古籍出版社, 1988), p.321, "巫尫 女巫也 主祈禱請雨者. 或以爲尫非巫也 瘠病之人…". 한편 福建省의 厦門地域 方言에는 尫이 女巫를 지칭하는 尫姨라는 복합어로서 여전히 사용되고 있다 (Schafer, "Ritual Exposure in Ancient China", p.161).

가 있으니, 감히 시장을 옮겼다고 해서 (月이) 畢星의 陰에 걸리겠는가?
무릇 月과 畢星은 天下의 (氣象을) 점치는 것이다. 魯의 시장을 옮긴다
고 해서 어찌 月을 옮길 수 있겠는가? 月의 天體 運行은 30일이면 一周
한다. 한 달 가운데 한 번은 畢星을 지나는데, (그때 畢星의) 陽에 걸리
면 날이 개고 (陰의 부분에 걸리면 비가 온다). 가령 市場을 옮김으로써
(天을) 감동시켜 月을 畢星의 陰에 걸리게 한다고 해도, 그때 시장을 옮
기면 비가 올 수 있을까? 무릇 縣子의 말 따위는 채용할 수 없다.[31]

위의 인용에 보이는 畢星은 雨師로 숭배되었다.[32] 王充도 같은 明雩篇
에서 《詩經》과 《書經》의 일부 내용을 인용하듯이,[33] 中國 古代에는 月
이 畢星과 겹치면 비가 내린다는 인식이 있었던 것 같다. 위에 의거하
자면 漢代人들에게는 徙市 행위가 月을 이동시켜 畢星에 걸리게 한다
는 天地感應의 관념이 존재했음을 알 수 있다. 이는 市와 月을 동일시
하는 관념을 전제하며, 그것은 곧 市가 陰氣地域이라는 발상에 의거한
다.

　이상의 장황한 논증과정을 통해 漢代의 徙市가 원초적 의미를 이미
상실했음을 밝혀 보았다. 아울러 주술적 관념의 시대적 변화에 따라,
원시적 주술의 외양은 지속적으로 존립하지만 그 이면에 담겨 있는
관념은 시대상 큰 차이가 있다는 것도 확인할 수 있었다. 그렇다고 해
서 원시적 단계의 徙市가 太陽神 또는 旱魃을 쫓는 주술적 의례였다
는 필자의 잠정적 결론이 확실히 입증된 것은 물론 아니다. 徙市가 太
陽神 숭배의 쇠퇴나 변질을 전제로 하는 求雨습속이라고 볼 때 徙市

---

31) 北京大學歷史系論衡注釋小組,《論衡注釋》 第三冊(北京 中華書局, 1979),
　　pp. 874-875,〈明雩〉, "案縣子之言 徙市得雨也. 案詩書之文 月離星得雨.
　　日月之行 有常節度 肯爲徙市故 離畢之陰乎? 夫月畢天下占 徙魯之市 安耐
　　移月? 月之行天 三十日而周. 一月之中 一過畢星 離陽則暘. 假令徙市之感
　　能令月離畢陰 其時徙市 而得雨乎? 夫如縣子言 未可用也".
32)《風俗通義》〈祀典〉第八, '雨師'條, "雨師者 畢星也".
33) 위의 글, p.872, "詩云 月離于畢 比滂沱矣. 書曰 月之從星 則以風雨".
　　《詩經》과《書經》의 구체적 篇名은 각각〈小雅·漸漸之石〉과〈洪範〉이
　　다.

의 의미를 밝히기 위해서는 우선 市에서 왜 雩祭가 거행되었고, 그런 市가 降雨를 유도하기 위해 옮겨져야 했던 연유는 무엇인가 하는 문제가 해명되어야 한다. 말하자면 聖所로서의 市가 겪었던 시대적 변화가 먼저 밝혀져야 할 것이다. 이를 위해 Ⅱ章에서는 중국고대에서 祈雨의 장소로서 등장하는 市·社·桑林 三者의 원초적 성격과 그 상호 관계 및 시대적 추이를 분석해 보고자 한다. 이어서 Ⅲ·Ⅳ章에서는 徙市와 유사한 가뭄퇴치 儀式으로 여겨지는 射日神話 및 射鳥儀禮와 旱魃追放習俗의 내용과 그 저변의 관념을 집중적으로 분석해 봄으로써 우회적이나마 徙市의 원초적 의미를 조망해 보고자 한다.

Ⅱ. 市와 社·桑林·高禖

　前章에서 검토한 《左傳》의 내용 가운데 火災의 재발을 막기 위한 社祭의 거행은 社가 陰氣의 發揚과 관련 있는 장소임을 시사한다. 또한 《春秋繁露》의 求雨篇에서 "社에 구덩이를 파서 마을의 문 바깥의 도랑까지 연결하고, 다섯 마리 두꺼비를 모아서 社 안에 넣어둔다"[34]는 것도 도랑[35] 및 두꺼비[36]와 降雨의 상관성, 그리고 전술한 開陰閉陽의 원리를 고려할 때 社가 陰氣地域임을 입증한다. 게다가 같은 책의 止雨篇에서 비를 그치게 하기 위해 "붉은 실로 社를 열 바퀴 두르거나"[37] 社靈에게 제사를 올리는[38] 내용은 秦漢時代에 社靈이 降雨를 주관하는

---

34) "鑿社通之於閭外之溝, 取五蝦蟆, 錯置社之中".
35) 《山海經》에도 "우선 물길을 깨끗이 하고 크고 작은 도랑을 터서 통하게 해놓았다"(〈大荒北經〉, "先除水道, 決通溝瀆")라는 呪術的 求雨儀禮가 보인다.
36) 두꺼비나 개구리와 降雨의 상관성은 Frazer가 이미 많은 사례로써 지적한 바이다(James G. Frazer, *The Golden Bough*, Part Ⅰ "The Magic Art and the Evolution of Kings", Vol.1, The Macmillan Press LTD., 1990, p.292).
37) "以朱絲縈社十周…".

신격으로 인식되었음을 보여준다. 이러한 社의 성격은 太陽神이 강림하는 陽氣地域으로서의 市와는 배치되지만, 양자가 祈雨祭의 場이라는 공통점을 가졌던 것만은 확실하다.

그런데 중국 고대의 市와 社가 祈雨祭뿐만 아니라 處刑과 歌舞의 場으로서도 공통성을 드러낸다[39]는 사실에 주목하면 양자가 본래 동일한 聖所였을 가능성은 충분하다. 예컨대 君主의 市 출입을 규제하는《周禮》의 내용이나 君主의 社祭관람을 非禮라고 비난하는《左傳》의 논평이 이미 지배층과 유리된 단계이긴 하지만 市와 社에서 巫祝이 주도하는 광란적이거나 음탕한 원초적 祭儀가 거행되었음을 보여준다는 지적[40]도 그런 가능성을 제고한다. 필자 역시 前稿에서 市·社·朝·祖(宗廟)가 원시단계에서 미분리 상태로 혼합 기능했음을 추정한 바 있다. 그렇지만 또 한편 春秋戰國을 거치면서 社와 市가 각기 聖과 俗을 대표하는 장소로 정착되거나 또는 徙市에 비견되는 徙社같은 呪術的 儀禮가 확인되지 않는다는 사실은 市와 社 사이의 적지 않은 공통점에도 불구하고 양자 간에는 기능상 본질적 차이가 엄존한다는 점을 뚜렷이 드러낸다. 물론 이같은 차이는 시대변화에 따른 원초적 聖所의 分化 결과일 것이다. 그렇다면 市와 社가 분리되기 전의 원초적 聖所는 도대체 무엇이며 그것은 어떤 과정을 거치면서 市와 社로 분리되었을까? 이에 대한 해답은 雩祭의 場이었던 市가 求雨를 위한 移轉 對象으로 추이한 배경을 밝혀주리라 기대된다.

祈雨祭 및 歌舞와 관련성을 갖는 원초적 聖所나 祭儀로서는 桑林과 高禖를 우선 꼽을 수 있다. 商의 湯王이 桑林에서 자신을 희생삼아 求雨했다는 일화[41]는 너무도 유명하다. 그 桑林이 또한 桑林之社로도 일

---

38) "鼓用牲于社 祝之曰 雨以太多 五穀不和 敬進肥牲 以請社靈 社靈幸爲止雨 除民所苦 無使陰滅陽. 陰滅陽 不順於天. 天意常在於利民 願止雨. 敢告".

39) 相田洋,《異人と市—境界の中國古代史》, 第四章〈市と社〉.

40) 李成珪,〈中國 古代 抑商정책의 사회사적 배경〉, p.83 및 蕭兵,〈左傳觀社析疑〉,《中國史硏究》1982-4 참조.

41)《呂氏春秋》〈順民〉, "昔者湯克夏而正天下 天大旱 五年不收 湯乃以身禱於桑林 曰 余一人有罪, 無及萬夫…以身爲犧牲 用祈福於上帝 民乃甚說 雨

컬어지거나[42]《墨子》에서 宋의 桑林과 齊의 社가 남녀의 음란방탕한 戀愛 장소로서 並稱된 것[43]을 보면 고대인들이 양자를 동일시했음을 알 수 있다. 아울러 社와 桑林이 高禖 祭儀의 場所라는 것에 대해서도 대부분의 학자들이 의견일치를 보이고 있다. 특히 高禖·社·祖廟의 三者가 거의 동일한 장소라는 陳夢家의 주장[44]은 高禖가 미분리 단계의 원초적 聖所였을 가능성을 높여준다.

桑林에서의 高禖祭가 甘雨와 豊收, 多産을 祈求하는 儀禮였음은 주지의 사실인데 이는 桑林에서의 연애 및 성교와 밀접한 관련을 갖는다. 高禖와 성행위의 상관성은 禹가 塗山氏와 臺桑(즉, 桑林)에서 性交하여[45] 夏后啓를 얻었다는 神話나,《禮記》月令篇에 보이는 仲春의 高禖祭에서 天子가 화살통을 허리에 찬 後宮들에게 弓矢를 수여하는 儀式이 성행위를 상징한다는 믿을 만한 주장[46]에서 확인된다. 후자는 祈子를 위한 高禖祭가 유가적 儀禮化를 거친 결과인데, 원초적 高禖祭에서는 甘雨와 豊收를 祈求하는 음탕한 樂舞, 그리고 남녀의 집단적 연애와 성행위가 수반되었다고 한다.[47] 이는 남녀의 집단적 성교가 天地의 交感에 의한 降雨를 유발한다거나 大地의 回春을 보증, 촉진한다는 共感呪術에 입각하는 것이므로,[48] 高禖의 원시적 神格은 大地母神으로

乃大至".

42)《後漢書》(中華書局 標點本, 以下 二十五史는 同一) 卷59〈張衡傳〉, p.1928, 李賢注, "帝王紀曰 湯時大旱七年 殷史卜曰 當以人禱 湯曰 必以人禱 吾謂自當. 遂齋戒 剪髮斷爪 以已爲牲 禱於桑林之社 果大雨".

43)《墨子》〈明鬼〉, "燕之有祖 當齊之社稷 宋之有桑林 楚之有雲夢也. 此男女之所屬而觀也". 여기서 거론된 齊의 社稷은《左傳》莊公23年條의 "公如齊觀社 非禮也"에 보이는 齊社이다.

44) Derk Bodde, *Festivals in Classical China*, Part 2, X "The Supreme Intermediary", p.253. Bodde는 陳夢家의 주장에 동의하지 않는다.

45)《楚辭》〈天問〉, "(禹)焉得彼涂山女 而通之于臺桑?"

46) Derk Bodde, "The Supreme Intermediary", p.260 ; 葉舒憲,《英雄與太陽 ―中國上古史詩的原型重構》(上海社會科學院出版社, 1991), p.104.

47) 蕭兵,《楚辭的文化破譯》, pp.337-339.

80

보아 대과 없을 것이다. 이처럼 桑林의 高禖祭에서 祈雨의 일환으로 歌舞와 함께 男女 간의 性的 방종이 허용, 조장된 것은 《詩經》의 〈東門之枌〉에 보이는 市가 舞雩와 戀愛의 장소였다는 것과 일치되며, 이제 祈雨·歌舞·戀愛의 상관관계는 市·社·桑林에서 공통적으로 확인된 셈이다. 그러나 祈雨의 場이라는 맥락에서 보다 중시해야 할 三者의 공통점은 이들 聖所를 標識하는 樹木이다.

필자는 前稿에서 原初的 市의 구성요소로서 聖木을 거론했고, 특히 齊의 市 주변에 있던 엄청난 大樹가 연애와 가무의 장소를 제공했다는 《管子》의 일화도 분석한 바 있다. 이와 관련하여 다시금 주목해야 할 것은 市의 栩木 아래서 舞雩가 벌어지는 〈東門之枌〉의 내용[49]이다. 栩木은 높이가 10m에 달하는 大喬木이며, 《莊子》에는 이 栩木과 동일한 樹種인 櫟木[50]이 齊나라 曲轅에 소재하는 社木으로 등장하는데, 이 나무가 천 마리의 소를 뒤덮고 둘레가 백 아름이나 된다는 과장된 표현[51]은 櫟木이 본래 大樹였음을 간접적으로 드러낸다. 그렇다면 齊의 市에 버티고 있던 大樹 역시 栩·櫟과 동일 계통의 樹種이라 추정해 볼 수 있다. 市와 社를 특징짓는 이들 大喬木은 야생 누에를 사육할 수 있는 桑樹로서 당연히 桑林 및 扶桑·空桑 등과도 무관할 리 없고, 太陽神의 강림지역인 市를 標識하는 栩木은 10개의 태양이 머무는 扶桑과 동일시될 수 있다는 성급한 결론도 제기할 수 있겠다. 商周時代의 桑樹는 그러한 柞蠶系 食葉樹種에 해당하는 桑·檿·柘·樗·栩·櫟 등의 큰키나무들이었다고 한다.[52] 예컨대 "무성한 개똥나무 그늘에 쉬네"(蔽芾其樗)[53]라는 《詩經》의 구절이나 《莊子》에서 樗가 역시 大樹로서 등

---

48) 위의 책, pp.234-240 및 pp.298-299 참조.
49) "東門之枌 宛丘之栩 子仲之子 婆娑其下. 穀旦于差 南方之原 不績其麻 市也婆娑".
50) 《詩經》〈唐風〉, '鴇羽'의 陸璣疏, "栩, 今柞櫟也".
51) 《莊子》〈人間世〉, "匠石之齊 之乎曲轅 見櫟社樹. 其大蔽千牛 絜之百圍. 其高臨山 十仞而後有枝…".
52) 水上靜夫, 〈桑樹信仰論〉, 《日本中國學會報》 13, 1961, pp.1-3.
53) 《詩經》〈大雅〉, '我行其野'詩.

장하는 용례[54]를 보더라도 이들 柞蠶系가 大喬木임을 다시금 확인할 수 있다.

흔히 宇宙木 또는 太陽樹로 인식되는 扶桑의 높이가 三百里나 된다는《山海經》의 언급[55]도 거대한 桑樹의 생명력에 대한 고대인들의 숭배에서 비롯된 신화로 이해할 수 있다. 周策縱에 의하면 扶桑은 10m가 넘는 높이에다가 한 그루 아래 1천 명이나 허용할 수 있는 榕樹이며《莊子》에 등장하는 거대한 櫟社樹가 바로 그 榕樹라고 하는데,[56] 이 주장도 扶桑이 巨樹崇拜에서 비롯되었음을 뒷받침해 준다. 豊收와 多産을 주관하는 高禖에 대한 祭儀가 桑林에서 거행된 것도 거대한 桑樹의 叢林이 보증하는 생명력 때문이었지만, 뽕잎을 따도따도 계속 자라는 桑樹의 成長力도 桑樹의 생명력에 대한 古代人의 믿음을 형성하는 중요한 원천이었을 것이다. 이러한 믿음은 노인이 뽕잎을 먹으면 回春한다는 것[57]에서 우선 드러나며, 秦簡日書에서 桑木으로 驅鬼하는 呪術이 여러 차례 언급되거나, 古代의 方技에서 桑根과 桑枝를 이용하여 질병을 치료하는 것[58]은 桑樹의 생명력을 빌려 辟邪할 수 있다는 인식의 所産이다. 그러나 桑樹의 생명력은 그 거대함이나 成長力에만 의존하는 것은 아니다. 桑樹를 標識木으로 하는 聖地에서 祈雨祭가 거행되었다는 것은 桑과 雨水의 밀접한 상관성을 암시하기 때문이다.

桑과 祈雨의 상관성은 우선 樗와 栩가 그 字形에서 짐작할 수 있듯이 舞雩와 羽舞[59]에서 유래한 이름이라는 사실로써 입증된다. 그 유래

---

54)《莊子》〈逍遙遊〉, “惠子謂莊子曰 吾有大樹 人謂之樗”.

55)《山海經》〈大荒東經〉, “大荒之中 有山名曰孽搖頵羝 上有扶木 柱三百里 其葉如芥 有谷曰溫源谷 湯谷上有扶木 一日方至 一日方出 皆載于鳥”.

56) 周策縱,〈扶桑爲榕樹考〉, 王元化 主編,《學術集林》卷11, 上海遠東出版社, 1997. 布依族의 神話에서 12개의 태양이 함께 뜨고 져서 사람들이 생활할 수 없게 되자 勒戛이 大榕樹를 타고 하늘에 올라 태양을 쏘아 떨어뜨렸다는 事例(劉城準,《中國上古神話通論》, 雲南人民出版社, 1992, pp.412-413)는 射日神話와 桑樹의 상관성에서 보건대 扶桑의 실체가 현재는 중국 남부에 서식하는 榕樹였을 가능성을 보다 높여 준다.

57)《尙書考靈曜》, “桑木者箕星之精 木虫食葉爲文章 人食之老翁爲小童”.

58) 胡新生,《中國古代巫術》(山東人民出版社, 1998), pp.125-127.

의 배경에 대해 水上靜夫는 다음과 같은 해석을 내리고 있다. 즉, 柞蠶系 桑樹의 枝葉은 늘어지는 柔弱性으로 인해 强風에는 크게 요동하는데, 强風은 降雨의 前兆이기 때문에, 巫는 雩祭에서 樗·栩의 枝葉을 세차게 흔들면서 吁嗟했다는 것이다.[60] 말하자면 樗·栩는 風雨를 부르는 請雨儀禮의 共感呪術에 사용된 呪物이라는 것이다. 그런데 樗·栩가 巫祝의 呪物로 애용된 보다 확실한 이유는 古代 巫祝의 不具 특징을 방불하는 桑樹의 '不具性'에 있다. 樗櫟 등의 桑樹가 癭腫이나 비틀어짐 때문에 惡木으로 인식되었지만 이 惡木은 기실 亞木, 즉 巫의 木이라는 해석[61]은, 惡과 相通하는 亞가 꼽추의 추한 모습이며 古代 中國의 巫가 그런 꼽추나 절름발이 등의 신체불구자였다는 설명[62]과 합치된다. 이처럼 巫와 樗櫟은 세속적 無用性이나 非世俗性 때문에 神界와 친화관계를 맺었던 것이다. 馬王堆漢墓帛畵에서 아홉 개의 태양을 달고 있는 天上界의 扶桑樹가 뒤틀린 모습으로 묘사된 이유는 이 때문이며, 漢代의 畵像石에서 옹이 투성이에다가 구불구불하고 뒤틀린 모습으로 묘사된 天上界의 나무들[63]이 扶桑樹로 판정될 수 있는 근거도 바로 여기에 있다. 게다가 樗·櫟 등에 그처럼 옹이구멍이 많고, 또는 드러난 그 뿌리의 속이 텅 비어 있기[64]까지 하다고 볼 때, '空'桑이라는 호칭과 관념은 이런 柞蠶系 桑樹에서 비롯되었다고 여겨진다.

　이렇게 볼 때 樗·栩 등이 雩祭의 呪物로 사용되거나 또는 그런 桑樹 아래서 雩祭가 벌어진 이유는 樗·栩의 枝葉이 갖는 呪術的 특수

---

59) 《說文》에는 雩가 羽舞로 되어 있고, 새의 깃털을 날리는 것은 降雨와　유사한 聯想을 일으키는 모방주술이다(蕭兵,《楚辭的文化破譯》, p.200).
60) 水上靜夫,〈若木攷〉,《東方學》21輯, pp.6-8.
61) 위의 논문, p.7.
62) 李成珪,〈中國 古代 抑商정책의 사회사적 배경〉, pp.45-47.
63) 林巳奈夫,《石に刻まれた世界》(東京 : 東方書店, 1992), pp.24-25, p.30.
64) 《莊子》의〈人間世〉에는 上述한 櫟社樹 寓話에 뒤이어 四千匹의 馬를　가려줄 大樹가 등장하는데, 櫟木 계통으로 추정되는 이 大樹의 특징으로　는 구불구불한 가지와 함께 속이 텅빈 뿌리("俯而視其大根 則軸解而不可　以爲棺槨")가 거론되고 있다.

기능 때문이거나 또는 그것들이 巫木이었기 때문이라고도 이해할 수
있다. 그러나 이러한 설명 역시 桑樹가 지닌 다양한 상징성 가운데 일
부를 밝히는 것일 뿐, 桑樹崇拜의 본질이나 扶桑의 정체를 완벽히 구
명하기에는 역부족인 것 같다. 桑樹와 雨水의 상관성도 桑樹의 외면적
특징보다는 桑樹 자체가 水와 직결된 생명력의 총체라는 데서 찾아야
할 것이다. 桑樹와 水의 직접적 관련성은 桑樹가 분포하는 지리적 환
경에서도 확인된다.

　우선 楚의 桑林으로 지목되는 雲夢[65]이 거대한 澤地였고,[66] 天子와
諸侯의 桑園이었던[67] ‘公桑蠶室’이 川邊에 위치했으며,[68] 扶桑은 湯谷
위에 있고, 扶桑과 동일시되는 空桑이 若水 옆의 나무[69]라거나 ‘물가의
나무’[70]라는 등의 사례는 桑樹의 주요 서식지가 濕地나 川邊이라는 인
식을 전제로 한다.　空桑之山의 軨軨이라는 짐승이 나타나면 天下에
큰물이 진다는 《山海經》의 서술[71]은 桑樹와 水의 밀접성을 보다 뚜렷
이 보여준다. 또한 “10개의 太陽이 扶桑 위에 있었다면 扶桑은 타서
말라죽어야 마땅하다”[72]는 王充의 합리론자다운 반박은 神話的 思惟에
서 扶桑이 뜨거운 太陽을 견딜 정도의 강력한 水氣를 머금은 나무로

---

65) 註43 참조.

66) 《呂氏春秋》〈有始〉, “何謂九藪　吳之具區　楚之雲夢　秦之陽華　晉之大陸
　　梁之圃田　宋之孟諸　齊之海隅　趙之鉅鹿　燕之大昭”. 相田洋은《墨子》〈明
　　鬼〉에 雲夢과 나란히 등장하는 燕의 祖도 沮, 즉 濕地였다고 추정한다(同
　　著,〈市と社〉, p.149).

67) 方輝·沈辰,〈記皇家安大略博物館收藏的一件畫像靑銅壺〉,《故宮文物
　　月刊》194, 1999-5.

68) 《禮記》〈祭義〉, “古者天子諸侯　必有公桑蠶室　近川而爲之　築宮仞有三尺
　　棘墻而外閉之”.

69) 水上靜夫,〈若木攷〉, p.11.

70) 《楚辭》〈天問〉, “水濱之木　得彼小子”. 이는 伊尹이 伊水邊의 空桑에서
　　탄생했다는 신화를 가리킨다.

71) 《山海經》〈東山經〉, “東次二山之首　曰空桑之山…有獸焉　其狀如牛而虎文
　　其音如欽　其名曰軨軨　共鳴自叫　見則天下大水”.

72) 《論衡》〈談日〉, “火燃木　扶桑　木也. 十日處其上　宜燋枯焉”.

84

인식되었음을 반증한다. 예컨대 苗族의 射日神話들 가운데 多數의 日月이 동시에 나타나 모든 수목이 다 말라죽고 한 그루의 桑樹만 남았다거나, 이런 馬桑樹 또는 岩桑樹로 활이나 화살을 만들어 日月을 쏘아 떨어뜨렸다는 유사한 줄거리들[73]은 柘와 檿 등의 산뽕나무들이 最高의 弓材였다[74]는 古代中國의 관념만으로는 설명될 수 없다. 《楚辭》에는 若木(즉, 扶桑)을 꺾어 '拂日'[75]한다거나 '蔽光'[76]한다는 구절들이 보이는데, '拂日'='蔽光'이 태양을 쏘거나 또는 가리는 행위로 해석되는 것[77]은 若木이 이글거리는 태양을 견디거나 차단할 수 있는 강력한 陰氣의 顯現임을 전제한다. 게다가 雩祭나 高禖祭의 장소가 주로 강변이었다는 사실[78]을 아울러 감안하면 桑樹와 水의 관련성은 보다 뚜렷해진다.

이처럼 고대인의 관념에서 桑樹가 단순한 '물가의 나무'가 아니라 水氣의 상징이자 化身이었다는 점을 중시해 볼 때, 若木에서 若水가 발원한다는 《山海經》의 구절[79]은 더욱 주목할 가치가 있다. 이는 若木이

---

73) 박연옥 편, 《중국의 소수민족설화》(학민사, 1994), p.268(원전 : 《중국소수민족신화전설집》, 흑룡강조선민족출판사, 1992) ; 燕寶·張曉 編, 《貴州神話傳說》(貴州人民出版社, 1997), pp.18-19 ; 《中華民族故事大系》第二卷(上海文藝出版社, 1995), 〈苗族民間故事〉, '公鷄叫太陽', pp.642-645.

74) 李學勤, 〈試論百花潭嵌錯圖象銅壺〉, 《文物》 1976-3.

75) 〈離騷〉, "折若木以拂日兮."

76) 〈九章·非回風〉, "折若木以蔽光兮."

77) 拂과 蔽가 同義語라는 것은 王逸 以來 의견일치를 보이지만, 그 의미에 대해서는 다양한 입장이 있는 것 같다. 예컨대 杉本直治郎·御手洗勝, 〈古代中國 の太陽故事研究〉, 《民族學研究》 15-3·4, 1951에서는 拂日을 射日이라 해석하고, 水上靜夫, 〈若木攷〉에서는 拂日을 蔽日로 해석한다. 杉本直治郎·御手洗勝은 射日이 태양의 쇠약한 원기를 회복, 증진하기 위한 행위라 해석하는데 이에는 찬동할 수 없다.

78) 《詩經》〈鄭風〉의 〈溱洧〉詩가 반영하듯 三月 上巳에 남녀들이 溱·洧水邊에서 秉蘭嬉戲와 禊祓을 벌이는 鄭俗은 高禖祭의 전형적 행태이며, 《論語》〈先進〉의 "浴乎沂 風乎舞雩 詠而歸"에서 보듯 雩祭에서 高禖祭의 禊祓행사와 일치되는 목욕재계를 한다는 것은 魯의 沂水邊이 舞雩를 벌이는 高禖의 聖所였음을 보여준다.

79) 《山海經》〈海內經〉, "南海之外 黑水靑水之間 有木 名曰若木 若水出焉".

스스로 물을 생성한다는 관념을 전제하기 때문이다. 桑林이 '興雲作雨'
할 수 있다는 高誘注도 이런 맥락에서 재음미될 만하다. 결국 桑樹는
생명력의 원천인 물을 생성하는 보다 근원적인 존재였다. 黃帝와 炎帝
가 각기 姬水와 姜水에서 生長했다는 전설을 떠올려 보더라도 풍부한
물과 비옥한 토지를 갖춘 河川 주변이 씨족의 발원지임[80]을 알 수 있
지만, 先秦문헌에서 空桑이 始祖의 탄생지로 등장하면서 河川이 그 배
경으로 처리되는 사례를 보면, 어느 시기부터인가 空桑=扶桑숭배가 河
川숭배보다 우위를 차지하게 되었다고 추정된다. 后稷의 탄생과 밀접
한 관련을 갖는 閟宮이 바로 扶桑이라는 緯書의 내용[81]도 이를 뒷받침
하지만, 顓頊과 空桑의 관계를 언급한 다음과 같은 내용은 始祖와 空
桑의 관계를 보다 뚜렷이 드러낸다.

> 帝顓頊生自若水, 實處空桑, 乃登爲帝.[82]

짤막한 이 내용만을 놓고 보자면 若水와 空桑의 관계는 모호하다.
그러나 若水가 若木에서 발원했다는《山海經》의 내용이나, 伊尹과 孔
子도 각기 伊水邊의 空桑과 陂에 있는 空桑에서 태어났다는 설화[83] 등
을 고려하면 顓頊의 탄생지 역시 空桑으로 귀결된다. 帝小昊氏가《拾
遺記》에서 窮桑氏 또는 桑丘氏로 일컬어지는 것도 같은 맥락에서 설명
될 수 있다. 다만 위의 인용은 空桑이 훗날 권력의 중심으로 변질된
단계를 반영하는 것으로 볼 수 있다. 반면 이미 임신한 伊尹母가 空桑
으로 化함으로써 伊尹이 空桑에서 발견되었다는 설화[84]는 空桑이 母神

---

80) 拙著,《中國古代의 呪術的 思惟와 帝王統治》, pp.96-97.

81)《太平御覽》卷135, "春秋元命苞曰 周本姜嫄遊閟宮 其地扶桑 履大跡 生后稷".

82)《呂氏春秋》〈古樂〉.

83)《太平御覽》卷955, "春秋孔寅圖曰 孔子母徵在遊大冢之陂 睡夢 黑帝使請
巳往夢交語 女乳必於空桑之中 覺則若感生丘於空桑之中".

84)《呂氏春秋》〈本味〉, "有侁氏女子採桑 得嬰兒于空桑之中 獻之其君. 其君
令烰人養之. 察其所以然 曰 其母居伊水之上 孕 夢有神告之曰 臼出水而東
走 毋顧. 明日 視臼出水 告其鄰 東走十里 而顧其邑盡爲水 身因化爲空桑

86

숭배의 중심지였던 원시의 단계를 일부나마 뚜렷이 간직하고 있다. 扶桑과 母神의 상관성은 湯谷이나 空桑을 거대한 牝器로 상상하는 原始思惟에서 더욱 뚜렷이 확인된다.

원시적 生殖崇拜에서 谷・空・穴・口와 같은 어휘로 표현되는 구멍이나 동굴, 움푹 패인 계곡 등이 생명력의 근원이나 生殖力의 상징으로 여겨진 사실에 비추어 보면, 湯谷에서 태양이 나온다는 《淮南子》의 서술[85]은 湯谷이 《老子》에 보이는 玄牝이나 谷神과 마찬가지로 만물을 낳는 宇宙子宮(地母子宮)이나 거대한 女根으로 여겨졌음을 입증한다.[86] 成湯이 湯谷에서 출생했다는 설화[87] 역시 先王을 태양신으로 숭배한 商人의 의식에서 보건대 湯谷이 太陽의 출생지였음을 보여준다. 아울러 이 설화가 空桑에서 伊尹이 태어났다는 것과 동일시된다는 해석[88]은 湯谷이 바로 空桑이었음을 입증해 주기도 한다. 기실 전술한 若水와 若木의 관계에서 보면 湯谷은 扶桑의 부속물이므로 엄밀히 말해 扶桑이야말로 太陽을 낳는 거대한 女性生殖器이다.[89] 空桑은 扶桑의 그런 生殖機能을 좀더 명확히 상징한다고 할 수 있다. 또한 義和가 자신이 낳은 10개의 太陽을 扶桑 아래의 甘淵에서 씻긴다는 《山海經》의 서

故命之曰伊尹. 此伊尹生空桑之故也".

85)《淮南子》〈天文訓〉, "日出于暘谷 浴于咸池 拂于扶桑…". 한편 鐵井慶紀는 《山海經》〈西山經〉의 관련 내용을 분석하여 湯谷은 太陽이 나오는 누런 주머니의 神이라 해석하고 있다(同著, 〈中國古代神話研究二題〉, 同著,《中國神話の文化人類學的研究》, 東京 : 平河出版社, 1990. 이하 인용되는 鐵井慶紀의 논문의 出典은 모두 이 책이므로 典據를 생략함).

86) 加藤常賢, 〈扶桑の語原に就いて〉,《史學雜誌》 60-7, 1951(同著,《中國古代文化の研究》, 東京 : 二松學舍大學出版部, 1980 再錄, pp.662-664).

87)《楚辭》〈天問〉의 "湯出重泉"에 보이는 重泉은 湯谷(暘谷) 또는 咸池로 비정된다. 이에 대해서는 Sarah Allan, *The Shape of the Turtle : Myth, Art and Cosmos in Early China*, State Univ. of New York Press, 1991, p.45 참조.

88) 위와 같음.

89) 加藤常賢에 의하면 扶桑의 扶는 大를 뜻하며 桑=商은 女性器이므로 扶桑은 바로 거대한 牝器이며 商代의 桑林은 이 牝器神을 제사한 곳이라 한다(同著, 〈扶桑の語原に就いて〉, pp.660-662).

술[90]은 扶桑이 바로 義和의 상징이었음을 입증한다. 게다가 太陽神 帝俊의 아내로 轉化되기 이전 원초 단계의 義和가 체현한 神格이 兩性을 아울러 갖춤으로써 男性神과 交合하지 않고도 生殖할 수 있는 原始母神이었음[91]에 비추어 볼 때, 扶桑이 표상하는 원초적 성격은 바로 獨身神인 大地母神·原始母神이었음에 틀림없다. 全能神 西王母가 그렇듯이 홀로 우주와 인류를 창조한 女媧가 父系社會의 産物인 남성신의 대두에 따라 伏羲를 배우자로 하는 女性神으로 變身했음은 주지의 사실인데, 많은 학자들이 인정하듯 義和가 女媧와 동일한 神이라는 것[92]도 扶桑이 原始母神의 상징이었음을 다시금 입증한다.

원시단계의 扶桑이 이처럼 兩性을 아울러 갖춘 존재였다고 보면, 그의 본질적 요소로서 지금까지 지나치게 강조되어 온 水=陰과 함께 陽氣 역시 扶桑의 본질이었음을 간과할 수 없다. 扶桑이 밑동에 湯谷과 甘淵을 갖추고 있는 동시에 10개의 太陽을 가지에 달고 있는 구조를 가짐으로써 求雨와 태양숭배의 장소로 기능한 것은 扶桑이 陰陽分離 이전의 神이었음[93]을 웅변한다. 이러한 扶桑의 陰陽兼備는 天上界와 地下水界에 잇닿아 있는 宇宙樹로서의 그의 면모[94]와도 합치되며, 또한 宇宙樹의 구조가 윗부분에 日月과 鳥, 뿌리 부분에 魚나 蛇와 결합되어 있는 것[95]과도 부합된다. 그런데 男性神의 대두에 따른 原始母神의

---

90) 《山海經》〈大荒南經〉, "東南海之外 甘水之閒 有羲和之國. 有女子名曰羲和 方浴日于甘淵. 羲和者 帝俊之妻 生十日".

91) 鐵井慶紀,〈伏羲·女媧の傳說について〉. 그에 의하면 原始母神인 女媧·羲和의 신화에 男性神인 伏羲와 帝俊이 훗날 명목적으로 덧붙여졌다고 한다.

92) 鐵井慶紀,〈中國古代太陽說話の一考察—湯谷·扶桑について〉, p.189 참조. 특히 鐵井慶紀는 羲和가 女媧의 媧의 緩言이 아닌가 추측한다.

93) 扶桑이 陰陽分離 이전의 헤르마프로디토스神으로 간주된 이유도 이 때문이다(쟈크 브로스 지음, 주향은 옮김,《나무의 신화》, 이학사, 1998, p.36).

94) 《太平御覽》卷955, "玄中記曰 天下之高者扶桑 無枝木焉 上至天 盤蜿而下屈通三泉".

95) 萩原秀三郎,《稻と鳥と太陽の道—日本文化の原點を追う》(東京 : 大修館書

88

全能性 分裂이 필연적이었다고 보면, 扶桑의 機能分化도 당연한 귀결이었음은 물론이다. 이러한 扶桑의 변질은 高禖神格의 변모과정에서도 입증된다.

종래 高禖의 정체가 男神인가 女神인가를 둘러싸고 많은 논란이 계속되어 왔고 그 연장선에서 高禖란 생명력의 人格化로서의 上帝라는 주장[96]도 제기되었다. 물론 이런 논란은 역사의 전개에 따라 高禖의 神格도 변화한다는 사실을 간과한 데서 비롯되었다. 일찍이 陳夢家는 女媧가 高禖였음을 간단히 피력한 바 있고,[97] 鐵井慶紀는 더 치밀한 字義 분석을 통해 高禖가 바로 만물발생의 근원자인 女媧임을 논증함으로써[98] 결국 巨牝器를 상징하는 扶桑=桑林이 高禖神 女媧를 제사하는 장소였음을 더욱 확실히 입증해 준 셈이다. 이 女媧가 塗山氏의 名이라는 《世本》의 내용을 거론하지 않더라도 塗山氏・簡狄・姜嫄 등의 高禖神[99]이 女媧와 동일한 原始母神이었음을 확언할 수 있다. 말하자면 이들은 夏・商・周族이 각기 숭배했던 母神이자 氏族의 始祖였다. 그러나 簡狄과 姜嫄의 懷妊을 가능케 한 玄鳥의 알과 커다란 발자국이 각기 정액과 男性器를 상징한다는 주장에서도 엿볼 수 있듯이 高禖는 男性의 특징도 보여주고,[100] 塗山氏의 배우자인 禹는 死後에 降雨와 豊饒・多産을 주관하는 后土, 즉 高禖神이 되었으며,[101] 宋兆麟도 高禖神

店, 1996), p.57.

96) Derk Bodde, "The Supreme Intermediary", p.256.

97) 陳夢家, 〈商代的神話與巫術〉, p.536.

98) 鐵井慶紀, 〈高禖の起源についての一試論〉. 그에 의하면 高禖의 '禖'는 '어둡다'와 '자식을 낳는다'는 의미를 가지며 女媧의 媧도 萬物의 창조자를 상징하는 穴을 의미한다고 한다.

99) 일찍이 聞一多가 밝혔듯이 塗山氏, 簡狄, 姜嫄은 모두 高禖神이다(同著, 〈高唐神女傳說之分析〉, 《神話與詩》, 上海 華東師大出版社, 1997).

100) Derk Bodde, "The Supreme Intermediary", pp.257-260 참조.

101) 李成珪, 〈前漢末 郡屬吏의 宿所와 旅行〉, 《慶北史學》 第21輯 金燁博士停年紀念史學論叢, 1998, pp.197-201. 商民族의 高祖神인 帝嚳高辛 역시 임신을 주관하는 女陰神, 즉 高禖神이었다고 한다(乾一夫, 〈孔子誕生の秘密—空桑の語義をめぐって〉, 《聖賢の原像—中國古代思想研究序說》, 東京: 明治

이 父權社會 이후 男性 祖先神의 性器숭배로 변질되었음을 지적하고 있다.[102] 이러한 高禖의 변모는 女神숭배의 쇠퇴나 女神의 男性化의 결과였다.[103] 扶桑이 곧 高禖이고 보면 扶桑 역시 동일한 과정을 거쳤을 것은 두말할 나위 없다. 그 일단은 《歸藏》과 《淮南子》에 각각 보이는 아래와 같은 空桑의 성격변화에서 뚜렷이 확인할 수 있다.

① 蚩尤가 羊水에서 나와…空桑을 공격했다. 黃帝가 그를 靑邱에서 죽이고 楓鼓의 곡조 10章을 만들었다.[104]
② 舜의 시대에 共工이 홍수를 발동하여 空桑을 압박했는데….[105]

①의 인용에서처럼 黃帝의 승리로 귀결되는 黃帝와 蚩尤의 투쟁설화는 《山海經》과 《黃帝書》를 비롯한 先秦문헌 및 출토자료에 적지 않게 등장한다. 대부분의 중국학자들은 이 설화를 신석기시대 부락연맹 간에 실제로 벌어졌던 전쟁이라 믿고 있는[106] 반면, 신화학적 접근에서는 카오스(混沌)의 종식과 秩序의 확립을 상징하는 우주개벽신화로 설명한다.[107] 그러나 예컨대 《山海經》에 보이는 黃帝와 蚩尤의 싸움에서 양측에 각기 旱鬼 女魃과 風伯·雨師가 가담한 배치구조를 보면, 그것은 고대 중국인을 괴롭혔던 최대의 재앙인 한발과 홍수에 대한 공포[108]

書院, 1988, p.9).

102) 宋兆麟, 《生育神과 性巫術》, p.65.

103) 高禖神이 女性에서 男性으로 바뀐 것은 聞一多가 일찍이 논증했고(同著, 〈高唐神女傳說之分析〉, pp.103-105), 李成珪 교수도 禹가 高禖神이 되었거나 女媧神話와 禹神話가 등치된 배경을 女神의 男性化로 이해하고 있다(同著, 〈漢武帝의 西域遠征·封禪·黃河治水와 禹·西王母神話〉, 《東洋史學硏究》第72輯, 2000년 10월, p.35).

104) 《歸藏》 14a, "蚩尤出自羊水…以伐空桑. 黃帝殺之于靑邱　作楓鼓之曲十章"(《玉函山房輯佚書》一, 上海古籍出版社, p.39).

105) 《淮南子》〈本經訓〉, "舜之時　共工振滔洪水　以薄空桑…".

106) 이에 대해서는 李學勤 主編, 《中國古代文明與國家形成硏究》(雲南人民出版社, 1997), 上編 第二篇〈五帝與文明初曙的英雄時代〉를 참조할 것.

107) 鐵井慶紀, 〈黃帝と蚩尤の鬪爭說話について〉. 鐵井은 顓頊과 共工의 투쟁 및 羿의 괴수퇴치도 同類의 신화로 설명한다.

나 또는 더 나아가 연극의 형태를 빌려 신들의 행위를 모방, 재현함으로써 그러한 재앙을 통제하고자 했던 祭儀에서 비롯되었다고도 볼 수 있다.[109] 이러한 神話的 행위의 모방에서 비롯된 角抵戲에서는 蚩尤의 가면을 쓴 연희자가 주인공으로 등장하여 이 유희가 한발 퇴치와 유관하다는 점[110]을 시사하고 있으며, 특히 角抵戲가 雲雨雷電을 일으키는 幻術로 설명되고 있는 것[111]은 黃帝와 蚩尤의 싸움을 모방하는 연극행위가 본래 降雨의 유발을 위한 呪術이었음을 뒷받침한다. 다만 黃帝의 최종적 승리라는 구도는 陰의 원리를 劣等視하는 관념의 대두, 실재했던 黃帝族의 무력적 우위, 또는 春秋戰國時代 신화의 歷史化 과정에서 黃帝가 華夏族의 共同祖先으로 정착된 시대추세 등이 주된 요인으로 작용했을 가능성이 크다. 이런 시각에서 상기한 인용문을 조망해 보자.

우선 水神의 공통점을 갖는 蚩尤와 共工이 공격하는 空桑은 역시 太陽神이라는 공통점을 갖는 黃帝와 舜의 근거지로 볼 수 있다. 특히 ①과 나란히 《歸藏》에 실려 있는 "蚩尤가 空桑帝의 居所를 공격했다"[112]는 유사내용은 黃帝가 空桑帝로도 일컬어졌으며 空桑은 黃帝의 居所였다는 것을 입증한다. 상기 인용이 형성되는 단계에서는 이처럼 空桑은 생명을 배태하는 '물가의 나무'보다는 太陽(神)의 거처로 변모, 정착하

---

108) Michael Loewe는 한발과 홍수 양자에 대한 공포가 유발하는 갈등에서 이러한 신화적 싸움이 연원했으리라 추측한다("The chueh-ti Games : a Re-enactment of the Battle between Ch'ih-yu and Hsuan-yuan", 前揭書 所收, p.241)

109) 黃帝와 蚩尤의 투쟁설화의 기원에 대해 中鉢雅量은 祭儀의 場에서 黃帝와 蚩尤 등으로 분장한 제사 참가자들이 연극의 형태로 舊세계의 소멸과 新세계의 창립을 재연한 것에서 二神의 투쟁신화가 비롯되었다고 해석하는데(同著, 〈鬼神信仰〉, 《中國の祭祀と文學》, 東京 : 創文社, 1989, p.125), 양자의 투쟁을 陰陽의 영원한 대립이라는 맥락에서 해석하는 것도 충분히 가능하다.

110) Michael Loewe, "The chueh-ti Games : a Re-enactment of the Battle between Ch'ih-yu and Hsuan-yuan", p.242.

111) 《文選》李善注의 인용에서 "余蕭客曰 漢武故事 未央宮中設角抵戲 三百里內觀其雲雨雷電 無異于眞".

112) 《歸藏》14a, "蚩尤伐空桑帝所居也".

고 있다. 그러나 또 한편 상기 내용의 기본 구도를 陰陽의 대립이라는 시각에서 보면 水神의 空桑 압박은 太陽神을 물속에 처넣어[113] 가뭄을 퇴치하려는 呪術的 행위로 이해할 수도 있다.

顓頊이 空桑에 거처했다거나 少昊 역시 空桑帝로 일컬어진 전술내용을 아울러 감안하면 空桑은 太陽神에 대한 祭儀장소이거나 초기권력의 구심점이라 추정할 수 있는데, 이는 필자가 주장하는 원시적 市의 성격과 일치된다. 그렇다면 본래 義和·女媧類의 原始母神의 象徵이었던 扶桑이나 空桑이 부계사회의 성립과 함께 黃帝·舜類의 太陽神에 대한 제례지역으로 전환되었음을 알 수 있다. 그러나 다음과 같은《史記正義》의 언급은 窮桑, 즉 空桑=扶桑이 권력의 확립을 위해 권위를 확보하는 聖地였음을 시사한다.

> 帝王世紀에 말하기를…黃帝는 窮桑에서 帝位에 올라 뒤에 曲阜로 遷徙했다. 少昊는 窮桑에 도읍을 정하고 帝位에 올라 曲阜로 (다시 옮겨) 도읍을 정했다. 顓頊은 처음에 窮桑에 도읍을 두었다가 뒤에 商丘로 옮겼다고 한다. 窮桑은 魯의 北쪽에 있으며 혹은 窮桑이 바로 曲阜라고도 한다.[114]

上記하듯이 黃帝·少昊·顓頊이 일단 窮桑에서 帝位에 올랐다가 曲阜나 商丘로 도읍을 옮겼다는 내용은 매우 흥미롭다. 窮桑이나 空桑이 天神이 강림하는 聖所였다면 이는 초기권력이 天神의 권위를 빌려 자신의 통치를 정당화하기에 적합한 장소[115]이며, 거기서 도읍을 다시 옮겼다는 것은 일단 신성화 작업을 거쳐 정통성을 확보한 권력이 그 聖

---

113) 共工이 洪水로써 空桑을 압박한 것은 神聖한 太陽을 물 속에 빠뜨리려는 행위로 해석되기도 한다(蕭兵,《中庸的文化省察》, p.262).

114)《史記》卷4〈周本紀〉의 正義에 "帝王世紀云…黃帝自窮桑發帝位 後徙曲阜. 少昊邑于窮桑 以登帝位 都曲阜. 顓頊始都窮桑 徙商丘. 窮桑在魯北 或云窮桑即曲阜也".《水經注》券24〈瓠子河〉에도 "昔顓頊自窮桑徙此, 號曰商丘…"라는 내용이 보인다.

115) 空桑이 떠오르는 태양과 권력을 장악하려는 王의 거주처라는 지적(大林太良,〈羿神話と王權〉,《日中文化研究》3)은 이를 뒷받침한다.

所의 권위나 굴레로부터 이탈하려는 행위로 해석할 수 있고, 또는 呪術性보다는 세속성을 강화하기 위한 수단으로 이해해 볼 수 있다. 이처럼 扶桑=空桑=窮桑은 原始母神의 제례장소에서 太陽神의 제례장소로, 다시 세속권력의 중심지로 이행되어 갔는데 이는 고대중국에서 권력 및 국가의 형성과정과 맥락이 닿아 있다고 볼 수 있다. 또한 扶桑이나 空桑은 窮桑이 魯北이라거나 曲阜라는 설명에 의거하면 고대 동방지역에 실존한 聖地였을 가능성도 배제할 수 없다.

물론 여기서 空桑이 市와 社로 分化되는 과정을 구체적으로 검증할 길은 없지만, 어쨌든 市와 社는 각기 空桑의 陽性과 陰性을 계승한 것으로 추정된다. 扶桑 또는 桑林과 市의 상관성은 원초의 市가 권력의 대두와 함께 陰氣地域으로 전락하면서 都邑의 북쪽으로 옮겨져 后에 의해 관장되었듯이 桑林도 같은 운명에 빠진다는 점에서 더욱 뚜렷이 확인된다. 后妃의 採桑과 養蠶에 대해 언급하는 다음과 같은 《禮記》와 《周禮》의 내용상의 차이는 그러한 桑林의 위상변화를 적절히 예시하는 것 같다. 즉,

> ① (季春에)后妃는 齋戒하고 東鄕에 친히 나아가 몸소 採桑한다.[116]
> ② 中春에는 后로 하여금 外內命婦를 거느리고 北郊에서 비로소 누에를 키우도록 詔한다.…[117]

①에서 后妃가 季春에 採桑한 장소는 음력 2월이나 3월에 高祺祭가 거행되었던 桑林으로 추정된다. 우선 季春이라는 시점이 일치될 뿐더러 採桑지역인 東鄕은 春季를 상징하는 동시에 桑林이 위치하는 東門 밖 언저리로 여겨지기 때문이다. 〈東門之枌〉에 보이듯이 원시적 市가

---

116) 《禮記》〈月令〉 "后妃齋戒 親東鄕躬桑". 이에 대해 鄭玄注는 "東鄕者 向時氣也"라 하지만 필자는 Derk Bodde의 번역(同著, "The Supreme Intermediary", p.264, "The queen, after vigil and fasting, goes in person to the eastern countryside to collect the mulberry leaves")에 따랐다.

117) 《周禮》〈天官·內宰〉, "中春 詔后帥外內命婦始蠶于北郊…".

城邑의 東門 밖에 위치했던 것과 동일하게 桑林이나 扶桑도 東門 밖에
조성되었다.[118] 적어도 空桑이 太陽神의 거처로 인식된 역사단계에서는
桑林이 太陽神에 대한 제례지역임에 틀림없다고 보건대[119] 그것이 동쪽
에 배치되었을 것은 명약관화하다.[120] 물론 採桑이 반드시 특정 方位와
지역에서 이루어졌을 리는 없다고 한다면 ①의 採桑지역을 桑林으로
단언할 수는 없다. 그러나 上記의 인용이 공히 后妃의 儀禮行事인 만
큼 后妃의 採桑이나 養蠶은 특정의 의례지역에서 거행되었을 것임에
틀림없다고 볼 때 ①은 東門 밖에 위치한 桑林 또는 公桑蠶室에서 採
桑하던 儀式의 반영으로 여겨진다. 반면 ②의 단계에서 그런 桑林이나
公桑蠶室이 北郊로 이동한 것[121]은 ②의 내용이 수록되어 있는 《周禮》
에서 市가 북쪽에 배치된 것과 동일한 발상의 소산이다. 전술했듯이
顓頊이 都邑을 空桑에서 商丘로 천도한 것이 聖所의 권위를 빌려 정통
성을 확보한 권력이 그 聖所의 권위나 굴레로부터 이탈하려는 행위로
해석된다면, 桑林의 北郊로의 移轉은 그 다음 단계이자 桑林(즉 空桑)
의 권위실추 과정의 최종단계로 볼 수 있다. 요컨대 그것은 태양신 숭
배의 퇴조에 따라 세속권력이 이제는 자신의 권위에 대립할 가능성이
있는 聖所의 위상을 격하, 소멸시키려는 의도의 소산이었던 것이다.

　本章에서는 이상과 같이 桑林·扶桑·空桑·窮桑에 대한 검토를 통
해 본래 原始母神의 제례장소였던 이들 지역이 太陽神의 강림장소나
또는 세속권력에 권위를 부여하는 聖所, 그리고 그런 초기권력의 중심
지로 변모했고 최종적으로는 后가 관장하는 陰氣地域으로 전락하여 都
邑의 北方에 설치된 과정을 확인해 보았다. 그러한 논증과정에 의거해
보건대 결국 원시단계의 市는 곧 桑林이었다고 단언할 수 있고, 따라
서 市에서의 雩祭는 곧 桑林에서의 求雨儀式과 등치될 수 있다. 아울

---

118) 쟈크 브로스, 《나무의 신화》, p.36.

119) Sarah Allan, *The Shape of Turtle*, p.41.

120) 《太平御覽》 卷3, "登於扶桑之上"에 인용된 注의 "扶桑 東方之野"를 거
　　론하더라도 桑林이 동방에 위치하는 것은 확실하다.

121) 鄭玄注, "蠶于北郊 婦人以純陰爲尊 郊必有公桑蠶室焉".

러 桑林의 변모과정에서 보면 太陽神의 강림장소였던 市가 훗날 음기 지역으로 전락한 것은 충분히 수긍되며, 더욱이 徙市의 의미가 본래 陽氣의 퇴치에서 市의 陰氣地域化에 따라 秦漢時代에는 전혀 다른 의미로 변질되었다는 것도 충분히 인정된다. 그런데 太陽神의 강림장소인 桑林은 求雨習俗의 일환인 射日儀禮가 거행된 곳이기도 하다. 降雨를 위해 太陽을 쏘아 맞춘다는 행위는 명백히 太陽神에 대한 도전이자 태양신 숭배의 쇠퇴를 반영하며, 따라서 徙市와 궤를 함께 한다고 볼 수 있다. 이하의 章에서는 陽氣의 퇴치를 위한 求雨習俗으로서의 射日儀禮와 旱鬼追放儀禮를 徙市와의 관념적 유사성이라는 시야에서 집중 분석해 봄으로써 徙市의 본래 의미가 太陽神의 追放이었음을 우회적이나마 해명해 보고자 한다.

III. 射日과 射鳥

太陽神은 雨神의 기능을 兼掌하여 祈雨祭의 대상이 되기도 하지만,[122] 또 한편 그 태양을 쏘아 맞추는 이른바 射日의 신화가 한발 퇴치와 밀접한 관계에 있었음은 주지의 사실이다. 이는 雩祭의 場이었던 市가 求雨를 위해 移轉되었던 것과 극히 흡사하다. 射日과 徙市는 양자 공히 陽氣의 퇴치를 통해 降雨를 유발하려는 呪術的 觀念의 소산이다. 따라서 射日은 太陽神의 권위하락이나 太陽神에 대한 모독행위라는 맥락에서 해석될 수 있다. 태양을 제압하여 가뭄을 퇴치하려는 의도를 담은 신화에는 靑蛙가 馬桑樹를 타고 올라가 태양을 삼켜버렸다는 土家族 신화가 例示하는 呑日型이나, 夸父追日과 같이 태양을 붙잡

---

122) 蕭兵, 《楚辭的文化破譯》, pp.265-267. 同書의 p.326에도 太陽이 豊饒를 보증하고 甘雨를 主宰한다는 내용이 보인다. 한편 葉舒憲에 의하면 太陽은 낮에 天上을 운행하고 밤에는 海底나 地下에 진입하기 때문에 鳥類와 龍蛇類의 특징을 아울러 가지며 太陽神이 風雨雷電의 神을 兼任할 수 있는 비밀도 여기에 있다고 한다(同著, 《英雄與太陽》, pp.210-211).

는 捉日型, 그리고 射日型이 있는데[123] 고대중국에서 상대적으로 빈번히 등장하는 유형은 羿를 주인공으로 하는 射日神話이다. 羿와 한발퇴치의 관계나 한발퇴치 의례의 실상을 밝히기 위해서는 우선《淮南子》에 보이는 아래의 내용을 재음미해 볼 필요가 있다.

　　堯의 시대에 이르자 10개의 태양이 동시에 나와 곡물을 태우고 초목을 죽여 民이 먹을 것이 없었다. 猰貐·鑿齒·九嬰·大風·封豨·脩蛇가 모두 民에게 해를 끼쳤다. 堯는 이에 羿를 시켜 鑿齒를 疇華의 野에서 죽이고 九嬰을 凶水의 가에서 죽이며 大風을 靑丘의 澤에서 주살로 잡고, 위로 10개의 태양을 쏘고 아래로 猰貐를 죽이며 脩蛇를 洞庭에서 자르고 封豨를 桑林에서 사로잡았다.[124]

　　上記하듯이 十日과 怪獸들은 공히 民에게 해를 끼쳤고 그에 따라 羿의 射日 및 怪獸擒殺은 동일한 차원에서 이루어졌다. 이 때문에 대부분의 학자들은 위의 내용을 한발퇴치의 시각에서 해석하고 있다.[125] 羿가 東方·太陽과 싸우는 西方·月을 대표한다는 주장도 제기되었지만,[126] 弓矢와 善射가 太陽神의 상징이라는 주지의 사실[127]에서 보면 羿는 분명히 太陽神이다. 그렇다면 太陽神이 太陽을 쏜다는 것은 어불성설이기도 하지만 또 한편 羿의 射日은 보다 강력한 陽氣로써 陽氣를

---

123) 劉城準,《中國上古神話通論》, pp.409-416 참조.

124)《淮南子》〈本經訓〉, "逮至堯之時 十日竝出 焦火稼 殺草木 而民無所食. 猰貐·鑿齒·九嬰·大風·封豨·脩蛇皆爲民害. 堯乃使羿誅鑿齒於疇華之野 殺九於凶水之上 繳大風於靑丘之澤 上射十日而下殺猰貐 斷脩蛇於洞庭 禽封豨於桑林".

125) 葉舒憲은 羿의 射日이 天上界 太陽神들의 가족내분을 반영하는 신화로서 羿가 地上界로 쫓겨 내려온 뒤에 벌인 怪獸 퇴치와는 본래 별개의 행위인데, 漢代에 射日의 의미가 人間과 自然의 투쟁으로 변질되면서 양자가 결합되었다는 흥미로운 견해를 제시하고 있지만(同著,《英雄與太陽》, pp.71-85), 논증과정에 견강부회가 적지 않아 필자로서는 수긍하기 어렵다.

126) Sarah Allan, *The Shape of the Turtle*, p.37.

127) 葉舒憲,《英雄與太陽》, pp.74-77 ; 蕭兵,《楚辭的文化破譯》, p.536.

퇴치한다는 관념으로 이해될 만하다. 《山海經》의 〈海內經〉에는 帝俊이 羿에게 彤弓素矰을 하사하여 羿가 下界의 百難을 제거했다고 되어 있는데, 郭璞에 의하면 百難 제거는 鑿齒·封豨 등의 射殺이었다.

악귀 퇴치에서 우선 주목되는 부분은 羿가 이들을 죽이거나 사로잡은 지역이 洞庭·桑林을 비롯한 澤地였다는 사실이다. 桑林이 濕地였다는 것은 전술한 대로인데, 赤塚忠에 의하면 桑林은 商王室의 儀禮的 狩獵地라고 한다.[128] 그렇다면 桑林 등에서의 수렵은 특별한 의미를 갖는다고 여겨지는데 이를 입증하는 것이 戰國時代 銅器에 새겨진 수렵도들이다. 때로 採桑圖와 나란히 등장하는 이들 수렵도에는 실제 동물이 아닌 괴물들이 출현하는데, 이는 바로 羿의 怪獸퇴치나 그와 유사한 행위를 묘사한 것으로 볼 수 있다. 특히 흥미로운 점은 戰國時代 銅壺에 새겨진 採桑圖에는 採桑과 함께 젊은 남녀의 연애행위가 묘사되어[129] 있을 뿐만 아니라 弓을 가진 2人이 등장하며 수렵한 鳥獸를 도살하는 모습(그림 1 참조)도 보인다. 이에 대해서는 弓材를 고르는 모습이라는 해석도 있지만,[130] 그보다는 採桑과 弓矢儀禮의 상관성을 시사하는 것 같다.[131] 이런 내용의 採桑圖 옆에는 흔히 射禮의 모습으로 설명되는 射鳥圖가 아울러 보인다(그림 2 참조). 採桑과 연애가 桑林에서의 高禖祭의 모습을 반영한 것이라면 狩獵 역시 豊饒를 祈求하는 행위[132]의 일환으로 해석할 수 있다. 특히 전술했듯이 辟邪의 呪力을 갖는 桑樹의 가지로 제작된 弓矢는 旱鬼퇴치에 사용되었을 것이다. 繭

---

128) 赤塚忠, 《書經》(東京 : 平凡社, 1973), p.117 ; 大林太良, 〈羿神話と王權〉, pp.2-3에서 재인용.

129) 方輝·沈辰, 〈記皇家安大略博物館收藏的一件畫像靑銅壺〉, 《故宮文物月刊》 194, 1999-5.

130) 李學勤, 〈試論百花潭嵌錯圖象銅壺〉. 이런 李學勤의 견해에 대해 懷疑를 표시하는 입장도 있지만(方輝·沈辰, 〈記皇家安大略博物館收藏的一件畫像靑銅〉), 어쨌든 採桑圖에 弓矢를 든 남자가 등장하는 것만은 확실하다.

131) 小南一郞, 〈射の儀禮化をめぐつて〉, 同氏編, 《中國古代禮制硏究》, 京都大學人文科學硏究所, 1995, p.106.

132) 小南一郞, 〈射の儀禮化をめぐつて〉, p.107, p.111.

絲로 만든 弦을 울려 害獸나 害鳥 및 눈에 보이지 않는 怪獸를 퇴치하는 鳴弦[133] 역시 桑樹의 辟邪呪力을 전제로 하는 呪術的 儀禮이다. 疫鬼나 旱鬼의 퇴치를 목적으로 하는 儺祭가 狩獵에서 연원했다는 것[134]도 狩獵이 한발의 퇴치와 밀접한 관련을 갖는다는 것을 뚜렷이 입증한다. 요컨대 桑林에서의 수렵은 羿의 악귀퇴치의 모방이거나 또는 역으로 羿의 수렵이 桑林에서의 의례적 수렵으로부터 형성된 神話였다고 추정된다.

　射禮가 陽氣의 順達이나 春氣의 促進을 위한 농경의례였다거나,[135] 雲南의 소수민족에서는 射禮가 男女結合의 기회이기도 했다는 사실[136]도 高禖祭에서의 弓矢 수여를 아울러 감안할 때 射禮가 풍요를 祈求하는 행위였음을 간접적이나마 입증한다. 이렇게 볼 때 戰國時代 銅壺에 보이는 射鳥圖는 辟雍에서의 射禮의 후대적 모습으로 추정된다. 사방이 水澤으로 둘러싸인 臺地의 구조를 갖는 辟雍은 桑林이 濕地였다는 것과 조응하며, 따라서 辟雍에서의 射禮는 桑林에서의 狩獵이 周代에 이르러 의례화된 결과로 이해할 만하다. 특히 後漢代 辟雍에서의 射禮가 주로 거행된 시기인 3월[137]은 桑林에서의 高禖祭의 거행시기와 동일하다. 辟雍에서의 射禮가 豊穰을 기원하는 祈年祭였다는 것[138]도 高禖의 장소에서 豊收를 기원하는 행위가 거행된 것과 합치된다.

---

133) 萩原秀三郎, 〈射日神話にみた鳥と“豊穰”〉, 《日中文化研究》 3, p.84.

134) 蕭兵, 《儺蜡之風》(江蘇人民出版社, 1992), pp.469-470.

135) 伊藤淸司, 〈古代中國の射禮〉, 《民族學研究》 23-3, 1959年 7月.

136) 위의 논문, p.27.

137) 《後漢書》 卷2 〈孝明帝紀〉, p.102, “三月, 臨辟雍, 初行大射禮”; 同 卷4 〈孝和帝紀〉, p.189, “三月戊辰, 臨辟雍, 饗射, 大赦天下”; 同 卷6, 〈孝順帝紀〉, pp.259-260, “(二月)京師旱…戊辰雩…(三月)庚寅, 帝臨辟雍, 饗射, 大赦天下, 改元陽嘉. 이처럼 2월에 가뭄이 들었는데 3월에 辟雍에서 饗射하고 大赦天下하는 것은 辟雍에서의 饗射가 가뭄퇴치를 위한 儀禮였을 가능성을 시사한다. 특히 이 시기가 宿麥에 수분이 필요하면서도 가뭄이 자주 드는 시기라는 사실은 그 가능성을 한층 높여준다.

138) 赤塚忠, 〈辟雍について〉, 赤塚忠著作集 第一卷, 《中國古代文化史》, 東京 : 研文社, 1988.

98

羿의 射日 및 怪獸퇴치는 天地開闢神話로도 해석되지만,[139] 曾侯乙墓 漆衣箱 뚜껑에 보이는 그림(그림 3 참조)은 그것이 豊饒祈求儀禮의 일환임을 확인해 준다. 이 옷상자 뚜껑에는 가지 끝에 꽃이 달린 두 그루의 기묘한 나무와 그 나무의 새를 쏘아 떨어뜨리는 人物, 그리고 雙頭蛇가 거꾸로 떨어지는 모습이 묘사되어 있다. 羿의 射日神話를 묘사한 것임에 틀림없는 이 그림의 옆에는 農業의 吉祥을 나타내는 房宿을 존중하는 풍습이 표현된 銘文이 있어[140] 射日神話가 한발의 제거와 농사의 풍요를 祈求하는 儀禮와 유관하다는 것을 입증한다. 특히 雙頭蛇가 羿에 의해 斬殺된 修蛇였다면[141] 이 그림은 羿의 射日 및 怪獸退治의 신화를 묘사한 것으로 볼 수 있다. 기실 대부분의 학자들은 羿의 怪獸退治를 射日과 같은 맥락에서 이해함으로써 손쉽게 旱魃退治神話로 결론 내리지만, 射日과 怪獸退治는 본래 무관한 것인데 漢代에 射日의 의미가 변질되면서 양자가 결합된 것이라는 주장[142]도 있고 보면, 위에서 인용한 《淮南子》의 怪獸퇴치에 대해서는 보다 면밀한 검토와 분석이 필요하다.

우선 羿가 퇴치한 封豨는 여타 문헌에서는 封狐·封豦·封豕로도 표기되며 《左傳》에서는 夔의 아들 伯封으로서 의인화까지 되고 있다. 楊雄이 秦의 暴政을 "秦窶窳其土, 封豕其人也"[143]라 표현한 것을 보면 漢代에는 封豕가 窶窳와 함께 인간에게 害를 끼치는 怪獸로 인식되었음을 알 수 있다. 그러나 紅山文化의 玉猪龍이나 猪頭神像에서 확인되는 猪神숭배를 감안하면 封豨가 본래 猪토템祖先 또는 創世祖神이라는 주장[144]은 설득력을 가지며, 이런 神獸가 有害한 怪獸로 변질되어 羿의

---

139) 鐵井慶紀, 〈黃帝と蚩尤の鬪爭說話について〉.

140) 度部武, 《畫像が語る中國の古代》(東京 : 平凡社, 1991), 第一章 〈中國古代の神話世界の崩壞〉, p.52.

141) 張正明·皮道堅 主編, 《楚美術圖集》(湖北美術出版社, 1996), p.137.

142) 註125 참조.

143) 《後漢書》 卷61 〈左雄傳〉, p.2016, "(秦)什伍相司, 封豕其民"에 대한 李賢의 注.

144) 葉舒憲, 《亥日人君》(北京 社會科學文獻出版社, 1998), pp.115-121.

타도대상이 된 배경은 西周 이후, 특히 春秋戰國時代에 들어와 神界와
人間界의 대립, 충돌에 따라 神들이 인간에게 재앙을 가져다 주는 존
재로 변질되었기 때문[145]이라 설명될 수 있을 것 같다. 이 과정에서 豊
饒와 多産을 상징했던 大猪인 封豨는 한없는 貪慾과 暴惡[146]의 상징으
로 전락했다. 이는 商周 靑銅器紋樣의 주체로서 商人의 最高神 上帝[147]
로도 해석되는 神獸 饕餮이《左傳》과《呂氏春秋》에서는 財物과 飮食
에 대한 끝없는 탐욕의 소유자나 사람을 잡아먹는 존재[148]로 변모한 것
과 맥락을 같이한다. 張光直에 의하면 東周時代 神界에 의한 災禍는
洪水와 旱魃로 대별된다고 하는데, 그렇다면 商代의 神獸들이 水旱을
야기하는 怪獸로 변질되었을 것은 당연하다. 封豨는 물론 水神으로도
비정되지만,[149]《淮南子》의 내용에서 羿가 封豨를 사로잡은 桑林이 바
로 湯의 求雨장소였던 점을 중시하면 封豨는 旱鬼로 판단된다.[150]

---

145) 張光直에 의하면 東周에 들어와 神界와 人間界가 분리, 대립함으로써,
　　　동물이 더 이상 天地疏通의 매개자 역할을 하지 못하게 되었고, 祖先英雄
　　　이 神界에 의해 자행된 旱魃과 洪水 등의 災害를 타도하여 인간들을 구
　　　원했다고 하는데(張光直,《靑銅時代》, 香港 中文大學出版社, 1982, 十一章
　　　〈商周神話之分類〉; 十二章, 〈中國神話與美術中所見人與動物關係之演變〉참
　　　조), 이런 견해는 封豨의 怪獸化를 적절히 설명해 준다.

146)《左傳》昭公28年, "昔有仍氏生女 鬒黑 而甚美 光可以鑑 名曰玄妻. 樂正后
　　　夔取之 生伯封 實有豕心 貪惏無厭 忿類無期 謂之封豕. 有窮后羿滅之 夔是以
　　　不祀".

147) 林巳奈夫, 〈所謂饕餮紋は何を表はしたものか〉,《東方學報》56冊, 1984;
　　　同著, 〈饕餮=帝說補論〉,《史林》76-5, 1993.

148)《左傳》文公28年, "縉雲氏有不才子 貪于飮食 冒于貨賄 侵欲崇侈 不可盈
　　　厭 聚斂積實 不知紀極 不分孤寡 不恤窮匱 天下之民以比三凶 謂之饕餮";
　　　《呂氏春秋》〈先識覽〉, "周鼎著饕餮 有首無身 食人未咽 害及其身…".

149) 丁山,《中國古代宗教與神話考》(龍門聯合書局, 1961. 上海文藝出版社,
　　　1998年 影印本), p.268.

150) 森雅子, 〈后羿敍事詩の復原〉,《中國の歷史と民俗》, 東京 : 第一書房, 1991,
　　　p.185. 森雅子는 后羿의 神話를 길가메쉬 서사시가 중국에 전래되어 완성된
　　　결과물이라 추정하면서, 길가메쉬가 살해한 天의 수소가 우르크에 7년 간
　　　의 기근을 가져온 것과 羿가 사로잡은 封豨가 湯을 괴롭힌 7년 간의 旱害
　　　를 야기한 것을 대응시키고 있다.

100

修蛇는 《左傳》이나 《山海經》에 보이는 長蛇이며 旱魃을 일으키는 怪獸로 보인다.[151] 陳夢家는 일찍이 修蛇가 委蛇라 추정했는데,[152] 曾侯乙墓의 옷상자 뚜껑에 등장하는 雙頭蛇가 羿에 의해 斬殺한 修蛇라고 보면 이는 雙頭를 특징으로 하는 旱鬼인 委蛇로 비정될 수 있다.[153] 委蛇는 委隨·蜲蛇·委維(延維) 등으로도 일컬어지는데 이는 모두 "虵"의 析音 또는 緩讀이라 볼 수 있다.[154] 한발을 일으키는 뱀으로서는 《山海經》을 비롯한 문헌에 등장하는 一頭兩身의 肥遺[155]를 꼽을 수 있는데 이를 委維와 동일시하는 견해[156]도 있다. 《山海經》에는 또한 六足四翼의 肥蟥가 나타나면 天下에 大旱魃이 일어난다[157]는 내용이 있는데, 이에 대해 郭璞은 "湯 때에 이 뱀이 陽山 아래 보였다. 肥遺蛇는 이와 同名으로 추측된다"고 주석을 달았다. 委蛇를 비롯하여 가뭄을 야기하는 뱀들은 대부분 赤色을 띠고 있는데 이는 太陽이나 陽氣를 표

---

151) 《左傳》 定公四年, "申包胥如秦乞師曰 吳爲封豕長蛇 以荐食上國"은 長蛇가 封豕와 마찬가지로 탐욕스러운 존재임을 보여주는데, 이에 대한 楊伯竣의 注에 의하면 《淮南子》가 長蛇의 '長'을 '脩'로 바꾼 것은 淮南王 劉安이 자신의 부친 劉長을 避諱한 때문이라 한다(《春秋左傳注》, p.1548). 또한 葉舒憲에 의하면 修蛇는 《山海經》〈北山經〉에 보이는 長蛇이며 이는 또한 赤首를 띠며 大旱을 일으키는 〈北次三經〉의 大蛇와 동일한 존재이다(葉舒憲, 《英雄與太陽》, p.117).

152) 陳夢家, 〈商代的神話與巫術〉, pp.513-514. 陳夢家는 또한 修蛇가 蚩尤라 추론했지만 이는 수긍할 수 없다.

153) 《莊子》〈達生〉, "委蛇 其大如轂 其長如軒 紫衣而朱冠…見之者 殆乎霸"; 《山海經》〈海內經〉, "有人曰苗民 有神焉 人首蛇身 長如轅 左右有首 衣紫衣 冠旃冠 名曰延維 人主得而饗食之 伯天下". 이 두 사례에서 보듯이 委蛇와 延維가 동일한 外觀을 지니며 공히 君主의 霸業과 직결된다는 점에 의거하면 委蛇가 곧 延維임을 알 수 있고 따라서 委蛇 역시 雙頭蛇임을 확언할 수 있다.

154) 蕭兵, 《儺蜡之風》, p.530.

155) 《山海經》〈北山經〉, "有蛇一首兩身 名曰肥遺 見則其國大旱"(袁珂, 《山海經校注》, p.94, 郭璞云, "管子曰, '涸水之精, 名曰蟡, 一頭而兩身, 其狀如蛇, 長八尺, 以其名呼之, 可使取魚龜'. 亦此類").

156) 蕭兵, 《儺蜡之風》, p.530.

157) 《山海經》〈西山經〉, "有蛇焉 名曰肥蟥 六足四翼 見則天下大旱".

징하는 것으로 해석되지만, 旱魃을 '赤地'라 표현하는 것[158]을 보면 旱鬼의 赤色은 가뭄으로 붉게 타버린 大地를 상징한다고도 볼 수 있다. 太陽樹 若木이 赤樹로 묘사되는 것[159]도 같은 맥락에서 설명될 수 있다. 肥遺도 商周의 靑銅器紋樣에서는 神異한 힘을 가진 존재로서 묘사되고 있는데 이것이 旱鬼로 변질되었다는 것은 修蛇 역시 본래는 단순한 旱鬼가 아니었음을 시사한다. 委蛇가 人主에게 霸業을 가져다 준다는 관념[160]도 旱魃을 일으키는 뱀이 본래는 惡鬼가 아니었음을 보여주지만, 또 한편 兩頭蛇를 본 사람은 죽게 된다는 관념[161]은 封豨와 마찬가지로 委蛇도 재앙을 가져다 주는 존재로 변질되었음을 입증한다. 한편 역시 赤身을 특징으로 하는 獜貐(窫窳)[162]도 旱魃神으로 간주된다.[163] 獜貐가 弱水에 산다는 것[164]도 대부분의 旱鬼가 물속에 거주한다는 후술 내용에 비추어볼 때 獜貐가 旱鬼일 가능성을 높여준다.

高誘注에 의하면 大風은 風伯이라 하는데, 앞서 인용한 《淮南子》의 내용에서 大風을 주살로 잡았다고 하는 것은 大風이 鳥類였음을 단적으로 드러낸다. 게다가 鳳은 風이며 鳳鳥가 風鳥=風神, 즉 風伯이었고,[165] 商人의 雨神鳥인 屛翳가 鳳凰이면서 風을 관장했다는 점[166] 등을 감안해 볼 때 大風은 大鳳, 즉 거대한 봉황이었음을 알 수 있다. 아울

---

158) 《淮南子》〈覽冥訓〉, "昔者 師曠奏白雪之音 而神物爲之下降 風雨暴至 平公癃病 晉國赤地"；《韓非子》〈十過〉, "晉國大旱 赤地三年…"；《淮南子》〈天文訓〉, "殺不辜則國赤地 令不收則多淫雨".

159) 《山海經》〈海內經〉, "大荒之中 有衡石山·九陰山·泂野之山 上有赤樹 靑葉 赤華 名曰若木".

160) 註153 참조.

161) 《新序》〈雜事〉, "孫叔敖爲嬰兒之時 出遊見兩頭蛇 殺而埋之 歸而泣. 其母問其故 叔敖對曰 聞見兩頭之蛇者死 嚮者吾見之 恐去母而死也".

162) 《山海經》〈北山經〉, "其狀如牛 而赤身人面馬足 名曰窫窳 其音如嬰兒 是食人".

163) 葉舒憲, 《英雄與太陽》, p.117.

164) 《山海經》〈海內南經〉, "窫窳龍首 居弱水中…".

165) 何新, 《諸神的起源》(光明日報出版社, 1996), pp.106-107.

166) 蕭兵, 《楚辭的文化破譯》, p.233.

러 鳳이 火精이나 太陽鳥였고[167] 그 연장선에서 후술하듯이 가뭄을 야기하는 새로 인식되었던 점을 고려하면, 大風은 雨水를 관장하는 風伯인 동시에 旱魃을 초래하는 陽鳥였다고 해석된다. 요컨대 大風은 水神이자 旱鬼라 하겠는데, 이런 양면성은 태양신이 雨神의 기능을 兼掌한 전술 내용을 다시금 입증해 준다. 《周禮》에 보이는 求雨儀禮인 皇舞가 太陽과 관련 있는 神鳥인 鳳을 불러내어 旱魃의 害를 호소하려는 의미를 갖는다는 해석[168]도 태양신의 그런 기능을 증명하는 것 같다. 이런 大風(大鳳)이 旱鬼로 변질된 배경 역시 封豨의 그것과 동일하다고 보이지만, 太陽鳥의 屬性에는 旱鬼가 잠재한다고도 볼 수 있다. 이상에서 살펴본 바와 같이 大風이 太陽鳥 鳳凰이라면, 羿가 大風을 쏘아 떨어뜨리는 행위는 羿가 쏘아 맞춘 태양이 까마귀가 되어 떨어졌다는 신화와 합치되며 따라서 射日과 동등한 행위로도 볼 수 있다. 이는 三星堆遺址에서 발굴된 靑銅製 神樹가 若木(즉, 扶桑)이며 그 가지에 앉아 있는 9마리의 새가 바로 太陽을 표현, 상징한다는 설명[169]에서도 확인된다. 漢代 畵像石에서 鳳凰으로 보이는 나무 위의 새를 쏘는 이른바 樹木射鳥圖를 바로 射日神話의 재현 또는 모방으로 볼 수 있는 근거는 여기 있다.

　畵像石에 보이는 樹木射鳥圖는 射日神話와 관련된 豊穰祈求나 瑞祥의 표현이라는 시야에서 설명되지만,[170] 이를 부정하는 입장도 만만치

---

167) 鐵井慶紀, 〈古代中國における鳥の神聖視について〉, p.284.

168) 林巳奈夫, 《殷周時代靑銅器の硏究—殷周靑銅器綜覽二》(東京 : 吉川弘文館, 1986), 第七章 〈鳳凰—序說〉, p.134.

169) 徐朝龍, 〈中國古代における神樹傳說の原流—四川省廣漢市三星堆遺跡出土の靑銅神樹を中心に〉, 《日中文化硏究》 6, pp.196-198 참조. 馬王堆漢墓帛畵에도 扶桑樹에 9개의 태양만이 묘사되어 있는데, 이는 나머지 하나의 태양이 하늘에 떠 있기 때문으로 해석된다. 한편 伊藤淸司는 이 현상을 漢族의 十日神話와 구분되는 異族의 九日神話의 반영이라 설명하기도 한다(同著, 《中國の神話・傳說》, 東京 : 東方書店, 1996, pp.22-23).

170) 예컨대 土居淑子는 神樹와 旱魃說話의 결합을 통한 生命・再生・不死・豊穰 등의 祈求라는 시각에서 설명하고 있으며(同著, 《中國古代の畵像石》, 東京 : 同朋舍, 1986, pp.79-85 참조), 度部武도 한발제거와 풍작유도

는 않았다. 예컨대 林巳奈夫는 射手의 衣冠이 높은 신분과는 거리가 멀고 射鳥행위로 보기에는 새들의 자세가 너무 느긋하여 羿의 射日神話 등과는 무관하다고 보았다.[171] 또한 信立祥에 의하면 樹木은 墓地의 상징물에 불과한 보통의 수목이며 새도 보통의 새이므로 射鳥는 祖上祭祀의 제물을 마련하기 위한 행위라는 것이다.[172] 그러나 전술했듯이 樹木射鳥圖에 등장하는 樹木이 대부분 巫木인 桑樹나 또는 扶桑의 특징을 보인다는 점을 우선 주목한다면 이 圖象을 射日神話와 무관한 것으로 치부할 수는 없다. 고대인들이 하늘을 운행하는 太陽을 신령스러운 새로 인식한 것은 주지의 사실이고, 鳳凰이 太陽의 精華로 인식된 점,[173] 그리고 위에서 언급했듯이 三星堆 出土 神樹의 나뭇가지에 앉아 있는 9마리의 새가 태양을 상징한다고 보면 樹木射鳥圖는 射日神話의 재현으로 보아 大過는 없을 것이다. 보통의 새와 보통의 射手는 漢代의 실제 생활에서 鳳凰이 아닌 실제의 새들을 쏘아 맞추어 한발을 퇴치하려는 求雨儀禮를 그대로 묘사한 것으로 해석할 수 있다. 이와 관련하여 주목해야 할 것은 樹木射鳥圖 가운데 새와 함께 원숭이로 보이는 동물이 한 쌍 또는 무리 지어 나뭇가지 끝에 앉아 있는 모습이다 (그림 4 참조). 旱魃이 원숭이의 모습을 띤다거나 儺祭에서 驅逐되는 旱鬼들이 원숭이의 형상이라는 지적,[174] 그리고 夔가 원숭이의 모습을 띠는 旱鬼라는 사실[175] 등에 의거하면 새와 원숭이를 겨냥하는 畫像石의 그림은 旱魃退治의 습속을 반영하는 것임에 틀림없다. 이렇게 볼 때 射鳥는 가뭄퇴치와 降雨의 祈求를 표현하는 漢代의 求雨習俗의 반

의 의미를 인정하는 동시에 天災의 극복이라는 瑞祥의 표현으로도 설명한다(同著, 〈中國古代の神話世界の崩壞〉, pp.45-53 참조).

171) 林巳奈夫, 《石に刻まれた世界》, pp.134-136 참조.

172) 信立祥, 《中國漢代畫像石の研究》(東京 同成社, 1996), pp.79-81.

173) 《鶡冠子》〈度萬〉, "鳳凰者 純火之禽 陽之精也";《太平御覽》卷915, "鶡冠子曰 鳳 花鳥 鶉火之禽 陽之精也".

174) 蕭兵, 《儺蜡之風》, pp.139-140, pp.156-187.

175) Derk Bodde, "The Great Exorcism", 同著, *Festivals in Classical China*, pp.106-107.

104

영이라 단언할 수 있겠다.

射鳥가 射日神話의 재현을 통한 가뭄극복의 습속이었다는 것은 《山海經》 등에서 가뭄을 야기하는 神獸들이 太陽神을 前身으로 하는 새의 모습을 띠는 것에서도 입증된다. 《山海經》에 따르면 日月이 돋는 동쪽에서 불어오는 바람, 즉 東風을 俊이라 하며,[176] 甲骨文의 風이 鳳과 동일시되어온 새의 상형문자이므로 俊은 鳳일 가능성이 크다. 甲骨文의 俊字는 鳥頭人身의 괴물이 쭈그린 모양이며,[177] 따라서 《淮南子》에 보이는 태양 속의 踆鳥('日中有踆鳥')는 단순한 蹲鳥(즉, 쭈그린 새)보다는 帝俊으로 보아야 할 것이다.[178] 고대중국의 동방지대에는 스스로를 鳥頭의 俊神이나 太陽鳥의 후예로 자임하는 종족집단이 존재했다.[179] 帝俊은 태양 속에 있는 踆鳥이며 三身國을 낳은 아버지인데, 태양 속에 있는 踆鳥는 바로 三足烏이므로 三足烏가 나타나면 가뭄이 든다는 것[180]은 帝俊이 나타나면 가뭄이 든다는 것과 같은 의미이다. 《楚辭》의 王逸注에서는 鸞鳥鳳凰을 모두 俊鳥로 해석하고 있는데, 林巳奈夫는 이 俊鳥를 《說文》의 鵔, 즉 赤雉라 단정하고 있다.[181] 그렇다면 《山海經》에서 大旱을 야기하는 鵔鳥[182]는 鳳凰, 즉 太陽鳥임을 단언할 수 있고, 旱魃을 일으키는 鳥類는 본래 太陽鳥라는 관념이 존재했음을 알 수 있다. 이런 관념은 《山海經》에서 역시 旱魃이나 火災를 야기하는 다음과 같은 鳥類의 면모에서도 확인된다.

① 이곳의 어떤 새는 생김새가 올빼미 같은데 사람과 같은 얼굴에 네

---

176) 《山海經》〈大荒經〉, "大荒之中 有山名曰鞠陵于天 · 東極 · 離瞀 日月所出. 名曰折丹 東方曰折 來風曰俊 處東極以出入風".

177) 葉舒憲, 《英雄與太陽》, p.208.

178) Sarah Allan, *The Shape of the Turtle*, p.31.

179) Wu Hung, *Monumentality in Early Chinese Art and Architecture*, Stanford Univ. Press, 1995, p.43.

180) 《藝文類聚》 卷100, "黃帝占書曰, 日中三足烏見者 大旱赤地".

181) 林巳奈夫, 〈鳳凰―序說〉, p.134.

182) 《山海經》〈西山經〉, "鼓亦化爲鵔鳥…見則其邑大旱".

개의 눈이 있고 귀도 네 개 달려 있다. 이름은 顒이라 하며 그 울
음은 자신을 부르는 소리와 같다. 이것이 나타나면 천하가 크게
가문다.[183]

② 어떤 새는 생김새가 학 같은데 외다리이고 붉은 무늬, 푸른 몸바
탕에 부리가 희다. 이름을 畢方이라 하며 그 울음은 자신을 부르
는 소리와 같고 이것이 나타나면 그 고을에 원인 모를 불이 난
다.[184]

夔와 帝俊이 부리가 달린 새의 머리와 원숭이의 몸뚱이, 그리고 一
足이라는 공통점을 가진 동일한 존재라는 것에 대해서는 많은 학자들
이 동의하고 있다. 上記한 顒은 '大頭의 원숭이'를 의미한다는 근거에
서 夔로 해석된다.[185] 또한 顒의 또다른 특징으로 손꼽히는 四目은 본
래 黃帝나 舜과 같이 밝은 눈을 가진 太陽神이 四方과 四時를 밝게 비
추는 행위를 표상한다고 볼 수 있다.[186] 그런 舜이 바로 帝俊이자 夔이
고 보면 顒이 夔와 동일한 존재라는 것은 더욱 확실해진다. 게다가 전
술했듯이 儺祭에서 夔가 旱鬼로 전락한 사실은 顒과 畢方 역시 본래
太陽神에서 旱鬼로 변질했음을 웅변한다. 흥미로운 사실은 旱魃神인
女魃[187] 및 이를 퇴치하는 方相 역시 四目이라는 것이다. 이는 畢方뿐
아니라 女魃 역시 그 前身은 太陽神이었음을 확실시해 주는 동시에 方
相의 女魃퇴치는 羿의 大風퇴치와 마찬가지로 陽氣로써 陽氣를 퇴치하
는 관념의 소산이었음을 드러낸다. 또한 鐵井慶紀는 一足을 특징으로
하는 夔가 冶金師라는 근거에서 출발하여 顒과 畢方에서 야금의 요소

---

183) 《山海經》〈南山經〉, "有鳥焉 其狀如梟 人面四目而有耳 其名曰顒 其鳴自
號也 見則天下大旱".

184) 《山海經》〈西山經〉, "有鳥焉 其狀如鶴 一足 赤文靑質而白喙 名曰畢方
其鳴自叫也 見則其邑有訛火"; 同〈海外南經〉, "畢方鳥在其東 靑水西,其爲
鳥人面一腳 一曰在二八神東".

185) 鐵井慶紀, 〈中國古代神話研究二題〉, p.178.

186) 拙著, 《中國古代의 呪術的 思惟와 帝王統治》, pp.91-92.

187) 袁珂, 《山海經校注》(成都 巴蜀書社, 1993), p.494, "郝懿行云…魏書載咸
平五年 晉陽得死魃 長二尺 面頂各二目".

를 추출함으로써 兩者를 夒라고 주장한다.[188] 그리고 앞서 旱鬼의 특징이 赤色임을 지적했는데 畢方의 붉은 무늬도 이것이 太陽鳥임을 드러낸다. 이상과 같이 商人을 비롯한 고대 동방민족이 숭상했던 太陽神인 帝俊=夒가 大旱이나 火災를 야기하는 顒이나 畢方으로 전락했다는 사실은 太陽鳥가 旱鬼로 변질되었음을 웅변한다.

이상에서 살펴본 바와 같이 西周 이후 神界와 人間界의 분리와 대립, 충돌에 따라서 많은 神獸들이 人間界에 災殃을 가져오는 惡鬼로 변질되었고, 그런 과정에서 羿의 神話에서 보듯이 封豨·窶窳·修蛇·大風 등이 旱鬼로 변모했다. 또한 射禮는 그런 旱鬼를 퇴치하여 降雨를 유발하는 求雨儀禮였음을 확인할 수 있었다. 특히 가뭄을 야기하는 鳳凰 계열의 鳥類가 본래 太陽鳥였다는 사실에 의거할 때 畵像石에 보이는 樹木射鳥圖를 비롯한 射鳥행위는 바로 射日의 대체행위이자 가뭄퇴치의 례였음을 확인할 수 있었다. 이처럼 太陽鳥를 비롯한 旱鬼들을 射殺하는 求雨習俗은 태양신의 강림장소인 市를 폐쇄, 또는 이전하는 徙市의 례와 관념적 유사성을 드러낸다고 볼 수 있다. 마지막 章에서는 旱鬼의 변질과정을 女魃에 적용하여 旱魃退治의 관념구조를 검토해 보고 이런 주술적 원리를 古代帝王의 추방 및 射日에 적용해 봄으로써 徙市의 의미 해명에 좀더 접근하고자 한다.

Ⅳ. 旱魃退治의 관념구조

旱魃은 《詩經》에 가장 일찍이 보이지만[189] 그 性別을 확인할 수는 없고, 《山海經》에서는 天女魃로서 등장한다. 전술했듯이 女魃이 四目을 가졌다는 것은 女魃이 본래 太陽神이었음을 입증한다. 또한 黃帝와 蚩尤의 싸움에서 양측에 각기 天女魃과 風伯·雨師가 가담했다는 神話

---

188) 鐵井慶紀, 〈中國古代神話研究二題〉.

189) 《詩經》〈大雅·雲漢〉, "旱旣太甚 滌滌山川 旱魃爲虐 如惔如焚". 《毛詩》는 "旱神也"라고 注하고 있다.

도 女魃이 太陽神 黃帝의 分身임을 짐작하게 한다.[190] 한편《黃帝玄女戰法》에서 黃帝에게 戰法을 전수하여 蚩尤를 정벌할 수 있도록 도와준 玄女가 人面鳥身의 모습으로 등장하는데[191] 玄女는 그 이름이나 黃帝 助力者로서의 위치로 보건대 天女魃의 변모형태로 보아 대과 없을 것이다. 그렇다면 天女魃 역시 人面鳥身이라 볼 수 있고 여기에 四目의 특징을 결합하면 天女魃은 전술한 旱鬼 顒과 동일한 太陽鳥라 볼 수 있고 따라서 女魃의 前身은 太陽神 帝俊으로 추정할 수 있다. 이처럼 고대인들이 한발을 야기하는 귀신을 女神으로 간주한 것은 男性神의 대두와 함께 女神이 저주와 재앙을 일으키는 존재로 전락한 때문이다. 大地母神이 王權의 强化 및 父權制의 확립과 함께 왜소화되면서 궁극적으로는 復讐神이나 妖怪로 전락한다는 女神의 시대적 變身過程[192]은 이를 웅변한다. 여기서 太陽神 帝俊보다 앞서는 原始母神이자 太陽神인 羲和가 女媧였다는 Ⅱ章의 서술내용을 새삼 상기한다면 羲和=女媧가 旱鬼인 女魃로 변신했을 가능성은 매우 높다. 결국 女魃은 黃帝·帝俊 등의 太陽神이나 또는 女媧나 羲和에서 派生되거나 變身한 것으로 볼 수 있다.[193]

前章에서는 旱魃퇴치방식으로서 旱鬼로 변한 太陽鳥를 쏘아 떨어뜨리는 행위에 대해 언급하였는데, 여기에서는 旱鬼를 추방함으로써 가뭄을 퇴치하고 降雨를 유발하려는 求雨習俗의 관념에 대해 살펴보고자 한다. 無秩序를 야기하는 惡鬼들을 追放함으로써 질서를 회복한다는 관념은 舜이 四兇을 中國의 邊境이나 四裔로 축출했다는《尚書》와

---

190) 蕭兵은 黃帝가 旱魃의 父나 領袖라는 입장을 표명했다(同著,《儺蜡之風》, p.153).

191)《太平御覽》卷15, "黃帝玄女戰法曰 黃帝與蚩尤九戰九不勝 黃帝歸於太山 三日三夜 霧冥有一婦人 人首鳥形 黃帝稽首再拜 伏不敢起 婦人曰 吾玄女也 子欲何問 黃帝曰 小子欲萬戰萬勝 遂得戰法焉".

192) 谷口義介,《中國古代社會史硏究》(京都：朋友書店, 1988), 第十三章〈褒姒說話の形成―中國古代における大地母神の殘影〉, pp.315-316.

193) 蕭兵도 女魃이 太陽神의 卑化 결과임을 지적하고 있다(同著,《儺蜡之風》, p. 152).

《左傳》의 내용에서 확인된다.[194] 이런 관념의 배경으로서 거론될 수 있는 것은 첫째 罪人을 共同體로부터 排除, 疏外시키는 고대의 追放刑,[195] 둘째 中國과 四夷를 각기 질서와 문명이 구현된 공간과 禽獸·非人의 세계로 구분하는 華夷觀[196]이라 할 수 있다. 〈東京賦〉의 大儺儀式에 보이는 "逐赤疫于四裔"라는 구절은 그런 관념이 귀신퇴치에 구체화된 好例가 아닐 수 없다. 여기서의 赤疫은 곧 붉은 색을 띠는 疫鬼이지만 旱鬼가 赤色을 특징으로 한다는 전술 내용에 의하면 위의 구절은 旱魃퇴치를 지칭하는 것이기도 하다. 사실 古代人에게 水旱과 癘疫은 귀신이 야기하는 최대의 殃禍였고,[197] 端午의 龍舟競渡가 祈雨와 毆疫 등을 주목적으로 거행된 것도 그 때문이다. 그러나 더위[溫]와 질병[瘟]이 字形과 의미에서 연계성을 보이듯이 질병은 旱魃로 인해 발생한다고 인식되었으며,[198] 旱鬼가 疫鬼와 거의 구별되지 않고,[199] 漢代에 逐疫儀式으로 정착된 儺祭가 본래 旱魃退治儀式이라는 점[200] 등을 고려하면 위의 '赤疫'은 旱鬼이자 疫鬼라 볼 수 있다. 本章에서 주로 검토될 女魃에 대한 퇴치의례도 동일한 追放의 형태를 띠고 있다. 우선 《山海經》에 보이는 다음의 용례를 검토해 보자.

　　應龍이 물을 모아 두었는데 蚩尤가 風伯과 雨師에게 부탁하여 폭풍

---

194) 《尙書》〈堯典〉, "(舜)流共工于幽洲 放驩兜于崇山 竄三苗于三危 殛鯀于羽山. 四罪 而天下咸服" ; 《左傳》 文公18년, "舜臣堯 賓于四門 流四凶族 渾敦·窮奇·檮杌·饕餮 投諸四裔 以禦螭魅".

195) 李晟遠, 〈古代中國의 刑罰觀念과 肉刑—'非人化' 觀念을 中心으로〉, 《東洋史學硏究》第67輯, 1999년 7월, pp.8-12.

196) 李成珪, 〈중화사상과 민족주의〉, 《哲學》 제37집, 1992, pp.31-47 참조.

197) 好並隆司, 〈中國古代のおける山川祭祀の變貌〉, 同著, 《秦漢帝國史硏究》, 東京 : 未來社, 1978, pp.347-348. 《周禮·大祝》의 鄭玄注에 "天災癘疫水旱也"라거나 《左傳》 昭公元年에 "水旱癘疫之災"도 그런 인식을 드러낸다.

198) Schafer, "Ritual Exposure in Ancient China", p.133 註9 참조.

199) 陳夢家, 〈商代的神話與巫術〉, p.561, p.568.

200) 위의 논문, p.561 및 蕭兵, 《儺蜡之風》, 第二章 第二節 참조.

우로 거침없이 쏟아지게 했다. 黃帝가 이에 天女인 魃을 내려보내니 비가 그쳤고 마침내 蚩尤를 죽였다. 魃이 다시 (하늘로) 올라갈 수 없게 되자 그가 머무는 곳에서는 비가 내리지 않았다. 叔均이 黃帝에게 이 사실을 아뢰자 후에 그녀를 赤水의 북쪽에 두어 살게 하였고 叔均은 이에 田祖가 되었다. 魃이 때로 그곳을 빠져나오면 그를 쫓아내려는 사람들은 "신이여 북쪽으로 돌아가소서"라고 명령하듯 말했다. 그리고 우선 물길을 깨끗하게 하고 크고 작은 도랑을 터서 통하게 해놓았다.[201]

上記 내용은 魃이 가뭄을 야기하게 된 배경을 설명한 내용과 그 魃을 퇴치하는 求雨儀禮로 구분된다. 前者에 따르면 古代人들은 女魃이 하늘로 돌아가지 못해 가뭄이 생긴다는 인식을 가졌던 것 같고, 그렇다면 女魃은 고의적으로 人間界에 재앙을 초래하는 존재이기보다는 어디까지나 黃帝의 딸인 天神이었다. 아울러 上記하듯 女魃이 赤水의 北에 위치한다거나 또는 赤水女子魃[202]로 일컬어지는 것은 女魃이 赤水나 또는 그 북쪽에 거주한다는 것을 가리킨다. 旱鬼들이 호수에 거주한다는 것은 전술한 대로이며, 夔와 耕父를 비롯한 이 旱鬼들이 물에 출입할 때 빛을 발한다는 것[203]도 旱鬼들이 太陽神에서 변신했다는 것을 입증하기도 하는데, 女魃이 赤水에 거주한다는 것도 그런 맥락에서 이해할 수 있다. 그들은 엄청난 陽氣를 지닌 존재이므로 물속에 거주할 때만 가뭄을 일으키지 못하며, 또한 물을 두려워하여 赤水를 건너지 못한다고 여겨졌다고도 볼 수 있다. 특히 북쪽은 陰氣에 해당되는 지역

---

201) 《山海經》〈大荒北經〉, "應龍畜水 蚩尤請風伯雨師 縱大風雨. 黃帝乃下天女魃 雨止 遂殺蚩尤. 魃不得復上 所居不雨. 叔均言之帝 後置之赤水之北. 叔均乃爲田祖. 魃時亡之. 所欲逐之者令曰 神北行 先除水道 決通溝瀆".

202) 《山海經》〈大荒北經〉, "有鍾山者. 有女子衣靑衣 名曰赤水女子魃".

203) 《山海經》〈大荒東經〉, "…其上有獸 狀如牛 蒼身而無角 一足 出入水則必風雨 其光如日月 其聲如雷 其名曰夔";《文選》〈東京賦〉의 薛綜注, "夔 木石之怪 如龍有角 鱗甲光如日月 見則其邑大旱";《山海經》〈東山經〉, "…子桐之水出焉 而西流注于餘如之澤. 其中多鯑魚 其狀如魚而鳥翼 出入有光 其音如鴛鴦 見則其邑大旱";同, "儵鱅其狀如黃蛇 魚翼 出入有光 見則其邑大旱";同〈中山經〉, "神耕父處之 常遊淸冷之淵 出入有光 見則其國爲敗".

이므로 女魃이 가뭄을 일으킬 소지를 억제한다고 여겨지기도 했을 것이다. 물론 旱鬼들이 赤色을 띠거나 旱魃이 심한 곳을 '赤地'라 표현한 점을 감안하면 赤水는 그와도 관련이 있을 가능성도 있다.

위의 인용에서 물길을 정리하고 도랑을 통하게 하는 것은 《春秋繁露》求雨篇에 보이는 求雨儀禮(Ⅱ章에서 서술)와 유사한 점을 감안하더라도 同種呪術에 의거한 求雨習俗임을 확언할 수 있다. 그렇다면 그에 선행하는 '신이여 북쪽으로 돌아가소서(神北行)'라는 것은 祈雨祭에서 巫祝이 내뱉는 呪語라 추정할 수 있다. 그러한 呪語에 따라서 "女魃이 북쪽으로 가면 應龍이 춤춘다"라고[204] 하듯이 女魃을 북쪽으로 보내는 행위는 비를 내리게 하는 應龍이 활동하도록 하기 위한 행위이다. 다시 말해 한발을 쫓으면 甘露가 내린다는 것인데 이는 旱魃驅逐과 求雨祈豊이 동일한 과정임을 보여준다. 어쨌든 이처럼 女魃을 북쪽으로 쫓아버리면 비가 올 터이므로 물길을 정리하고 도랑을 터서 준비하는 것이다

위의 인용에서 女魃에 대한 대우가 매우 정중하다는 사실은 이 단계까지도 女魃이 강력한 힘을 가진 신격으로서 함부로 홀대할 수 없는 존재였음을 반영하는 것 같다. 반면에 後漢代의 大儺 의식에 보이는 女魃퇴치방식은 다음과 같이 좀더 가혹하다.

<blockquote>耕父를 淸泠(의 深淵)에 가두고 女魃을 神潢에 빠뜨린다.[205]</blockquote>

위에 보이는 淸泠은 《山海經》에서 耕父가 머무는 연못이다.[206] 그렇다면 淸泠은 皇宮의 大儺儀式이 거행되는 洛陽 근처의 河川이나 호수라기보다는 〈東京賦〉를 노래한 張衡이 神話的 地名에서 따온 것이라

---

204)《後漢書》卷59〈張衡傳〉, p.1904, "夫女魃北而應龍翔　洪鼎聲而軍容息　溽暑至而鶉火棲　寒冰冱而黿鼉蟄".
205)《文選》卷3〈東京賦〉, "囚耕父于淸泠　溺女魃于神潢".
206)《山海經》〈中山經〉, "又東南三百里　曰豐山…神耕父處之　常遊淸泠之淵　出入有光　見則其國爲敗".

할 수 있다.[207] 이런 맥락에서 보면 神潢 역시 같은 부류의 水名으로 이해되며,[208] 추측하건대 전술한 赤水와 동일한 곳일 가능성도 있다. 그리고 《後漢書》禮儀志의 劉昭注가 위의 〈東京賦〉의 내용을 인용하고 나서 "耕父·女魃皆旱鬼, 惡水, 故囚溺于水中, 使不能爲害"라고 한 것[209]을 보면, 旱鬼가 물을 싫어하기 때문에 물에 빠뜨린다고 되어 있지만 이는 효과적인 旱鬼退治에 대한 적절한 해석이 되지 못한다. 旱鬼를 물에 빠뜨리는 것은 물의 陰氣 때문에 旱鬼가 맥을 못 추리라는 관념을 전제로 하기 때문이다. 아울러 劉昭의 주석에 의거하건대 '女魃을 익사시킨다'는 일부의 해석[210]은 타당치 못하다. 사실 耕父를 물속에 가둔 것과 평형을 맞춘다면 '溺'을 溺死시킨다로 해석하는 것은 자의적이라 여겨진다. 이처럼 旱鬼를 물속에 빠뜨리는 儀禮는 羌族의 旱魃驅逐가 旱魃로 분장한 사람을 호수로 쫓아 버리거나 四川의 儺儀가 旱魃을 어둡고 차가운 寒林으로 放逐하는 것[211]과 맥락이 닿아 있다. 어쨌든 後漢代의 大儺儀式 단계에 이르자 女魃이 보다 가혹한 대우를 받는 것은 확실하다. 이런 경향은 아래와 같은 《神異經》에 오면 극에 달한다.

　　남쪽에 어떤 사람이 있는데 신장이 2-3尺이며 벌거벗은 몸에 눈은 머리 위에 붙어 있고 바람처럼 달리며 이름은 魃인데 (그가) 가는 나라에는 크게 가뭄이 든다. 格子라고도 일컬어지며 市朝의 무리에게 善行을 (베푼다). 그를 만나는 사람이 뒷간에 그를 던져버리면 죽어버리고 가뭄의 재난도 해소된다.[212]

---

207) 이에 대해서는 郭璞의 注("淸泠水在西鄂縣山上　神來時水赤有光耀　今有屋祠之")가 참조될 만하다.

208) 薛綜의 注("神潢　亦水名　未知所在")도 이러한 추정을 뒷받침한다.

209) 《後漢書》〈禮儀志〉 中, p.3128, 注四.

210) 예컨대 洛陽市第二文物工作隊·黃明蘭·郭引强 編著, 《洛陽漢墓壁畫》(北京 文物出版社, 1996), p.22에서는 木偶를 물속에 던져 넣어 女魃을 익사시킨다고 서술한다.

211) 蕭兵, 《儺蜡之風》, pp.145-149.

212) 《神異經》〈南荒經〉, "南方有人　長二三尺　袒身　而目在頂上　走行如風　名

112

上記 내용에 보이는 女魃의 벌거벗은 모습은 後漢代 墓葬의 壁畵에서도 확인되는데,[213] 일부의 주장처럼 그것이 暴巫와 관련이 있는지는 단언할 수 없다. 위의 인용에서 女魃이 市의 무리들에게 善行을 베푼다는 것은 어떤 판본에는 보이지 않는데,[214] 이는 아마도 衍文으로 간주되어 고의적으로 삭제된 것 같다. 그러나 필자의 소견으로는 市人에 대한 善行은 女魃神과 市가 유지했던 긴밀한 상관관계의 殘影인 것 같다. 이는 원시적 市가 太陽神의 降臨場所였다고 볼 때 女魃이 본래 太陽神이었음을 다시 한번 입증한다고 할 수 있고, 逆으로 太陽神 女魃이 주재하는 市가 太陽神의 降臨場所였음도 보다 확실시된다고 하겠다. 女魃의 太陽神的 면모는 전술한 四目의 특징에서도 확인되는데, 上記하듯이 女魃의 눈이 머리에 달려 있다는 것[215]도 女魃의 四目을 가리키거나 또는 그로부터 비롯된 신체적 특징으로 해석된다.

위의 인용 가운데 특히 흥미로운 부분은 女魃을 뒷간에 던져서 죽인다는 대목이다. 漢代의 뒷간은 明器에서도 확인되듯이 돼지우리로도 기능했는데, 돼지와 똥이 陰氣에 해당하는 점을 감안하면 女魃을 뒷간에 던지는 것은 陰氣地域에 던져 그가 체현한 陽氣를 소멸시키는 행위로서, 女魃을 물속에 던지거나 또는 女魃로 하여금 북쪽으로 가라는 것[神北行]과 맥락이 닿아 있다고 볼 수 있다. 그러나 이처럼 女魃을 뒷간에 던져 죽인다는 것은 女魃의 권위가 극히 격하되었음을 전제로 한다. 이 단계의 女魃퇴치는 현재 中國의 山西·內蒙古·河北에서 연출되는 儺戲인 〈斬旱魃〉에서 분장한 四大王이 旱魃을 무대 아래로 내

<hr>

日殿 所之國大旱. 一名格子 善行市朝衆中. 遇之者投著厠中 乃死 旱災消"(《五朝小說大觀》上海掃葉山房石印本, 鄭州 中州古籍出版社, 1991, p.225).
213) 洛陽市第二文物工作隊·黃明蘭·郭引强 編著, 《洛陽漢墓壁畵》, p.22.
214) 孔穎達의 《毛詩正義》 卷18 〈雲旱〉疏의 인용에는 "神異經曰 南方有人 長二三尺 袒身 而目在頂 走行如風 名曰魃 所見之國大旱 赤地千里 一名旱母. 遇者得之 投溷中 卽死 旱災消"라 되어 있다.
215) 女魃의 눈이 머리 위에 달려있다는 언급은 다음에서도 확인된다. 즉, 《續子不語》 三 〈旱魃有三種〉 "惟山上旱魃名格 爲害尤甚. 似人而長 頭頂有一目 能吃龍 雨師皆畏之 見雲起 仰首吹噓 雲卽散 而日愈烈 人不能制".

쫓아 觀衆과 함께 에워싸서 때리고 旱魃을 묶어 거리를 돌며 群衆에게 보이고 최후에는 무대로 끌어와 참수하는 것[216]과 유사하다. 上記 인용을 포함하여 女魃의 신체가 2-3尺에 불과하다는 문헌 내용이나,[217] 虎가 女魃을 잡는 모습을 담은 漢代 畫像石[218] 등도 女魃이 하찮은 귀신으로 전락했음을 웅변한다. 女魃퇴치방식이 追放에서 殺害로 이행한 것도 女魃을 비롯한 旱鬼가 하찮은 존재로 전락했거나 또는 呪術의 극단화 경향 때문이라 이해할 수 있겠다. 이처럼 女魃은 시대가 내려갈수록 왜소화되면서 가혹한 대우를 받지만, 또 한편 이러한 旱魃퇴치의 례에 보이는 공통점은 女魃이 陰氣地域으로 추방된다는 것이다.

이상과 같은 旱魃퇴치습속과 동일한 관념구조를 갖는 것이 바로 暴君을 旱鬼로 삼아 大水로 추방하는 것이다. 군주의 포악함이나 暴政이 旱魃을 초래한다는 인식은 고문헌에 적지 않게 보인다.[219] 예컨대 "易傳曰 陽無德則旱…陽無德者 人君恩澤不施於人也"[220]는 君主를 太陽에 비견하여 太陽이 恩德을 베풀지 못하면 旱魃이 생긴다고 말하고 있다. 無道한 君主에 시달린 民이 가뭄에 비를 기대하듯이 義兵의 到來를 염원하는 것[221]도 暴政을 旱魃과 동일시한 사례이다. 暴君을 뜨거운 太陽에 견주는 例는 폭군 桀에 대해 백성들이 '이 태양은 언제 없어지나'(時日曷喪)라고 탄식했다는 《尚書》湯誓篇의 내용을 꼽을 수 있는데,

---

216) 度修明 主編, 《儺文化與藝術》(貴州人民出版社, 1993), 薛若隣, 〈序〉, p.13.

217) 《魏書》(註187 참조)와 《新唐書》(卷36 〈五行志〉, p.954, "永隆元年 長安獲女魃 長尺有二寸 其狀怪異")에서도 실제로 잡힌 女魃의 신장은 2尺 또는 그에 못 미친다.

218) 魏仁華, 〈唐河針織廠漢畫像石墓中的天象圖〉, 南陽漢代畫像石學術討論會辦公室編, 《漢代畫像石研究》, 文物出版社, 1987 참조.

219) 《藝文類聚》卷100, "洪範五行傳曰 魯桓公五年大雩 旱也. 先是公弑君而立 有自危之心而下有怨懟之氣 外結大國 娶於齊而爲夫人 後比二年 天子使大夫來聘 極上得天子意 憑大國之心則有亢陽之意以御臣下 興州邱之役以勞百姓則臣下離心而不從 故應是而秋大旱"; 同 卷100, "京氏別對災異曰 久旱何曰人君無施澤惠利於下則致旱也".

220) 《後漢書》卷30下 〈郎顗列傳〉, p.1074.

221) 《淮南子》〈兵略訓〉, "故君爲無道 民之思兵也 若旱而望雨 渴而求飲".

이 구절은 帝王과 太陽神을 동일시하는 관념의 존립을 전제로 한다.[222] 이를 입증하려는 듯 그런 탄식이 나온 것은 桀이 스스로를 太陽과 동일시했기 때문이라는 추정을 가능케 하는 사료[223]도 있다.

물론 군주가 스스로를 태양에 비견했던 것은 권위를 제고, 또는 과시하기 위함이었다.[224] 商王室을 구성하는 10개의 支族이 十日神話를 배경으로 하여 자신들을 10개의 태양 각각의 후예로 자임함으로써 왕실의 신성한 권위를 정당화한 것은 주지의 사실이며, 《莊子》에는 十日이 함께 떠서 만물을 비추는 것이 堯의 뛰어난 德에 비견되고 있다.[225] 이러한 十日神話가 射日神話로 대체된 것은 태양이 오직 하나뿐이라는 깨달음의 결과이기도 하겠지만, 또 한편 거기에는 商周교체라는 시대변화가 담겨 있다고 볼 수 있다. 商代에 封國의 君長들이 商王의 용인하에 王을 칭할 수 있었다는 것[226]도 十日神話의 통용 속에서 가능했던 것으로 추측되지만 周代에 들어오면 이런 관념이 쇠퇴한 것 같다.

"하늘에 두 개의 太陽이 없고 땅에는 두 명의 王이 없다"[227]는 慣用句는 王이 太陽에 비견되거나 太陽과 同格視되는 관념의 존재를 입증함과 함께 二王의 동시출현은 二日의 並出이 그러하듯 가뭄으로 대표되는 혼란을 초래한다는 것을 암시한다. 二日은 왕조교체기에 대치하는 두 권력자를 상징하는 것으로 볼 수 있는데, 이처럼 太陽을 상징하는 두 명의 권력자가 공존한다는 것은 필연적으로 혼란을 야기할 수밖에 없다. 복수의 태양의 출현과 관련하여 왕조교체기의 혼란에 대한

---

222) 葉舒憲, 《英雄與太陽》, p.219.

223) 《新序》〈刺奢〉, "吾有天下 如天之有日也 日有亡乎? 日亡 吾亦亡".

224) 중국 역대의 황제들이 매일 日出時刻에 맞추어 "早朝"儀禮를 실행한 것도 스스로를 세속적 태양 또는 小太陽으로 자처했기 때문이다(葉舒憲, 《中國神話哲學》 第五章 〈天子明堂〉).

225) 《莊子》〈齊物論〉, "昔者 十日並出 萬物皆照. 而況德之進乎日者乎?".

226) 齊文心, 〈觀于商代稱王的封國君長的探討〉, 《歷史研究》 1985-2.

227) 《禮記》〈曾子問〉과 《史記》 卷8 〈高祖本紀〉, p.382에는 "天無二日 土無二王"으로 되어 있고, 《孟子》〈萬章〉上에는 "天無二日 民無二王"으로 되어 있다.

언급이 많은 것[228]도 이런 이유이다. 桀과 湯의 쟁패에 대해 언급한 《呂氏春秋》와 《墨子》의 다음과 같은 내용도 그런 시야에서 이해할 수 있다.

① 妹姬가 말하기를 "간밤에 천자가 꿈을 꾸었는데, 서쪽에도 태양이 있고 동쪽에도 태양이 있는데, 두 태양이 서로 싸우다가 서쪽의 태양이 승리하고 동쪽의 태양이 패했다고 합디다"라고 했다. 이 이야기를 이윤은 湯에게 고했다. 이때 商나라에는 큰 가뭄이 들었건만 湯은 오히려 이윤의 계모를 믿고 군사를 일으켰다. 군사로 하여금 동쪽에서 서쪽으로 진격하게 했다. 아직 접전하기도 전에 桀은 도주했고 (湯은) 그를 大沙로 쫓아버렸다. (桀의) 몸은 이미 離散되어 天下의 치욕을 당했으니…[229]

② 墨子가 말하기를…湯은 桀을 大水로 내치고 天下를 경영하여 스스로 王에 즉위하고는…先王의 音樂에 의거해서 스스로 音樂을 제작하여 (이를) 護라 命名하고…[230]

上記한 두 가지 인용은 商의 湯王이 夏의 桀을 放伐한 내용이다. 우선 ①에서 이 양자의 싸움을 太陽의 싸움에 비견하는 것은 지상의 두 권력자가 태양으로 인식되었음을 보여주는데, 서쪽의 落日이 동쪽의 旭日에게 이긴다는 것이 당연 억지이고 보면 桀의 몰락은 이미 예견된 바이고, 湯이 동쪽에서 서쪽으로 진격했다는 것은 스스로를 旭日로 자임하려 했기 때문으로 볼 수 있다. 商周교체에 관한 설화에서도 拮抗

---

228) 예컨대 《淮南子》〈兵略訓〉, "武王伐紂…當戰之時 十日亂於上 風雨擊於中…"라는 서술은 十日竝出과 王朝交替 또는 혼란의 상관성을 드러낸다.

229) 《呂氏春秋》〈愼大〉, "末嬉言曰 今昔天子夢西方有日 東方有日 兩日相與鬪 西方日勝 東方日不勝. 伊尹以告湯. 商涸旱 湯猶發師 以信伊尹之盟 故令師從東方出於國 西以進. 未接刃而桀走 逐之於大沙 身體離散 爲天下戮…".

230) 《墨子》〈三辯〉, "子墨子曰…湯放桀於大水 自立以爲王…因先王之樂 又自作樂 命曰護…" 이와 흡사한 내용은 《呂氏春秋》〈古樂〉篇에도 보인다. 즉, "湯於是率六州以討桀罪 功名大成 黔首安寧. 湯乃命伊尹作爲大護 歌晨露 修九招·六列 以見其善".

116

하는 두 개의 太陽 가운데 동쪽의 태양은 周를 상징하는 旭日이며 서쪽의 태양은 商을 상징하는 落日이었다.[231] 이러한 二日並出의 상징성에 의거할 때 ①의 인용에서 湯이 가뭄에도 불구하고 정벌했다는 것은 後代의 합리적 변용인 것 같고, 그보다는 가뭄의 퇴치를 위해 정벌했다거나 또는 가뭄퇴치를 명분삼아 정벌을 정당화했다는 쪽이 설화의 본래 모습이거나 또는 고대인의 관념에 합치되는 것 같다. 이런 추정을 뒷받침하는 안성맞춤의 例가 바로 "昔周饑 克殷而豊"이라는 《左傳》의 구절[232]이다. 왜냐하면 이는 商周의 대결상황에서 周가 정복전쟁을 통해 二日竝存의 상황을 제거했기 때문에 기근에서 벗어나 豊收를 이루었다는 해석을 충분히 가능케 하기 때문이다. 戰國時代의 銅器에 採桑 및 射禮(射鳥)와 함께 戰爭의 장면이 묘사되어 있는 것(그림 2 참조)도 採桑과 射鳥가 陽氣의 퇴치를 통한 豊穰呪術이고 보면 전쟁이 陽氣의 퇴치를 통해 降雨를 보증한다는 인식의 표현으로 해석할 수 있다.

湯의 桀에 대한 放伐을 가뭄의 퇴치와 관련시켜 볼 때 ②의 인용에서 주목되는 것은 桀이 大水로 쫓겨갔다는 구절이다. 大水는 大河나 大海의 의미로 볼 수 있는데, 이처럼 太陽에 비견되는 桀을 大水로 쫓아버리는 것은 大儺에서 旱鬼인 耕父와 女魃을 물속에 빠뜨리는 것과 동일한 呪術행위이다. 따라서 이 일화는 旱鬼로 변질된 桀을 물속에 처넣어 가뭄을 퇴치하는 求雨儀禮의 맥락에서 그 의미를 파악할 수 있다. 게다가 湯이 桀을 放伐한 뒤에 제작했다는 大濩가 桑林의 祈雨祭에서 연주되는 음악[233]이고 보면 上記의 인용문은 旱魃을 퇴치하고 甘雨를 祈求하는 일련의 의례와 합치된다.

문제는 上記한 ①에 보듯이 《呂氏春秋》에는 大水가 大沙로 되어 있다는 데 있다. 이에 의거하여 譚戒甫는 《墨子》에 보이는 大水의 '水'를 '沙'의 壞脫字로 의심했고, 그에 동조한 陳奇猷는 大沙를 《尚書》 仲虺

---

231) 大林太良, 〈羿神話와 王權〉, p.3 참조.
232) 《左傳》 僖公19年條.
233) 蕭兵, 《楚辭的文化破譯》, p.337.

之諮의 ‘成湯放桀於南巢’에 보이는 南巢로 비정하고 있다.[234] 그러나 같은 일화에 대해《烈女傳》은 ‘流於海, 死於南巢之山’이라 서술하고 있고,《淮南子》나《帝王世紀》에서도 桀이 “浮江(또는 浮海)하여 南巢의 山으로 달아나 죽었다”[235]고 되어 있는 점에 의거하면 桀은 南巢에서 사망하기 이전 단계에 일단은 大水로 쫓겨갔다고 보아도 大過 없을 것 같다. 게다가《呂氏春秋》에 보이는 大沙나 南巢 역시 河川지역이라고 보면[236] 湯이 桀을 내쫓은 곳이 河川이나 大海였음은 보다 확실해진다.

桀이 大水로 쫓겨갔다는 일화의 저변을 지탱하는 관념구조는 “湯이 (夏人의 監獄인) 水牢에 빠져 (死刑囚가 되었으니) 무릇 어떤 罪過가 있기 때문인가?”[237]라는《楚辭》의 내용에서 재확인된다. 桀이 湯을 水牢에 가둔 것은 ‘旭日’에 비견되는 湯을 물속에 처넣음으로써 그 힘을 무산시키려는 시도로 해석할 수 있기 때문이다. 그런데 필자는 이 구절의 原文인 ‘湯出重泉’을 Ⅱ章에서 湯이 湯谷에서 출생한 근거로서 인용한 바 있다. 一見 모순되는 듯한 이 두 가지 해석은 오히려 重泉의 양면성을 그대로 드러낸다고 할 수 있다. 왜냐하면 물이 죽음과 재생을 아울러 상징하듯이 重泉은 태양의 탄생지인 宇宙子宮인 동시에 태양이 그 본연의 陽光을 발휘하지 못하는 죽음의 장소일 수 있기 때문이다. 따라서 태양이 과다한 陽氣의 발산으로 인해 旱鬼로 전환할 경우에는 물속에 넣음으로써 그 陽氣를 억제해야 하는 것이다. 蚩尤나 共工이 黃帝와 顓頊의 근거지인 空桑을 물 속에 잠기게 하려는 것도

---

234) 陳奇猷,《呂氏春秋校釋》, p.852의 注29 참조.

235)《史記》 卷2〈夏本紀〉의 正義에 “淮南子云 湯敗桀於歷山 與末喜同舟浮江, 奔南巢之山而死”;《太平御覽》 卷82, “帝王世紀曰…湯來伐桀 以己卯日戰 于鳴條之野 桀未戰而敗績 湯追至大涉 遂禽桀於焦 放之歷山 乃與妹喜及諸 嬖妾同舟浮海 奔于南巢之山而死”.

236) “呂調陽曰 大沙卽南巢也 今桐城西南有沙河埠 其水東迤故巢城南而東入菜 子湖也”(陳奇猷,《呂氏春秋校釋》, p.852의 注29).

237)《楚辭》〈天問〉, “湯出重泉 夫何罪尤?” 이 해석은 蕭兵,《楚辭全譯》(江蘇 古籍出版社, 1998), pp.74-75 및 p.90에 의거하였다. 또한 呂思勉도 이 구절에 대해 일찍이 동일한 해석을 내렸다(同著,〈唐虞夏史考〉 중 第六章 〈論湯放傑地域考〉,《古史辨》第七冊 下編, 上海古籍出版社, 1982, p.291).

太陽神에 대한 도전일 수도 있지만 또 한편으로는 가뭄퇴치의식일 수
도 있는 것이다.

　暴君의 追放을 통한 한발의 퇴치와 맥락이 닿아 있는 것이 射日神話
로 보인다. 전술했듯이 王朝交替期에는 自然災害가 빈발한다는 인식이
존재하는데 이는 複數의 권력자, 즉 太陽이 병존하기 때문이며, 따라서
자연과 사회의 질서를 회복하기 위해서는 한 개의 태양만 남기고 나머
지를 모두 쏘아 떨어뜨려야 하는 것이다. 이는 少數民族의 射日儀禮가
보여주는 우주론적 의미와 맞아떨어진다. 왜냐하면 苗族이나 日本의
新年儀禮에서 太陽鳥의 대용물을 쏘아 맞추는 의식을 거행하는 것은
舊太陽을 버리고 新太陽을 맞이하는 天地創造의 再制定[238]으로 해석되
기 때문이다. 古代人들이 너무 오래 사용한 火는 질병이나 재해를 유
발한다고 여겨 1년에 한번씩 정기적으로 改火하고 이때에는 불을 피우
지 않고 차가운 음식을 먹음으로써 寒食이라는 절기가 생긴 것도 같은
맥락에서 이해할 수 있다. 특히 改火시기가 대체로 春季라는 사실이나,
銅凹鏡을 이용하여 태양으로부터 取火하는《周禮》의 내용, 그리고 太
陽光이 양극에 달하는 夏至나 冬至에 改火하는 습속 등[239]은 改火 역시
매년 新舊의 太陽을 교체한다는 관념에서 연원했을 가능성을 높여준
다.

　이처럼 射日(射鳥)행위는 旱魃퇴치를 위한 求雨습속인 동시에 舊太
陽을 退出시키는 상징적 의례인데, 그런 射日(射鳥)을 徙市와 연관시
켜 보면 양자 간의 흥미로운 대응관계를 발견하게 된다. Ⅰ章에서 언
급했듯이 徙市(巷市)도 旱魃퇴치를 위한 求雨행위이자 또한 帝王의 사
망과 관련된 喪禮이기 때문이다. 그렇다면 巷市는 天子와 太陽의 동일
시를 전제로 하여 天子의 죽음에 따라 太陽神을 제사하는 聖所 市를
폐쇄하는 의례로 이해할 수 있고, 따라서 舊太陽을 버리는 상징적 행
위로 해석할 수 있다. 이러한 射日과 巷市의 의미는 中國의 年號 사용

---

238) 萩原秀三郎, 〈射日神話にみた鳥と"豊穣"〉; 同著,《稲と鳥と太陽の道―日
　　本文化の原點を追う》, 第一章, 〈太陽と鳥の信仰〉 참조.
239) 裘錫圭, 〈寒食與改火〉,《中國文化》 2, 1990.

에서 한 해에는 반드시 하나의 皇帝만이 존재하도록 하는 예법과도 맥락이 닿아 있다. 주지하듯 年中에 皇帝가 죽더라도 공식적으로는 그 皇帝가 年末까지 통치하고 후계자는 이듬해 정월 초하루부터 통치하는 것으로 되어 있는데, 이 역시 한 해에 두 개의 태양, 즉 두 명의 皇帝가 있을 수 없다는 관념의 후대적 잔재로 볼 수 있다.[240] 따라서 天子의 죽음에 따른 巷市나 求雨를 위한 徙市를 슬픔의 표시로 해석하는 것은 아무래도 유가의 합리적 발상인 것 같다.

　이상으로 本章에서 검토한 바와 같이 女魃追放儀禮는 暴君追放說話나 敵對勸力打倒說話와 동일한 관념을 저변에 깔고 있다. 요컨대 旱鬼를 河川이나 陰氣地域으로 쫓아버리거나 빠뜨려 陽氣를 퇴치한다는 것이다. 이는 太陽神의 降臨地域인 市를 폐쇄하거나 옮기는 것과 同種의 행위이다. 특히 후대까지도 太陽(神)과 동일시되었던 帝王의 崩御時에 巷市하는 것도 太陽의 죽음에 조응하여 太陽神의 강림장소였던 市를 폐쇄했던 원초적 습속의 殘映이라 볼 수 있다. 그렇다면 徙市의 의미가 陽氣의 퇴치를 위한 太陽神廟의 폐쇄라는 해석은 더 설득력을 가질 수 있을 것 같다. 물론 徙市가 陽氣의 추방 단계, 즉 市의 移轉까지를 실현한다면 이전된 장소는 하천변이었을 터이지만 현존자료에 의한 검증은 불가능하다.

V. 맺음말

　本稿는 徙市라는 求雨習俗이 太陽神의 강림장소인 市를 폐쇄, 또는 이전함으로써 降雨를 유도하는 주술적 행위라 진단하고, 이런 입장을 출발점으로 하여 漢代 以後 徙市의 의미 변질을 논증하고, 市와 桑林의 상관성 및 시대추이에 따른 양자의 공통적 변질을 밝혀 보았으며,

---

240) Derk Bodde는 이를 '중국인의 형식적 규칙성 選好'로 설명하나 (*Festivals in Classical China*, "Introduction", p.34) 이는 표피적 해석일 수 있다.

120

이어서 徙市와 同種의 행태와 관념을 보여주는 旱魃退治儀禮 등을 검토해 봄으로써 徙市에 대한 필자의 견해를 우회적이나마 논증해 보고자 했다. 그 내용을 요약하면 다음과 같다.

우선 몇 가지 영성한 자료를 근거로 하여 徙市가 陽氣의 퇴치를 위한 求雨習俗임을 추정해 보았고, 이러한 취약점을 보강하기 위해 秦漢의 徙市가 원래의 의미를 상실했음을 중점적으로 논증하였다. 즉,《春秋繁露》에 보이는 暴巫나 聚巫는 女巫의 陰氣로써 陽氣인 旱魃을 격퇴하려는 주술로서 명백히 商代의 暴巫의 변질이듯이, 거기 보이는 徙市역시 陰氣地域인 市를 남쪽으로 옮겨 陽氣를 막으려는 행위로서 徙市의 원초적 의미를 이미 상실한 극히 작위적인 呪術이었다.

둘째, 원시적 市와 扶桑·桑林·空桑의 기능적 유사성 및 양자의 유사한 시대적 전개과정을 확인할 수 있었고, 이를 통해 雩祭의 장소였던 市가 求雨를 위해 옮겨져야 했던 배경을 밝혀 보았다. 市와 社가 기능상 적지 않은 공통점을 갖는다는 사실은 양자가 원초의 미분리단계에서는 본래 동일한 聖所였음을 가리키며, 그 원초적 聖所는 甘雨와 豊收, 多産의 祈求와 직결되는 桑林과 高禖였다. 그 근거로서는 祈雨·歌舞·戀愛의 상관관계가 市·社·桑林에 공통적으로 확인될 뿐만 아니라 이들 지역에 大喬木인 柞蠶系 桑樹가 서 있었다는 점을 꼽을 수 있다. 祈雨와 桑樹의 상관성은 桑의 '不具性'에서 비롯된 非世俗性, 神界와의 親和性과 呪術性의 시각에서 설명될 수도 있지만, 그보다는 桑樹의 서식지가 濕地·川邊인 점이나 扶桑이 뜨거운 太陽을 견디는 점에서 확인되듯이 桑樹는 水氣의 상징이자 化身이며 따라서 생명력의 원천이라는 데서 비롯된다.

이러한 桑樹信仰의 원천이라 할 수 있는 扶桑의 생명력은 원시단계의 扶桑(空桑)이 太陽을 낳는 거대한 女性生殖器였다는 관념에서 입증되는데, 扶桑이 표상하는 원초적 성격은 男性神과의 交合 없이도 生殖할 수 있는 原始母神으로 그 정체는 義和=女媧였다. 따라서 扶桑은 陰陽을 아울러 갖춘 존재였고 高禖의 정체 역시 全能神 女媧였다. 이처럼 원시적 단계에서 母神崇拜의 중심지였던 空桑은 부계사회의 성립과 함께 黃帝를 비롯한 太陽神의 거처 또는 太陽神에 대한 제례지역으로 변모했고, 다시 권력자에게 권위를 부여하는 聖所, 즉 초기권력이 天神의 권위를 빌려 정통성을 확보하는 聖所로 演化했고, 《周禮》에 이르러서는 后가 관장하는 陰氣地域으로 전락하여 그 위치도 동쪽에서 북쪽으로 이동하였다. 이상과 같은 扶桑의 역사적 변모과정은 市의 그것과 흡사하며 社도 유사한 경로를 겪었다고 볼 수 있다. 이런 과정의 추적을 통해 市가 雩祭의 場으로 기능했던 원인이나 秦漢의 徙市가 원초적 의미를 상실하게 된 배경 등을 새로운 각도에서 확인할 수 있었고, 아울러 父權制의 확립과 권력의 강화에 따라 원초적 聖所의 성격과 기능이 변화되어 나갔음을 확인할 수 있었다. 이처럼 市와 扶桑·桑林·空桑이 原始母神의 제례지역에서 太陽神에 대한 제례지역으로, 그리고 陰氣地域으로 변화한 것은 原始母神에서 太陽神으로 변모했던 女魃이 旱鬼로 변질된 것과는 다른 양상인데, 市의 陰氣化는 市에서의 行刑과 밀접한 관련이 있을 것이다.

셋째, 射日과 旱鬼處斷의 의미를 분석하여 徙市의 저변을 지탱하는 陽氣退治와의 관념적 상관성을 확인하였다. 우선 羿의 射日 및 旱鬼退治의 지역이 桑林이라는 사실은 桑林에서의 狩獵이 旱魃退治儀式임을 입증한다. 戰國時代 銅器에 보이는 採桑과 射禮(射鳥)는 곧 桑林에서의 採桑과 狩獵을 통한 求雨習俗이나 그 변환으로서의 辟雍에서의 射禮를 재현한 것이거나 그 후대적 형태로 추정된다. 아울러 射鳥가 射日의 再現이라는 것은 漢代 畵像石에 보이는 樹木射鳥圖가 射日神話의 재현으로서 甘雨와 豊穰의 祈求이며, 《山海經》에 보이는 顒과 畢方이라는 旱魃을 야기하는 鳥類들이 帝俊=夔이라는 太陽神에서 변질된 太陽鳥이자 旱鬼라는 점에서 확인되었다.

넷째, 旱鬼의 追放이 徙市와 동일한 주술적 사유를 배경 삼아 이루어졌다는 것을 더 뚜렷이 입증할 수 있었다. 旱魃퇴치습속의 저변을 지탱하는 관념구조는 女魃추방의식에서 잘 보이며, 女魃의 존재는 中國古代의 女神이 原始母神에서 남성신의 배우자로, 그리고 妖怪로 전락하는 과정에 비추어볼 때 義和나 女媧를 前身으로 하거나 太陽神 黃

帝의 分身 또는 그 卑俗化로 볼 수 있다. 《山海經》에서는 정중하게 '물러가라'고 표현된 女魃 追放의 呪術的 의례는 이 旱鬼의 權威低下로 인해 시대가 내려갈수록 가혹해져 女魃을 강물에 던지기도 하고 후대에는 女魃을 厠間에 던져 죽이는 지경에까지 이르는데, 그런 의례의 공통점은 女魃을 陰氣地域으로 추방하는 것이다. 특히 주목되는 점은 女魃이 市의 무리에게 선행을 베푼다는 《神異經》의 관련 구절인데, 이는 女魃이 본래 市에서 祭祀되었던 太陽神이었음을 유일하게나마 입증해 주는 것 같다.

　이러한 旱鬼退治의 관념은 暴君을 大水로 추방하거나 적대적인 권력자를 水牢에 가두는 행위에서도 확인된다. 射日儀禮 역시 複數의 太陽 가운데 하나만을 남기는 것이라 보면 다수의 권력자의 출현으로 야기되는 혼란을 종식시키는 행위로 이해할 수 있다. 少數民族의 新年儀禮에 보이는 射日은 지난해의 舊太陽을 쏘아 없애고 新太陽을 맞이하는 행위로서 天地創造의 再制定으로 이해되며, 중국의 皇帝가 같은 해에 병립하지 않는 것도 한 해에는 한 개의 太陽만 있다는 관념에 따른 것으로 이해할 수 있고, 따라서 王이 죽었을 때 巷市하는 儀禮도 小太陽의 사망에 따라 太陽神의 강림장소인 市를 폐쇄했던 의례의 잔존으로 추정된다. 이런 맥락에서 徙市는 太陽神의 降臨地域을 폐쇄하거나 이전하여 陽氣를 퇴치하려는 旱魃퇴치습속으로 결론 내릴 수 있을 것 같다.

〈그림 1〉 戰國銅器에 묘사된 採桑圖

〈그림 2〉 成都 百花潭中學 十號墓 出土 銅器의 紋樣

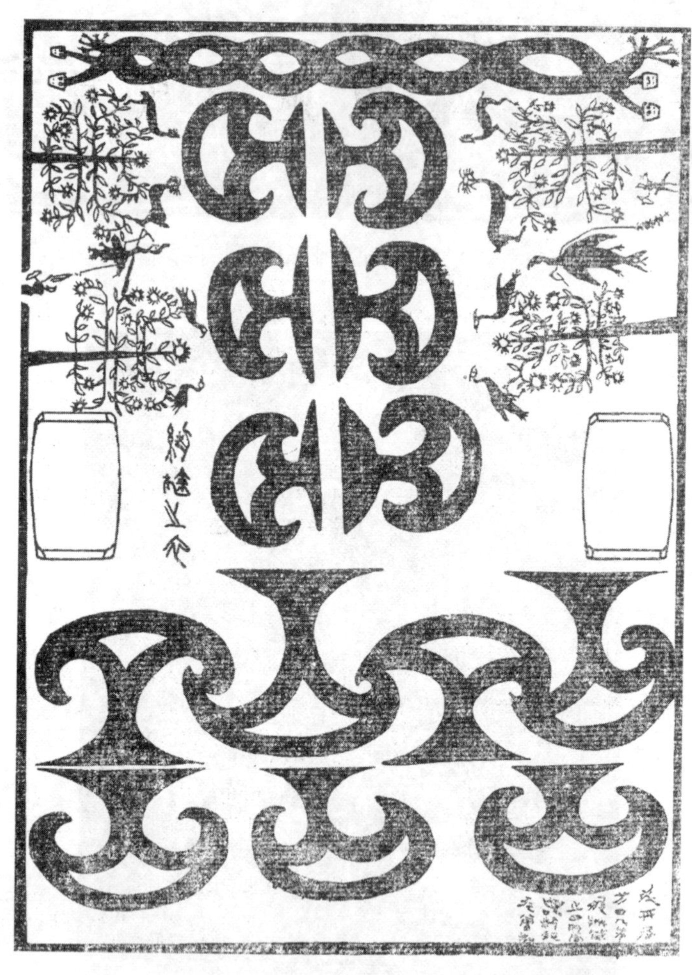

〈그림 3〉 曾侯乙墓 出土 漆衣箱 뚜껑의 后羿射日圖

〈그림 4〉 山東 微山 兩城 畫像石

古代中國의 西方전래문물과 崑崙山 神話[*]

金 秉 駿[**]

Ⅰ. 머리말
Ⅱ. 중국 고대문명 속의 서방
　　전래문물
　　1. 金屬의 전래 가능성
　　2. 馬車의 전래
　　3. 기타 문물의 교류 및 人
　　　　的 접촉
Ⅲ. 神話 속의 서방전래문물

1. 神話 속의 冶金과 馬車
2. 崑崙山 신화
3. 崑崙山 신화와 三星堆문
　　명 및 周族과의 관계
4. 문물의 전래와 崑崙山 신
　　앙의 형성
Ⅳ. 맺음말

Ⅰ. 머 리 말

中國古代文明의 西方傳來說이 20세기 초에 서방학자들을 중심으로 제기되었지만, 그 뒤 많은 고고발굴로 말미암아 더 이상 설득력을 갖지 못하게 되었고, 이제는 '중국문명의 自生論'이 학계의 정설로 자리를 잡고 있다. 서방전래설은 초기 많지 않은 발굴결과만으로 성급하게 서방의 遺跡과 비교를 하였기 때문에 論旨의 비약과 자료의 부족이라는 결정적인 문제를 안고 있었다. 중국의 중심부에서 발견된 많은 유적들은 彩陶는 물론 靑銅器 등의 문물이 단계적으로 발전해 가고 있는 모습을 확인시켜 주었다. 충분한 考古遺物이 없는 상태에서의 섣부른

---

* 이 논문은 1998학년도 한림대학교 학술연구조성비에 의하여 지원되었음.
** 한림대 사학과 교수

128

비교가 가져올 수 있는 문제를 잘 드러내주는 좋은 사례라 할 수 있다. 그런데 本稿에서 새삼스럽게 다시 고대중국 문물의 서방전래설을 주제로 삼아 이 문제를 재검토하려고 한 것은 역설적으로 이런 고고발굴이 더욱 많아졌기 때문인데, 각 邊境地域에서 새로이 발굴되는 고고자료들이 서방과의 교류를 구체적으로 입증하게 되었던 것이다. 70-80년대까지는 미리 발굴장소를 결정하고 난 뒤 발굴이 진행되는 경우가 많았는데, 이 경우 遺趾 선정과정에 自國의 문화적 정통성을 확인하고자하는 임의적 요소가 들어갈 수밖에 없었다.[1] 그런데 최근 내륙의 개발과 더불어 新疆지역, 그리고 甘肅省, 靑海省 등지에서 구제발굴이 잇따르게 되고, 아울러 중앙아시아에서도 여러 발굴이 이어지면서 종래의 이해와는 다른 새로운 가능성이 제기되고 있다. 오랫동안 인정되어 왔던 馬車의 전래는 물론, 靑銅器와 鐵器, 심지어 文字까지도 서방에서 전래되었을 가능성을 조심스럽게 제시하고 있는 형편이다.[2]

아직도 文化傳播論과 自生論의 대립이 팽팽하지만, 일반적으로 복잡한 기술을 요하지 않는 土器類와 같은 것들은 그 지역의 특징을 담아 자생한다고 보고, 매우 복잡한 기술이 필요로 하는 금속이나 마차와 같은 경우는 전파되었을 가능성이 높다.[3] 사실 전파론을 완강히 부인하는 중국학자들도 내부적으로는 토기의 지역적 자생을 인정하면서도 商周 靑銅器文明이 각 지방으로 전파되어 영향을 미쳤다는 점을 강조하고 있다. 또한 어느 문화가 아무리 높은 수준의 문화를 갖고 있다고 하더라도 오랫동안 외부문명과의 교류 없이 고립된 상태로 있다면 발전하지 못하고 소멸하고 만다. 中原文明이 기타 지역보다 다채롭게 발전할 수 있었던 것도 주변 지역으로부터의 새로운 문화를 흡수할 수

---

1) Robert Bagley, "Shang Archeology", Michael Loewe & Edward L. Shaughnessy eds., *The Cambridge History of Ancient China : From the Origins of Civilization to 221 B.C.*, Cambridge University Press, 1999, p.133.
2) 饒宗頤, 〈絲綢之路引起的'文字起源'問題〉, 《明報月刊》 25-9, 1990.
3) Joseph Needham, *Science and Civilization in China*, I "Introductory orientations".

있는 적절한 위치에 있었기 때문일 것이다. 그러므로 중국으로 일부 외래 선진문물이 전래되어 들어왔다는 사실이 중국문명의 자생설을 부인하는 것이 될 수 없는 것이다.[4]

전래설을 부인하는 학자들의 논리 중 대표적인 것은 중국 내에서 발견된 많은 유물이 서방의 것과 다른 독특한 특징을 갖고 있다는 것이다. 자료가 많지 않아 전래되어 들어온 시기를 명확히 드러내기 어려운 상황에서 양자가 동일하지 않다는 점은 매우 중대한 차이처럼 들린다. 그러나 상식적인 이야기이지만, 외부로부터 전래된 문물은 곧바로 새로운 환경 하에서 변형되어 정착하게 된다. 더구나 전래되어 온 곳이 자신의 독자적 문명을 전개하고 있는 선진지역이라면, 매우 빠른 속도로 토착화될 것이다. 따라서 반드시 동일하지 않은 물건이라도 전래 가능성을 충분히 가정해 볼 수 있다고 생각한다.

그러나 이렇게 새로운 형태로 변형되어 정착하게 되었다면 考古資料만으로는 전래 가능성을 충분히 입증하기 어렵다는 셈이며, 따라서 앞으로도 한동안 계속 논쟁이 이어질 것 같다. 필자는 이런 논의의 새로운 돌파구로서 중국의 神話에 주목해 보고자 한다. 중국의 신화와 西方文物의 傳來는 얼핏 전혀 상관이 없는 것처럼 보이지만, 신화 속에서 문물 전래의 가능성을 암시하는 실마리를 찾을 수 있으리라 생각한다. 문물 전래가 어떤 방식으로라도 그 흔적을 남기게 마련이라면, 굳이 物質資料에만 남아있으리라는 법은 없으며, 고대인들의 의식구조에 중대한 영향을 끼쳤을 가능성을 배제할 수 없기 때문이다. 신화에는 비록 허구이지만, 인류의 과거 기억이 남겨져 있다고 보는 것이 일반적인 견해이다. 물론 논자에 따라서 신화 속의 내용이 실제 일어난 역사적 사건을 반영하고 있다고 보는 학자도 있고, 이와는 달리 신화

---

4) 최근에는 중국학자들 중에서도 이러한 경향을 찾아볼 수 있다. 水濤, 〈中國古代文明與外來文明關係研究的方法論問題〉, 《古代文明研究通訊》 2, 1999, p.28에서는 문명의 요소가 어디에서 출현하든 간에 중요한 것은 이것을 수용하는 측이므로, 과거처럼 외래문명의 영향을 축소평가해서는 곤란하다고 한다.

가 기록되는 시점에 정리된 관념을 반영하고 있을 뿐이라고 주장하는 학자도 있지만, 양자 모두 오랫동안 전승되어 온 과거에 대한 집합적 기억 혹은 믿음이 담겨져 있다는 데에는 별다른 異見이 있는 것 같지 않다.[5] 문물의 전래가 商周시기 이전 먼 변경지역에서 정확하지 않은 과정을 거쳐 이루어졌다면, 그에 대한 기억이 신화로 남게 될 가능성이 매우 크다고 생각한다.

이하 本稿에서는 우선 서방으로부터의 전래 가능성이 큰 몇 가지 사례들을 검토한 뒤, 이를 뒷받침하는 神話的 思惟를 중국의 고대 신화에서 찾아보고자 한다.

Ⅱ. 중국 고대문명 속의 서방전래문물

1. 金屬의 전래 가능성

중국고대문명의 서방기원설 혹은 자생기원론과 같은 논의에서 매우 중요한 부분을 차지하고 있는 것이 바로 이 金屬의 전래문제이다. 금속의 발명과 사용이 그만큼 엄청난 변화를 가져왔고, 고대문명의 문화단계를 가늠하는 척도가 되기 때문이다. 따라서 여기에서의 논의도 매우 조심스러울 수밖에 없지만, 최근 새로운 고고발굴 보고에 기초하여 전래 가능성을 검토해 보기로 하자.

먼저 인류가 처음으로 銅을 사용하기 시작한 시기는 기원전 6000년경의 아나톨리아(Anatolia) 지역에서이며, 이후 紅銅 혹은 砷銅의 合金時期를 거쳐 靑銅時代에 들어갔다고 한다.[6] 따라서 銅을 사용하기 시작한 시기를 놓고 보면, 중국이 서방보다 늦었다는 점은 명백한 사

---

5) Moses I. Finley, "Myth, Memory, and History", *History and Theory* 4-3, 1965 ; Deborah Porter, "The Literary Function of K'un-lun Mountain in the Mu T'ien-tzu chuan", *Early China* 18, 1993, p.78.

6) R. F. Tylecote, *A History of Metallurgy*, London, The Metals Society, p.11.

실이며, 중국학자들도 이 점만큼은 부인하지 않는다. 그러나 주로 중국 측의 많은 연구들은 시기는 늦었어도 중국에서 자생하였다는 점을 주장하기 위해 가능한 한 중국 銅器의 출현을 新石器時代인 仰韶文化, 大汶口文化, 紅山文化 등으로 올려잡고자 하였다.[7] 그러나 仰韶문화의 경우에는 그 증거로 제시된 銅片이 최근의 것이며 仰韶문화와는 전혀 관계가 없는 것이었다고 밝혀졌다. 아연과 구리가 합금된 黃銅은 매우 고도의 기술이 필요한 것으로 仰韶문화 시기에는 불가능한 것이며, 大汶口문화의 푸른 녹은 비록 銅이 함유되어 있지만 이는 다른 광석과 骨器가 접촉했을 때에 생긴 것으로 추정된다. 紅山문화 牛河梁 유지에 銅渣가 발견되었다는 것도 정식 보고서에 기록되어 있는 것이 아니다. 이렇듯 '銅器'라 부르기 어려운 것을 억지로 연결시키거나 혹은 그것이 속한 시대를 확인할 증거가 부족한 것들이 대부분이다. 龍山문화 단계에 들어오면 紅銅類의 銅器가 발견되는 것은 사실이지만, 대부분의 것들은 표본의 층위에 문제가 많다. 河北省 唐山 大城山 출토의 銅牌에는 층위로 보건대 夏家店 하층문화일 가능성이 크고, 山東省 膠縣 三里河 출토의 銅錐는 아연이 20-26% 포함되어 있는 것으로 보아 후대의 것이라 추정되며, 河南省 登封 王城崗의 銅片도 주석이 7% 이상 섞여져 있어 아마도 二里岡 상층의 기물이 混入되었을 가능성이 크다. 銅渣 역시 여러 곳에서 발견되지만 충분히 검증된 것이 아니다. 따라서 이 시기에 中原지역에서 銅器가 주조되었다고 보기는 어렵다.[8] 山西省 襄汾 陶寺의 銅玲이나, 河南省 臨汝 煤山2기 문화층의 도가니 잔편 등은 紅銅의 범주에 드는 것에 틀림없지만, 이 시기는 龍山문화의 말기에 해당하는 기원전 1900-1600년경이다.[9]

---

7) 唐蘭, 〈中國靑銅器的起源與發展〉, 《故宮博物院院刊》 1979-1.

8) 安志敏, 〈試論中國的早期銅器〉, 《考古》 1993-12, pp.1110-1113.

9) 陶寺 銅鈴은 기원전 1880±330의 樹輪측정연대가 보고되어 있고(中國 社會科學院考古研究所山西工作隊, 〈山西襄汾陶寺首次發現銅器〉, 《考古》 1984-12. 한편 安志敏, 〈試論中國的早期銅器〉은 이 銅鈴의 탄소측정연대를 1600±75로 적고 있다), 媒山 煉銅 坩窩殘片은 기원전 1600년경의 이리두1기보다 약간 빠른 시점으로 추정하고 있다(中國社會科學院考古研究

　반면 甘肅省 東鄕林家 馬家窯문화 유지에서는 靑銅刀와 銅碎渣가 발견되었는데, 이 유지는 대략 기원전 2740년으로 추정되고 있다. 또 기원전 2300-2000년으로 추정되는 甘肅省 永登 蔣家坪 출토 馬廠문화에서는 銅刀가 발견되었고, 甘肅省 酒泉 高苜蓿地 및 照壁灘에서는 각각 馬廠문화 銅塊와 銅錐가 하나씩 발견되었다. 기원전 2000년에서 1600년 정도에 해당되는 齊家문화단계에서는 紅銅을 주로 한 銅器가 45건 정도 보고되어 있으며, 그 유지의 분포도 널리 퍼져 있다는 점이 두드러진다. 대부분 홍동에 속하며, 제작방식은 주조와 단조방식 모두 발견된다.[10] 中原지역에도 홍동이 발견되기는 하지만, 발견된 동기의 총수가 龍山문화를 훨씬 상회하고 있으며 종류도 다양하다. 甘肅지역의 홍동단계가 中原지역에 앞서 있었다는 사실을 반영한다고 볼 수 있을 것 같다.

　홍동단계에 이어 砷銅단계가 출현하는데, 이것은 비교적 많은 비소(砷)와 안티몬(銻)이 포함되어 있는 氧化鑛의 銅鑛石으로부터 銅을 추출하고 난 후 冷鍛을 거쳐 만들어진 것으로 그 성능은 홍동보다 우수하다.[11] 최근 甘肅省 民樂 東灰山유지에서는 탄소측정연대로 기원전 2770±145의 동기 15건이 발견되었는데, 측정한 동기는 모두 砷銅으로 판정되었다. 또 甘肅 酒泉 豊樂鄕 干骨崖 四壩문화유지는 46건 중 16건이 2-6%의 비소를 포함하는 砷銅에 속하였다. 中原지역에서는 아직까지 砷銅이 발견된 적이 없으며, 四壩문화 동기의 형태도 中原지역과는 달라 서아시아지방과의 일정한 교류 가능성을 보여주고 있다.[12] 아울러 甘肅省과 이들 지역을 연결하는 新疆지역의 곳곳에서 비소를 포함한 砷銅제품이 발견되었다는 사실이 확인되었다.[13] 이렇듯 서아시아

　　所河南二隊,〉〈河南臨汝媒山遺址發掘報告〉,《考古學報》1982-4).

10) 孫淑云・韓汝玢,〈甘肅早期銅器的發現與冶煉・制造技術的研究〉,《文物》1997-7.

11) 水濤,〈四壩文化銅器研究〉,《文物》2000-3.

12) 孫淑云・韓汝玢,〈甘肅早期銅器的發現與冶煉・制造技術的研究〉.

13) 水濤,〈四壩文化銅器研究〉.

에서 먼저 발견된 砷銅제품이 新疆과 중국 서부에 걸쳐 발견되었던 반면, 中原지역에서 이것이 발견되지 않는다는 사실을 통해 砷銅 역시 서방으로부터의 전래를 상정해 볼 수 있다.

주석과 납이 합금된 청동기는 이미 甘肅省 永靖 秦魏家와 廣河 齊家坪의 齊家문화에서 발견되었다. 그 후 四壩문화 火燒溝유지에서도 약 200건의 동기가 발견되었는데, 이곳에서는 砷銅도 발견되지만 많은 양의 홍동과 함께 납과 주석이 섞인 청동기가 다수 발견되었다. 청동단계에 접어들면, 초기 홍동 및 신동단계와는 달리 中原지역에서도 적지 않은 청동기가 발견되는데, 中原의 二里頭문화에서는 청동기로 만들어진 여러 종류의 용기나 무기가 발견된다. 그러나 二里頭문화의 청동기는 甘肅지역의 齊家문화 영향 하에서 만들어졌다고 보는 것이 무난하다. 청동의 제작을 위해서는 紅銅이나 砷銅 제작기술이 전제되어야 하기 때문이다. 齊家문화의 청동기를 中原지역으로 전달하였던 것은 북방 초원문화와 긴밀한 관계에 있었던 客省莊Ⅱ기문화의 주인공들이었다. 그런데 이 齊家문화 청동기는 유라시아 스텝에 거주하면서 야금기술을 습득했던 세이마-투비노(Seima- Turbino) 집단의 청동기의 특징과 일치하고 있다. 뿐만 아니라 二里頭문화와 齊家문화에서 모두 발견되는 별 혹은 십자형 모티프의 원반형 장식은 중앙아시아에서 널리 확인되며, 爵과 觚도 박트리아의 그릇과 유사하다. 결국 신속한 이동성을 갖춘 유라시아 이동유목민들이 청동기술을 발명한 지역을 점령하여 그 기술을 습득한 뒤, 이 기술을 다시 정주문명으로 전파했다고 볼 수 있는 것이다.[14] 이와 같이 청동기 단계에 들어서면 서방의 문물과의 구체적인 비교를 통해 문물의 전래 가능성을 추측할 수 있다.

서방으로부터의 청동문화는 초기단계에 머물지 않고 그 이후 줄곧 中原의 商周청동기에 영향을 미쳤다. 특히 신석기시대의 陶器에서 유사한 형태를 찾을 수 없는 武器는 전래되었을 가능성이 크다고 보인

---

14) Louisa G. Fitzgerald Huber, "Qijia and Erlitou : The questions of contacts with distant cultures", *Early China* 20, 1995.

134

다. 예컨대 靑銅斧 중 有內斧의 경우 그 원시적 형태를 商代 이전의
陶器에서 찾을 수 있지만, 帶管形鑾斧는 이란-메소포타미아 지역의 것
과 유사하기 때문에 이곳으로부터 중국북부 지역을 거쳐 전해져 들어
왔을 것이라고 추정한다. 短劍과 같은 경우도 중국 내에서는 그 원형
을 찾을 수 없는 반면, 기원전 약 4000-3000년경 이집트나 메소포타미
아에서 출현하여 점차 동아시아지역으로 전파되어 왔다고 보고 있다.[15]
그 밖에 중국서북부 朱開溝유지에서 초원문화의 성격이 분명한 동물문
양의 장식이 덧붙여진 청동기가 발견됨에 따라 이 지역을 중심으로 금
속의 야련과 제조가 이루어졌고 북쪽으로는 카라스크문화와 긴밀한 교
류를 맺으면서 中原지역에 강한 영향을 미쳤다는 사실이 확인되었다.[16]
오르도스지역을 중심으로 서쪽과 북쪽의 초원청동기문화가 지속적으
로 전해져 들어왔다는 점을 보여주는 사례들이다.

　　물론 商周시대의 청동기에는 서아시아지역의 청동기에서는 찾아볼
수 없는 독특한 특징들이 있다. 예컨대 서아시아지역에서 유행했던 밀
랍법 대신 중국에서는 陶范合鑄 형식을 취하고 있는 점이 가장 커다란
차이점으로 꼽힌다. 아울러 商周시대의 청동용기의 경우 청동무기와는
달리 대부분 신석기시대 이래의 陶器를 모방한 것이기 때문에, 이를
기초로 청동기가 중국에서 자생하였다는 주장의 근거가 되기도 한다.[17]
청동무기 중에서도 有內斧 혹은 刀와 같은 것들은 신석기시대에서 그
원형을 찾을 수 있다. 그러나 靑銅斧 중에서 외래의 영향을 받은 帶管
形鑾斧가 먼저 유행했다가 곧 토착적인 有內斧가 출현하였다는 사실은
일단 초기에 외부의 강한 영향을 받아 기술적인 부분이 수용된 뒤, 기
존의 전통에 바탕하여 새로운 특징들이 생겼음을 알려주고 있다. 또

---

15) Loehr M., *Chinese Bronze Age Weapons*, Ann Arbor, 1956.

16) 烏恩, 〈朱開溝文化的發現及其意義〉, 中國社會科學院考古研究所 編
　　著,《中國考古學論叢—中國社會科學院考古研究所建所40年紀念》, 科
　　學出版社, 1995.

17) Barnard N. *Bronze Casting and Bronze Alloys in Ancient China*,
　　Tokyo, 1961(列·謝·瓦西里耶夫 著, 郝鎭華 等譯,《中國文明的起源問
　　題》, 文物出版社, 1989, p.300에서 재인용).

朱開溝유지의 강한 북방문화적 요소를 인정하면서도, 시기적으로 카라스크문화보다 이르다는 점을 들어 서방으로부터 영향을 받은 것이 아니라 오히려 중국북부에서 카라스크문화에 영향을 주었다고 하여 중국에서의 청동기 자생론을 주장하기도 한다.[18] 앞으로 더 많은 자료를 기다려야 하겠지만, 정주문명이 아닌 초원지구 문화 사이의 영향관계를 논의할 때에는 바로 인접한 지역만의 비교로는 부족한데, 유목민의 강한 이동성은 반드시 인접지역에 교류의 흔적을 남기지 않을 수 있기 때문이다. 설령 중국북부에서 북방문화의 모티프가 먼저 발견되었다고 하더라도, 이 사실이 서방으로부터의 청동기술의 전래를 부정할 수는 없다.

　다음은 鐵器의 문제이다. 中原地區에서는 春秋時代 말기에 들어서 철기가 사용되기 시작한다고 보는 것이 정설이다. 최근 春秋時代 早期 혹은 西周時期까지 올라가는 銅柄鐵劍이 발견됨에 따라 이 시기까지 중국의 철기 사용시기를 소급할 수 있었는데, 문제는 이 철기가 출토된 장소가 中原지역이 아니라 甘肅省 靈台縣 景家莊이라는 점이다.[19] 또 劍을 제조하기까지의 한 단계 앞선 야철 단계가 확인되지 않는 것은 서방으로부터의 전래 가능성을 높여준다.[20] 그런데 甘肅지역보다 더욱 서쪽에 위치한 新疆지구에서 발견되는 철기는 이보다 3, 400년 정도 앞선다. 많은 학자들이 新疆지구의 철기가 中原지구보다 빠른 기원전 1000년까지 올라가는 점을 인정하지 않으려 하지만, 이곳에서 발견된 것들은 우연히 발견된 단편적 철기 조각이 아니라 대부분 과학적인 방법으로 발굴된 100건 이상의 다양한 종류의 철기들이다. 더욱이 한 지역에 국한된 것이 아니라 新疆 각 지에 널리 분포되어 있다. 이에 속하는 유

---

18) 烏恩,〈中國北方靑銅文化與卡拉蘇克文化的關係〉,《中國考古學硏究》2, 科學出版社, 1986.

19) 劉得禎·朱建唐,〈甘肅靈台縣景家莊春秋墓〉,《考古》1981-4.

20) 李南珪,〈中國 鐵使用開始期의 諸問題〉,《歷史學報》125, 1990에서도 조심스럽게 서방으로부터의 유입 가능성을 언급하고 있지만, 이보다 앞선 야철단계가 현재까지 中原지구가 아니라 新疆지역에서 발견된다면 전래 가능성을 충분히 상정해도 좋을 것 같다.

지로는 하미(哈密)시 焉不拉克 묘장과 拉甫喬克 묘장, 五堡水庫 묘장, 雅滿蘇礦林場 辦事處 묘장 등을 포함하는 焉不拉克문화와 和靜縣 察吾乎溝口 1, 2, 4, 5호 묘지와 輪臺縣 群巴克 1, 2호 묘지, 拜城縣 克孜爾 묘장, 溫宿縣 包孜東 묘장을 포함하는 察吾乎溝口문화가 대표적인데, 이곳에서 출토된 철기의 탄소측정연대는 기 원전 1000년에서 500년까지에 걸쳐 있다.[21] 이곳과 가까운 중앙아시아지역 역시 기원전 1000년 전 전후에 철기시대가 시작하여 점차 보편화되고 있었으며, 기원전 14-13세기 서아시아의 히타이트왕국에서는 귀중품은 물론 생산공구 및 무기까지 철기로 만들어 매매하기도 하였는데 이러한 사실은 아나톨리아 일대에서 발견된 기원전 1600-1200년의 각종 철기에서 확인되었다.[22] 이처럼 新疆의 서쪽에 위치한 서아시아지역의 철기가 훨씬 빠른 시기를 보여주는 반면 中原지구보다는 3, 400년 빠른 시기를 보이고 있는 것은, 동기와 마찬가지로 서방의 철기기술이 新疆지역을 거쳐 中原지역으로 전해져 들어갔을 가능성이 매우 높다는 점을 알려준다.

　물론 철기의 경우에도 서방의 철기 제련 방법이 塊煉鐵이었던 반면, 중국에서는 일찍부터 生鐵을 제련하였다. 중국에서 生鐵 제련이 가능했던 것은 청동시대의 발전된 冶鍊기술을 바탕으로 높은 온도를 낼 수 있는 풀무와 높고 커다란 爐를 만들 수 있었기 때문이라고 한다.[23] 그러나 中原지역에서 사용된 철기의 연대가 新疆지역을 비롯한 서방지역보다 현저히 뒤떨어진다는 점을 고려하면, 서방에서 발명된 철기기술을 일단 받아들인 후 자체적으로 발전시켜온 야련기술을 접합시켜 독특한 방식으로 전개되었다고 보는 것이 무난한 것 같다.

2. 馬車의 전래

---

21) 陳戈, 〈關于新疆新石器時代文化的新認識〉, 《考古》 1987-4.
22) 陳戈, 〈關于如何認識和界定新疆靑銅時代文化的討論〉, 《文物報》 1997年 6月 8日.
23) 自然科學史硏究所 主編, 《中國古代科技成就》 (中國靑年出版社, 1978), pp.490-491.

금속의 전래 가능성에 비해 馬車가 전래되어 들어왔다는 사실은 훨씬 많은 연구자들의 동의를 얻고 있다. 금속과 마찬가지로 말이 끄는 수레인 마차는 특별한 기술과 자원을 요구하는 복잡한 물건이다.[24] 수레는 그림문자를 통해 기원전 4천년기 메소포타미아에서 발생하였다고 추정되지만, 확실하게 구조를 알 수 있는 것은 기원전 3천년기이고, 말이 견인하기 시작한 것은 기원전 2천년기 전반 북메소포타미아와 남아나톨리아 지역에서이다. 이때 古代 戰車의 기본형이 완성되었는데, 수레 위에서 직접 싸우기 위해 상자형의 輿가 만들어졌고, 차축이 고정되었으며, 말이 견인하기 위해 금속재갈과 끌채가 사용되었던 것이다. 그 뒤 기원전 2천년기 후반 이후가 되면, 북메소포타미아와 이집트를 중심으로 이제까지 輿의 중앙에 있었던 차축이 輿의 후방에 위치하게 되는데, 이러한 변화과정은 속도와 기동성이 요구되는 전차의 하중을 말에 가까운 앞쪽으로 당기기 위해서라고 해석하고 있다.[25]

한편 중국에서 발견된 마차로 가장 시기적으로 오래된 것은 安陽에서 발견된 商代 殷墟期의 마차이다. 이러한 商代의 마차를 포함한 商周시대의 마차는 馬夫와 기타 인원이 타고 있는 輿, 축과 바퀴의 조합, 그리고 馬具의 3부분으로 구성되어 있다.[26] 輿는 보통 직사각형이고, 제일 큰 것은 3명을 태울 수가 있다. 중요한 점은 輿가 축의 중간 즈음에 올려져 있다는 점인데, 그 축은 약 3m 정도이다. 양끝에 직경 1.4m 정도의 바퀴가 쐐기로 고정되어 있으며, 바퀴살은 18-26개 정도이고, 이것들은 두 조각의 굽어진 나무 바퀴테에 연결되어 있다. 축과 직각을 이루고 있는 끌채는 輿 밑부터 점차 약간씩 올라가 말 높이까지 올라가게 되어 있으며, 여기에 다시 멍에가 직각으로 걸려 있다.

이러한 중국 마차의 특징은 대부분 전술한 고대 전차의 기본형에 해당된다. 더욱이 商代의 마차 이전에는 이런 복잡한 구조를 가진 마차의 전례를 찾아볼 수 없으므로, 서방으로부터의 전래 가능성은 매우

---

24) Robert Bagley, "Shang Archeology", p.207.
25) 川又正智, 〈載驅薄薄―東アジアの古代戰車と西アジア〉, 《古史春秋》 2, 1985.
26) 林巳奈夫, 〈中國先秦時代の馬車〉, 《東方學報》 29, 1959.

높다. 다만 서방의 마차와 다른 두 가지의 독특한 특징이 문제가 된다. 첫째는 중국 마차의 바퀴살 수가 매우 많다는 점이다. 서아시아 지역에서는 보통 4개 간혹 6개 정도인 데 반해 중국의 경우에는 18-26개로 대단히 많다. 둘째는 輿가 바퀴축의 가운데에 두어진 반면, 서방에서는 輿가 차축의 전방으로 옮겨왔다는 점이다. 그러나 기원전 2천년기 전반에 서아시아 지역에서의 輿의 위치는 중국의 것과 같이 중앙에 있었던 것이며, 그 뒤 차체의 경량화를 위해 바꾸어진 형태이므로, 서방에서의 고대 전차의 기본형이 중국으로 전파되어 왔다고 이해하면 별 문제가 없다. 문제는 첫 번째 차이점인데, 이와 관련하여서는 서아시아 지역과 중국 사이에 위치한 중앙아시아의 여러 유물이 양자 사이의 연속성을 증명해 주고 있다. 우랄산맥 동남쪽의 신타슈타(Syntashta) 강가에 위치한 림니크스키(Rimnikski) 근처 묘장에서는 대략 기원전 1500년경의 마차가 발견되었는데, 이 마차의 바퀴에는 10개의 바퀴살이 확인되었다. 아르메니아의 세반호수가의 르챠셴(Lchashen)의 묘장에서도 2대의 마차가 발견되었는데, 輿가 축 가운데에 위치해 있고, 28개의 바퀴살이 확인되는 등 유형학적으로 중국의 마차와 매우 유사하며, 그 편년은 기원전 1250±100 혹은 기원전 1500년 전으로 추정된다.[27] 한편 보다 동쪽에 위치한 중앙아시아 지역에서는 실제 마차가 발견되지는 않았지만, 그 대신 많은 암화가 발견되었다. 이 중에는 4개의 바퀴살을 가진 마차도 있지만, 8개, 10개의 바퀴살을 가진 마차도 보이며, 20-22개의 바퀴살을 가진 마차로 보이는 것도 있다. 이처럼 많은 바퀴살을 갖고 있는 공통점 외에도, 고정된 축에 바퀴통이 관 모양의 쐐기로 고정되어 있다는 점, 두 조각으로 구성된

---

27) 원 보고에서는 기원전 13-12세기로 보고하고 있어서 안양기의 마차와 별로 시간차이가 나지 않는다는 점 때문에 전파 여부와 관련해 논란의 대상이 되었으나, Pigott의 후기 논문에는 이 마차의 연대를 기원전 1500년으로 교정하고 있다. Pigott, "Chinese Chariotry : An Outsider's View", *The Earliest Wheeled Transport : from the Atlantic Coast to the Caspian Sea*, 1983.

굽어진 나무 바퀴테에 바퀴살이 연결된다는 점 등도 일치한다. 다만 암화의 시기가 일정하지 않아 대략 기원전 1200년에서 200년까지 편차가 심한 편이다.[28] 이처럼 고대중국과 서아시아 지역 마차의 차이점이라고 할 만한 것들이 모두 서아시아 지역과 중국 사이까지 넓게 분포하고 있으므로, 이를 고대중국 마차의 고유한 특징이라고 하기 어렵다는 것이다. 따라서 마차의 편년으로 판단하건대, 서아시아에서의 고대 마차 기본형이 중앙아시아를 거쳐 중국으로 들어왔다고 해야 할 것이다.[29] 甲骨文에 기록된 마차가 商의 군대가 아닌 서쪽에 위치한 舌方으로부터 획득한 전리품으로 나타나는 것도 서쪽으로부터의 전래를 뒷받침한다.[30] 물론 중앙아시아를 거쳐 일단 중국에 들어온 마차는 다시 한번 중국적인 변형이 이루어지게 되는데, 예컨대 고대 중국문헌에 보이는 '六轡'이라는 형식은 두 마리가 끄는 서방의 마차가 들어온 이후 4마리의 말이 끌게 되면서 중국에서 생겨난 특징이다.[31]

　마차를 끄는 말 자체는 중국에서 자생한 것은 아니더라도 몽골 지역에는 있었을 것이다. 그러나 말의 순화는 약 기원전 4000년경 우크라이나 지역에서 시작되었다. 물론 수레를 견인하는 등 정주지역을 중심으로 하여 인간생활에 직접 사용된 것은 마차를 발명하면서부터이다. 중국에서도 순화된 말이 인간에 사용된 흔적은 商代 마차의 사용 이전에는 확인되지 않는다. 仰韶문화와 龍山문화에서 馬骨이 발견되었지만 가축이 아닌 것으로 판명되었다.[32] 갑골문에 馬가 보이지만, 이를 말의 馴化 혹은 이용으로 보기 어렵고 차라리 이것은 중국의 서쪽에서 말의

---

28) Edward L. Shaughnessy, "The Chariot in China", *H.J.A.S.* 48-1, 1988.

29) Pigott, "Chinese Chariotry : An Outsider's View"에서는 마차의 발달은 첫째, 그 이전에 바퀴가 달리 운송수단의 존재가 필요하며, 둘째, 말의 순화가 전제되어야 하는데, 중국에서는 양자가 모두 빠져 있다는 점을 중시하고 있다.

30) Edward L. Shaughnessy, "The Chariot in China".

31) 川又正智, 〈載驅薄薄—東アジアの古代戰車と西アジア〉.

32) 王克林, 〈騎馬民族文化的槪念與緣起〉, 《華夏考古》 1998-3.

순화를 일찍 습득했던 馬方의 후예라고 보는 것이 타당하다고 한다.[33] 결국 말의 순화 기술 및 본격적인 이용도 일단은 마차의 도입과 함께 이루어졌다고 보는 것이 무난할 것 같다. 騎乘法 또한 서방에서 먼저 발명되어, 중국에는 戰國時代에서나 도입되었다고 하는 것이 정설이다. 일부 周代의 騎乘을 주장하는 경우도 있지만, 그것도 변경지역인 오르도스와 寧夏지역에서 그 흔적이 발견되며, 기승에 능한 山谷 사이의 戎狄을 대적하기 어렵다는 春秋時代 기록 등도 모두 기승법이 서방으로부터 전래되었을 것임을 보여준다.[34]

하지만 마차 그리고 말의 순화 및 기승이 일찌감치 서아시아에서 발명되어 이것이 중국으로 전해져 왔다는 사실은 단지 문물의 전파라는 의미 외에, 이러한 빠른 이동성을 바탕으로 다른 많은 문물이 전파될 수 있었다는 점에서 중요한 의미를 갖는다. 기승을 기반으로 한 이동성의 증가는 서아시아의 여러 문화가 동부 초원지대까지 확대될 수 있는 결정적인 역할을 하였다는 것이며, 이런 과정을 통해 이상에서 살펴본 바와 같은 서방문물이 중국으로 전래되었을 것이라고 생각된다.[35]

3. 기타 문물의 교류 및 人的 접촉

마차의 전래는 단지 탈 것으로서의 기능을 갖춘 수레의 전래만을 의미하지는 않는다. 예컨대 말을 제어하기 위한 馬具에 靑銅이 사용되지 않았다면 얼마 갈 수 없다고 한다. 그러므로 마차가 전래되어 들어올 때에는 그와 함께 청동제 마구를 만드는 기술도 동반되었다고 보아야 한다.[36] 마찬가지로 바퀴 등 마차를 구성하는 각종 부품과 그에 필요한 기술도 마차의 도입과 더불어 전래되었을 가능성이 크다. 결국 마차라

---

33) Edward L. Shaughnessy, "The Chariot in China", pp.232-234.
34) 王克林, 〈騎馬民族文化的槪念與緣起〉.
35) Louisa G. Fitzgerald Huber, "Qijia and Erlitou : The questions of contacts with distant cultures", *Early China* 20, 1995.
36) 列 · 謝 · 瓦西里耶夫 著, 郝鎭華 等譯,《中國文明的起源問題》(文物出版社, 1989), p.312.

는 완전한 형태의 수레만이 아니라, 그와 함께 각종 문물도 동시에 들어왔을 가능성이 크다는 것이다. 또한 두 마리의 말을 끄는 마차에 숙련된 마부가 필요했다면,[37] 이는 곧 서방인과의 접촉을 암시하는 것이기도 한데, 이러한 접촉을 보다 구체적으로 알려주는 자료가 최근 잇달아 발견되고 있다.

1980년 陝西省 扶風縣 西周 궁전유지 乙區 灰坑에서는 2개의 蚌彫人頭像이 출토되었다. 크기는 약 1.5-2cm 정도로 작은 편이나, 모두 긴 이마, 깊이 들어간 눈, 높은 코, 갸름한 얼굴, 얇은 입술의 모습이며 또한 뾰족한 모자를 쓰고 있다는 특징을 갖고 있다(그림 1 참조).[38] 이 인두상의 주인공이 과연 어떤 족속에 속하는가와 관련해서는 여러 가지 견해가 있지만, 이 인두상이 당시 陝西省에 거주하고 있었던 周族의 얼굴과는 분명히 다른 이민족이며, 아마도 그것은 유럽인종에 속할 것이라는 점에 대해 대부분의 학자들이 동의하고 있다. 뾰족한 모자를 쓰고 있다는 점에 주목하여 유럽인종 중에서도 헤로도투스가 말한 '뾰족한 모자의 사카(塞人)'로 보는 견해가 있는가 하면,[39] 인두상의 머리 위에 새겨진 卍형의 부호가 1978년 아프가니스탄의 묘장 출토 금박 칼집에서도 발견된다는 점을 증거로 들면서 토하라(Toxri)인이라고 비정하기도 한다.[40] 최근 인두상의 머리덮개 장식을 비교한 연구에 따르면, 기원전 832-810에 해당하는 히타이트 중말기 양식 중 진씰리(Zincirli) 발견 우라티안(Urartian) 조각의 아라메안(Aramean)인의 얼굴과 유사하다고 한다.[41] 그런데 여기서 주목할 점은 扶風縣 출토 인두상의 머리 위에 卍자가 새겨져 있다는 점인데, 이 卍자(Svastika)와 관련해서는 四方을 의미한다는 해석도 있으나[42] 갑골문에 등장하는

---

37) Robert Bagley, "Shang Archeology", p.208.

38) 尹盛平, 〈西周蚌彫人頭種族探索〉, 《文物》 1986-1.

39) 위와 같음.

40) 林梅村, 《西域文明―考古・民族・語言和宗教新論》(東方出版社, 1995).

41) Victor H. Mair, "Old Sinitic *MyAG, Old persian MAGUS, and English 'Magician'", *Early China* 15, 1990.

142

‘巫’字와의 관련 속에서 이를 해석하는 연구에 따르면, 서방인의 얼굴을 한 인두상이 당시 이 지역의 ‘巫’였다고도 볼 수 있다.[43] 초기 문명 단계에서 巫는 단지 제례를 주관할 뿐 아니라, 모든 지식의 근원이기도 하였으므로, 자신과 다른 이민족을 ‘巫’로 삼았다는 것은 새로운 문물의 기술을 습득하였기 때문일 가능성이 크다. 巫의 고대 音韻을 연구하여 이들이 이란어 계통의 자들로 마차를 전래했던 주인공이라고 추정한 글은 이런 점에서 매우 시사하는 바가 크다.[44]

그러나 실제 이들의 숫자는 그리 많지 않았을 것이라 생각된다. 우선 이민족에 대한 태도가 결코 우호적이지는 않았을 것이기 때문이다. 유럽인종의 얼굴을 하고 있는 甘肅 靈台 白草坡 출토 人頭銎鉤戟의 人頭象은 이민족의 전쟁포로 살해 및 血祭 거행시의 ‘獻俘’의 모습인데,[45] 이러한 사례는 이민족에 대한 일반적인 적대감의 표현이라고 보인다. 둘째, 周族과 인접하여 실제 문화교류가 이루어지고 있는 종족은 유럽인종의 서방인이 아니라는 점이다. 문헌기록에 따르면 지금의 甘肅省과 陝西省 서부, 북부에는 獫狁·戎狄이라고 불리는 유목민들이 거주하고 있었다. 갑골문에는 鬼方, 土方 등으로 불리었으며 이후에는 羌戎이라고도 하였던 이들은 商代에서 周代에 이르기까지 줄곧 중국의 서쪽과 서북쪽에 인접해 있으면서 접촉해 왔다. 이들과 周族과의 관계는 周族의 초기 전설에 언급되어 있으며, 그 이후 점차 戎狄과의 군사적

---

42) Sarah Allan, *The Shape of the Turtle : Myth, Art and Cosmos in Early China*, Albany, State University of New York Press, 1991(汪濤 譯, 《龜之謎—商代神話·祭祀·藝術和宇宙觀研究》, 四川人民出版社, 1992).

43) 饒宗頤, 〈說卍(Svastika)〉, 《三上次男博士喜壽記念論文集(歷史編)》, 1985. 《饒宗頤史學論著選》, 上海古籍出版社, 1993에 再錄.

44) Victor H. Mair, “Old Sinitic *MyAG, Old persian MAGUS, and English ‘Magician’”.

45) 甘肅省博物館文物隊, 〈甘肅靈台白草坡西周墓〉, 《考古學報》 1977-2, p.126. 보고서에서는 鬼方이나 獫狁 등의 族人으로 보고 있지만, 《西域文明》, p.7에서는 이 인두상이 長額, 深目, 高鼻의 특징을 갖는 백인종 체질의 유목민이라고 보고 있다.

동맹, 통혼과 같은 기록들이 많아진다. 그런데 이들을 유럽인종이라
고[46] 할 수는 없다는 것이다. 月氏族이 漢初 匈奴에 의해 중앙아시아로
이동하기 이전에 이곳에 거주하였다고 하기도 하지만, 月氏族을 곧 중
앙아시아의 코카소이드 인종으로 보는 데에는 반론이 많다.[47] 그들이
남겨놓은 문화는 기본적으로 인접한 지역의 흉노문화와 유사하다는 점
에서 이들의 족속도 흉노족에 가까운 투르크계라고 보는 것이 타당할
것이다.[48] 반면 이 지역을 지나 멀리 떨어진 新疆지역에는 코카소이드
인종을 쉽게 확인할 수 있다. 이미 오래 전에 스타인(A. Stein)과 헤딘
(S. A. Hedin)은 타림분지에서 漢代에 해당하는 중유럽과 북유럽인의
해골을 발견하였지만, 1979-1980년도의 조사에서도 유럽인종 중 지중
해 동부지역 유형에 속하는 인두골이 발견되었다. 또 1979년 孔雀河
하류 부근에서는 탄소측정연대가 기원전 2300-1400년에 걸쳐 있는 유
목문화 특징의 42좌 묘장이 발견되었는데, 이 중에서는 古유럽인종의
체질적 특징을 갖는 인두골 18개가 발견되었다.[49] 따라서 陝西省의 周
族 유지에서 발견된 유럽인종의 인두상은 멀리 떨어져 있었던 新疆지
역과 그 이서 지방에 활동하던 자들이지만, 이들간의 직접적인 교류는
제한적이었고 周人의 서북방에 인접한 諸戎들이 중원의 周人과 新疆의
유럽인종을 매개하였다고 생각된다.[50]

　이들 諸戎이 거주하는 甘肅省과 陝西省 지역의 고고문화는 주로 이
지역에서 발전한 先周문화의 성격과 관련하여 많은 연구가 이루어져

---

46) 斯維至, 〈從周原出土蚌彫人頭像談玁狁文化的幾個問題〉, 《歷史研究》
　　1996-1.
47) 水濤, 〈從周原出土蚌彫人頭像看塞人東進諸問題〉, 《遠望集—陝西省考古研
　　究所華誕四十周年紀念文集》上, 陝西人文美術出版社, 1998.
48) 戴春陽, 〈月氏文化族屬·族源芻議〉, 張志堯 主編, 《草原絲綢之路與中
　　亞文明》, 新疆美術攝影出版社, 1994. 적어도 기원전 3세기 이전의 흉노족
　　은 몽골인종에 속한다고 한다(潘其風, 〈從額骨資料看匈奴族的人種〉, 《中
　　國考古學研究—夏鼐先生考古五十年紀念論文集》2, 科學出版社, 1986).
49) 韓康信, 〈新疆公爵河古墓溝墓葬人骨的人類學的初步研究〉, 《中國考古學研究
　　—夏鼐先生考古五十年紀念論文集》, 文物出版社, 1986.
50) 水濤, 〈從周原出土蚌彫人頭像看塞人東進諸問題〉.

144

있다. 그 양만큼이나 다양한 의견이 제시되어 있는데, 대략 그 내용을 정리하면 先周문화가 殷墟로 대표되는 商文化, 光社문화에서 나온 姬周문화, 辛店·寺洼문화에서 온 姜炎문화 등 몇 가지 문화의 융합으로 형성되었다고 보는 鄒衡의 견해가 있고, 辛店·寺洼문화가 先周문화의 원류라고 보는 盧連成의 설이 있으며, 客省莊2기문화를 기초로 하되 일부 齊家문화의 요소를 받아 출현하였다고 보는 徐錫台의 설, 客省莊 2기문화 雙庵유형에서 발전된 先周문화가 발전과정중에 劉家문화·二里頭문화·商문화의 영향을 받았다고 보는 尹盛平의 설 등으로 나누어 볼 수 있다. 하지만 이들 제설은 주된 문화가 어떤 것이었든 先周문화가 甘肅·靑海지역에 위치한 문화의 강한 영향을 받아 발전했다는 점에서는 이견이 없다.[51] 한편 新疆省 동부의 諸유적과 甘肅지역 사이에는 상당한 문화적 공통성이 확인된다. 예컨대 新疆省 察吾乎溝 1호묘와 4호묘에서 발견된 1식 帶流罐에는 三角紋 등이 장식되어 있는데, 그보다 동쪽에 위치한 甘肅·靑海지구의 카약문화의 三角紋 등의 陶器문양과 일치하고 있는 등 新疆省 察吾乎溝와 甘肅지역의 토기형태 및 문양의 공통성이 보고되고 있다.[52] 이와 같이 新疆지역의 문화는 甘肅·靑海지구의 문화를 거쳐 陝西지역의 선주문화로 이어져 있었고, 그 문화교류는 일상적인 도기에까지 이르고 있었다.

　四川省은 지리적으로는 陝西省 남쪽에 위치하고 있지만, 四川 서부 고원지대를 통해 甘肅·靑海지역 혹은 陝西 서부의 문화의 영향을 받았다고 생각된다. 四川 成都평원에서 발견되는 三星堆문화는 商周문화권과는 별개의 청동문화 중심을 이루고 있었던 것으로 판단되지만,[53]

---

51) 尹盛平·任周芳, 〈先周文化的初步研究〉, 《文物》 1984-7 ; 盧連成, 〈扶風劉家先周墓地剖析—論先周文化〉, 《考古與文物》1981-2 ; 戴彤心, 〈試論先周文化〉, 《周秦漢唐考古與文化國際學術會議論文集》(陝西歷史博物館編, 《周文化論集》, 三秦出版社, 1993에 再錄) ; 黃懷信, 〈先周族及其文化的淵源與流轉〉, 《周秦漢唐考古與文化國際學術會議論文集》(陝西歷史博物館編, 《周文化論集》, 三秦出版社, 1993에 再錄) 等.

52) 叢德新, 〈新疆和靜察吾乎溝四號墓地帶流罐試析〉, 《漢唐與邊疆考古研究》 1輯, 科學出版社, 1994.

초기의 청동기술은 외부로부터 전래되어 들어왔을 가능성이 매우 크며, 그 경로는 지형적으로 보아 일찍부터 서방의 영향을 받아 청동기 기술이 발달되었다고 지적한 甘肅·靑海지역의 齊家문화 지역으로부터 전파되었을 것으로 추정된다. 사실 靑銅立人像이나 청동가면 등과 같은 청동기문화의 독특한 특징 때문에 이와 유사한 청동기가 발견되는 서아시아 지역과의 교류가 지적되기도 하였다.[54] 三星堆에서 발견된 상아나[55] 漢代의 邛杖 및 蜀布의 예를[56] 참조하면, 四川省에서 서남쪽을 통해 身毒國, 그리고 大夏로 이어지는 문물교류의 가능성도 굳이 배제할 필요는 없을 것 같다. 전술한 扶風縣 출토 蚌彫人頭像의 卍字와 같은 형태가 靑海지역과 四川지역에 주로 분포되어 있다는 점도 이를 뒷받침해 주는 것 같다.[57]

이처럼 중국 서부와 서북부에 위치한 지역은 일단 甘肅·靑海지역과 밀접한 문화교류가 이루어지고 있었으며, 甘肅·靑海지역의 문화는 다시 新疆·중앙아시아 및 서아시아의 문화적 영향을 받았던 것으로 생각된다. 이러한 통로를 통하여 중국 내의 商周문화 그리고 三星堆문화는 서방으로부터 많은 문물을 받아들였을 것이라고 생각된다.[58]

---

53) 金秉駿, 《中國古代 地域文化와 郡縣支配》(一朝閣, 1997).

54) 屈小强·李殿元·段渝 主編, 〈三星堆文明與中西文化交流〉, 《三星堆文化》, 四川人民出版社, 1993.

55) 金秉駿, 《中國古代 地域文化와 郡縣支配》, p108.

56) 《史記》 卷123 〈大宛列傳〉, "及元狩元年, 博望侯張騫使大夏來, 言居大夏時見蜀布邛竹杖, 使問所從來, 曰從東南身毒國, 可數千里, 得蜀賈人市".

57) 饒宗頤, 〈說卍(Svastika)〉.

58) 本稿에서는 논의하지 않은 玉도 新疆지역에서 中原지역으로 전래되어 들어온 중요한 문물이었다. 新疆 호탄에서 출토된 玉이 殷墟에서 발견된 商代 玉器의 중요한 재료가 되었다는 것은 잘 알려진 사실이다. 中國社會科學院考古研究所, 《殷墟玉器》(文物出版社, 1982), pp.11-19.

Ⅲ. 神話 속의 서방전래문물

1. 神話 속의 冶金과 馬車

이상에서 청동기와 철기 그리고 마차와 같은 중요 선진문물이 서아시아 혹은 중앙아시아 지역으로부터 중국의 서북부지역을 거쳐 중원으로 전래되어 들어왔을 가능성을 살펴보았다. 이제까지의 논의는 주로 中原지역에서 발견된 것보다 중국의 서북부 및 중앙아시아 지역에서 출토된 유물이 보다 원형의 모습을 갖추고 있고, 또 연대적으로도 빠르다는 점을 밝히는 방식이었다. 그런데 서방으로부터의 문물 전래는 考古資料 이외의 다른 방법에 의해 보완될 수 있다고 생각한다. 비록 商周시대의 甲骨文이나 金文에서는 이런 점을 쉽게 확인할 수 없지만, 전래된 문물이 당시 사회에 미친 막대한 영향을 생각한다면 고대 중국인들의 사유 속에 일정한 흔적을 남겨놓았을 것임에 틀림없다. 따라서 이러한 고대인들의 집체적 기억이 남아 있는 신화를 통해 서방 전래문물의 영향에 접근해 보고자 한다.

먼저 청동기와 철기와 같은 금속의 전래는 고대 중국인의 신화에 어떤 영향을 미쳤을까? 사실 금속의 발명은 경제적으로는 물론 정치적으로도 급격한 사회적 변화를 가져왔기 때문에 신화의 중요한 소재가 된다. 특히 청동기나 철기는 쉽게 제조할 수 있는 것이 아니었기 때문에 더욱 신화적 성격을 띠게 된다. 유럽이나 서아시아 지역에서 금속의 생산과 가공이 오랜 기간 魔法으로 생각되었고, 고대 슬라브인은 대장간을 보통 마법의 집이라고 생각하고 있었던 것도 야금술사가 일반인들이 지니지 못한 비밀지식을 가지고 있다고 여겼기 때문이다. 중국의 신화 속에서 야련신으로 분류할 수 있는 초월적 존재로는 蚩尤를 들 수 있다. 蚩尤는 鍛冶를 전문으로 하는 부족의 마술사로서, 精鍊·鑄造의 중심기술인 풀무의 비밀을 갖고 있었다고 한다. 특히 蚩尤는 청동무기의 발명자로서의 성격으로부터 나아가 軍神으로서의 성격도 갖고 있었다. 동시에 이들은 중요한 문명의 창시자임과 동시에 마술사로서의 성격도 갖고 있었는데, 이는 서방에서 금속의 생산을 마법으로 생각하는 것과 동일하다. 그런데 이 야련신앙을 서방으로부터의 금속 전래와 연결지어 설명하기 위해서는 蚩尤와 서쪽이라는 방위가 밀접한 관련을 맺고 있어야 한다. 갑골문에서 서쪽으로부터의 바람을 청동기술의 핵심이라고 보는 풀무로 표현하였던 점도 청동기술의 전래를 암시하는 부분이지만,[59] 문헌상 蚩尤가 西方神으로 처리되어 있다는 점에 주목할 필요가 있다. 즉 蚩尤가 서방을 다스리는 少皥의 佐神으로 기록되어 있다는 것이다.[60] 물론 蚩尤와 같은 대부분의 전쟁 관련 諸神이 서방을 대표하며 흉악한 몰골을 하고 있는 것은 기본적으로 서쪽이라는 방위가 죽음을 상징하기 때문일 것이다.[61] 그러나 金氣가 갖고 있는 상징적 의미에 전쟁과 무기 외에 금속이라는 본래의 의미가 얼마든지 포함될 수 있을 것 같다. 그럴 경우 서방과 金氣와의 관계를 굳이 죽음의 세계라는 측면에서가 아니라 금속의 전래라는 각도에서 고려해 볼 필요도 있을 것이다.

　마차는 중국에 전해지면서 일단은 왕실과 귀족들의 지위의 상징으로 사용되었고, 점차 군사적으로 중요한 위치를 차지하게 되었다. 이러한 중요성 때문에 마차를 발명한 영웅에 대해서도 신화가 남아 있는데, 이 중 가장 오래된 것은 奚仲이 車를 만들었다는 신화이다.[62] 漢代 문헌인 《說文》과 《新語》에서도 동일한 내용이 전하는 것으로 보아,[63]

---

59) 白川靜, 《漢子の世界》 1(平凡社, 1982) ; 胡厚宣, 〈四方風名考〉, 《甲骨學商史論叢》, 齊魯大學.

60) 《越絶書》〈計倪內經〉, "黃帝於是上事天, 下治地. 故少昊治西方, 蚩尤佐之, 使主金" ; 《逸周書》〈嘗麥解〉, "命蚩尤宇於少昊, 以臨四方".

61) 李成九, 《中國古代의 呪術的 思惟와 帝王 統治》(一潮閣, 1997), pp.192-206.

62) 《墨子》〈非儒〉, "奚仲作車" ; 《荀子》〈解弊〉, "奚仲作車, 乘杜作乘馬" ; 《世本》, "奚仲始作車" ; 《呂氏春秋》〈君守〉, "奚仲作車" ; 《尸子》, "造車者奚仲也" ; 《左傳》 定公元年, "薛宰曰, 薛之皇祖奚仲, 居薛, 以爲夏車正".

63) 《說文》, "車, 輿輪之總名也, 夏后時奚仲所造" ; 《新語》 "禹乃決江疏河… 九州絶隔, 未有舟車之用, 以濟深致遠, 於是奚仲乃橈曲爲輪, 因直爲轅, 駕車

148

漢代까지 이러한 신화가 계속 이어져왔던 것으로 생각된다. 그러나 대체적으로 간단한 내용밖에 남아 있지 않기도 하지만, 그 어느 것에도 奚仲이 서방과 관련되어 있다는 기록은 보이지 않는다. 물론 마차의 발명과 말의 순화 순서가 뒤바뀌어 있다는 점에 주목하여 마차의 전래 사실을 주장하기도 한다. 즉 중국 신화에는 수레를 만들었던 奚仲과 말을 처음으로 순화하였던 相土가 나뉘어 있는데, 이 相土는 商의 시조인 契의 손자라고 전해지고 있다. 奚仲의 시기가 夏代의 禹에 해당되므로 말의 순화 시기가 수레 발명보다 늦게 배치되어, 일반적인 발전 순서와 배치된다. 마찬가지로 가축을 순화하였다는 王亥가 相土의 4대 정도 이후의 인물이라는 것에서, 가축의 순화가 말의 순화보다 늦게 배치되어 있다는 특징을 찾아볼 수 있다. 말하자면 가축의 순화에 이어 말의 순화, 그리고 마차의 발명이 이어져야 하지만 중국의 신화에서는 그 역순으로 묘사하고 있다는 것인데, 이러한 점이야말로 마차가 중국에서 자생한 것이 아니라는 점을 반증한다는 것이다.[64]

그러나 금속과 마차의 발명은 蚩尤나 奚仲 외에 중원문명의 시조인 黃帝와도 연결되어 있다. 《史記》나 《越絶書》와 같은 기록에 따르면 黃帝가 처음으로 銅을 채굴하여 청동기를 주조하였다고 하고 있는 등[65] 黃帝는 蚩尤와 함께 금속을 발명한 聖人으로 전해진다. 마차도 마찬가지이다. 많은 기록이 마차의 발명을 奚仲으로 두지만, 《釋名》 등에서는 마차 역시 黃帝가 발명한 것으로 전하고 있다.[66] 비록 黃帝를 금속 및 마차의 발명과 연결시키는 것은 후대의 기록에 나오는 것이기는 하지만, 일단은 이것들이 다른 문물과 마찬가지로 중국 내에서 자생했다는 것을 알려주는 것 같다. 그렇다면 신화 속에서 서방에서 문물이 전

服牛, 浮舟杖檝, 以代人力".

64) Edward L. Shaughnessy, "The Chariot in China", p.208.

65) 《史記》 卷12 〈武帝本紀〉, p.468, "黃帝采首山銅, 鑄鼎於荊山下. 鼎既成, 有龍垂胡髯, 下迎黃帝, 黃帝上騎, 群臣後宮從上龍七十餘人, 龍乃上去";《越絶書》 卷4 〈計倪內經〉, "黃帝於是上事天, 下治地, 故少昊治西方, 蚩尤佐之, 使主金".

66) 《太平御覽》 卷772 所引 《釋名》, "黃帝造車, 故號軒轅氏".

래되어 들어온 흔적은 찾기 어려운 것일까?

하지만 금속과 마차에 관련한 중국 신화는 이외에도 여러 가지가 남아있다. 그런데 이것들의 내용은 대부분 곤륜산 및 서왕모 신화와 밀접하게 관련되어 서술되어 있다는 사실이 주목된다. 가령 《山海經》에서는 곤륜산이 銅으로 만들어진 기둥이었다거나 곤륜산 근처에 鐵이 많다는 기록을 쉽게 찾아볼 수 있으며, 後漢代 畵像石에 서왕모의 부속하는 소재로서 대장간 혹은 야철신을 상징하는 그림들이 그려져 있다는 사실도 금속과 곤륜산 및 서왕모가 긴밀하게 연결되어 있다는 점을 보여준다. 또한 화상석에 그려진 마차를 끄는 말이 중국에서 나오는 몽고 계통의 말이 아니라 서방의 아라비아산 계통의 말이라는 것이나,[67] 이들 말을 끄는 사람들이 중국사람이 아니라 深目高鼻의 西域人으로 보인다는 점은 모두 서방과의 일정한 관계를 보여주지만, 이것들이 서왕모 세계에 부속된 제재로 등장하기 때문에 단순한 운송용 말이라기보다는 弱水를 건너 서왕모의 세계로 승천하는 데 도움을 주는 신화 속의 동물로서의 의미를 갖는다고 생각된다. 또한 大宛의 天馬가 왕을 不死의 세계로 이끌어준다는 종교적 의미를 갖고 있었으므로, 漢武帝가 大宛 원정을 통해 이를 구하려고 했던 것은 결국 이 天馬를 타고 곤륜산의 세계로 가려고 했기 때문일 것이라는 흥미 있는 지적도[68] 신화 속의 말과 마차가 곤륜산 신앙과 긴밀히 연관되어 있다는 사실을 알 수 있다.

이처럼 금속과 마차 및 말의 관련 신화가 대부분 곤륜산과 서왕모와 긴밀한 관계 하에서 서술되고 있는 의미는 무엇일까? 이것이 서방으로부터의 문물전래로 인해 만들어진 신화는 아닐까? 이러한 문제를 해결하기 먼저 신화 속의 곤륜산 신앙에 대해 살펴보기로 하자.

---

67) 出石誠彦, 〈天馬考〉, 《支那神話傳說の研究》, 中央公論社, 1973.

68) Arthur Waley, "The Heavenly Horses of Ferghana, A New View," *History Today* 5-2, 1955.

2. 崑崙山 신화

중국고대 신화가 비교적 원래의 모습으로 잘 남아 있는《山海經》,
《楚辭》,《淮南子》,《緯書》를 살펴보면, 수많은 신과 초월적 존재들이
언급되어 있는 가운데, 특히 곤륜산 신화가 눈에 뜨인다.

① 崑崙之丘, 實惟帝之下都, 神陸吾司之. 其神狀虎身而九尾, 人面而虎
爪, 是神也, 司天之九部及帝之囿時.[69]

② 海內崑崙之虛, 在西北, 帝之下都. 崑崙之虛, 方八百里, 高萬刃. 上
有木禾, 長五尋, 大五圍. 面有九門, 門有開明獸守之, 百神之所在…
赤水出東南隅, 以行其東北.[70]

③ 西海之南, 流沙之濱, 赤水之後, 黑水之前, 有大山, 名曰崑崙之丘,
有神, 人面虎身, 有文有尾, 皆白處之. 其下有弱水之淵環之, 其外有
炎火之山, 投物輒然. 有人, 戴勝, 虎齒, 有豹尾, 穴處, 名曰西王母, 此
山萬物皆有.[71]

④ 崑崙之丘 或上倍之 是謂涼風之山 登之而不死 或上倍之 是謂懸圃
登之乃靈 能使風雨 或上倍之 爲維上天 登之乃神 是謂太帝之居…
建木在都廣, 衆帝所自上下, 日中無影, 呼之無響, 蓋天地之中也.[72]

⑤ 西王母梯几而戴勝杖, 其南有三靑鳥, 爲西王母取食, 在崑崙虛北.[73]

⑥ 崑崙山爲柱, 上氣通天, 崑崙者地之中.[74]

우선 무엇보다 곤륜산의 위치가 서쪽 혹은 서북쪽에 위치하고 있다
는 점이 주목된다. 곤륜산을 거처로 삼고 있는 西王母라는 명칭에 ‘西’
字가 붙어 있다는 것은(⑤) 단지 동쪽에 대한 대칭개념으로 사용된 것
이 아니라는 점을 보여준다. 西王母가 東王公의 대칭으로 이해된 것은
漢代 이후이기 때문이다. 따라서 동쪽보다 서쪽에 대한 특별한 의미를

---

69)《山海經》〈西山經〉.
70)《山海經》〈海內西經〉.
71)《山海經》〈大荒西經〉.
72)《淮南子》〈墜形訓〉.
73)《山海經》〈海內北經〉.
74)《太平御覽》卷36 引用《河圖括地象》.

부여했다는 것으로 해석된다. ②와 ③에는 곤륜산이 각각 서북쪽, 서쪽에 위치하고 있는 것으로 나오며,《山海經》중에서도《西山經》,《海內西經》,《大荒西經》에 집중되어 있다는 사실은 이를 잘 입증해 주는 것 같다.

이를 두고 단지 지형적으로 서북쪽이 높기 때문에 혹은 황하가 서북쪽에서 시작하기 때문이라 보기도 하지만, 신화학적으로는 태양신앙과 관련하여 설명하는 것이 일반적이다.[75] 즉 태양이 떠오르는 동쪽이 생명을 상징하는 반면, 해가 지는 서쪽은 죽음, 가을, 슬픔을 상징하므로, 서왕모가 하늘의 형벌과 전염병을 주관하며 무시무시한 모습을 하고 있다든지, 서왕모가 거처하는 곤륜산이 서쪽에 위치하는 것은 지극히 당연하다는 것이다. 또한 다시 태양이 떠오르듯이 죽음의 세계는 다시 재생과 연결되면서 서왕모도 사망과 재생, 나아가 인간의 수명을 담당하면서 여러 신들 중에서 중요한 자리에 오르게 된다고도 설명한다.[76] 필자도 원칙적으로 이러한 해석에 동의한다. 하지만 죽음과 재생의 세계라는 것만으로 고대중국 신화에 나오는 곤륜산 및 서방신앙을 모두 설명할 수 있으리라 생각하지 않는다. 가령 곤륜의 위치를 지상의 세계가 아닌 우주의 영역이라고 보고 이를 천문현상과 연관시켜 설명하듯이[77] 다양한 해석의 여지가 남겨져 있다고 생각한다.

本稿는 이와 관련하여 위 인용 기록에서 묘사된 곤륜산이 단지 신화세계 속의 매우 성스러운 장소로서만이 아니라, 천하의 중심으로 기록되고 있다는 점에 주목해 보고자 한다. 곤륜이 帝의 下都 또는 太帝之居라는 사실은(①, ②, ④) 이곳이 지상세계의 중심이라는 의미이며, 이를《河圖括地象》에서는 '地之中'이라고 규정하고 있다(⑥). 百神들이 모여 있다는 점이나(②) 赤水와 弱水, 黑水 그리고 黃河와 같은 모든 강이 이곳에서 발원한다는 식의 서술도(②) 이 점을 뒷받침해 준다. 동

---

75) 葉舒憲,《中國神話哲學》(中國社會科學出版社, 1992), pp.59-106.
76) 李成九,《中國古代의 呪術的 思惟와 帝王統治》, pp.197-201.
77) Deborah Porter, "The Literary Function of K'un-lun Mountain in the Mu T'ien-tzu chuan", *Early China* 18, 1993.

시에 이곳은 지상과 하늘을 연결해 주는 이른바 世界樹로서의 성격을 갖고 있는 建木이 위치한 곳으로, 태양이 비추어도 그림자가 생기지 않고 소리를 쳐도 메아리가 없는 천하의 정가운데라고 되어 있다(④). 일반적으로 산이란 하늘과 맞닿아 있기 때문에 그 정상이 하늘과의 통로로 인식되었을 수 있지만,[78] 천하의 중심이라고 불리는 산은 찾을 수 없는 만큼, 곤륜산은 각별한 의미를 담고 있다고 보아야 할 것이다.

엘리아데에 따르면, 모든 종교적 인간은 자신을 세계의 중심에 위치시키며, 동시에 그곳이 신들과 교섭할 수 있는 장소이며 절대적 실재의 원천이라고 생각한다고 한다. 다시 말해 세계의 중심을 바로 자신들이 거주하고 있는 지역으로 생각하며, 또 신은 지금 자기가 존재하는 장소의 위에 위치한다고 생각한다는 것이다.[79] 따라서 고대 중국인들이 생각하는 세계의 중심도 그들이 살고 있었던 지역이고, 하늘과의 접촉도 그 중심에서 이루어진다고 생각했어야 한다.

그런데 천하의 중심이 中原이 아니라 서쪽으로 멀리 떨어진 崑崙山이라고 되어 있는 것은 무엇 때문일까? 물론 고대 중국인들은 천하의 중심을 반드시 곤륜산과 연결시키지만은 않는다. 《詩經》에 "숭고한 이 嶽, 높이 하늘에 이르는구나. 이 嶽에 神을 내려, 甫와 申을 낳으셨도다"라는 기록은 기본적으로 자신들의 지역에 천하의 중심으로서 하늘과 통하는 높은 산의 존재를 상정하고 있지만,[80] 무엇보다 스스로 '中國', '中州', '中原', '齊州', '冀州'라고 부른 것은 모두 자신들이 천하의 중심에 위치하고 있다고 생각한 증거들이다.[81] 그리고 그곳에 우뚝 솟아 있는 태산과 같은 산을 中岳이라고 부르고 그곳을 가장 중요한 산

---

78) 鄭在書, 《不死의 신화와 사상》(민음사, 1994, p.93). 《山海經》〈海外西經〉, "巫咸國在女丑北, 右手操靑蛇, 左手操赤蛇, 在登葆山, 群巫所從上下也"; 〈大荒西經〉, "有靈山…十巫從此升降, 百藥爰在"; 〈海內經〉, "華山靑水之東, 有山名曰肇山, 有人名曰栢高, 栢高上下于此, 至于天".

79) 미르치아 엘리아데 저, 이재실 역, 〈중심의 상징〉, 《이미지와 상징—주술적·종교적 상징체계에 관한 시론》, 까치, 1998.

80) 《詩經》〈大雅·崧高〉, "崧高維嶽, 駿極于天. 維嶽降神, 生甫及申".

81) 《爾雅》〈釋言〉, "齊, 中也"; 《列子》〈周穆王〉, "四海之齊謂中央之國".

으로, 가장 신비하고도 신성한 산으로 여겨 이곳에서 위로 天帝와 통할 수 있다고 생각했던 것이다. 따라서 역대의 제왕들도 이곳을 찾아와 封禪儀式을 드렸던 것이다.[82] 혹자는 이러한 이유 때문에 곤륜산이 곧 泰山이라고도 한다.[83] 그러나 고대 중국인이 친숙히 바라보았을 泰山을 "사방으로 800리에 이르며 높이는 10,000刃에 달하고" 그 주위에는 流沙와 弱水之淵이 주위를 둘러싸고 있으며 물건을 던지면 곧 타버리는 炎火之山이 있어 올라갈 수 없는 곳이라고 묘사했을 것 같지는 않다. 뿐만 아니라 곤륜산은 자신들의 거주지에서 서쪽으로 멀리 떨어져 있다고 명백히 기록되어 있지 않은가?

그렇다면 결국 중국의 신화에는 천하의 중심을 태산을 보는 입장과 곤륜산으로 보는 두 가지 입장이 있다고 정리될 수 있을 것 같다. 이러한 사실은 자신의 세계 외에 또 다른 세계를 인정하였던 것으로 해석된다. 그러나 두 개의 천하 중심을 인정하는 것도 결코 일반적인 현상이 아니다. 자신의 세계가 천하의 유일한 중심이라는 생각을 뒤바꿀 수 있는 강한 계기가 없었다면 이런 현상이 발생하지 않았을 것이라고 생각된다. 과연 어떠한 이유로 말미암아 중국 신화에는 두 개의 천하 중심이 존재하게 되었을까? 이 문제에 접근하기 위해 곤륜산 및 서왕모 신앙이 주로 유포되어 있는 지역을 살펴보아야 할 것 같다.

3. 崑崙山 신화와 三星堆문명 및 周族과의 관계

《山海經》 전체의 구성에 대한 연구에 따르면, 《山海經》은 어느 특정 지역의 문화를 배경으로 하거나 어떤 특정의 사상적 경향을 배경으로 해서 지어진 것이 아니라, 백과사전과 같이 여러 지역에서 유래한 지식이 함께 수록되어 있다고 한다. 또한 여러 가지 지식을 아무렇게나 기록한

---

82) 《風俗通》〈五岳〉, "泰山, 山之尊者. 一曰岱宗. 岱者, 始也. 宗者, 長也. 萬物之始, 陰陽交代, 故爲五岳之長, 王者受命恒封禪之".

83) 何新, 《諸神的起源─中國遠古神話與歷史》, 北京 三聯書店, 1986 ; 同著, 《中國遠古神話與歷史新探》, 黑龍江敎育出版社, 1988.

154

것이 아니라 방위를 기준으로 지역을 나누어 각각의 공간에 전해지는 신화를 체계적으로 구축한 것이다.[84] 그런데 앞서 살펴본 곤륜산 및 서왕모 신화는 《山海經》 중에서도 《西山經》, 《海內西經》, 《大荒西經》에 집중되어 있다. 이같은 사실은 단지 곤륜산이 서쪽에 위치한다는 사실만을 가리키는 것이 아니라, 서쪽 지방에 곤륜산과 관련한 신화가 많이 전해진다는 것을 의미한다.

중국의 서쪽 변경지역에 치우쳐 있는 四川지역은 秦漢시대 이후 中原지역과의 긴밀한 교류로 말미암아 中原과 상당한 문화적 동질감을 공유하였지만, 戰國時代 秦의 점령 이전에는 매우 독특한 문화적 성격을 갖고 있던 지역이었다. 특히 三星堆문명에서 발견된 청동기가 中原이나 다른 지역의 것과는 판연히 다른 청동기 전통을 보여주고 있다. 그런데 이처럼 상이한 청동기 문명에서 戰國末 이후 중국 전체에 널리 퍼져 있던 신앙을 찾아볼 수 있다는 점이 주목된다. 그 대표적인 것이 扶桑 혹은 建木 신앙이다. 삼성퇴에서는 높이 4m에 달하는 이 청동나뭇가지에 태양을 상징하는 구슬, 그리고 이를 운반하는 것처럼 보이는 새, 그리고 용 및 기타 장식들이 붙어 있는 靑銅神樹가 발견되었다. 그런데 이 神樹의 모습은 《山海經》과 《淮南子》에 10개의 태양이 扶桑 (建木 혹은 若木)에 걸려 있다가 하루씩 번갈아 세상을 비춘다고 한 내용과 일치하고 있어, 商代 후기에 해당하는 삼성퇴문명에 이미 扶桑 신앙이 존재하고 있었던 것이 아닐까 라고 추정하고 있다.[85] 그런데 이 建木은 하늘과 땅을 연결하는 이른바 世界樹의 성격을 띠고 있고, 그 때문에 신화 속에서 종종 곤륜산과 서왕모와 같은 장소에 위치해 있다. 특히 帝의 下都로서 세계의 중심이고 衆神이 모여 있는 곳이라는 곤륜산의 성격과 마찬가지로 建木도 여러 신들이 이 나무를 통해 하늘과 땅을 오르내린다는 기록이 남아 있다. 결국 靑銅神樹가 곤륜신앙과 연관될 가능성이 있다는 것인데, 새롭게 공개된 몇 가지 청동기들은

---

84) 蒙文通, 〈略論山海經的寫作時代及其生産地域〉, 《中華文史論叢》 1962-1.
85) 金秉駿, 《中國古代 地域文化와 郡縣支配》, pp.75-78.

이 점을 더욱 분명히 암시해 준다.

'神壇'이라고 보고된 이 청동기는 몇 개의 층으로 구성되어 있는 복잡한 구조물인데(그림 2 참조), 맨 아래에 九尾虎라 생각되는 동물이 있고, 그 위에 4명의 기도하는 인물이 곤륜이라 생각되는 산을 머리에 이고 바깥쪽을 향해 있으며, 맨 위에 건축물이 올려져 있다. 이 청동기가 바로 3층으로 구성되어 있고, 산의 아랫부분에서는 九尾虎를 비롯한 여러 동물들이 지키고 있으며, 산 정상에는 건축물이 있다고 전해지는 곤륜산의 모습을[86] 그대로 표현하고 있다고 보인다.[87]

신화 속에서 곤륜산과 서왕모가 연결되어 있는 것과 마찬가지로, 삼성퇴문명의 청동기에서도 서왕모 신앙의 단서를 찾을 수 있다. 1호갱에서 발견된 무서운 얼굴과 흐트러진 머리를 한 跪坐人物像(그림 3 참조)과 虎形 臺座(그림 4 참조)가 비슷한 크기라는 점에 착목하여 양자를 결합하고, 역시 같은 장소에서 발견된 璧形 玉器(그림 5 참조)를 연결하여 玉勝을 만들어 붙이면, 신화 속에서 "모습은 사람과 같되 豹의 꼬리를 하고 호랑이 이빨을 하며 蓬髮에 勝을 꽂은" 半人半獸로 묘사된 서왕모의 모습과 일치하게 된다.[88]

삼성퇴 청동기 중에 가장 주목을 받는 대형 청동가면들(그림 6 참조)도 곤륜산 및 서왕모 신앙과 연관지워질 가능성이 매우 크다. 이들 가면에는 공통적으로 夒龍紋 靑銅片 장식이 이마 부분에 붙여져 위로 길쭉하게 올라가 있는 모습을 볼 수 있다. 뿐만 아니라 A형 대형 청동가면에는 직경 13.5cm의 눈이 16.5cm나 돌출되어 있는 매우 특징적인 모습을 하고 있다. 《華陽國志》와 《蜀王本紀》에는 蜀國의 시조인 蠶叢이 '縱目'의 특징을 하고 있다는 기록을 발견할 수 있다. 논자에 따라

---

86) 曾布川寬, 《崑崙山への昇仙—古代中國人が描いた死後の世界》(中央公論社, 1981), pp.24-26.

87) 徐朝龍, 〈よみがえる崑崙〉, 《三星堆・中國古代文明の謎—事實としての《山海經》》, 大修館書店, 1998.

88) 徐朝龍, 〈西王母と三星堆蜀王國〉, 《三星堆・中國古代文明の謎—事實としての《山海經》》, 大修館書店, 1998.

靑銅片 장식을 '縱目'이라고 보기도 하고, 돌출된 눈을 '縱目'이라고 보기도 하지만, 어떤 견해이든지 삼성퇴문명의 대형 청동가면에 四川省에 전해지는 蜀國 신화상의 '縱目'이 표현되어 있다는 점에서는 일치한다. 그런데 흥미로운 사실은 이 '縱目'이 서왕모 신앙과 연계되어 있다는 점이다. 前漢末 서왕모 신앙을 전하고 있는 哀帝 建平 4년의 《漢書》 天文志 기록에는 "백성들이 놀라 떠들며 이리저리 뛰어다니면서 서왕모의 말과 부적을 전하고 서왕모를 제사지냈다. 또 말하기를 從目人이 올 것이다"라고 기록되어 있다.[89] 이 從目人이 정확히 무슨 기능을 하였는지는 단언하기 어렵지만, 당시 서왕모 신앙 속에 중요한 위치를 차지하고 있었던 것만큼은 분명하다. 따라서 삼성퇴문명에서 발견된 대형 청동가면상과 서왕모 혹은 서왕모의 거처인 곤륜산 신앙과 밀접한 연관을 상정해 보기에 충분하다고 본다. 이처럼 戰國末 이후 중국 전지역에 걸쳐 유행하였던 곤륜산 및 서왕모 신앙을 商末 周初에 해당하는 삼성퇴문명 출토 여러 청동기에서 확인할 수 있다. 이러한 사실은 곤륜산 신앙 혹은 서왕모 신앙이 中原지역보다 四川省 지역에서 먼저 형성되어 유포되었다는 사실을 알려주는 것 같다.

先秦시기 곤륜신앙 혹은 서왕모 신앙은 甘肅省과 陝西省 서부에서 기원한 周族의 신화 속에서도 그 흔적을 확인할 수 있다. 姜嫄이 낳은 周族의 시조신 后稷은 百穀의 神으로 社稷의 神으로서, 死後 천지를 연결하는 建木의 소재지이면서 "百穀이 자생하고 百獸와 초목이 모여 봉황이 춤을 추고 겨울에도 초목이 죽지 않는" 천하의 중심인 都廣의 野에 매장되어 부활을 반복한다는 신화가 남아 있다.[90] 여기서 천하의 중심 '都廣의 野'가 실제 서왕모가 거처하는 천하의 중심 곤륜산과 동

---

89) 《漢書》 卷26 〈天文志〉, pp.1311-1312, "到四年正月二月三月, 民相驚動, 讙譁奔走, 傳行詔籌, 祠西王母, 又曰, 從目人當來". 이 사건은 《漢書》 卷27下之上 〈五行志〉, pp.1476-1477에 상세히 소개되어 있으며, 《漢書》 〈哀帝紀〉 建平4年條 p. 342에도 간단히 언급되어 있다.

90) 《山海經》 〈海內經〉, "西南黑水之間, 有都廣之也, 后稷葬焉. 爰有膏菽·膏稻·膏黍·膏稷, 百穀自生, 冬夏播琴. 鸞鳥自歌, 鳳凰自舞, 靈壽實華, 草木所聚, 爰有百獸, 相群爰處, 此草也, 冬夏不死".

일한 존재라면, 姜嫄은 곧 서왕모와 동일한 실체일 뿐 아니라 周族에게 곤륜산 신앙이 있었다는 사실도 충분히 인정할 수 있을 것 같다.

이 외에 《穆天子傳》에서도 周族과 곤륜산 신앙과의 관계를 엿볼 수 있다.《穆天子傳》에는 周穆王이 서방을 다스리는 여왕 혹은 여신으로서의 서왕모를 방문하는 장면이 묘사되어 있다. 또한 周穆王이 河伯을 만나 제사의례를 치루고 그에게서 곤륜산에 올라가도 좋다는 帝의 허락을 받았다고 되어 있는 부분은[91] 곤륜산을 둘러싸고 있는 연못[弱水]의 존재를 연상케 할 뿐 아니라 서왕모와 곤륜산이 일체화되어 있는 점에서도 신화 속의 곤륜신앙과 동일한 점을 확인할 수 있다.[92]

이와 같이 곤륜산 신앙은 商周시대 중국의 서쪽 변경지역에 위치한 三星堆문명과 周族의 발상지를 중심으로 형성·분포되어 있었는데, 이는 《山海經》에 곤륜산 신화가 주로 서쪽 지역에서 확인되는 것과 일치한다. 물론 戰國末 이후에는 중국 전지역에서 곤륜산 신화가 발견되며, 심지어 이 곤륜산 신화는 동쪽으로 전해져 새로운 형태의 蓬萊山 신화를 만들어내기도 하지만,[93] 곤륜산 신화의 원형은 일단 商周시기 이전에 서쪽 지역을 중심으로 형성되었다고 보아도 좋을 것 같다. 그런데 자신의 세계 외의 또 다른 세계를 인정하는 것이 곧 또 다른 세계와의 접촉을 의미하는 것이라면, 결국 곤륜산 신화는 商周시기 이전 서쪽변경 지역에서 서방의 세계를 경험한 결과 발생한 것이라고 보아야 할 것이다.

---

91)《穆天子傳》卷1, "甲辰天子獵于滲澤, 於是得白狐玄貉焉, 以祭河宗⋯河宗柏夭逆天子燕然之山⋯天子授河宗璧, 河宗柏夭受璧, 西向沈璧于河⋯河伯號之, 帝曰, 穆滿, 女當永致用時事, 南向再拜, 河宗又號之, 帝曰, 穆滿, 示女春山之瑤, 詔女昆侖□舍四平泉七十, 乃至于昆侖之丘, 以觀春山之瑤, 賜語晦, 天子受命".

92) Deborah Porter, "The Literary Function of K'un-lun Mountain in the Mu T'ien-tzu chuan".

93) 顧頡剛, 〈《莊子》和《楚辭》中昆侖和蓬萊兩個神話系統的融合〉,《中華文史論叢》1979-2.

4. 문물의 전래와 崑崙山 신앙의 형성

곤륜산 신앙과 서방과의 관계에 주목한 연구 중에는 서아시아의 月神(Si-en-nu)과 崑崙의 西王母(Si-wang-mu)의 발음을 비교하고 그 의미의 유사성에 주목하여, 곤륜산 신화가 서아시아의 신화로부터 들어온 것이라고 주장하기도 한다.[94] 분명 서아시아의 月神과 西王母의 여러 특징이 유사하다는 점은 사실이며, 또 발음상의 친근성도 인정된다. 그러나 아무런 문화적 접촉 없이 미상의 세계의 신화를 받아들였다고는 생각되지 않는다. 적어도 강한 영향이 전제되지 않고서는 쉽사리 외래의 신화가 토착의 신화를 대신할 수 없었을 것이다.

외부로부터의 강한 영향이라고 하면 보통 대규모 민족이동을 떠올리기 쉽다. 민족이동과 함께 그들의 모든 문화도 함께 따라 들어오기 때문에, 급격한 변화를 가져오게 마련이다. 그러나 中原지역은 물론 서부지역에 서방으로부터의 민족이 대규모로 이동했던 흔적은 찾을 수 없다.[95] 결국 서방으로부터의 문화 전래에 주목하지 않을 수 없는데, 사실 이 서부지역은 적어도 漢代 실크로드의 개척 이후 계속해서 西域으로부터 각종 문물이 전래되어 들어온 곳이었다. 중국에 불교가 들어오게 되는 경로도 甘肅 · 靑海省을 거쳐오는 경로와, 남방을 통해 四川지역으로 직접 들어오는 두 가지 경로가 지적된다. 이러한 진귀하면서도 이국적인 새로운 물건들이 서방에 대한 호기심을 자극하였다는 사실은 지극히 보편적인 상식에 속한다. 따라서 일견 서방으로부터의 문

---

94) 陵純聲, 〈昆侖丘與西王母〉, 《民族學硏究所輯刊》 22, 1966(葉舒憲, 《中國神話哲學》, 中國社會科學出版社, 1992에서 재인용).

95) 급격한 문화변동인 경우에도 민족의 이동보다는 새로운 문화와 토착의 문화 사이의 융합의 결과로 보는 것이 일반적인 경향이다. 일찍이 江上波夫가 기마민족설을 주장한 이래 이에 대한 많은 비판과 논란이 이어져 왔는데, 실증적인 비판과 함께 지적된 중요한 점은 문화적 변혁과정에서 민족이동이라는 외부적 조건을 무시할 수는 없지만, 본래의 문화와의 상호작용을 거쳐 융합된 점진적 결과라는 점을 간과해서는 안 된다는 지적이다. 水野祐, 〈《騎馬民族說》批判序說〉, 江上波夫 · 鈴木武樹 編, 《論集 : 騎馬民族征服王朝說》, 大和書房, 1975 참조.

물전래가 곧 곤륜산 및 서왕모 신앙을 만들었다고 볼 수 있을 것이다.

그러나 단지 새로운 문화가 들어왔다고 곧바로 그에 대한 신앙이 발생했다고 보는 기왕의 생각은 지극히 단순한 발상이다. 곤륜산 신앙은 그저 각종 보화가 가득한 낙원의 성격만을 갖고 있는 것이 아니다. 사실 이러한 낙원의 성격을 갖춘 산은 곤륜산 외에도 여럿 찾을 수 있다.[96] 그런데 곤륜산 신화에는 다른 곳과는 달리 천하의 중심이며, 天帝의 下都이면서 여러 신들이 거처하는 곳, 그러면서도 일반인이 접근하기 어려운 곳으로 묘사되어 있다. 따라서 문물의 전래가 이러한 신화로 연결되기 위해서는 단순한 문물의 전래가 아닌, 새로운 물건에 대한 외경심과 동경이 게재되어야 한다. 자신과 다른 문화에 접촉한다는 사실 자체만으로 호기심을 가질 수 있지만, 그것이 호기심에 그치지 않고 강한 외경심으로 연결되기 위해서는 새로이 전래된 물건이 기존의 사회에 변화를 가져올 만한 것이어야 할 필요가 있다고 생각한다.

앞서 중국의 서쪽 지역에 商周시기 이전 서방으로부터 청동기, 철기 및 마차 그리고 마차와 결부된 각종 기술이 전래되어 들어왔을 가능성이 크다는 점을 지적한 바 있다. 그런데 주지하는 바와 같이 이 중 청동기, 철기와 같은 금속은 고대사회에 각종 생산력을 제고시켰던 선진적 문물이었다. 이 금속이 사회에 미치는 영향은 엄청난 것이었다. 마차도 중국에 전해져 들어와 왕실과 귀족의 지위를 상징하였고, 곧이어 전쟁의 성격을 바꾸어 놓을 정도로 중요한 요소가 되었다.[97] 따라서 이러한 선진 문물을 접한 고대인들은 이것들이 전해져 들어오는 서쪽에 대한 강한 동경심을 갖게 되었을 것이다.

그러나 곤륜산은 단순히 진기한 물건이 많은 곳이라는 것 외에 매우

---

96) 袁珂, 〈略論《山海經》的神話〉, 《中華文史論叢》 1979-2, p.70.《山海經》〈海外東經〉, "爰有遺玉·青馬·視肉·楊桃·甘柤·甘華·百果所生" ; 〈大荒南經〉, "不績不經服也, 不稼不穡食也" ; 〈大荒南經〉, "風鳥之卵是食, 甘露是飮, 凡其所欲, 其味盡存".

97) Edward L. Shaughnessy, "The Chariot in China".

신비스러우며 동시에 접근할 수 없는 두려운 곳이라는 특징도 갖고 있다. "사방으로 800리에 이르며 높이는 10,000刃에 달하는" 곳으로 구리로 만들어져 있어 매우 미끄러우며 주위는 깎아지른 듯 가파르고,[98] 주위에는 流沙와 弱水之淵이 둘러싸고 있을 뿐 아니라 물건을 던지면 곧 타버리는 炎火之山이 있어 일반인은 도저히 접근할 수 없는 곳으로 묘사되어 있다. 이곳에 오르려면 天馬, 龍, 鳳凰 등과 같은 天帝의 사자의 도움이 필요하다고 되어 있다(②, ③). 그리고 이곳에 거처하는 서왕모의 모습은 "모습은 사람과 같되 豹의 꼬리를 하고 호랑이 이빨을 하며 蓬髮에 勝을 꽂은" 半人半獸로 묘사되어 있는데,(③) 이 점도 서방세계에 대한 두려움의 표현이라고 생각된다. 이 외에도 《山海經》에는 중국의 변경지역에 존재하는 세계를 '某國', '某民'이라고 표현하고 있지만, 자신들과 판연히 다른 모습을 한 형상을 하고 있는 것으로 기록하고 있다. 예컨대 貫胸國, 羽民國, 長臂國, 不死國, 三身國, 無腸國, 大人國, 小人國, 深目國, 黑齒國 등과 같이 보통 사람이 아닌 遠國異人으로 그리고 있는데, 이를 통해 막연하게나마 당시 또 다른 세계가 존재한다는 사실과 그곳은 갈 수 없는 두려운 곳이었다고 생각하였음을 알 수 있다.

이 점은 서방문물의 전개과정이 순조롭지 않았다는 사실, 그리고 전래된 문물을 만들었던 서방세계가 이방인의 세계에 해당된다는 사실과 연관되어 있다고 생각한다. 고대 원시사회에서의 異界에 대한 두려움은 매우 컸다. 이같은 異界 혹은 이방인에 대한 두려움 때문에 타문화와의 문물교류는 후대와 달리 교역과정에 반드시 사람이 개입될 필요가 없는 일종의 '침묵교역'의 형태를 띠었다고 한다.[99] 선진적 문물을 받아들이면서도 그 물건이 만들어져 들어오는 과정에 대해 잘 알려 하지 않았으며 결과적으로 무지의 상태에 놓여 있었던 것이다.[100] 예컨대

---

98) 《水經注》 卷1 所引 〈東方朔神異經〉, "崑崙有銅柱焉, 其高入天, 所謂天柱也. 圍三千里, 員周如削, 下有廻屋, 仙人九府治".

99) 相田洋, 《異人と市―境界の中國古代史》(研文出版, 1997), pp.11-52.

100) 뉴우기니아 산 속의 원주민에서 확인되는 '화물 숭배'는 기본적으로 자

四川省의 蜀布와 邛竹杖이 인도 지역의 身毒國, 그리고 大夏까지 확인되지만 구체적인 무역로는 확인할 수 없었다는 것은 좋은 사례이다.

문물이 들어오는 이방인의 세계에 대한 두려움과 그로 인해 생긴 불분명한 전래과정은 서방세계를 더욱 두렵고 신비스러운 곳으로 이해하게 하였을 것이다. 다만 이러한 문물이 자신들과 바로 인접해 있는 지역의 산물이었다면, 이들을 '異人'으로 간주하고 동시에 갈 수 없는 신비스러운 곳으로 생각하지는 않았을 것이다. 오랜 기간에 걸친 접촉을 통하여 그들의 습속과 문물에 대해 충분히 이해하였을 것이기 때문이다. 중국 서북쪽에 위치한 諸戎들은 인종적으로도 中原지역과 구별되지 않았으며, 일정한 정도의 접촉을 유지하고 있었으므로, 고대 중국인들은 이들에 대해 당연히 이질감을 느꼈을 것이지만 그렇다고 이들의 문화를 신비롭다고까지 받아들이지는 않았을 것 같다. 더욱이 신석기 문화 이래 크게 발달된 독자적인 문명을 갖고 있던 중원의 諸종족들은 어느 정도 익숙한 인접한 지역의 문화에 대해 경외감을 갖기는커녕 도리어 우월감을 갖고 있었을 것이다. 商代 羌族에 대해 보여주었던 적대감이나, 周代에 형성되기 시작한 華夷관념등은 그 좋은 예들이다.

그러나 전래 문물이 인접한 종족을 너머 구체적인 정보가 알려져 있지 않은 대단히 먼 곳에서 왔다고 알고 있었다면 상황은 달라진다. 먼 서방에 대한 고대 중국인의 지식은 매우 제한적이었다. 상대적으로 서방에 대한 풍부한 정보를 전하고 있다고 보는 《穆天子傳》을 소설이 아니라 周穆王이 실제로 서방을 여행한 내용을 담은 사료로 보는 사람도 있지만,[101] 그 내용은 지극히 환상적인 내용을 담은 비사실적 기록이다. 설령 사실적인 기록이라 하더라도, 그 내용은 후에 이곳을 다녀온 張騫의 보고와 비교하면 지극히 단순한 인상에 불과하다. 여하튼 戰國시기 이전 서방에 대한 지식이 매우 제한적이었다는 사실만큼은 부인할

신들에게 매우 유용한 화물에 대한 동경에서 비롯된다. 다만 먼 곳으로부터 이러한 화물을 가져다 주는 자들이 외부인이 아니라 바로 자신들의 조상이라고 믿고 있다. 마빈 해리스, 《음식문화의 수수께끼》(까치, 1993).

101) 趙儷生, 〈《穆天子傳》中一些部落的方位考實〉, 《中華文史論叢》 1979-2.

수 없다. 《列子》湯問篇과 《淮南子》地形訓, 그리고 《論衡》列通篇 등에 나오는 서방에 대한 지식이 신화적 수준에서 벗어나지 못하는 단편적인 서술에 그치고 있는 것도 이 지방에 대한 지식의 수준이 매우 적었다는 점을 역설해 준다.[102] 자신들이 접하고 있었던 변경의 諸戎지역 너머에는 넓은 초원과 사막이 끝없이 펼쳐져 있을 뿐인데, 그 저편에서 진기한 물건이 전래되어 들어왔다고 생각했다면, 그리고 그곳의 사람들은 자신과는 크게 다른 深目高鼻의 모습을 하고 있다는 막연한 정보에 접하였다면, 고대 중국인들이 서방에 대한 막연한 신비감, 아울러 두려움까지 느꼈을 것임은 충분히 짐작할 만하다. 문물이 전래되어 들어왔지만 그것이 기록되지 않고 고대인들의 막연한 기억 속에 남아서 결국 신화로 정리된 것은 바로 이러한 이유 때문이었으리라 생각한다.

　이상에서 살펴본 바와 같이 매우 진귀한 문물이 가득한 또 하나의 세계 중심이라는 특징을 갖는 곤륜산 신화는 기본적으로 당시 사회에 대단히 중요한 변화를 가져올 만큼의 중요하고 새로운 문물이 서방으로부터 전래되어 들어옴에 따라 만들어진 것이며, 동시에 外界의 異人에 대한 고대인들의 강한 두려움과 저항, 그리고 초원 너머의 먼 서방에 대해 거의 알지 못했던 상황이 복합적으로 작용하면서 곤륜산 신화에 '접근할 수 없는 신비스러운 곳', '각종 무서운 신들이 거처하고 있는 두려운 장소'라는 특징을 첨가시켰다. 이렇게 이해할 때 비로소 자신의 세계 바깥에 또 하나의 천하의 중심을 설정하고 있는 중국의 곤륜산 신화를 이해할 수 있으리라고 생각한다.

IV. 맺음말

本稿에서는 중국문명의 기원과 관련하여 서방으로부터 중요한 선진

---

102) 《列子》〈湯問〉, "大禹行而見之, 伯益知而名之, 夷堅聞而志之"；《淮南子》〈地形訓〉, "禹乃使太章步自東極, 至于西極…使堅亥步自北極, 至于南極"；《論衡》〈列通〉, "禹·益幷治洪水, 禹主治水, 益主記異物".

문물이 전래되어 들어왔을 가능성을 적극적으로 검토해 보았다. 일단 발생시기가 앞서는 서아시아 지역의 청동기 및 철기가 중국으로 전해져 들어왔을 가능성이 큰데, 최근 甘肅지역과 新疆지역에서 발견되는 많은 유물은 이런 점을 뒷받침하고 있다. 中原지역에서는 紅銅단계가 거의 확인되지 않으며, 일부 확인되는 것도 그 시대가 빠르지 않은 반면, 甘肅지역에서는 다량의 紅銅 및 砷銅이 馬家窯문화, 馬廠문화, 齊家문화 유지에서 발견되고 있다. 따라서 甘肅지역에서 中原지역으로 紅銅 및 砷銅이 전달된 것으로 보이는데, 甘肅지역의 紅銅 및 砷銅은 다시 서아시아 및 중앙아시아의 그것과 유사한 특징을 보이고 있고 또 후자의 것이 시기적으로 앞서 있으므로, 결국 서아시아에서 甘肅지역을 거쳐 中原지역으로 청동기가 전래되었을 가능성이 농후하다. 철기의 경우도 中原지역에서보다 약 3, 400년 빠른 기원전 1000년 전후의 철기가 新疆지역에서 다수 발견된다. 마차의 전래 가능성은 훨씬 높다. 기원전 2천년기 전반에 서아시아 지역에서 만들어진 마차의 기본형이 商周시대 마차의 전형적인 형태이기 때문이다. 바퀴살이 많다거나 輿의 위치가 다르다는 세부적인 차이가 있지만, 이는 서아시아 지역에서 중국으로 전해져 오는 과정에서 변형되었다는 사실이 중앙아시아에서 출토된 마차를 통해 확인되었다. 마차와 함께 이와 관련한 각종 기술 및 여러 문물도 함께 전래되었을 가능성이 크다. 陝西省 扶風縣 西周 궁전유지에서 출토된 2개의 蚌彫 人頭像은 이런 문물의 주인공을 보여주는 좋은 사례이다. 그러나 이들이 직접 문물을 전래하는 경우는 매우 제한적이었을 것이라 추정되는데, 여기에는 이들 異人에 대한 강한 반감도 작용했을 것이다. 또한 직접 교류 대신 中原지구를 둘러싸고 있었던 羌族 등의 諸戎이 이들의 문물을 받아 중국과 실질적인 문화접촉을 하였을 것이라고 생각된다.

그런데 서방문물의 전래는 반드시 고고학자료만으로 입증되는 것은 아니다. 물론 갑골문이나 금문에 서방으로부터의 전래가 기록되어 있는 것은 아니다. 그러나 전래 문물이 당시 사회에 미친 영향을 고려한다면, 고대 중국인들의 오래된 기억 속에 무언가 흔적을 남겼을 것임에 틀림없으며, 따라서 이들의 기억이 정리된 신화 속에서 그 사실의 단서를 찾아볼 수 있으리라 생각한다. 중국의 신화 속에서는 금속을 발명한 영웅으로 蚩尤가 등장하는데, 이 蚩尤가 종종 서방신으로서의 성격을 갖는다는 점이 금속의 서방전래 사실을 암시하는 것 같기도 하다. 다만 蚩尤 외에 중국문명의 시조인 黃帝 역시 금속을 발명한 영웅으로 나타난다는 난점이 있다. 또 마차와 관련된 신화가 말의 순화 전승보다 더 앞서는 사실로 보아 서방 전래 사실을 추측해 볼 수는 있지만, 마차를 발명한 영웅인 奚仲도 서방과 직접 연관되어 있다는 사실은 찾을 수 없다. 그런데 금속과 마차에 대한 다른 신화나 화상석들을 살펴보면, 이것들이 모두 서방에 위치하고 있는 곤륜산 및 서왕모와 밀접한 관련을 맺고 있다는 점을 알 수 있다. 따라서 이 崑崙山 신화를 통해 이 문제에 접근해 보았다.

곤륜산 신화를 살펴보면 우선 서쪽에 위치한다는 사실을 알 수 있는데, 문제는 이 곤륜산이 천하의 중심으로 기록되어 있다는 것이다. 일반적으로 고대인들은 자신을 천하의 중심으로 두고, 이곳에서 신들과 교섭하였게 마련이다. 그런데 자신의 중심이 아닌 먼 서쪽 끝에 또 하나의 천하 중심을 두고 있는 고대중국의 곤륜산 신화는 어떻게 이해할 것인가? 이를 해결하기 위해 本稿에서는 먼저 곤륜산 신앙의 분포 지역을 살펴보았는데, 주로 商周시기 이전 중국의 서쪽 변경지역에 위치한 三星堆문명과 周族의 발상지를 중심으로 형성·분포되어 있었다는 사실을 확인할 수 있었다. 그런데 하나의 세계를 인정한다는 것이 그 세계와의 접촉을 의미하는 것이라면, 결국 중국의 서쪽을 중심으로 서쪽으로부터 전래되어 오는 문화와 접촉했다는 사실을 의미한다고 볼 수 있다. 하지만 접촉만으로는 자신의 세계가 아닌 다른 세계에 천하의 중심을 두는 신화가 만들어질 수는 없다. 이것은 기본적으로 당시 사회에 대단히 중요한 변화를 가져올 만큼의 중요하고 새로운 문물이 서방으로부터 전래되어 들어옴에 따라 만들어진 것일 것이다. 동시에 外界의 異人에 대한 고대인들의 강한 두려움과 저항, 그리고 초원 너머의 먼 서방에 대해 거의 알지 못했던 상황이 복합적으로 작용하면서 곤륜산 신화에 '접근할 수 없는 신비스러운 곳', '각종 무서운 신들이 거처하고 있는 두려운 장소'라는 특징을 첨가시켰다. 이렇게 이해할 때 비로소 자신의 세계 바깥에 또 하나의 천하의 중심을 설정하고 있는 중국의 곤륜산 신화를 이해할 수 있으리라고 생각한다.

요컨대 최근 서방으로부터의 문물전래가 고고학적으로 뒷받침되고 있는데, 이 점은 고고학 외에 중국 신화의 곤륜산 신화에서도 그 흔적을 찾아볼 수 있다는 것이다. 물론 고대 중국인은 외부로부터 받은 영향을 자신의 문화적 기초 위에서 새롭게 변형, 수용하였다. 청동기와 철기, 마차도 일단 서방에서 전래된 이후 곧바로 빠른 속도로 퍼지게 되었을 뿐 아니라 중국적 특징을 갖춘 형태로 발전하였다. 그런데 '침묵교역'이라는 고대사회 교역의 성격상 최초의 문물 전래과정이 언제 어떻게 일어났는지 정확히 기억할 수 없었다면, 이처럼 신석기문화 이래의 문화적 전통 위에서 지속적인 발전을 하던 고대 중국인들이 시간이 지날수록 자신들이 향유하고 있는 문명을 스스로 만들어내었고, 자신들이 거처하는 곳을 천하의 중심으로 간주하는 것은 지극히 자연스러운 일일 것이다. 戰國시대 이후 중국 신화에서 청동기나 철기, 마차의 발명을 모두 黃帝와 같은 중국의 문화영웅에 귀착시키게 되는 것은 이러한 맥락에서 이해할 수 있다. 반면 서방에서 전래된 문물의 기억은 곤륜산 신화 속으로 묻혀버리게 되었다. 다만 정확하지는 않지만 오랜 기간 전승되어 온 문물전래의 기억은 곤륜산에 자기 세계와 다른 또 다른 세계의 중심이라는 특징을 갖도록 하였다. 《山海經》과 같은 신화 속에서 문명의 영웅이 중앙이 아닌 주변지역에 나타날 때에는 언제나 서쪽지역으로 나타난다는 것도[103] 이러한 기억의 흔적일 것이다.

선진적 문물을 갖춘 또 다른 세계의 존재를 인정하는 곤륜산 신화는 그 뒤에도 줄곧 고대 중국인의 사유에 강한 영향을 미쳤다. 중국은 전세계의 1/81에 지나지 않는다고 보아 중국이 속한 赤縣神州 이외의 세계를 상정하였으며 천하의 중심에서 동남쪽으로 떨어진 곳에 중국이

---

103) 徐敬浩, 《山海經硏究》(서울대학교출판부, 1996), pp.277-288.

위치하고 있다는 식의 戰國末 鄒衍의 大九州說도 곤륜산 신화가 널리 퍼져 있었기 때문에 만들어질 수 있었던 것 같다. 그러나 漢代 이후에는 漢武帝 시기 본격적인 西域 개척으로 말미암아 서방에 대한 좀더 구체적인 정보를 갖게 되는데, 흉노와의 전쟁을 통해 이 지역에 대한 상당한 정보를 취득할 수 있었으며, 또 張騫에 의해 개척된 실크로드를 통해 많은 물건들이 오고갔던 것이다. 더 이상 과거와 같은 침묵교역이 아니라 직접무역에 의한 교환이 이루어지면서 미지의 세계에 대한 동경이나 두려움은 상당히 줄어들었을 것이다. 물론 곤륜산이나 서왕모 신앙은 漢代 화상석 등에서도 잘 나타나듯이 계속해서 漢代 이후에도 중요한 민간신앙으로 남아 있었다. 그러나 곤륜산 신화의 내용은 약간 변화하게 된다. 곤륜산은 더 이상 가지 못할 곳이라는 성격에서 가볼 만한 낙원의 성격으로 바뀌고, 그곳에 거처하는 서왕모도 더 이상 무서운 얼굴을 하고 있는 여신이 아니라 아름다운 자태를 한 여왕의 모습으로 바뀌었으며, 곤륜이 위치하는 곳도 그들의 지식이 비교적 적은 먼 서쪽으로 점차 멀어지게 되었다.

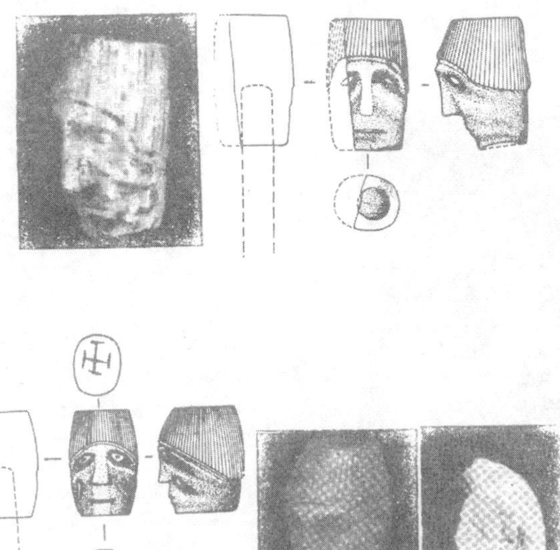

<그림 1>

<그림 2>

<그림 3>

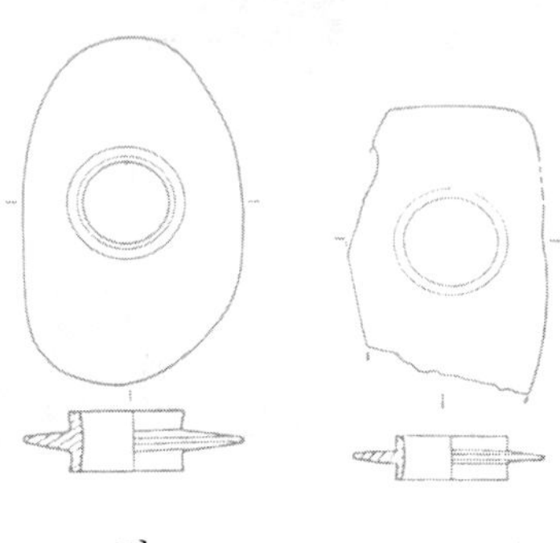

<그림 4>   <그림 5>

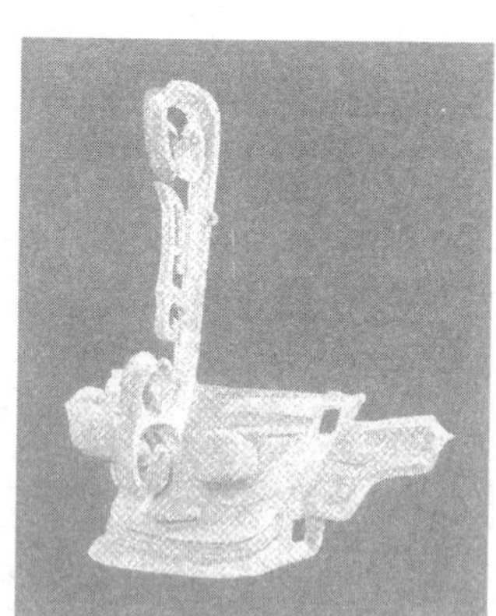

<그림 6>

秦末과 前漢末 郡屬吏의 休息과 節日
— 〈秦始皇 34년 曆譜〉와 〈元延 2년 日記〉의
비교·분석을 중심으로—

李 成 珪[*]

Ⅰ. 머리말   Ⅳ. 節日과 風雨
Ⅱ. 〈曆譜〉의 內容과 情報 Ⅴ. 餘 論
Ⅲ. 宿所와 休沐   附：元延 2년 羽山의 立冬祭

Ⅰ. 머 리 말

雲夢秦簡 〈編年記〉, 즉 〈大事記〉의 성격을 둘러싸고 이견이 분분하였지만,[1] 그 포괄 시간은 秦 昭王 元年(B.C. 306)에서 秦始皇 30년(B.C. 217) 사이의 90년이며, 적어도 그 주인공 喜의 탄생을(昭王 45년, B.C. 262)을 경계로 개인의 중대사, 즉 부모의 사망, 주인공의 官歷, 그 형제 및 자녀 또는 조카의 출생을 국가의 대사와 함께 편년 기록한 최초의 實例란 점은 異論의 여지가 없으며, 전쟁 기록은 年만, 주인공 자신이나 가족과 관련된 기사는 月 또는 月과 日, 심지어 月·

---

* 서울대 동양사학과 교수

1) 古賀登, 〈雲夢睡虎地某喜墓秦律等法律文書副葬事情をめぐつて〉, 《史觀》 100 冊, 1979；松崎つね子, 〈睡虎地11號秦墓竹簡〈編年記〉よりみた墓主 喜'につして〉, 《東洋學報》 61-3·4, 1980；馬雍, 〈讀雲夢秦簡《編年記》書後〉, 中華書局 編輯部編, 《雲夢秦簡研究》, 中華書局, 1981；謝巍 〈睡虎地秦簡《編年記》爲年譜說〉, 《江漢論壇》 1983-5 등 참조.

170

日・時까지[자신과 穿耳(子?)의 출생] 기록한 예도 있다. 南郡 安陸縣의 令史와 鄢의 令史를 거쳐 鄢의 治獄令史를 역임한 縣 小吏인 이 〈編年記〉의 주인공이 이와 같은 기록을 남긴 구체적인 이유는 알 수 없지만, 그가 秦始皇 19년 이후 南郡의 비상 경계와 그 이후 南郡도 중요한 역할을 하였을 것으로 추정되는 楚의 멸망과정에 지대한 관심을 보인 반면 막상 자신의 직무와 직접 관련된 縣의 행정에 관해서는 전혀 언급하지 않은 것을 보면, 이 기록이 업무상 비망록이 아닌 것은 분명하다.

이에 비해 前漢末 동해군의 功曹를 역임한 師饒가 남긴 尹灣簡牘 〈元延二年日記〉는 元延 2년(B.C. 11) 전년에 걸쳐 日別 난을 구분하고 상당수의 난에 간단한 기록을 남겼는데, 그 내용은 절대다수가 숙박장소의 명시이며, 공무와 관련된 활동은 도적의 추적(1건), 태수와의 면담("謁" 8건), 태수에 대한 奏記(1건), 자신의 직책변화(3건), 官府의 失火(1건) 등 數件에 불과하며, 이 밖에는 춘분・하지・추분・동지・입동・伏日(중・후)・臘日의 명시와 날씨(雨 5건, 大風 1건), 개인의 病과 喪, 房錢 지불(5건), 來往客(4건) 등이 기록되었다. 필자는 이 일기 중 특히 일견 별다른 의미가 없는 것처럼 보이는 숙박장소와 그 시기를 분석하여 일기 주인의 공무활동과 당시 지방행정 및 郡 고급 屬吏의 생활에 대한 추가 정보를 추출한 바 있지만,[2] 그 후《文物》1999년 6기에는 湖北省 荊州市 周家臺 30호 秦墓에서 출토된 〈秦始皇 34年(B.C. 213) 曆譜〉(이하 〈역보〉로 약칭함) 釋文이 발표되었다.[3]

周家臺 30호 묘에서는 각 月의 대소와 朔日 및 日의 干支가 표기된 〈秦 2世 元年曆譜〉도 출토되어 그 매장 상한은 기원전 209년이 확실한데, 묘주는 30세 이전에 사망한 것으로 추정되는 南郡의 小吏였다고 한다. 역시 南郡 屬縣의 소리였던 喜의 묘 즉 睡虎地 11호 秦墓에 비

---

2) 拙稿,〈前漢末 郡屬吏의 宿所와 旅行—尹灣漢簡〈元延二年日記〉分析〉,《慶北史學》21집, 1998-8.

3) 彭錦華,〈周家臺30號秦墓竹簡"秦始皇三十四年曆譜"釋文與考釋〉,《文物》1999-6.

해 규모도 작고 부장품의 양도 적어 縣 令史를 역임한 睡虎地 11호 묘
주 喜보다 지위가 다소 낮은 것이 아니냐는 의견도 있다.[4] 어쨌든 〈曆
譜〉는 진시황 30년으로 기록이 끝난 睡虎地 〈編年記〉와는 불과 4년
뒤졌을 뿐이다. 그러나 이 묘에서는 법률관계 문서가 전혀 출토되지
않았고, 대신 秦始皇 36년·37년·2세 원년의 曆譜, 五時段占, 戎磨日
占, 28 宿占, 五行占, 醫藥病方, 祝由術, 擇吉避凶占卜 및 農事에 관한
죽간이 대거 출토된 것을[5] 고려하면, 周家臺 30호 묘주와 대량의 법률
문서와 함께 占書類로는 2종의 日書만 副葬한 睡虎地 11호 묘주 喜는
사상적 성향이나 그 직책의 성격도 상당히 달랐을 것으로 추측된다.
〈曆譜〉도 〈編年記〉와는 전혀 성격이 다르다.

그러나 〈曆譜〉는 202년 후인 前漢 成帝 元延 2년에 東海郡 屬吏가
남긴 〈元延二年日記〉(이하 〈日記〉로 약함)와 근사한 면이 많다. 〈日
記〉가 출토된 尹灣 6호 漢墓도 대량의 행정문서뿐 아니라 元延 원년과 3
년의 〈曆譜〉와 함께 〈神龜占〉, 〈博局占〉, 〈刑德行時〉, 〈行道吉凶〉 등
의 占書도 출토되었고, 함께 출토된 문헌과 필기도구 부장품목록 〈君
兄繒方提中物疏〉에 의하면 본래 〈六甲陰陽書〉 1권도 부장하였던 것
같다. 근래 秦漢 지방 小吏의 묘에서 〈日書〉類가 심심치 않게 출토됨
으로써[6] 당시 지방행정과 점복의 관계가 흥미 있는 연구과제로 떠오르
고 있지만, 지역도 다르고(湖北省과 江蘇省) 시차도 200년 이상이지만
모두 지방 小吏가 墓主인 周家臺 30호 秦墓와 尹灣 6호 漢墓에서 이처
럼 대량의 점복서가 출토된 것은 양 墓主의 성격이 대단히 비슷하였을
가능성을 시사하는데, 실제 그들이 남긴 〈曆譜〉와 〈日記〉도 외면상 유

---

4) 이상 湖北省荊州市周梁玉橋遺址博物館, 〈關沮秦漢墓淸理簡報〉, 《文物》 1999-
   6, pp.42-43 참조.
5) 〈關沮秦漢墓淸理簡報〉, pp.31-32.
6) 日書가 출토가 보고된 묘는 睡虎地 11호 秦墓, 天水 放馬灘 秦墓(《秦漢
   簡牘硏究論文集》, 甘肅人民出版社, 1989, 釋文 收錄), 江陵 王家臺 15號
   秦墓(《文物》 1995-1), 江陵 張家山 247漢墓(《文物》 1985-1), 江陵 張家
   山 127·136 漢墓(《文物》 1992-9), 阜陽 雙古堆 漢墓(《文物》 1983-2)
   등이다.

사한 면이 많다.

그러나 양자는 기록의 양뿐 아니라 그 내용과 성격면에서도 상당한 차이가 있다. 기록은 결국 기록자의 관심사를 반영한 것이라면, 200년을 서로 떨어진 秦末과 前漢末 지방 소리가 1년을 일별로 구분한 曆譜에 남긴 公私 기록의 범위와 성격의 차이는 단순한 개인적 차이뿐 아니라 秦末과 前漢末 지방행정, 나아가서는 양 제국의 정치·사회적 성격의 차이도 반영한 것일 수도 있다. 本稿는 〈曆譜〉와 〈日記〉를 비교하려는 것은 바로 이 문제에 試論的으로 접근하면서 〈日記〉에 대한 필자의 舊稿를 보완, 수정하기 위한 것이다. 서술의 편의상 먼저 〈曆譜〉의 내용과 그것이 시사하는 정보를 검토한 연후에 양 문서에 반영된 郡屬吏의 宿所, 休沐制度 및 節日 정책을 집중 論究하고자 한다.

Ⅱ. 〈曆譜〉의 內容과 情報

우선 이 〈曆譜〉는 59개 簡을 상하 6단으로 나누어 10월을 歲首로 9월까지 12개월을 배열한 후, 歲末 置閏法에 따라 閏月 後 9월 30일을 6개의 簡에 5단으로 나누어 기록하여 총 13개월 383일의 干支를 기록하였는데, 그 朔日과 晦日을 추정된 기존 역보와[7] 비교하여 차이나는 부분만 기왕에 알려진 간지를 [ ] 안에 표기하면 다음과 같다.

10월 1일 戊戌, 29일 丙寅	11월 1일 丁卯, 30일 丙申.
12월 1일 丁酉, 29일 乙丑	正月 1일 丁卯[丙寅], 29일[30일] 乙未.
2월 1일 丙申, 29일 甲子	3월 1일 乙丑, 30일 甲午.
4월 1일 乙未, 29일[30일] 癸亥[甲子]	5월 1일 甲子[乙丑], 30일 癸巳
6월 1일 甲午, 29일[30일] 壬戌[癸亥]	7월 1일 癸亥[甲子], 30일 壬辰
8월 1일 癸巳, 29일[30일?] 辛酉[壬戌?]	9월 1일 癸亥, 30일 壬辰[辛卯]

---

7) 徐錫祺 編,《新編中國三千年曆日檢索表》(人民敎育出版社, 1972), p.80, 秦始皇 34年 戊子年 항목.

後 9월 1일 癸巳[壬辰], 29일[30일] 辛酉

　　平勢隆郎에 의하면 이 〈曆譜〉는 기원전 366년 立春朔甲寅을 76년 주기의 기점으로 삼은 秦의 顓頊曆이라고 하는데,[8] 우선 正月은 탈루가 명백한 1일 丙寅을 보충하면 29일 乙未도 30일 乙未가 되어 小大月의 교대원칙과 12월 29일, 2월 29일의 간지와도 모순되지 않기 때문에 기존 曆譜가 정확하다. 한편 홀수월 大月 30일, 짝수월 小月 29일의 원칙을 고려하면 4월 晦日(29일)과 5월 朔日(1일), 6월 晦日과 7월 朔日은 〈曆譜〉대로 각각 癸亥, 甲子, 壬戌 癸亥가 정확하다. 9월 회일과 후 9월 삭일도 9월이 대월이고 대소월이 교대하는 것이므로 〈曆譜〉가 정확하다. 또 익년 10월 朔日이 壬戌, 후 9월 晦日이 辛酉가 분명하므로 後 9월 朔日이 癸巳가 되어야 後 9월이 小月이 될 수 있는 것도 사실이다. 한편 8월이 소월, 9월이 대월이고 기존 역보와 〈曆譜〉가 모두 인정한 바와 같이 8월 朔日이 癸巳라면 8월 晦日(29일)은 辛酉가 되어야 하며, 9월 晦日도 壬辰이라면 그 朔日은 〈曆譜〉와 기존 역보가 모두 인정한 바와 같이 癸亥가 되어야 한다. 그러나 이 경우 8월 晦日 辛酉와 9월 朔日 癸亥 사이에는 壬戌이 낄 여지가 없다. 이 때문에 〈曆譜〉는 壬戌을 생략해 버린 것 같은데, 그 결과 〈曆譜〉는 짝수 小月, 홀수 大月의 교대원칙을 충실히 준수하였지만, 본래 384일이 되어야 할 당해년을 383일로 만들지 않을 수 없었던 것이다.

　　이에 비해 기존 역보를 따르고 8월 晦日을 30일 壬戌로 인정할 경우, 우선 後 9월이 30일, 9월이 29일, 8월이 30일, 7월이 29일, 6월이 30일, 5월이 29일, 4월이 30일, 3월이 30일, 2월이 29일, 정월이 30일, 12월이 29일, 11월이 30일, 10월이 29일, 총 384일이 되어 총 일수의 삭제는 없다. 그러나 각 월의 대소를 다시 10월부터 정리하면, 소(10·월)-대(11월)-소(12월)-대(정월)-소(2월)-대(3월)-대(4월)-소(5월)-

---

8) 平勢隆郎, 〈周家臺30號墓木牘に記された〈陳勝曆日〉について〉, 《中國出土資料研究》 4, 2000, p.57. 한편은 平勢는 함께 출토된 〈秦二世元年曆譜〉는 秦曆이 아니라 秦末 반란을 首唱한 陳勝의 曆으로 추정한다.

174

대(6월)-소(7월)-대(8월)-소(9월)-소(후9월)이 되는데, 이것은 3월과 4월이 연이어 대월이 될 뿐 아니라 10월에서 3월까지는 홀수가 대월, 4월에서 9월까지는 짝수가 대월이 되어 대소월 기준의 일관성이 없다. 한편 平勢隆郎는 〈曆譜〉의 7월 이후 後 9월까지 朔日이 모두 癸日이면 7월 이후 4개월이 모두 대월이 되는 문제점을 해소하기 위하여 기존 曆譜의 7월 甲子朔과 後 9월 壬辰朔을 채용하여 13개월의 대소를 소(10월)-대(11월)-소(12월)-대(정월)-소(2월)-대(3월)-소(4월)-대(5월)-대(6월)-소(7월)-대(8월)-소(9월)-대(후9월)로 교정한 안을 제시하였다.[9] 平勢가 8월을 대월로 인정한 것을 보면 그 晦日을 壬戌로 본 것이 분명한데, 이 교정안도 5월과 6월이 연속 대월이 되고 5월까지는 홀수월이 대월인 반면 6월 이후는 홀수월이 소월이 된다는 문제점을 안고 있다.

〈曆譜〉가 먼저 29개 簡을 상하 6단으로 나누어 10월, 12월, 2월, 4월, 6월, 8월의 29일 간지를 각각 기록하고 제30간에서 59간까지 정월부터 홀수월 6개월의 간지를 다시 상하 6단으로 나누어 기록한 것은 8월 역시 29일 소월이라는 것을 전제로 한 서법이며, 따라서 8월과 9월 사이의 壬戌은 탈루가 아니라 의도적인 생략으로 보는 것이 타당한 것 같다. 즉 〈曆譜〉는 짝수 소월, 홀수 대월의 원칙을 지키기 위하여 일단 8월 晦日을 辛酉로 하여 8월을 29일로 만들었다. 이어서 9월 朔日을 壬戌로 시작하면서 계속 대소월의 원칙을 지키면 그 해는 결국 383일이 된다. 그러나 간지를 하나 건너뛰어 9월 삭일을 癸亥로 시작하면 간지 순환의 계산상 그 해의 총 일수는 384일이 된다. 〈曆譜〉가 8월과 9월 사이에서 壬戌 하루를 건너뛴 이유는 바로 이 때문으로 추정되며, 이 의도적인 생략은 역보 제작의 한 기법으로 이해해도 좋은 것 같다. 그렇다면 정월에 탈루된 삭일 丙寅만 보완하면, 기왕에 추정된 秦始皇 34년의 역보는 이 〈曆譜〉로 수정하는 것이 마땅하며, 굳이 平勢隆郎의 수정안 같은 것도 불필요하다.

---

9) 平勢隆郎, 〈周家臺30號墓木牘に記された〈陳勝曆〉について〉, pp.56-57.

　이상과 같은 총 383일의 간지 아래 12월 丙子(20일)에서 6월 癸亥(18일) 사이에 묘주의 공무활동과 관련된 것으로 보이는 기사들이 있는데, 월일별로 정리하면 다음과 같다.

12월　丙辰(20일) 守丞登 史竪 除 到.　　丁巳(21일) 守丞登□史□□之□□
　　　辛酉(25일) 嘉平.　　　　　　　　乙丑(29일) 史但繫

正月　丁卯([丙寅], 1일) 嘉平視事.　　丁亥(22일) 史除 不坐掾曹從公
　　　　　　　　　　　　　　　　　　　　　　宿長道(*左邊 倒置)

　　　戊子(23일) 宿迣贏邑 北上渧.　　己丑(24일) 宿迣離涌西
　　　庚寅(25일) 宿迣□□□北.　　　辛卯(26일) 宿迣羅涌西
　　　壬辰(27일) 宿迣離涌東.　　　　癸巳(28일) 宿迣區邑
　　　甲午(29일) 宿竟陵　　　　　　　乙未(30일) 宿尋平
　2월　丙申(1일) 宿竟陵.　　　　　　丁酉(2일)　宿井韓
　　　戊戌(3일) 宿江陵　　　　　　　丁未(12일) 起江陵
　　　戊申(13일) 宿黃郵.　　　　　　己酉(14일) 宿竟陵
　　　庚戌(15일) 宿都鄕.　　　　　　辛亥(16일) 宿鐵官
　　　壬子(17일) 治鐵官　　　　　　　癸丑(18일) 治鐵官
　　　甲寅(19일) 宿都鄕.　　　　　　乙卯(20일) 宿竟陵
　　　丙辰(21일)–甲子(29일) 治竟陵
　3월　丙寅(1일) 治竟陵.　　　　　　丁卯(2일) 宿□上
　　　戊辰(3일) 宿路陰　　　　　　　己巳(4일) 宿江陵
　　　庚午(5일) 到江陵.　　　　　　　辛未(6일) 治後府
　　　壬申(7일) 治.　　　　　　　　　癸酉(8일) 治
　　　辛巳(15일) 賜　　　　　　　　　癸未(17일) 奏上
　　　甲申(18일) 史徹行　　　　　　　丙戌(21일) 後事已
　　　丁亥(22일) 治竟陵.　　　　　　己丑(24일) 論脩賜
　　　甲午(29일) 幷左曹
　6월　丁未(14일) 去左曹 坐南膾　　辛亥(18일) 就建□陵

이 기사들을 내용상 다음과 같이 분류될 수 있는 것 같다.

(1) 상관 및 동료의 人事 : 12월 20일 守丞인[10] 登과 史인 堅이 임용되어 도착하였고, 그 다음날 이들은 모종 활동을 하였다(신고절차?). 이와 같이 신임 관리의 임명과 부임이 12월에 이루어진 것은 군현의 官과 吏의 任免을 12월 초에서 3월 말까지로 규정한 雲夢秦簡 置吏律에[11] 부합되는 인사인데, 1월 22일 주인공의 史 보임도 이 원칙을 준수한 것이었다. 12월 29일 "史但繫"는 雲夢秦簡 "繫"의 용례[12] 및 江陵 張家山 漢墓出土 竹簡에 포함된 秦始皇 27년(B.C. 220) 南郡에서 올린 奏讞書의 "義等將吏卒繫反盜", "捕繫戰北者", "訊者七人 其一人繫 六人 不繫"를[13] 참고하면 史職에 있는 少吏 但(名)을 체포·구금한 것이 확실하다. 3월 18일의 "史徹行"도 彭錦華의 추정대로 '徹'이 인명이라면 동료 史인 徹에 대한 기록인데 雲夢秦簡 行書律 "行命書及書署急者 輒行之"를 참고하면 '行'은 '行書' 즉 문서의 전송을 의미하는 것 같고, 혹 전날의 '奏上'과 관련하여 徹이 그 문서를 전송한 것일 가능성이 농후하다.

(2) 節日 : 12월 辛酉 25일 嘉平과 정월 1일[丙寅] "嘉平視事". 嘉平은 秦始皇 31년 12월 종래의 臘日을 更名하였다는 12월 말의 祭日인데[14] 秦이 臘祭를 시작한 것은 惠文王 12년(B.C. 326)이었다고 한다.[15]

---

10) 彭錦華, 〈周家臺30號秦墓竹簡"秦始皇三十四年曆譜"釋文與考釋〉, 考釋 [3]은 '守'를 試守, '丞'은 縣丞으로 이해하고 있으나, 주인공의 근무처가 현이 아니라 郡府로 추정되는 만큼 '丞'은 태수의 차관 郡丞을 보아야 한다. 주인공이 현리였다면 후술할 각처의 순행을 설명할 길이 없다. 이하 考釋과 관련된 彭錦華의 의견은 모두 이 논문을 참조한 것이다.

11) 睡虎地秦墓竹簡整理小組, 《睡虎地秦墓竹簡》(文物出版社, 1978), p.94, "縣 都官 十二郡免除吏及佐 群官屬 以十二月朔日免除 盡三月而止之 其有死亡 及故有缺者 爲補之 毋須時".

12) 《睡虎地秦墓竹簡》, p.153, "甲盜牛 盜牛時高六尺 繫一歲"；p.174, "繫投書 者鞫審块瀆之"；p.208, "隸臣妾繫城旦舂 去亡 已奔 未論而自出 當答五十 備 繫日".

13) 江陵張家山漢簡整理小組, 〈江陵張家山漢簡《奏讞書》釋文(二)〉, 《文物》 1995-3, pp. 33-34.

漢代 정월 歲首가 확립된 이후 臘祭는 명실공히 신년의 祭日이었지만, 臘日 자체는 冬至 후 세 번째 戌日로서 반드시 12월 말의 특정일로 고정된 것은 아니었으며,[16] 《後漢書》禮儀志에 臘日 하루 전 거행되는 逐疫儀式 儺가 소개되었지만 臘日을 전후한 특별한 휴무는 확인되지 않는다. 그러나 臘祭를 위하여 大將軍·三公에게 각각 錢 30만 전, 牛肉 200근, 粳米 200斛이 사여되고 그 이하의 대소 관리와 羽林·虎賁의 士, 그리고 변경의 일반 병사들에게도 秩級에 따라 15만 전에서 30전이 각각 차등 지급되었던 것을 보면[17] 적어도 당일의 휴무와 축제는 성대하게 허용되었던 것 같다.[18] 이에 비해 〈曆譜〉가 冬至(기원전 213

---

14) 《史記》 卷6 〈秦始皇本紀〉 31年, "十二月 更名臘曰嘉平 賜黔首里六石米二羊". 그러나 장가산한묘 출토죽간 중 "元年十二月癸亥", "二年十月癸酉朔戊寅" 기년이 기록된 奏讞書 〈黥城旦講乞鞫〉에도 嘉平이 수차 언급되어 있는데, 이 기년은 각각 역보상 진시황(秦王 政) 元年(B.C. 246)과 2년에 부합된다고 한다(李學勤, 〈《奏讞書》解說(下)〉, 《文物》 1995-3, p.37). 그렇다면 秦이 臘을 嘉平으로 부른 것은 적어도 30년 이상 소급되는데, 혹 31年의 조처는 민간의 관행을 공식화한 것인지도 모른다. 한편 상기 31년의 更名을 중시한 彭浩는 嘉平이 언급된 문서는 秦始皇 31년 이후의 문서일 수밖에 없다는 전제 아래 기왕에 알려진 2세 원년의 曆譜가 "十月癸酉朔"에 부합되는 것에 착목하여 簡文의 작자가 2세의 즉위년(秦始皇 37년, B.C. 210)을 2세 원년으로 인정하여, 통상 2세 원년으로 알려진 기원전 209년을 2세 2년으로 기록하였을 것으로 추정하고 있다. 요컨대 그는 嘉平이 언급된 '二年十月癸酉朔戊寅' 紀年文書를 李學勤과는 달리 기원전 209년 문서로 인정함으로써 가평 칭호의 소급 가능성을 반대한 것이다. 그러나 아무리 秦末의 상황이지만 일개 少吏가 그것도 재판 문서에서 皇帝의 改元을 멋대로 설정하였다는 것은 납득하기 어렵다.

15) 《史記》 卷5 〈秦本紀〉 惠文王 12年, "初臘".

16) Derk Bodde, *Festivals in Clssical China : New Year and Other Annual Observances During the Han Dynasty 206 B.C.-A.D. 220*, Princeton Univversity Press, 1975, pp.49-52. 동지 후 세 번째 戌日說은 《說文解字》臘에 처음 보이지만, 尹灣簡牘 〈元延二年日記〉에 의해서도 확인된다. 즉 〈日記〉는 그 해 11월 20일(丁丑)을 동지로 12월 23일 庚戌을 臘日로 명기하고 있는데, 그 사이 丙戌(11월 29일)과 戊戌(12월 11일)이 있다.

17) 拙稿, 〈戰國時代 國家와 小農民〉, 서울大學校 東洋史研究室編, 《古代中國의 理解》 1, 지식산업사, 1994, p.134.

178

년 冬至는 진시황 34년 11월 24일 경, 11월 1일이 양력 12월 1일이었다) 후 약 30일이 지난 辛酉를 臘日로 명시한 것은 당시 동지 후 제3戌日을 臘日로 정한 관행이 아직 없었던 사정을 입증해 준 점에서도 중요하지만, 특히 彭錦華가 지적한 바와 같이 정월 1일의 "嘉平視事"가 嘉平節의 휴무 이후 다시 업무를 개시한 것으로 이해하는 것이 자연스럽다면, 이것은 嘉平(臘)이 연말 휴무 5일의 개시일로 설정되었고, 5일 간의 휴무가 선포되었던 것 같다. 진시황 2년으로 추정되는 奏讞書 중 피의자와 참고인들이 범행날짜를 "酒已嘉平可五日", "已嘉平不識日" "十二月已嘉平" 등으로[19] 진술한 것을 보면 秦의 嘉平은 일상생활에 중요한 제일로 정착되었던 것이 분명하다. 그러나 嘉平 휴무 마지막날인 12월 29일 史 但이 체포된 사실은 嘉平 휴무 중에도 공무가 부분적으로 계속된 사실을 입증한다. 漢代에도 모두 귀가하여 휴무하는 至日에 유독 官府에 남아 공무를 처리하는 少吏가 있었다는 예를 (주 88 참조) 참고하면, 이것도 열성적인 자원근무자의 실적일 가능성도 높다. 그러나 秦의 성격상 규정된 당직근무자의 공무집행이었을 가능성도 배제하기 어려운 것 같다.

한편 尹灣簡牘 〈日記〉는 하지(5월 14일 甲戌)·동지(11월 20일 丁丑)·臘(12월 23일)을 모두 명시하고 있으나 그 전후한 특별 휴무는 전하지 않았다. 그러나 漢代 하지와 동지를 전후한 5일을 휴무로 선포하였다는 것은 이미 잘 알려진 사실인데, 後漢末의 蔡邕에 의하면 하지와 동지는 각각 음기와 양기가 始動하는 시점으로서 그 양기와 음기를 각각 迎送하기 위한 5일 간의 휴식이 필요하다는 것이다.[20] 이것은

---

18) 金秉駿, 〈漢代의 節日과 地方統治—伏日과 臘日을 중심으로〉, 《東洋史學研究》 69집, 2000, pp.47-48.

19) 〈江陵張家山漢簡 《奏讞書》釋文(二)〉, p.31. "酒已嘉平可五日"은 "嘉平 후 5일경"을 의미하는 것 같다. 여기서 '可'는 '頃' 또는 '쯤' 정도로 해석할 수 있기 때문이다. 동일 문서 중의 "十一月不盡可三日"도 "11월이 끝나기 3일 전 쯤"으로 해석하는 것이 무난하다.

20) 《獨斷》, "冬至陽氣始起 麋鹿解角 故寢兵鼓 身欲寧 志欲静 不聽事 送迎五日".

곧 하지 또는 동지를 사실상 1년 순환의 개시로 인식한 것을 의미한다. 여기서 주목되는 것은 《後漢書》 禮儀志가 臘을 "星廻歲終 陰陽以交"의 시점으로 해석하고 있는 사실이다. 이것은 사실상 臘을 冬至와 동일한 성격으로 이해한 것인데, 아울러 秦의 嘉平 즉 臘이 曆譜 月序上 연말 5일 간의 휴무 개시일이었던 새로운 사실은 臘이 동지와 신년이 분리되면서 본래 동지의 휴무였던 5일을 역보 月序上의 연말인 12월말로(정월 1일 5일 전) 옮겨 성립된 사정을 말해 주는 것 같다. 본래 농사력의 말 추수감사절에서 冬期 休靜儀式으로 바뀌면서 동지의 전월, 즉 周正 12월(秦 顓頊歷 10월)에 거행되었다는 蜡이 周代의 臘으로 주장되었고, 隋代에는 일시 臘과 蜡이 모두 10월에 거행된 사실은[21] 모두 顓頊歷과 周正을 혼동한 결과로 해석되지만, 臘이 동지 신년 의식을 12월로 옮긴 것이라면 蜡은 동지 전월의 신년 의식을 12월로 옮긴 것인데, 이것은 모두 歲首를 어디에 두건 月序에 따른 1년 순환을 중시한 것이다.

(3) 주인공의 공무활동 : 〈曆譜〉에 주인공의 활동이 처음 기록된 것은 정월 22일 "史除 不坐掾曹從公 宿長道"이다. '史除'는 주인공이 '史에 보임된' 것, '宿長道'는 '長道에 숙박'한 것이 분명하며, 이하 '宿＋某地'가 모두 공무출장과 관련된 것도 분명한 만큼, 이날의 기사는 당일 史에 보임된 주인공이 출장을 떠나 長道에 숙박한 것을 기록한 것은 확실하다. 문제는 '不坐掾曹從公'인데, 彭錦華는 《漢書》 薛宣傳 "坐曹治事"의 용례를 원용하여 이 부분을 '官署 내에서 공무를 처리하지 않는 것'으로 해석하였다. 그러나 '從公'을 '治事'로 이해하는 것도 어색하거니와 특히 '宿長道'와 그 이후의 활동이 명백한 공무출장인 이상 이 해석은 따르기 어렵지만, 尹灣簡牘 〈日記〉 10월 3일 辛卯 "立冬 從卿之羽 宿博望置(卿을 따라 羽山에 가서 박망치에 숙박하다)"를 상기하면 이 부분은 "不坐掾曹"와 "從公'으로 나누어 이해하는 것이 자연스러운 것 같다. 雲夢秦簡 〈編年記〉 昭王 16년 "七月丁巳 公終"의 '公'은

---

21) Derk Bodde, *Festivals in Classical China*, pp.68-73.

주인공의 父를 의미한다. 그러나 여기서 ‘從公’을 ‘宿長道’와 연결하여 ‘公을 수행하여 (출장을 떠나) 長道에 숙박하다’로 이해하는 것이 자연스럽다면, ‘公’의 그의 상관을 지칭한 것으로 보는 것이 타당하다. 〈日記〉의 ‘從卿’은 太守를 수행한 것을 의미한다.[22]

한편 ‘坐’는 모종의 사건에 연루 또는 법에 저촉되어 처벌되는 의미로 흔히 사용되는 법률용어이지만, 여기서는 그런 의미가 전혀 어울리지 않는다면, 상기 薛宣傳의 ‘坐曹治事’의 용례와 같은 의미로 이해하는 것이 타당하다. 즉 ‘不坐掾曹’는 ‘掾曹에 앉아 사무를 보지 않는다’의 의미이며, 이것이 바로 출장을 떠날 수 있는 조건이었다. 尹灣簡牘〈日記〉의 주인공은 東海郡의 法曹로서 ‘從卿’하였기 때문에 ‘卿’은 군태수로 보는 것이 자연스럽다. 이에 비해 〈曆譜〉 주인공의 출장조건이 ‘史除 不坐掾曹’였던 것은 그가 본래 曹에 소속된 史에 불과한 사실을 말해 주는데, 秦始皇 20년(〈曆譜〉의 14년 전) 남군태수가 발포한 雲夢秦簡 〈語書〉 “發書 移書曹 曹莫受 以告府 府令曹畫之”는 郡所屬의 曹와 태수 직속의 府가 구분된 사정을 시사한다. 따라서 〈曆譜〉 주인공이 수행한 ‘公’은 일단 그가 속한 曹의 책임자일 가능성도 있다. 그러나 ‘不坐掾曹’가 단순한 공간상의 의미가 아니라 업무소속의 문제라면 그의 ‘從公’ 출장은 掾曹의 소관사가 아니었음을 시사한다. 긴 출장 끝에 3월 29일에 기록된 “幷左曹”와 6월 14일의 “去左曹”가 각각 左曹로의 편입과[23] 면직을 의미한다면(후술), ‘不坐掾曹’는 소속은 掾曹이나

---

22) 拙稿, 〈前漢末 郡屬吏의 宿所와 旅行〉, pp.39-41.

23) “幷左曹”의 ‘幷’을 彭錦華는 단지 ‘合幷’으로 해석하였을 뿐 그 구체적인 의미는 설명하지 않았다. 雲夢秦簡中 ‘幷’의 용례는 다음과 같은 2건이 있다. 즉 (1) 2인의 도적이 동시에 한곳에서 각기 400전을 훔쳤으나 사전에 모의를 한 경우는 그 액수를 합산하여 처벌한다는 “其贓値各四百 已去而偕得 其前謀 當幷贓以論”(《睡虎地秦墓竹簡》, p.156). (2) 20전을 훔쳤다고 타인을 무고한 후 자신이 100전을 훔친 사실이 발각되었을 때, 20전과 100전을 합산한 금액으로 처벌한다는 “當幷贓以論”(上同, p.172). 그러므로 ‘幷’을 ‘합병’으로 해석하는 것은 일단 찬성할 수 있다. 그러나 이 경우 左曹가 목적어가 되는데, ‘幷’의 주체가 문제이다. “幷左曹”가 관서의 통합이었다면 그 주어 역시 관서가 되지 않을 수 없지만, 이 경우 그 주

다른 업무를 위하여 曹가 아닌 부서로 차출된 것으로 이해하는 것이
자연스럽다. 그렇다면 주인공이 수행한 ‘公’은 掾曹의 책임자라기보다
는 역시 그 상급기관의 책임자, 즉 〈語書〉에서 曹를 지휘하는 府의 책
임자 즉 군태수로 보는 것이 자연스러운 것 같다. 즉 주인공은 1월 22
일 掾曹의 史로 보임되었지만 掾曹에 근무하지 않고 군태수를 수행하
여 출장을 시작한 것이다.

　이후의 기사는 거의 대부분 某地에서 숙박한 사실과 某地 또는 某官
을 ‘治’한 사실을 기록하였는데, 그 이동의 범위는 대체로 2일 걸리는
江陵(현 湖北省 荊州市荊州區)과 竟陵(湖北省 潛江市 서북), 竟陵과 鐵
官에서 1, 2일에 왕래할 수 있는 지역이었다. 이 자료들은 앞으로 당시
역사지리를 해명할 수 있는 중요한 자료가 되겠지만, 특히 嬴邑·區
邑·離涌·羅涌 등을 포함한 迸의 성격과 7월 5일 江陵에 도착한 이후
‘治’한 後府의 실체도 흥미 있는 연구과제이다.[24] 어쨌든 〈曆譜〉의 주인

　　어를 생략한 것도 납득하기 어렵고, 특히 6월 14일 “去左曹”는 左曹가
　　의연히 존재한 것을 입증하기 때문에 그 이전 어느 관서가 左曹를 합병
　　하였다는 해석은 성립되지 않는다. 이에 비해 ‘幷’의 주어를 〈曆譜〉 주인
　　공으로 보면 그가 左曹의 업무를 겸무한 것이 되는데, 이 자체로는 별 무
　　리가 없다. 1월 22일 “不坐掾曹”는 그가 掾曹에 속한 것을 말해 주기 때
　　문이다. 그러나 이 경우 6월 14일 “去左曹” 한 후 다시 掾曹만 근무한
　　것이 되는데, 창고의 비리와 관련된 소리가 겸무만 해제된다는 것도 납득
　　하기 어렵거니와, 특히 6월 18일의 기사가 酈山陵 공사에 동원된 것이라
　　면(후술), 그가 연조의 史職을 유지하였을 가능성은 희박하다. 6월 14일
　　이전 그가 左曹에 근무한 것은 확실하고, 그 직이 겸무일 가능성도 희박
　　하다면, “幷左曹”는 “‘左曹의 성원으로 편입되었다”는 정도로 해석하는 것
　　이 무난한 것 같다. 즉 그는 掾曹의 史였으나 장기간 郡守의 순행을 수
　　행한 후, 左曹에 편입되었다는 것이다.
24) ‘府’는 丞相府·太守府·都尉府 등과 같이 고급 官長의 官署를 칭하기도
　　하고, 雲夢秦簡의 ‘書府’, ‘臧府’와 같이(《睡虎地秦墓竹簡》, p.109) 물건을
　　보관하는 건물을 의미하기도 한다. 그러나 戰國時代의 ‘府’는 일반적으로 財庫
　　를 의미하는 경우가 많은데(佐原康夫, 〈戰國時代の府·庫について〉, 《東洋史
　　研究》 43-1, 1984, pp.32-37), 雲夢秦簡, “府中公金錢貸私用之 與盜同法 ●
　　何謂府中 ●唯縣少內爲府中 其它不爲”(《睡虎地秦墓竹簡》, p.165)는 縣의
　　金錢庫 少內를 ‘府’로 칭한 것을 잘 말해 준다. 따라서 後府도 財庫일 가능

182

공은 1월 22일부터 3월 29일 전까지 각지에서 '宿'하였고 때로는 某地 또는 某官을(鐵官과 後府) '治'하였는데, '叔+某地' 또는 '宿+某官'으로 표기된 것이 22회, '治+某地' 또는 '治+某官'은 16회이다.

383일 중 '宿'을 특별히 기록한 것은 숙박장소를 명기할 필요가 있었기 때문이며, 여기서는 출장과 관련된 이동을 기록하기 위한 것이 분명하다. 예컨대 2월 3일 '宿江陵' 이후 同 12일 '起江陵(강릉을 출발)'을 기록하기까지[25] 숙소를 기록하지 않은 것은 2월 2일 鄭韓鄕에서 숙박하고 3일 江陵에 온 이후 이동도 없었지만 비출장시 주인공의 본래 숙박장소가 江陵이었기 때문인 것 같다. 3월 6일 '到江陵(강릉에 도착)'한[26] 후 3일 간 '治後府'만[27] 기록하고 3월 22일 '後事已(後府에 관한 일이 완료되었다)'로 보아 적어도 22일까지 후부에 관한 업무에 종사하였지만[28] 일체 숙소를 기록하지 않은 것도 후부가 江陵에 소재하였기 때문일 것이다.

'宿'의 장소는 15所, '治'의 대상은 鐵官(2월 16, 17일)과 後府(3월 7, 8, 9일) 양 관부와 竟陵縣뿐인데, '宿'과 '治'의 의미는 물론 다르다. '治'는 일반적으로 일정한 사건이나 업무에 대한 조사·판단·처결의 일부 또는 전 과정을 의미하는데, 〈曆譜〉에 언급된 '治'의 구체적인 내용은

성이 높으며, 그 소재지가 江陵이지만 순행 감찰의 대상이었던 것을 보면 縣廷 또는 郡府에 직속한 재고가 아니라 南郡內의 특설 財庫로 추정되는데, 후술할 바와 같이 鐵官의 상급 기구였을 가능성도 농후하다.

25) 그 다음날 '宿黃郵'를 기록하였지만. 江陵을 출발한 당일의 숙소가 기록되지 않은 것은 누락으로 보이지만, 혹 밤에 출발하여 야행하였을 가능성도 배제할 필요는 없다.

26) 이 기사는 전날의 '宿江陵'이 사실상 '江陵에 도착하여 숙박하였다'는 의미이므로 모종의 착오이거나 불필요한 중복일 가능성이 높지만, 혹 전날의 '宿江陵'은 단순한 도착과 숙박의 사실을 '到江陵'은 공식 도착 신고를 의미한 것인지도 모른다.

27) 3월 8일과 9일은 단지 "治"만 기록하였지만, 7일 "治後府"를 명시하였기 때문에 양일에서는 後府를 생략한 것으로 추정된다.

28) 3월 9일 이후 後府의 '治'를 기록하지 않은 것은 '治'는 9일로 일단 끝나고 그 후에는 보고서 작성을 비롯한 잔무 정리였기 때문인 것 같은데, 19일의 '奏上'은 바로 '治後府'의 결과를 보고한 것으로 추정된다.

알 수 없다. 그러나 〈曆譜〉의 주인공이 鐵官·後府·竟陵의 관속도 아니었고 태수를 수행한 여행이었던 만큼 여기서의 ‘治’는 해당 관부에 대한 감사 또는 미결사항의 처결로 보이는데, 3월 22일의 ‘治竟陵’을 제외한 ‘治’는 모두 2일 이상인(특히 竟陵의 경우 연 12일이나 계속되었다) 것으로 보아 대단히 밀도 있는 감찰권과 행정개입을 의미하였던 것 같다.

이에 비해 2월 16일 ‘治鐵官’의 전일 ‘宿鐵官’, 2월 21일 ‘治竟陵’ 전일의 ‘宿竟陵’은 모두 그 다음날의 ‘治’를 위한 도착과 숙박만을 의미하였을 가능성이 농후하며, 한곳에서 연속 1일 이상 ‘宿’한 예가 없는 것을 보면 ‘宿’은 대부분 단순한 경유를 의미하였던 인상을 주는 것도 사실이다. 그러나 윤만간독 〈日記〉 중에 표기된 ‘宿＋지명’도 명백히 경유지의 숙박만 의미하는 예도 많지만 당지에서의 공무처리를 포함한 의미도 있지만[29] 〈曆譜〉의 1월 22일 ‘宿長道’에서 시작하여 2월 3일 ‘宿江陵’까지, 그리고 2월 12일 江陵을 출발하여 21일 ‘治竟陵’ 전일까지 ‘宿’한 경유지들을 보면 모든 ‘宿’을 목적지를 향한 경유지 숙박만으로 보기도 어려운 것 같다. 그러므로 ‘宿’ 중에도 일정한 공무를(예컨대 간단한 보고와 감사 등) 수반한 순행 방문이 포함되었을 가능성을 배제할 필요는 없는 것 같다.

‘宿’과 ‘治’가 1월에서 3월에 집중되고 다른 달에는 일체 기록되지 않은 것은 6월 14일 주인공이 南膾의 비리에 연좌되어 면직됨으로써[30] 그 후 이러한 순행 감찰에 참여하지 못하였기 때문일 수도 있다. 6월 18일의 “就建□陵”은 면직된 이후 주인공의 행적일 것이다. ‘就’를 ‘就國’의 ‘就’로 해석하면 이 기사는 ‘建□陵으로 갔다’는 의미가 된다. 14

---

29) 拙稿, 〈前漢末 郡屬吏의 宿所와 旅行〉 참조.

30) “去左曹 坐南膾”는 江陵 張家山 漢墓 出土 秦始皇 27년 南郡의 〈奏讞書〉 중 “四月辛卯鴈有論去…盖廬有貲去”(〈江陵張家山漢簡《奏讞書》釋文(二)〉, 《文物》 1995-3, p.33)에 보이는 바와 같이 ‘論(유죄판정)’ 또는 ‘貲’(벌금형)에 따른 관리의 면직이 바로 ‘去’라면, 여기서의 ‘坐’는 ‘죄에 연좌’된 것으로 이해하는 것이 자연스럽다. 이 날의 기록은 주인공이 南膾의 비리에 연좌되어 左曹에서 면직된 것을 전한 것이다.

184

일의 면직이 처벌이었고, 개인의 자유로운 여행과 이동이 불허된 당시 상황을 아울러 고려하면, 이 이동은 국가에 의한 강제로 이해하는 것이 자연스럽다. 그렇다면 바로 그 해 秦이 불공정한 獄吏들을 長城의 축조와 南越 개척에 대거 징발한 것을[31] 상기할 때, 주인공의 '就建□陵'은 長城 축조의 현장이나 南越지역으로 강제 징발된 것일 수도 있다. 그러나 陵名(또는 여기서 유래된 지명)에서 '陵' 앞에 單字가 오는 것이 일반적이라면, 그리고 그가 建□陵에 단순히 遷徙된 것이 아니라 그 陵의 건설에 동원된 것으로 보는 것이 자연스럽다면, "建□陵" 중 '建'은 '築', '作'의 의미로 해석하여 전체 의미를 "□陵을 건설하는 데 강제 징발되었다"는 것으로 이해하는 것이 자연스럽다. 당시 건설중인 陵은 진시황이 즉위 초부터 造營하기 시작한 酈山陵이었다.[32] 그러므로 '□'은 '山'의 파손으로 보는 것이 무난하며, 주인공은 면직된 후 4일 만에 다시 酈山 공사에 징발되었다는 것이 필자의 추정이다. 물론 그가 酈山으로 실제 강제 이송되었는지는 확인할 수 없다.

　어쨌든 연초 3개월에 걸친 방문의 범위가 江陵과 竟陵·鐵官을 잇는 지역을 크게 벗어나지 못하였던 것을 보면 풍속을 살피고 農桑을 권장하며 소송을 해결하고 長吏를 考課하는 漢代 군태수의 春期 屬縣 순행과는[33] 성격이 다른 것 같다. 郡이 현의 상급기관으로 확립된 이후의 漢代 군태수의 속현 순행과 秦末 군수의 관할지역과 官府의 순행과 '治'를 비교하는 것 자체가 무의미할지 모른다. 그러나 진시황 20년 예하 縣, 道의 嗇夫와 令·丞에게 법령의 준수를 요구하는 한편 법령을 잘 알지도 못하고 따르지도 않는 '惡吏'의 처벌의지를 천명한 雲夢秦簡 〈語書〉에 비해 〈曆譜〉에 나타난 정월에서 3월까지 계속된 일부 관할 지역과 官府에 대한 집중 巡行과 강도 높은 '治'는 확실히 속현에 대한 秦末(통일 이후) 태수권이 크게 강화된 인상을 준다. 이것만도 郡이 縣

---

31)《史記》卷6〈秦始皇本紀〉34年, "適治獄吏不直者 築長城及南越地".
32)《史記》卷6〈秦始皇本紀〉37年, "始皇初卽位 穿治酈山 及幷天下 天下徒 送詣七十餘萬人…".
33) 嚴耕望,《中國地方行政制度史》上篇 卷上(臺北, 1974 再版), pp.74-76.

의 상급 행정기관으로 발전하는 과정을 추적하는 데 중요한 단서를 새로 추가하였지만, 〈曆譜〉의 주인공이 참여하지 못한 秋冬期 '宿'과 '治'의 가능성도 배제할 수 없다면, 屬縣에 대한 郡의 통제는 보다 적극적으로 평가해도 좋은 것 같다.

秦末 南郡에 철관이 설치된 사실이 여기서 처음 확인된 것도 중요하다. 운몽진간에서 확인된 采山·采鐵 조직의 관리규정도 바로 이 철관과 직접 관련된 것이 확실한데, 특히 左·右 采鐵의 상급기관이 左·右府이고 이것이 다시 太官에 의해서 통속된 사실을[34] 상기하면, 철관과 함께 '治'의 대상이 된 '後府'도 철관과 관련된 기구일 가능성이 높다. 만약 後府가 좌우 采鐵을 통속하는 좌우 府와 동일한 성격이라면, 南郡內 後府의 존재는 생산조직 都官을 통속하는 직속 상급기관도 현지에 파견되었던 증거이다. 필자는 일찍이 山林藪澤을 중앙정부가 독점으로 장악하기 위하여 縣에 설치한 都官의 성격, 都官과 중앙정부 및 縣의 관계 등을 탐구한 바 있지만,[35] 철관과 後府에 대한 태수의 '治'는 이 문제에 새로운 知見을 첨가하였을 뿐 아니라 역시 秦末 郡의 성격을 이해하는 데 중요한 새로운 단서를 제공하는 것이다. 江陵과 竟陵이 최장 이틀 거리, 경릉과 철관 역시 최장 이틀 거리,[36] 따라서 철관은 江陵에서 최장 4일 거리에 있었던 것으로 추정된다. 지금도 竟陵에서 약 100km 서쪽에 위치한 漢陽이 중국 굴지의 제철공업을 자랑하고 있는 것은 이 부근의 풍부한 철광 덕분인데, 竟陵과 漢陽은 모두 漢水 연변에 있어 왕래가 용이하다. 竟陵에서 이틀 거리인 南郡 철관은 이 부근에 설치된 것으로 보아도 대과는 없는 것 같다.

江陵 지역은 기원전 278년 秦이 점령하기 전까지 戰國시대 초의 도

---

34) 《睡虎地秦墓竹簡》, p.138, "采山重殿 貲嗇夫一甲 佐一盾 三歲比殿 貲嗇夫二甲而廢 殿而不負費 勿貲 賦歲功 未取省而亡之 及弗非 貲其曹長一盾 太官 右府 左府 右采鐵 左采鐵課殿 貲嗇夫一盾".

35) 拙稿,〈秦의 山林藪澤開發의 構造—縣廷 嗇夫組織과 都官의 分析을 중심으로〉,《東洋史學研究》29집, 1989.

36) 2월 1일 '宿竟陵', 2일 '宿井韓', 3일 '宿江陵'. 2월 14일 '宿竟陵', 15일 '宿都鄕', 16일 '宿鐵官'.

성 郢이 번영하였던 곳이며, 기원전 277년경까지 漢水 유역과 現 武漢市 동북에 위치한 西陵을 포함한 揚子江 중류의 楚地가 모두 秦의 南郡으로 편입되는데, 楚의 유명한 山林藪澤의 寶庫로 雲夢澤과 安陸縣도 南郡에 속하였다.[37] 南郡의 鐵官은 바로 이 楚 핵심지역의 철기생산 조직을 계승한 것으로 추정된다. 근래 발견된 湖北 雲夢 龍崗 秦墓 출토 죽간은 秦이 禁苑을 설치하고 雲夢澤을 개발한 상황을 밝혀주고 있는데,[38] 漢도 南郡 編縣과 江夏郡 西陵에 각각 雲夢官을 설치하여 그 개발을 계승하였다.[39] 이에 비해 江陵을 중심으로 漢代 철관 설치의 상황을 보면, 북으로는 500km 이상 떨어진 南陽郡의 宛縣, 남으로는 800km 이상 떨어진 桂陽郡의 郴縣, 동으로는 역시 800km 이상 떨어진 廬江郡의 皖縣, 서로는 1,000km 이상 떨어진 蜀郡 臨邛縣의 철관이 가장 가까운 곳이다. 결국 前漢은 秦도 계승한 전국시대 楚의 철기 생산 조직을 철저히 방기한 것이다. 武帝의 전매정책에 따라 설치된 前漢의 鐵官이 황하 중·하류 지역, 특히 關東에 집중 배치된 것은 주지의 사실이지만, 이것은 결코 揚子江 중류지역과 그 이남에 철광이 부족하거나 철기생산의 전통이 없었던 때문은 아니었다. 이것은 결국 楚 故地의 철기 수요를 사실상 華北에 의존하는 체제를 확립하여 그 독자적인 경제기반을 약화시킴으로써, 春秋時代 이래 中原을 위협하였던 楚와 같은 강력한 세력이 揚子江 유역에 다시 출현하는 것을 방지하기 위한 정책으로 해석된다. 〈曆譜〉에서 확인된 秦末 南郡의 鐵官은 이와 같은 漢의 정책을 다시 한번 실감케 한다.

　(4) 기타 : 이상에서 검토한 것을 제외한 〈曆譜〉의 기사는 3월 15일 "賜", 3월 24일 "論脩賜" 2건뿐이다. 彭錦華는 '賜'와 '脩'를 모두 인명

---

37) 池田雄一,〈湖北雲夢睡虎地秦墓管見〉,《中央大學文學部紀要》100號, 1981, pp.41-46.

38) 湖北省文物考古研究所·孝感地區博物館·雲夢縣博物館,〈雲夢龍崗6號秦墓及出土簡牘〉,《考古學集刊》8, 1994 참조.

39)《漢書》卷28上〈地理志上〉참조. 漢은 秦代 南郡을 대체로 南郡과 江夏郡으로 분할하였다.

으로 단정하고, '논'을 '논죄'로 이해하여 3월 24일의 기사를 脩·賜 양
인에 대한 논죄로 해석하였다. 그가 별다른 증거를 제시한 것도 아니
지만, 이것을 달리 해석할 단서도 없는 것 같다. 그러나 彭이 14일의
脩·賜를 모두 인명으로 해석한 것은 3월 15일의 '賜'를 일단 인명으로
간주하였기 때문인 것 같은데, 이처럼 술어가 전혀 없이 인명만 고립
적으로 기록하는 예는 〈역보〉는 물론 〈편년기〉와 〈일기〉에도 없다.
따라서 '賜'는 오히려 술어나 특정한 함의를 지닌 행정용어일 가능성이
농후한데, 이 문제를 위하여 다음과 같은 운몽진간을 주목해 보자.

① 將上不仁邑里者而縱之 何論 當繫.
② 戰死事不出 論其後 又後察不死 奪後爵 除伍人.
③ 從軍當以勞論及賜 未拜而賜 有罪法耐遷 其後及法耐遷者 皆不得受
　 爵及賜 其已拜 賜未受而死及法耐遷者 予賜.[40]

　①의 '何論'는 어떤 위법행위를 '어떻게 처벌하는가'라는 의미의 법
률 용어로서 진간 중 수많은 용례가 있다. 여기서 '論'이 '論罪'라는 것
은 의문의 여지가 없다. ②와 ③은 모두 軍功 授爵과 관련 당사자의
사망 또는 범죄시에 그 爵賞을 처리하는 규정인데, ②의 '論其後'는 군
공을 세운 자가 전사한 경우 그 법정 계승자 後子에게 그 爵을 수여한
다는 의미이므로, 여기서 '論'는 '賜爵'이란 의미이며, 따라서 '論'이 상
벌 모두에 적용된 '판결'인 것도 분명하다. ③은 授爵과 관련 拜爵과
受賜가 분리된 절차였음을 확인시켜 주는데, '賜'는 爵에 부수된 구체
적인 보상이 명백하며, '賜'는 爵이 박탈되어도 회수되지 않는 경우도
있었던 것 같다.[41]
　한편 睡虎地 4호 秦墓에서 출토된 11호 木牘은 秦始皇 24년(B.C.
223) 楚를 멸망시킨 淮陽 전투에 참여한 병사 黑夫가 母에게 보낸 편

---

40) 이상 《睡虎地秦墓竹簡》, p.172, 146, 92.
41) ②와 ③에 대한 상세한 해석과 '賜'에 대한 필자의 주장은 졸고, 〈秦의
　　身分秩序構造〉, 《東洋史學硏究》 23집, 1986, pp.18-19 참조.

지인데,[42] 그 중 相家의 爵이 도착하였는지의 여부를 묻는 "報必言相家爵來未來 告黑夫其未來狀"(정면), "辭相家爵不也"(배면) 등의 구절이 보인다.[43] 黑夫와 相家의 관계는 알 수 없지만, 이것은 전선에서 세운 軍功에 대한 賜爵이 향리로 통보되고 그에 부수된 '賜' 역시 거주지 지방관을 통하여 본가로 지급되었음을 시사하는데, 爵級에 따라 田宅·庶子役使權·虜·稅家·稅邑 등의 '賜'가 구체적으로 사여되었다. 漢初 高祖가 향리로 귀환하는 從軍 有爵者들이 전택을 지급 받기 위하여 오랫동안 담당 吏 앞에 서서 기다리는 불편을 시정하라고 명한 것은[44] 바로 爵에 부수된 '賜'가 향리에서 지급되는 모습을 전한 것이다. 이와 같은 '賜'의 의미와 그 지급절차를 고려할 때, 郡 少吏의 〈曆譜〉에 특별한 節日도 아닌 날에 단 한 자 기록된 '賜'는 拜爵에 따른 '賜'와 관련된 업무로 이해하는 것이 가장 자연스러우며, '論脩賜'는 脩(인명)에 지급하는 '賜'의 심사와 평결로 이해해도 대과는 없을 것이다. 그렇다면 3월 15일과 24일의 기록은 拜爵에 따른 '賜'의 사여가 郡의 심사를 거친 증거인데, 郡이 당초 광역 軍管區의 성격으로 출발하였던 것을 상기하면, 이 역시 자연스러운 일이라 하겠다.

III. 宿所와 休沐

〈역보〉의 기록 중 가장 많은 비중을 차지하고 있는 것은 '宿＋某地' 기사인데, 숙박 장소는 縣·邑·鄕·郵의 이름과 鐵官, 그리고 특정 지명의 동·서·북[45] 등으로 표기되었다. 이 방식은 윤만간독 〈일기〉가

---

42) 黃盛璋, 〈雲夢秦墓兩封家信中有關歷史地理問題〉, 《文物》 1980-8, p.75.

43) 雲夢睡虎地秦墓編寫組, 《雲夢睡虎地秦墓》(文物出版社, 1981), p.25.

44) 《漢書》 卷1下 〈高祖紀下〉 5年, "夏五月 兵皆罷歸家 詔曰…諸侯子及從軍歸者 甚多高爵 吾數詔吏先與田宅 及當求於吏者 亟與 爵或人君 上所尊禮 久立吏前 曾不爲決 甚亡謂也".

45) 동·서·북이 표기된 것은 모두 泄의 離涌과 羅(泄의 오기?)涌인데, 泄 안에 邑이 포함된 것을 보면 이 들 역시 읍이나 현급일 가능성이 농후하

모현에 숙박할 경우 傳舍·亭 또는 置를 반드시 표기한 것과는 대조적이다. 최근 공개된 前漢 돈황군 懸泉置의 簡牘 중 공무 여행자에게 傳舍의 제공을 요청하는 문서들이 "當舍傳舍從者如律令", 또는 "當舍傳舍如律令"으로 끝난 것을 보면 〈일기〉 주인의 亭과 傳舍 숙박도 율령 규정에 따른 것이 분명하다. 각급 공무 여행자들에게 粟·魚·羊·鷄·牛肉·酒 등의 제공을 기록한 懸泉置 간독들은 傳舍에서 공무 여행 관리에게 일정한 음식을 제공한 것을 생생하게 전하고 있다.[46] 〈일기〉의 주인 역시 상응한 음식을 제공받았을 것이다.

　한편 운몽진간에 포함된 傳食律은 모두 조정에서 파견된 관원과 그 수행원들에게 官爵의 고하에 따라 米·醬·菜羹·소금 등을 지급하는 규정들이다.[47] 또 秦簡 倉律은 그 지급의 주체를 縣으로 명시하면서 여행 중에 지급된 식량은 본래 그들의 식량을 지급하는 縣의 지급분에서 공제하는 원칙과[48] 아울러 屬縣을 순행하는 관원은 식량을 지참해야 하며 傳(통행증명서)으로 식량을 대여 받을 수 없다는 것을 규정하고 있다.[49] 따라서 '傳食'은 傳을 제시하고 식량을 대여 받는 의미이지 傳舍에서 식사를 제공받은 의미는 아닌 것 같다. 또 秦簡에 보이는 亭의 주요 기능은 捕盜와 치안유지인 것 같으며, 漢代와 같이 여행자에게 숙소를 제공한 구체적인 증거는 없다.

　그러나 당시 관리가 공무 여행 중 숙박할 수 있는 곳은 결국 城邑

　며, 이 숙박이 성읍 밖의 야영이 아니었다면 동·서·북은 각각 그 현의 東鄕·西鄕·北鄕을 지칭한 것으로 추정된다.

46) 甘肅省文物考古硏究所, 〈敦煌懸泉漢簡釋文選〉, 《文物》 2000-5, pp.33-34 ; pp.38-39 참조.

47) 《睡虎地秦墓竹簡》, pp.101-103, "御史卒人使者　食粺米半斗　醬四分升一　菜羹　給之韭葱　其有爵者　自官士大夫以上　爵食之　使者之從者　食糲米半斗　僕　少半斗"；"不更以下到謀人　粺米一斗　醬半升　菜羹　芻稾各半石　●宦奄如不更"；"上造以下到官左　史無爵者　及僕　史　司御　寺　糲米一斗　有菜羹　鹽廿二分升二".

48) 《睡虎地秦墓竹簡》, p.46, "宦者　都官吏　都官人有事上爲將　令縣貸之　輒移其稾縣　稾縣以減其稾　已稾者　移居縣責之".

49) 《睡虎地秦墓竹簡》, p.46, "有事軍及下縣者　賷食　毋以傳貸縣".

내외의 국가시설뿐이라면, 官府內의 吏舍나 교통로에 위치한 亭에도 숙박하지 못할 이유가 없지만, 戰國時代 齊 孟嘗君의 傳舍,[50] 吏가 관리한 趙의 邯鄲傳舍,[51] 秦末의 반란에 참여한 劉邦이 이용한 高陽傳舍,[52] 楚漢爭覇期의 淮南王 英布의 都城 傳舍[53] 등을 참고하면, 秦에 傳舍 제도가 없었다면 오히려 이상할 것이다. 따라서 〈역보〉의 주인공 일행은 여행 중 식량은 지참하였을지라도, 鐵官에서는 그에 속한 吏舍에서 숙박하였을 것이며, 縣城에서는 吏舍와 傳舍, 鄕邑에서는 亭을 각각 이용하였을 것으로 추측된다. 한편 여행하지 않은 시기에는 郡府의 吏舍에 거주하는 것이 원칙이었을 것이다.《史記》에는 楚國 郡 吏舍의 변소가 언급되어 있지만,[54] 雲夢秦簡에도 '吏舍'가 확인되고 官舍에서의 숙박을 "館舍" 또는 '舍公館'으로[55] 표현하고 있는데, 당시 관부에서 숙식하는 少吏들은 대체로 10인을 단위로 취사를 해결했던 같다.[56] 〈역보〉가 비여행 중 특별한 숙소를 명기하지 않은 것은 이 외에 다른 선택의 여지가 없었기 때문일 것이다.

이에 비해 〈일기〉의 숙박장소는 대단히 다양하다. 즉 傳舍와 亭 외에도 주인공 본가인 '家', 안락하고 자유로운 생활을 위하여 개인적으로 돈을 지불하고 빌린 것으로 추정되는 郡府 부근의 숙소 '舍', 친우의 私家인 '某人家', 태수부 내의 吏舍 '府', 태수의 부내 개인 숙소 '邸',

---

50)《史記》卷75〈孟嘗君列傳〉, "孟嘗君置傳舍十日 孟嘗君問傳舍長". 물론 이 傳舍는 孟嘗君이 식객을 거처시키는 사적인 숙소이지만, 귀족이 식객을 거처시키는 시설도 傳舍로 칭한 것은 당시 傳舍가 여행자, 客을 숙박하는 시설이라는 상식을 입증한다.

51)《史記》卷76〈平原君列傳〉, "邯鄲傳舍吏子李同說平原君".

52)《史記》卷97〈酈食其列傳〉, "沛公至高陽傳舍 使人召酈生".

53)《史記》卷91〈黥布列傳〉, "楚使者在 方急責英布發兵 舍傳舍 隨何直入".

54)《史記》卷87〈李斯列傳〉, "李斯者 楚上蔡人也 年少時 爲郡少吏 見吏舍 厠中鼠食不絜".

55)《睡虎地秦墓竹簡》, p.109, "卽新爲吏史 毋依藏府書府"；p.70, "邦中之徭 及公事館舍"；p.219, "舍公官 籥火燔其舍".

56)《睡虎地秦墓竹簡》, p.58, "都官有秩吏及離官嗇夫 養各一人 其左史與共養 十人…都官之左史冗者 十人一養".

주인공이 楚國 彭城 장기 출장시 보다 안락한 생활을 하기 위하여 사
적으로 빌린 것으로 추정되는 ‘南春宅’ 등이 구체적인 숙박장소로 기록
된 것이다. 이와 같은 숙소의 다양성이 곧 그 구체적인 장소의 명기를
요구하였겠지만, 특히 여행 중에도 관리가 당연히 이용해야 할 傳舍나
亭 대신 친우의 개인 숙소와(4월 7, 8, 27, 28, 29일 ‘宿子嚴舍’) 자신이
사적으로 마련한 숙소(南春宅)에서 숙박하고, 비여행 중에도 당시 소
리에게 요구되었던 府內 吏舍居住 원칙을 위배하고 府外의 개인 숙소
에서 숙박하였다면, 이 명시는 더욱 필요하였을 것이다. 필자는 이와
같은 〈일기〉 주인공의 숙박 실태는 郡府 행정의 확대에 따른 正額 외
속리의 팽창에 따른 吏舍의 부족문제를 해결하고 동시에 호족 출신 독
서인을 지방 속리로 확보하기 위한 국가의 양보 결과로 이해하면서 이
타협이 지방 상급 속리의 ‘文化人化’에 크게 기여한 것으로 평가한 바
있다.[57]

〈역보〉 주인공의 묘는 1槨(底板 長 2.74m, 寬 1m, 厚 8cm. 동서 墻板
長 2.58m, 高 각 62cm, 69cm. 남북 墻板 長 1.2m, 高 1m) 1棺의(長
2.08m, 寬 65cm, 高 63cm) 竪穴土坑墓(墓口 長 3.5m, 寬 2.24m, 深
3.2m), 6건의 漆器, 1건의 鏡을 포함한 3건의 銅器, 5건의 陶器, 신분을
상징하기 위한 것으로 추정되는 明器 車·馬·俑을 비롯한 13건의 木
器, 6건의 竹器, 筆·먹·削刀 등의 문구 세트와 7組의 簡牘이 부장되
었다.[58] 칠기와 동기만도 각각 35건과 9건이 출토된 睡虎地 11호 秦墓
에 비하면[59] 묘의 규모도 적고 부장품도 현저히 적어, 그 묘주 喜에 비
하면 〈역보〉 주인공의 재력은 훨씬 떨어지는 것 같다. 또 부부 합장 1
槨 2棺 1足箱으로 구성되어 대량의 簡牘과 38매의 五銖錢 외에도 27

---

57) 拙稿, 〈前漢末 郡屬吏의 宿所와 旅行〉, pp.171-184, pp.216-221.
58) 〈關沮秦漢墓淸理簡報〉, pp.26-32.
59) 《雲夢睡虎地秦墓》, pp.63-67 〈隨葬器物登記表〉 참조. p.11 〈墓葬形制登
　　記表〉에 의하면 11호묘의 墓口는 長 4.1, 寬 2.8m. 墓底는 長 3.8, 寬
　　2.72, 深 5.1m. 木槨은 長 3.52 寬 1.72, 高 1.16m. 木棺은 長 2, 寬 0.76
　　高 0.72m.

192

종 64건을(3건의 銅鏡을 비롯한 銅器 6건, 철검 1, 玉璧 2, 漆几 1건, 陶器 6건 등) 부장한[60] 〈일기〉 주인공에 비해서도 그의 재력은 미치지 못하는 것 같다. 뿐만 아니라 대량의 행정문서와 점복서들뿐 아니라 《列女傳》,《弟子職》과 문학작품《烏賦》도 부장하려 한 〈일기〉 주인에 비해 그는 지식의 범위도 좁은 것 같다. 양자의 차이는 결국 학문이나 族的 배경이 없는 任俠的 豪吏와[61] 文法吏가 지방행정을 주도하던 秦末과 豪族 독서인이 대거 郡縣의 屬吏로 진출한 前漢 末 사회의 차이를 말해 주는 것 같다.

그러나 〈역보〉가 출토한 墓의 규모와 副葬品도 상당한 재력을 과시한 것이며, 특히 출토 목제 車·馬·俑은 묘주가 생전에 노복을 거느리고 軺車를 타고 다닌 증거이다. 그가 郡 屬吏의 연봉 100석 미만만으로는 설명할 수 없는 재력을 가진 것은 분명하다. 雲夢秦簡에 명시된 栗 1석의 법정 가격은 30전이었다.[62] 이 점은 역시 100석 미만의 縣令史에 불과한 睡虎地 11호 秦墓의 주인도 마찬가지인데, 秦末 縣 少吏들이 동료의 출장시에 300 내지 500전을 증여하고[63] 현령의 객에게 1,000전을 선물하는 縣 豪傑吏도 적지 않았다는 것은[64] 秦末에도 이미 상당한 재력가들이 지방 속리로 진출하거나 기타 비정상적인 방법으로 부를 축적하고 있었던 사정을 전하는데, 특히 이들이 大夫를 자칭하였다는 것도(주 64 참조) 주목된다. 〈역보〉의 주인공도 바로 그 부류에 속하였음에 틀림없다. 더욱이 그는 占書와 의약서 및 농사 관계의 서

---

60) 〈尹灣漢墓發掘報告〉,《尹灣漢墓簡牘》, pp.162-165 참조.

61) 秦代의 지방관이 客과 豪吏를 이용하여 지방사회를 통제한 문제는 拙稿, 〈秦帝國의 舊六國統治와 그 限界〉,《閔錫泓博士華甲紀念史學論叢》, 1985, pp.800-807을 참조하라.

62) 《睡虎地秦墓竹簡》, p.88, "繫城旦春 公食當責者 石卅錢".

63) 《史記》 卷53 〈蕭相國世家〉, "高祖謂亭長 常左右之 高祖以吏繇咸陽 吏皆送奉錢三 何獨以五". 제 주석가들은 '三'과 '五'를 각각 300, 500으로 해석한다.

64) 《史記》 卷8 〈高祖本紀〉, "沛中豪傑吏聞令有重客 皆往賀 蕭何爲主吏 主進 令第大夫曰 進不萬千錢 坐之堂下 高祖爲亭長 素易諸吏 乃紿爲謁曰 賀萬錢 實不持一錢".

책들도 다수 隨葬한 지식인이었다. 그 역시 비록 30세 미만에 사망한 것으로 추정되는 청년이었지만 군대 막사와 같이 집단생활이 요구되는 吏舍에 만족할 빈한한 少吏는 아니었으며, 가능하였다면 官府 밖의 보다 안락하고 자유로운 개인 숙소를 마련할 만한 능력은 있었던 것 같다.

한편 〈曆譜〉가 출토된 周家臺 30호 秦墓의 위치는 荊州市 沙市區 西北郊 太湖港 東岸 邔城에서 동으로 1.7km 거리이며, 그 서남 4.4km 에는 荊州古城이 있다.[65] 荊州古城의 북 5km에 있는 紀南城은 바로 B.C. 278년 秦의 장군 白起가 함락시킨 楚의 도성 郢이며, 荊州古城은 漢代 南郡의 郡治 江陵縣城인데, 秦의 남군 태수부 역시 이곳에 위치한 것으로 추정된다. 〈역보〉의 숙박기사를 보면 그 주인공의 근무지를 江陵으로 보는 것이 자연스러운데, 秦漢의 묘는 묘주의 향리 본가에서 멀지 않은 곳에 조영되는 것이 일반적이다. 따라서 그 본가와 관부는 걸어서도 1시간 정도의 거리로 추정되는데 그가 軺車를 이용한 것도 거의 확실하다. 만약 출퇴근이 허용되었다면 그는 매일 본가에서 숙식할 수 있었고, 本家가(東安侯國) 太守府(郯縣)에서 약 100리 정도 떨어진 〈일기〉의 주인과는[66] 달리 태수부 부근에 개인 숙소를 마련할 필요가 없었을 것이다. 그렇다면 과연 숙소를 일체 언급하지 않은 비여행 기간 중의 〈역보〉는 모두 '宿家'를 생략한 것일까? 그러나 당시 休沐 制度를 고려하면 그 대답은 부정적인 것 같다.

漢代의 관리들이 원칙상 吏舍에서 숙식하고 5일에 한 번 휴식과 洗沐을 위하여 본가에 돌아갔다는 것은 주지의 사실이며, 변경의 병사들도 10일 1 휴무제가 시행되고 휴식 없이 계속 근무할 경우 비사용 휴일을 누적하여 한 번에 여러 날 계속 휴식할 수 있었던 것도 확인되었지만,[67] 〈일기〉에도 5일 1休沐은 아니었을지라도 연간 51일 이상의 '宿

---

65) 〈關沮秦漢墓淸理簡報〉, p.26.
66) 拙稿, 〈前漢末 郡屬吏의 宿所와 旅行〉, p.17 참조.
67) 邢義田, 〈漢代邊塞軍隊的給假, 休沐與功勞制―讀《居延新簡》札記之二〉
　　《簡帛硏究》 1輯, 1993.

194

家'가 추정되어(12월 15일 喪告 이후는 제외)[68] 그 주인이 휴목제의 혜택을 대체로 누린 것이 분명하다. 이에 비해 〈역보〉의 주인은 1월 22일에서 3월 24일까지 2개월 이상 휴무가 없었으며, 적어도 이 기간의 비사용 휴일을 포함한 장기 휴가는 물론 일체의 휴무 흔적이 없다. 秦末 亭長 劉邦(漢 高祖)과 三川守 李由(李斯의 아들)의 '告歸'는[69] 秦末 군 태수와 郡縣 속리들이 휴가를 얻어 귀가하였던 명백한 증거이며, 특히 고조가 '常告歸'하였다는 것은 그 휴가가 그렇게 드문 것도 아니었음을 시사한다. 그러나 '告歸'는 공로나 집안의 흉사 또는 질병으로 본인의 귀가 신청을 허락하는 것으로서,[70] 평소의 정기 휴무와는 무관한 것이었다.

漢代 5일 1 休沐制는 景帝期(B.C. 156-140)부터 확인되는데,[71] 이 제도 역시 秦制를 계승하였을 가능성도 배제할 필요는 없다. 그러나 昭帝時 霍光의 반대파들이 그의 休沐을 틈타 그에게 불리한 상소를 황제에게 전달하였던 예는[72] 휴목제가 현재의 공휴일처럼 모든 관리가 일시에 휴목하는 것이 아니라 개인별로 輪番 休沐하는 것이었음을 단적으로 입증하는데, 이 경우 개인별 기록이 필요하였을 것이다. 居延·敦煌漢簡中 戌卒 개인별 작업일지와 함께 10일 또는 15일 간의 작업 내용과 1일 휴무를 기록한 것은 바로 그 예이지만,[73] 〈일기〉가 '宿家'를 기록한 것은 바로 그 귀가 숙박이 다른 관리들과는 다른 그 개인의 휴목일이었기 때문일 것이다. 더욱이 漢代 郎官의 경우지만, 병으로 하루 종일 근무하지 못한 날을 규정된 휴목일에서 공제한 사실이나,[74] 특히

---

68) 拙稿, 〈前漢末 郡屬吏의 宿所와 旅行〉, pp.159-171.

69) 《史記》 卷8 〈高祖本紀〉, "高祖爲亭長 常告歸之田 呂后與兩者居田中 耨"；同 卷87 〈李斯列傳〉, "三川守李由告歸咸陽 李斯置酒於家".

70) 《史記》 〈高祖本紀〉 索隱, "告 請歸乞假也"；集解, "李斐曰 休謁之名也 吉曰告 凶曰寧"；顏師古注, "告者 請謁之言 謂請休耳 或謂之謝 謝亦告也".

71) 《漢書》 卷50 〈鄭當始傳〉, "孝景時 爲太子舍人 每五日洗沐".

72) 《漢書》 卷67 〈霍光傳〉, "於是蓋主 上官桀 安及(桑)弘羊皆與燕王旦通謀 詐令人爲燕王上書…司(霍)光出沐日奏之".

73) 邢義田, 〈漢代邊塞軍隊的給假, 休沐與功勞制〉, pp.197-198 참조.

아버지 喪으로 인한 휴가와 병으로 인한 휴가일수도 考課와 승진의 기준이 되는 軍吏의 근무일수 즉 ‘功勞’에서 공제되었다면,[75] 관리들도 자신의 정기 休沐과 임시 특별 휴가일을 스스로 備忘하지 않을 수 없었을 것이다. 〈일기〉 주인이 비여행 중 원칙상 ‘吏舍’에 숙식해야 하지만 특별히 허락된 개인 숙소에 숙박한 ‘宿舍’와 본가에 돌아가 휴목한 ‘宿家’를 철저히 구분하여 기록한 것은 바로 이 때문이었을 것이다.

그렇다면 〈역보〉가 출장 이외에는 일체 숙소를 기록하지 않은 것은 실제 휴목일에 대한 비망이 불필요한 사정, 즉 漢代와 같은 5일 1 휴목제가 시행되지 않았을 가능성을 시사하는 것이다. 이것은 吏舍 숙식 의무가 없이 평소 출퇴근하는 상황일 수도 있다. 그러나 앞에서 지적한 바와 같이 秦의 吏도 吏舍에서 숙식하였고 일정한 조건 하에 告歸가 허락된 것도 분명하다면, 〈曆譜〉가 비여행 중의 숙소를 기재하지 않은 것은 적어도 5일 1휴목과 같은 수일 만에 정기적으로 하루 휴목하는 제도가 없었던 상황을 반영한 것으로 해석된다. 특히 그의 본가가 태수부에서 걸어서 불과 한 시간 거리 정도에 있었음에도 불구하고 속현 순행 중 江陵에 돌아온 날에도 ‘宿江陵’(2월 3일, 3월 4일)으로 표기한 것은 이 점을 강하게 뒷받침하는 것 같다. ‘宿江陵’은 본가에서의 숙식이 아닌 江陵 관부에서의 숙식을 의미하기 때문이다. 漢代의 휴목제는 단순한 정기 휴무가 아니라 적어도 5일에 한 번 가족생활을 보장하는 성격이었다. 따라서 그 유무는 관리의 사생활에 대한 국가의 존중 여부 내지는 그 강도의 차이를 반영한 것으로 보아도 무방할 것이다.

---

74) 《漢書》 卷66 〈楊惲傳〉, “郞官故事 令郞出錢市財用 給文書 乃得出 名曰 山郞 移病盡一日 輒償一沐 或歲餘不得沐”.

75) 甘肅省文物考古硏究所 · 甘肅省博物館 · 文化部古文獻硏究室 · 中國社會科學院歷史硏究所編, 《居延新簡》(文物出版社, 1990), p.152, “居延甲渠候官第十燧長公乘徐譚將中功一勞二歲…爲吏五歲三月十五日 其十五日河平元年陽 朔元年病不爲勞”; 吳礽驤 · 李永良 · 馬建華 校釋, 《敦煌漢簡釋文》(甘肅人民出版社, 1991), p.122, “玉門千秋隧長敦煌武安里公乘呂安漢…功一勞三歲九月二日 其卅日 父不幸死 憲定功一勞三歲八月二日…”.

196

　　秦代에도 郡縣 屬吏가 되는 것은 일반적으로 행운으로 인식되었고 실제 조세와 요역의 면제도 받았으며,[76] 직권을 이용한 상호 사적인 협력을 통하여 영향력도 크게 행사였던 것 같다.[77] 앞에서 지적한 바와 같이 沛縣 屬吏들이 大夫를 자처하였던 것은 바로 이러한 배경의 산물이기도 하다. 그러나 秦律에는 吏의 위법은 물론 사소한 과실도 엄격히 처벌하는 규정이 가득하며, 吏이기 때문에 오히려 불이익을 당하는 경우도 적지 않았지만,[78] 휴목제가 없었던 것은 당시 국가가 吏를 '家를 가진 존재'로 배려하지 않은 것을 시사하는 것 같다. 《韓非子》가 '父의 효자는 君의 背臣'이란 입장에서(五蠹篇) 事君·事父·事夫를 동시에 요구하는 입장으로 선회하였고(忠孝篇),[79] 秦律에도 불효를 처벌하는 규정이 확인되었지만, 역시 관리의 吏舍居住 원칙을 고수하는 한편 관리의 최소한의 정상적인 생활을 보장할 수 있는 휴목제를 시행하지 않았다는 것은 철저하게 '家'와 '官'·'國'·'朝廷'를 각각 '公'과 '私'의 대치된 세계로 설정하고, 관리를 '家'에서 나와 '官'으로 들어간 존재로[80] 인식하는 관점을 탈피하지 못한 것을 의미하는 것 같다. 漢代에도 在家·居家·歸家는 곧 관리의 퇴직을 의미하였던 것이다.

　　그렇다면 漢代 휴목제는 철저한 '在官'과 '在家'의 불양립을 다소 완

---

76) 拙稿, 〈秦의 地方行政組織과 그 性格―縣의 조직과 그 機能을 中心으로〉, 《東洋史學研究》 31, 1989, pp.74-77.

77) 《史記》 卷7 〈項羽本紀〉에 전하는 다음과 같은 예를 보라. 즉 楚 명족의 후예 項梁이 櫟陽의 獄事에 연루었을 때, 蘄縣 獄掾 曹咎에게 청탁하였고, 曹咎가 櫟陽 獄掾 司馬欣에게 청탁 편지를 보내 사건이 무마되었다는 것이다.

78) 拙稿, 〈秦의 地方行政制度와 그 性格〉, p.74. 특히 亭長 시절 高祖와 그 절친한 縣吏 夏侯嬰 사이에 벌어진 사소한 사건의 다음과 같은 始末은 秦이 얼마나 지방 속리를 가혹하게 통제하였는가를 잘 보여 준다. 즉 "(夏侯)嬰而已試補縣吏 與高祖相愛 高祖戲而傷嬰 人有告高祖 高祖時爲亭長 重坐傷人 故告不傷嬰 嬰證之 後獄覆 嬰坐高祖繫歲餘 掠笞數百 終爲是脫高祖".

79) 拙稿, 〈漢代 《孝經》의 補給과 그 理念〉, 《韓國思想史學》 10집, 1998, p.195.

80) 尾形勇, 《中國古代の〈家〉と國家》(東京, 1979), 제4장 〈家と君臣關係〉 참조.

화하여 在官者에게 5일에 한 번 '在家'를 허용한 것이며, 〈일기〉에 보이는 바와 같이 비휴목일에도 吏舍 대신의 개인 숙소를 허용한 것은 한걸음 더 나아가 吏를 '독립적인 사생활이 필요한 개인'으로 인정한 것으로 해석할 수 있는 것 같다. 이것은 결국 漢代 호족사회의 발전과 호족 출신의 속리 진출 및 讀書人化를 배경으로 쟁취된 것이라면, 호족사회도 아직 성장하지 않았고 "법률에 통효하여 무엇이든지 잘하고 청렴, 성실하며 상관을 잘 보좌하는" 良吏의[81] 확보에만 부심하였을 뿐 관리의 학문적 소양에는 무관심하였던 秦 제국이 관리의 개인적인 숙소는 물론 휴목제에도 별다른 관심을 갖지 않은 것은 어느 의미에서 예상된 일이었다. 〈曆譜〉와 〈일기〉의 숙소 기록은 각각 秦末과 前漢末 사회와 兩帝國의 성격을 반영한 것이었고, 동시에 사상적으로는 官·法·吏를 중시하는 법가와 家·學·師를 중시하는 유가의 성쇠를 반영한 것이기도 하다.

Ⅳ. 節日과 風雨

〈일기〉와 〈역보〉의 또 다른 차이는 전자가 8절·伏·臘 등의 節日과 풍우를 기록한 반면, 후자는 연말의 嘉平만을 기록하였을 뿐 계절의 주기나 자연현상에 대한 일체의 관심을 표명하지 않은 점이다. 현재 〈일기〉에 표기된 절일은 춘분(2월 11일)·하지(5월 14일)·中伏(6월 20일 庚戌)·後伏(7월 庚午 11일)·추분(8월 11일)·입동(10월 3일)·동지(11월 20일)·臘(12월 23일 庚戌)뿐이지만, 입춘은 전년 12월 25일이었고, 입하 3월 28일, 초복 6월 10일, 입추 7월 1일의 簡은 결실되었기 때문에 본래는 8節·3伏·臘이 모두 注記한 것으로 보아도 무방한 것 같다. 漢代의 曆譜중 이와 같이 8節·3伏·臘이 모두 주기된 것은 敦煌 淸水溝 漢代 烽燧遺址에서 출토된 宣帝 地節 원년

---

81)《睡虎地秦墓竹簡》〈語書〉, p.19, "凡良吏明法律令 事無不能也 又淸潔敦
　　慤而好佐上".

(B.C. 69) 역보인데,[82] 1년 간지가 모두 표기된 宣帝 元康 3년(B.C. 63)에는 추분·입하·입동만 주기되었지만, 元帝 永光 5년(B.C. 39)과 成帝 永始 4년(B.C. 13) 역보는 殘失 부분을 감안하면 모두 8節·3伏·臘을 完記한 것으로 추정된다.[83] 따라서 元延 2년(B.C. 11) 〈일기〉에 이 節日들이 완기된 것은 당시 관행을 다시 한번 확인시켜 준 것이었다.

한편 銀雀山 前漢墓에서 출토된 武帝 元光 원년(B.C. 134) 曆譜도 3伏과 臘은 기록하였으나 8節 中 春分·秋分·立冬을 주기하지 않았는데,[84] 8절의 주기는 곧 24節氣의 도입을 의미한다. 그러나 실제 8절 중 동지와 하지만 일단 확정되면 계절의 나머지 절기는 대체로 계산할 수 있으며, 伏日과 臘日도 初伏은 하지 이후 3번째 庚日, 中伏은 4번째 庚日, 後伏은 秋分 이후 첫 번째 庚日로, 臘은 동지 후 3번째 戌日로 각각 정해졌기 때문에[85] 8節·3伏·臘 중 일부가 생략되어도 별 문제는 없다. 24절기가 태음력에 태양력 주기를 결합함으로써 보다 정확한 농경시간표를 제공하였다는 것은 주지의 사실이지만, 대부분의 節日에는 제사와 축제가 거행되었다. 동지와 하지의 전후 5일간 휴무기간 중에도 향리에서 주연을 베푸는 것이 관례였지만(주 88 참조),《後漢書》

---

82) 殷光明,〈敦煌淸水溝漢代烽燧遺址出土文物調査及漢簡考釋〉,《簡帛硏究》, 法律出版社, 1996, p.374 ; 同,〈敦煌淸水溝漢代烽燧遺址出土《曆譜》述考〉, 上同, pp.377-379. 이 역보도 춘분과 하지는 확인되지 않았지만, 보고자는 이 부분의 逸失로 처리하고 8절의 完記로 추정한다.

83) 陳久金,〈敦煌·居延漢簡中的曆譜〉, 中國社會科學院考古硏究所編輯,《中國古代天文文物論集》, 文物出版社, 1989, pp.115-119.

84) 吳九龍 釋,《銀雀山漢簡釋文》(文物出版社, 1985), pp.233-235 및 첨가된 復原表 참조. 冬至 이전 立冬은 전년 9월말이었지만, 추분 이후 입동은 그 해 입추가 7월 21일이므로 후 9월에 해당하는데 역시 보이지 않는다.

85) 이것은《太平御覽》所引《陰陽書》의 복일과《說文解字》의 臘日說인데, 〈日記〉의 복일과 臘日은 이것과 그대로 일치한다. 그러나 漢代 역보중 庚日 伏日, 戌日 臘日은 예외가 없어도 하지·추분 이후의 몇 번째 庚日, 동지 이후 몇 번째 戌日이냐는 것은 曆譜에 따라 차이가 있다. 이 문제는 金秉駿,〈漢代의 節日과 地方統治─伏日과 臘日을 중심으로〉, pp.50-51 참조.

禮儀志는 1년의 啓閉 즉 立春·立夏(이상 啓)·입추·입동(이상 閉)에 각각 백관과 군현의 관원이 참여하는 경사와 군현의 계절맞이 의식을 전하고 있고,[86] 臘日의 연회를 위하여 국가가 대소 관원과 병사들에게 肉·米·錢을 차등 지급한 것도 이미 소개하였지만, 伏과 臘日 조상과 신들에게 제사하고 성대한 축제를 벌였다는 자료도 많다.[87] 즉 대부분의 節日은 중요한 국가가 공적으로 허용하는 관민 공동의 명절로서 이에 따른 행정조처도 필요하였기 때문에 관리가 반드시 기억하지 않을 수 없는 날이었던 것이다. 그러므로 8節·3伏·臘을 曆譜에 注記한 것은 단순히 농경에 필요한 계절 순환의 전환점을 공시하기 위한 것이 아니라 행정상의 필요란 의미도 강하였던 것으로 이해된다.

〈일기〉의 주인은 춘분(2월 11일) 전후의(2월 7일-12일) 楚國 출장으로 당일은 楚國 呂縣 傳舍에서 숙박하였으며, 입하(3월 28일)에는 缺簡, 夏至(5월 14일) 전후(4월 25일-6월 3일)에도 역시 楚國 장기 출장으로 楚國의 南春宅에서 장기 체재하고 있었고, 초복 6월 10일은 缺簡이지만 6월 6일 이후 중복 6월 20일까지 계속 '宿家' 표기되어 초복과 중복은 모두 본가에서 휴식한 것으로 추정된다. 後伏(7월 11일)은 숙소의 注記가 없지만 7월 9일 '宿舍' 이후 12일까지 숙소에 대한 주기가 없고 13일의 殘簡 중 맨 아래 단 한자 보이는 '亭'이 '宿某亭'의 파손일 가능성이 농후하기 때문에 후복을 전후한 4일은 모두 '宿舍'로 추정되어 〈일기〉 주인이 휴무를 즐긴 것 같지는 않다. 혹 後伏은 본래 휴무규정이 없었을 가능성도 있지만, 成帝時 東海郡 郯縣 출신 左馮翊 薛宣이 모든 관원이 귀가하여 휴무하는 至日에 유독 관부에 남아 공무를 처리하는 賊曹掾을 훈계하며 귀가를 종용하였다는 사실을[88] 상기하

---

86)《後漢書》〈禮儀志上〉 立春, "立春之日 夜漏未盡五刻 京師百官皆衣靑衣 郡國縣道官下至斗食令史皆服靑幘 立靑幡 施土牛耕人于門外 以示兆民 至立夏 唯武官不". 입하·입추·입동에도 각각 衣와 幘의 색만 다르고 土牛·耕人만 세우지 않았을 뿐 비슷한 의식이 있었다.

87) 金秉駿,〈漢代의 節日과 地方統治〉, pp.45-48.

88)《漢書》卷83〈薛宣傳〉, "及日至休吏 賊曹掾張扶獨不肯休 坐曹治事 宣出敎曰 蓋禮貴和 人道尙通 日至 吏以令休 所繇來久 曹雖有公職事 家亦望私

면 동해군의 屬吏〈일기〉의 주인도 특별한 사정상 귀가하지 못하였을 가능성도 높다. 입추(7월 1일) 역시 殘簡이지만 6월 26일에서 28일까지 '宿家' 이후 29일 '病告'가 기록되고 7월 7일까지 일체의 注記가 없다가 7월 8일 '旦發 宿舍'가 기록된 것을 보면 6월 29일 이후 7월 7일까지는 계속 병으로 본가에서 휴식한 것이 확실하다. 7월 11일 後伏을 휴무하지 않은 것은 바로 이와 같은 장기 病暇때문이었을 가능성도 높다.[89]

8월 17일 추분을 전후한 시기는 7월 25일 郡內 蘭陵縣 출장을 전하는 '宿蘭陵紫朱亭' 이후 역시 군내 山鄕侯國 출장으로 추정되는 9월 8일 '宿山郵'까지는 숙소 기록이 없지만 전후 사정으로 보아 계속 휴목도 없는 근무로 추정된다.[90] 10월 3일 입동에는 태수를 따라 羽山에서 거행되는 의식에 참여하였던 것이 확실하며(附에서 상론), 11월 20일 동지는 10월 18월 '宿舍' 이후 11월 25일 '宿家'까지 숙소 기록이 없지만, 동지 전후한 5일 휴무 규정을 고려하면 동지 전후 5일인 11월 18일에서 22일은 '宿家'일 가능성이 높고 혹 殘簡인 17일, 缺簡인 18일에 '宿家'가 기록되었을 가능성도 높다. 그러나 25일 '宿家'가 명시된 것은 동지 전후를 포함한 그 이전이 모두 '宿舍'였고, 따라서 동지에도 休沐하지 못한 것을 강력히 시사하는 것 같다. 한편 琅邪郡 출장중인 12월 2일 父의 사망을 의미하는 '君不幸', 귀환중인 15일의 '喪告'로 보아 16일 귀환보고 때문에 '宿舍'한 이후는 모두 '宿家'로 추정되는 만큼 23일의 臘日은 비록 숙소의 기록은 없지만 '宿家'가 틀림없었을 것이다.

결국 〈일기〉의 주인공은 初伏과 中伏에 休沐하였고 立冬에 겨울맞이 의식에 참여한 것은 확실하며, 그 밖에 당일 또는 그 전후 허용된 것으로 추정되는 휴목은 郡外 출장과 또는 기타 특수한 사정으로 제대

恩意 掾宜從衆 歸對妻子 設酒肴 請鄕里 壹笑相樂 斯亦可矣 扶慙愧 官屬善之".

89) 郎官이 병으로 하루 종일 근무하지 못하면 休沐 1일을 공제한 사실을 기억하라.

90) 拙稿,〈前漢末 郡屬吏의 宿所와 旅行〉, pp.165-166.

로 누리지 못한 것 같다. 그러나 주인공의 ‘宿家’가 최소 51일 이상 확인되는 것을 고려하면 그가 절일에 규정된 휴목도 다른 기회에 보상받았거나 다른 이유로 미리 허용된 휴목으로 상쇄되었을 것으로 추측되는데, 어쨌든 〈일기〉는 당시 상당수의 절일이 지방행정의 일정표에서 빼놓을 수 없는 좌표였음을 반영하고 있으며, 이것은 곧 국가가 민간의 祭日을 8節·伏·臘을 중심으로 공인한 것을 시사한다.

그렇다면 秦末 〈曆譜〉에 節日이 일체 표기되지 않은 것은 결국 민간 제의에 대한 국가의 상이한 입장을 반영한 것 같다. 주지하는 바와 같이 24절기는 이미 戰國時代에는 확립되었고, 秦은 德公 2년(B.C. 676)에 伏日을,[91] 惠文王 12년(B.C. 326)에 臘日을 각각 공인하였다. 따라서 秦末 〈역보〉에 臘을 개명하였다는 嘉平 이외에는 伏조차 기록되지 않았다는 것은 실로 의외이다. 그러나 戰國時代 魏 李悝가 제시한 編戶齊民의 생산과 소비의 표준적 청사진 盡地力之敎가 농민의 祭儀로 ‘社閭嘗新春秋之祠’ 즉 里 단위의 춘추 2회의 社祭만을 허용한 사실과[92] 秦 昭襄王(B.C. 306-251)이 社日과 臘日도·아닌데 백성들이 멋대로 소를 잡아 社祭를 지낸 里正 등을 처벌하였다는 일화는[93] 戰國時代 秦이 민간에게 공식 허용된 祭儀는 社祭와 겨울의 臘祭에 불과하였음을 시사한다. 秦의 伏日 제사도 社에서 거행되었는데,[94] 戰國時代 秦이 민간의 공식 제의를 社祭 2회로 제한하였다면, 그것은 伏日과 臘日이었을 가능성이 농후하다.

---

91) 《史記》 卷5 〈秦本紀〉 德公2年, “初伏 以狗禦蠱”.

92) 《漢書》 卷24上 〈食貨志上〉. 漢初 社祭를 春 2월과 臘日로 배정한 다음과 같은 조처는 바로 이 전통을 계승한 것으로 보인다. 즉 “高祖十年春 有司請令縣常以春二月臘社稷 以羊彘 民里社自裁以祠 制曰 可”(《漢書》 卷25上 〈郊祀志上〉). 後漢 建武 2년(A.D. 26) “立太社稷于雒陽 在宗廟之右… 二月八月及臘 一歲三祠”(《後漢書》 〈祭祀志〉)는 漢初 臘으로 대체되었던 秋社를 다시 분리하여 연 3회 社祭를 공인한 것이다.

93) 《韓非子》 〈外儲說右下〉, “秦襄王病 百姓爲之禱 病愈 殺牛塞禱…非社臘之時也 奚自殺牛而祠社 訾其里正與伍老屯二甲”.

94) 《史記》 卷14 〈十二諸侯年表〉 周惠王 元年 秦條, “初作伏 祠社 磔狗邑四門”.

한편 漢代의 伏日과 臘日은 흔히 '伏臘'으로 병칭되었지만, 양일은 모두 조상과 諸神에 대한 제사를 통한 악귀의 제거와 술과 음식을 곁들인 떠들썩한 축제였으며, 계절만 다른 사실상 동일한 성격의 祭日이었다.[95] 실제 臘이 新舊迎送의 過歲節로서[96] 양기와 음기가 교대하는 동지와 동일한 성격으로도 인식되었다는 것은 앞에서도 지적하였지만[97] 복일 역시 음기가 일어나기 시작하는 夏至와 동일한 순환점으로 인식되었고[98] 복일의 '閉門避暑'와[99] 至日의 휴무안정과도 상통하지만, 특히 개를 찢어 죽여 邑門에 걸어 蠱災를 피하는 복일의 의식이 정월에 개피를 문에 발라 不祥을 제거하는 의식으로 이어진 것은[100] 하지와 伏이 동지와 臘에 대응하는 여름의 과세절이었음을 잘 말해 주는 것 같다. 즉 臘이 동지 기점의 신년준비 의식이라면 伏은 하지 기점의 신년의식으로 이해해도 대과는 없다는 것이다. 그렇다면 〈역보〉가 伏을 注記하지 않는 반면 12월 25일 嘉平(臘)을 주기하고 5일 간의 5일 휴무를 밝힌 것은 하지·동지를 중심으로 사실상 이원화되었던 신년의식을 12월 말로 일원화하였던 사정을 반영한 것으로 해석될 수 있는 것 같다. 《呂氏春秋》가 孟冬 10월에 社에서 대희생을 바치는 臘祭를 설정하는 한편 季冬 12월에 伏日의 '磔狗邑門'과 동일한 의식이 수반된 儺祭를 설정한 것도[101] 伏과 臘을 겨울 祭日로 통합한 것이지만, 漢代 臘

---

95) 金秉駿, 〈漢代의 節日과 地方統治〉, pp.44-48.

96) 《漢書》 卷27 〈天文志〉, "臘明日 人衆卒歲 一會飮食 發陽氣 故曰初歲".

97) 《風俗通義》 卷8 〈雄鷄〉, "臘者 所以迎刑送德也 大寒至 常恐陰勝 所以戌日臘 戌者溫氣也"도 이 관념을 단적으로 말해 준다.

98) 《漢書》 卷25上 〈郊祀志上〉 顔師古注, "伏者 爲陰氣將起 迫於殘陽而未得升 故爲臧伏 因名伏日也".

99) 《太平御覽》 卷31 時序部 伏日, "鄭曉時曰 平生三伏時 道路無行車 閉門避暑 臥 出入不相過".

100) 《風俗通義》 卷8 〈殺狗磔邑四門〉, "太史公記 秦德公始殺狗 磔邑四門 以禦蠱災 今人殺白犬以血題門戶 正月白犬血辟除不祥 取法於此也".

101) 《呂氏春秋》 〈孟冬紀〉, "大割 祠于公社及門閭 饗先祖五社 勞農夫以休息之", 冬 〈季冬紀〉, "命有司大儺 旁磔". 《禮記》 〈月令·孟冬〉의 "臘先祖五祀"를 참고하면 이 제사가 臘祭라는 것은 의문의 여지가 없다. 季冬의

日 前夕 大儺를 거행하고 정월 개피를 문에 바른 것은 바로《呂氏春秋》가 10월과 12월 2회의 겨울 제의로 재편한 伏·臘을 다시 年 1회 신년의식으로 통합한 것으로 이해된다. 〈역보〉의 嘉平은 바로 이 통합의 선구였던 것이다. 더욱이《呂氏春秋》〈季春紀〉에 설정된 儺祭 역시 '九門磔禳'이 수반된 것도[102] 농경 제의로서 가장 자연스러운 춘추의 社祭가 伏과 臘으로 대체된 부자연스러움에 대한 보완책으로 이해될 수 있다면, 季春 정월 개시 5일 이전부터 시작된 秦末의 嘉平祭는 춘추의 社祭와 동지·하지와 관련된 신년의식을 모두 통합한 年 1회의 祭日로 이해할 수 있는 것 같다. 秦始皇 初의 법률문서에 이미 12월의 '嘉平'이 표기되었음에도 불구하고 진시황 31년 臘이 嘉平으로 개명되었다는《史記》의 기사는 혹 이 통합을 전한 것으로 추측할 수 있다면, 그해 국가가 里당 米 6석과 양 2마리씩 분급한 것은(주 14 참조) 節日의 축소 통폐합에 대한 위로였을지도 모른다.

그러므로 필자는 〈역보〉가 지방관원이 행정상 숙지할 필요가 있는 절일을 생략한 것이 아니라 당시 12월 嘉平이 유일한 公認 祭日이었던 秦末의 현실을 그대로 반영한 것으로 추정한다. 社祭도 다시 2월과 臘日로 분화되고(後漢에서는 秋社가 다시 추가), 제사와 축제가 수반된 3복도 다시 臘에서 독립하였을 뿐 아니라 동지와 하지 전후 5일 휴무와 연회도 보장되었고 입춘·입동·입하·입추에도 관민이 참여하는 迎氣儀式이 거행된 漢代의 공인 절일과 비교해 보면 확실히 秦의 節日政策은 편호제민의 農戰을 최대한 요구하는 법가 제국의 성격이 그대로 반영된 것으로 평가된다. 더욱이 漢帝國은 災異와 瑞祥 또는 국가의 경사를(황태자 책봉 등) 계기로 빈번히 民爵을 사여하면서 里 단위로 牛·酒를 하사하는 한편 5일 간의 大酺를 선포한 것도 아울러 고려하면, 비록 漢代에도 이유 없이 3인 이상이 함께 음주하는 것을 금하는 법도 있었지만,[103] 확실히 漢제국은 秦에 비해 官民에게 공적인 휴식과

"旁磔"은 高誘注, "旁磔犬羊於四方" 및 鄭玄《禮記》〈月令〉注, "旁磔於四方之門"을 참고하면 伏日 의식과 동일한 것으로 이해할 수 있다.

102)《呂氏春秋》〈季春紀〉, "國人儺 九門磔禳 以畢春氣".

오락을 대폭 허용한 것이 분명하다. 즉 漢제국은 秦에 비해 인간에게 휴식과 오락이 필요하다는 것을 보다 폭넓게 인정한 것이었다.

한편 휴식과 축제의 확대 허용이 계절 순환 분절점의 절일화를 통하여 이루어진 것은 절일정책이 '계절 순환의 리듬에 조화된 인간의 삶'을 강조하는 月令思想에 기초한 것이었음을 시사한다. 주지하는 바와 같이 月令은 본래 계절에 순환에 따른 생산활동의 표준화에서 시작되었지만, 음양오행 사상과 결합하여 주요한 정치와 행정도 그 성격에 따라 상응하는 계절과 월에 배정하는 것으로 발전하였다. 秦始皇 8년 (B.C. 239) 성립되었다는《呂氏春秋》의 12紀는 戰國시대 월령사상을 일단 집대성한 것인데, 銀雀山 前漢墓에서 출토된《曹氏陰陽》,《陰陽散》,《迎四時》,《禁》,《三十時》,《五令》,《不時之令》,《爲政不善之政》,《人君不善之應》 등은 前漢初 時令·月令 사상의 성행을 웅변하고 있다.[104] 특히 1년을 30時의(12일 1時) 時令을 제시한《三十時》는 1년을 더욱 세분화된 시간 단위로 나누어 인간의 생활을 규제하려는 것인데, 24절기를 다시 세분한 72候와 60卦를 대응시킨 前漢 易學의 72候說도 동일한 성격이었다. 그러나《呂氏春秋》12紀도 각 時·月에 위배된 정치에 대한 災異를 명시하고 있다는 점에서 이미 재이사상과 표리를 이룬 것이었지만, 銀雀山 漢墓에서 출토된 상기 서책들도 대체로 재이설에 기초한 것이었으며, 醫書《靈樞經》은 太一의 九宮 이동과 8절을 결합하고 그 해당 절기의 風雨 유무와 선후를 기준으로 길흉을 판단하고, 太一이 동지·춘분·하지·추분에 있을 때 나무가 부러지고 沙石이 날리는 변이 일어나면 각각 君·相·吏·將이 불길하다는 占法을 소개하고 있다.[105]

---

103)《漢書》卷4〈文帝紀〉16년 9월 文穎注, "漢律 三人以上 無故群飲酒 罰金四兩".

104) 李零,〈讀銀雀山漢簡《三十時》〉,《簡帛研究》2집, 法律出版社, 1996은 이 책들의 내용과 성격을 간략히 소개하였다.

105) 饒宗頤,〈談銀雀山簡《天地八風五行客主五音之居》〉,《簡帛研究》 1輯, 法律出版社, 1993, pp.116-117. 이동 절일에 風雨가 오면 길하여 풍년이 들고 백성이 편안하며 병이 적지만, 그 이동이 절일에 앞서면 '多雨', 늦으

이와 같이 漢代의 節日은 月令·災異說과 불가분한 관계였으며, 특히 元帝 이후에는 월령이 실제 제도로서 확립되었고,[106] 황제뿐 아니라 丞相 이하 대소 관원의 失政, 심지어 郡縣 屬吏의 비행도 재이를 야기한다는 인식이 상식화되고 蝗蟲과 水火의 재난이 발생한 지역의 책임 少吏도 도적 발생에 준하여 처벌되었다. 이에 따라 災異는 정쟁의 편리한 도구가 되었고, 瑞祥과 상계문서를 조작하여 치적과 태평을 분식하는 작태도 일반적인 현상이었다.[107] 節日을 명기한 〈일기〉의 주인 郡屬吏가 다음과 같이 風雨를 기록한 것은 오히려 당연한 일이라 하겠다. 즉 3월 7일 "下餔雨復", 3월 15일 "日禺 大風盡日止", 4월 16일 "旦雨", 4월 17일 "雨盡夜止", 5월 9일 "甚雨", 5월 16일 "雨". 漢代人들이 적절한 시기의 적당한 風雨를 음양조화의 결과요 만물 번성의 필수조건으로 인식한 것은[108] 새삼 지적할 필요도 없지만, 元帝 初元 3년(B.C. 46) 6월 詔書의 다음과 같은 구절만 보아도 時令과 災異思想에서 '風雨'가 얼마나 중요한 항목이었는가를 잘 말해 준다. 즉

> 대저 安民의 道는 음양의 (조화에서) 비롯된다고 들었는데, 근래 음양이 잘못 얽혀 風雨가 때를 잃었으니[陰陽錯謬 風雨不時] 짐이 부덕한 (소치이다)…有司는 四時의 禁을 범하는 일이 없도록 힘쓰라(《漢書》〈元帝紀〉).

《漢書》〈五行志〉는 成帝 永始 3년과 4년(B.C. 13) 여름 대한발을 전하고 있지만,[109] 元延 2년에는 특별한 한발이 확인되지 않는다. 그 해

면 '多汗'이 발생한다고 한다.

106) 邢義田, 〈月令與西漢政治—從尹灣集簿中的'以春令成戶'說起〉, 《新史學》 9-1, 1998, pp.33-36.

107) 拙稿, 〈虛像의 太平 : 漢帝國의 瑞祥과 上計의 造作—尹灣簡牘 〈集簿〉의 分析을 중심으로〉, 서울大學校 東洋史研究室編, 《古代中國의 理解》 4, 지식산업사, 1998 참조.

108) 《漢書》 卷56 〈董仲舒傳〉, "陰陽調而風雨時 群生和而萬民殖 五穀熟而草木茂".

109) 《漢書》 卷27中之上 〈五行志〉中之上, "成帝 永始三 四年 夏 大旱".

동해군 일대에서 단 5일, 그것도 3월에서 5월 사이에만 비가 왔다는 것은 납득하기 어렵다. 그렇다면 〈일기〉의 '雨'는 단순히 강우 기록이 아니라 특정한 이유에서 특정 기간의 특정 강우만을 기록한 것으로 이해하는 것이 타당할 것이다. 물론 3, 4, 5월의 비는 '不時'가 아니며 하루 정도 밤새 비가 내린 것도 결코 수재는 아니었을 것이다. 그러나 漢代人이 '흙덩이를 파괴하지 않는 비와 나뭇가지가 울리지 않는 바람'을 가장 이상적인 풍우로[110] 상정한 것을 고려하면 '甚雨'와 '日禺에(禺中은 9시에서 11시, 日中은 11시에서 13시) 시작하여 하루 종일 분 大風'은 人事의 과실을 경고하는 의미로 기록하였을 가능성이 농후하다. 또 풍우는 아니지만 5월 7일의 '軍'도 당시 전쟁의 승패 또는 병란을 예고하는 것으로 믿었던 日月의 '暈'으로[111] 보는 것이 자연스럽다면 역시 占候 대상으로 災異와 무관하지 않은 기록이다. 한편 《漢書》〈天文志〉에 의하면 月이 中道를 벗어나 동남의 軫星을 들어가면 '多風'이, 西의 畢星으로 들어가면 '多雨'가 발생하는데, 이것은 모두 '陰이 盛한' 현상으로 將相家의 범죄를 예고한다는 것이다.[112] 그러므로 〈일기〉의 '甚雨'는 일단 '多雨'로 이해해도 무방한 것 같으며, 4월 16일 '旦雨'와 다음날의 '雨盡夜止'도 16일 아침에 시작한 비가 17일 밤새 왔다는 것으로 이해할 수 있다면, 역시 양일에 걸친 '多雨'에 속한다. 또 3월 27일 '下舗雨復'도 '下舗에(저녁 5시 20분에서 6시 40분 사이) 비가 다시 왔다'란 의미가 확실하다면 역시 '多雨'로 기록된 것 같다.

---

110) 《論衡》〈是應〉, "儒者論太平瑞應 皆言氣物卓異…風不鳴條 雨不破(块)".

111) 《漢書》 卷26 〈天文志〉, "兩軍相當 日暈等 力均 厚長大 有勝 薄短小 亡勝 重抱大破亡…氣暈先至而後去 居軍勝…後至先去 前後有病 居軍不勝… 日暈制勝 近期三十日 遠期六十日".《後漢書》〈天文志〉, "光武建武七年四月丙寅 日有暈抱 白虹貫暈 在畢八度 畢爲邊兵 秋 隗囂反 侵安定". 한편 《淮南子》〈覽冥訓〉, "畫隨灰而月運闕"은 月暈과 전시 포위망의 상응 관계와 주술을 통한 포위망의 해제를 전한 것이다. '運'은 '暈'의 假借이다.

112) 《漢書》 卷26 〈天文志〉, "風 陽中之陰 大臣之象也 其星 軫也 月去中道 移而東北入箕 若東南入軫 則多風 西方爲雨 雨 少陰之位也 月去中道 移而西入畢 則多雨…星傳曰 月入畢則將相有以家犯罪者 言陰盛也".

　　그렇다면 5월 16일의 '雨'를 일단 차치하면 〈일기〉의 風雨는 단순한 風雨가 아니라 將相의 變亂을 예고하는 '多雨', '多風'을 주로 기록한 것인데, 특히 '多雨'가 畢星과 유관하고 畢星은 또 변경의 兵亂과 관련된 것이므로(주 111 인용《後漢書》〈天文志〉 참조) 〈일기〉에 氣象과 天文은 결국 변경의 병란과 연결된 將相의 變을 예고하는 현상에 국한된 셈이다. 필자는 元延 2년 1월에서 6월 4일까지 4차에 걸친 〈일기〉 주인의 장기 楚國 출장을 전년 諸侯의(특히 동남지역) 반역을 경고하는 일련의 異變에 대한 대책으로 실시된 楚國의 특별감찰과 관련된 것으로 추정한 바 있지만,[113] 그 감찰에 직접 참여한 동해군 속리가 변경의 병란과 연결되는 將相의 變亂을 예고하는 異變만, 그것도 대체로 감찰 기간에 해당하는 기간에 집중 기록한 것은 결코 우연이 아닌 것 같다. 즉 그것은 전년 異變에 대한 경계의 일환으로 강화된 類似 徵候에 대한 관심을 반영한 특별한 기록으로 재이정치의 구체적 산물이며, 단순한 기상 기록은 결코 아니었다.

　　파종시와 파종 후의 강우량과 그 蒙利 경지면적 및 폭풍우·한발·水潦·황충 등 기타 농작물에 피해를 초래한 원인과 그 피해면적을 8월 이전까지 보고할 것을 명하고[114] 漢代 月令과 흡사한 春 2월에서 秋 7월 이전까지 산림의 벌채와 어린 동식물의 보호를 규정한 秦 田律[115] 등은 진의 지방 속리들도 風雨·강우량·한발과 수재 등을 철저히 기록하고 時令·月令을 熟知하지 않을 수 없는 사정을 잘 말해 준다. 그러나 秦律이 요구한 보고는 자연현상 자체가 아니라 경지의 수혜와 피해 상황, 즉 세금 징수의 가감을 위한 기초자료였고 時禁도 자원의 효과적인 계절적 이용이란 공리적 성격이 강하였으며 天人感應論에 기초

---

113) 拙稿, 〈前漢末 郡屬吏의 宿所와 旅行〉.
114)《睡虎地秦墓竹簡》, pp.24-25, "雨爲澍 及秀粟 輒以書言澍稼…稼已生後而
　　雨 亦輒言雨所多 所利頃數 旱及暴風雨 水潦 螽蟲 群它物傷稼者 亦輒言其
　　頃數 近縣令輕足行其書 遠縣令郵行之 盡八月□□之".
115)《睡虎地秦墓竹簡》, p.26, "春二月 毋敢伐材木山林壅隄水 不夏月 毋敢夜
　　草爲灰 取生荔 麝卵鷇 毋□□□□□□毒魚鱉 置穽網 到七月而縱之".

208

한 災異論的 관심과는 거리가 먼 것 같다. 실제 秦末 관리의 지침서로 보이는 雲夢秦簡 〈爲吏之道〉와 진시황의 통일과 태평을 칭송하기 위하여 각처에 세운 刻石文에도 秦의 君臣이 災異는 물론 瑞祥도 정치에 활용한 증거는 없으며, 특히 진시황 28년(B.C. 219) 南郡 순행 중 湘水를 건너다 대풍을 만난 진시황이 湘山을 민둥산으로 만들어 그 신을 응징하였다는 일화는[116] 당시 정치와 재이론의 철저한 무관계를 웅변한다. 그렇다면 秦律이 보고를 요구한 風雨는 관계 吏員의 관심으로 족하였을 것이며, 그 밖의 일반 관리들의 특별 관심사는 아니었을 것이다. 秦始皇 34년 南郡의 속현과 都官의 감찰에 참여한 郡屬吏가 그 해의 〈역보〉에 8절과 風雨을 비롯한 氣象·天文을 모두 기록하지 않은 것도 바로 이 때문일 것이다.

V. 餘　論

南郡 屬吏가 注記한 것으로 추정되는 秦始皇 34년 〈曆譜〉는 秦末 郡과 예하 屬縣 및 그 소재 都官의 감찰 통속 관계에도 새로운 知見을 첨가해 주었고, 여기서 확인된 楚國의 舊 도성 江陵 중심의 철기 생산 전통을 계승한 秦 鐵官도 漢제국의 江南政策을 이해하는 중요한 단서를 제공한다. 한이 그것을 폐지하였을 뿐 아니라 舊 楚國 지역에 사실상 철관을 두지 않은 것은 강남의 철기문화를 중원에 종속시킴으로써 다시는 楚와 같은 강국이 揚子江 유역에서 출현하는 것을 방지하기 위한 의도로 해석되기 때문이다. 그러나 이 〈역보〉를 약 200년 후 前漢末 東海郡 屬吏가 남긴 元延 2년 〈日記〉와 비교해 보면 대단히 흥미로운 秦제국과 漢제국의 통치방식과 그 성격의 차이를 발견할 수 있다.

우선 양자료에 나타난 숙소 기록을 비교해 보면 秦과 前漢은 모두

---

116)《史記》卷6〈秦始皇本紀〉28年, "乃西南渡淮水 之衡山南郡 浮江 至湘山 祠 逢大風 幾不得渡 上問博士曰 湘君何神 博士對曰 聞之 堯女 舜之妻 而 葬此 於是始皇大怒 使刑徒三千人皆伐湘山 赭其山".

관리의 官府內 吏舍宿食 원칙을 채택하였으나 秦은 漢代와 같은 5일 1 休沐制度가 시행되지도 않았고 前漢末 屬吏에게 부분적으로 허락된 것으로 추정되는 府外의 개인적인 숙소도 인정하지 않았으며, 출장중의 관원도 모두 傳舍·亭·吏舍 등의 국가의 공적 시설만을 이용하였던 것 같다. 결국 秦은 漢에 비해 관리도 '가족생활이 필요한 존재'라는 인식이 크게 결여하였으며 관리, 특히 少吏에게도 독서를 비롯한 사생활을 위한 개인적 시간과 공간이 필요하다는 것도 인정하지 않은 것이다. 戰國시대의 관료의 성격이 군주의 家臣 또는 私屬의 성격이 강하였으며,[117] 秦의 관노비 '隸臣妾'의 예에서 보듯이 '臣'이 戰國시대에도 노예를 의미하는 용어로도 흔히 사용되었다는 것을 상기하면, 秦이 군주의 측근 신료는 물론 일반 관원의 가정생활에 적극적인 관심이 없었던 것은 오히려 당연한 일이며, 漢代의 관심을 높게 평가하지 않을 수 없는 것 같다.

한편 8節을 비롯한 節日의 기록을 비교 분석해 보면, 최소한 당일 (伏日과 臘日, 立春·立冬·立夏·立秋) 또는 전후 5일까지도(하지와 동지) 휴무와 제사·연회·축제를 허용한 漢帝國에 비해 秦은 12월 25일 嘉平부터 정월 1일 始務까지 5일간 휴무하는 것 외에는 공인된 휴식 節日이 없었던 것 같다. 이 역시 관민을 막론하고 인간에게 허용해야 하는 휴식과 오락에 대한 양제국의 입장을 잘 반영하는 것 같은데, 여기서 필자는 《禮記》의 다음과 같은 기사를 상기하지 않을 수 없다.

　　子貢이 蜡祭를 참관하고 (돌아오니), 孔子가 물었다 "賜야, 즐거웠느냐?" 자공 "온 나라 사람들이 모두 미친 것 같습니다. 저는 그 즐거움을 모르겠습니다". 孔子 "백일의 (수고 끝에) 蜡祭로 하루 (맘껏 놀게) 은택을 내린 것이다. 네가 아닌 바가 아닐 것이다. 당기고 늦추지 않는 것은[張而不弛] 文王과 武王도 할 수 없으며, 늦추어 놓고 당기지 않는 것은[弛而不張] 문왕과 무왕은 하지 않는 것이다. 한번 당겼다 한번 늦추는 것이[一張一弛] 문왕과 무왕의 道이다(《禮記》 雜記 下).

---

117) 增淵龍夫, 〈戰國官僚制の一性格〉, 同著, 《中國古代の社會と國家》, 東京 1997 新版 참조.

물론 子貢도 하루의 휴식과 축제 자체를 반대한 것은 아니며, 공자가 허용한 '광란'도 통치의 효용을 고려한 백일 만의 하루 정도에 불과한 것도 사실이다. 그러나 자공에 비해 공자가 강조한 '一張一弛' 원칙이 編戶齊民에게 보다 폭넓은 휴식과 오락의 허용을 의미하는 것은 분명하다. 子貢의 입장이 年 2회의 春秋 社祭만 허용한 魏 李悝의 盡地力之敎와 秦의 節日政策과 상통하는 반면 공자의 입장은 漢의 절일정책에 근접하는 것으로 이해할 수 있기 때문이다.

일반적으로 고대의 집단적인 휴식과 오락은 祭儀를 통해서 실현된다면, 휴식과 오락의 국가적 통제는 祭儀의 통제를 통해서 이루질 수밖에 없을 것이다. 戰國時代 이후의 국가가 전통적인 祭儀를 가능한 한 통합한 것은[118] 바로 이 때문이기도 하다. 漢은 주요 절기를 절일로서 확대 공인함으로써 제의를 확대한 것이다. 이 점에서 漢제국은 '인간적인 삶'에 대한 관심과 존중을 확대한 것으로 평가해도 좋은 것 같은데, 이 이론적 근거는 유교적 통치원리인 '文武之道'와 자연의 순환에 순응하는 인간의 삶을 강조하는 災異論的 時令·月令思想이었다. 〈일기〉에 풍우가 기록된 것은 바로 당시 재이사상의 성행을 반영한 것이었다. 그러나 〈일기〉의 주인이 楚國에 출장한 3월과 5월 사이에만 집중 기록된 풍우는 실제 변경의 兵亂과 연결된 將相의 變의 예고로 알려진 '多雨'와 '多風'이었으며, 楚國 출장은 前年 동남 諸侯의 변란을 예고하는 異變에 따른 楚國에 대한 특별 감찰로 추정되는 만큼, 〈일기〉의 風雨 기록은 일반적인 천문기상에 대한 관심이라기보다는 자신이 참여한 楚國 감찰과 직접 관련된 관심으로 해석하는 것이 타당한 것 같다.

그러나 李悝가 春秋 2회의 社祭를 위하여 小農民 5人 1戶에게 배정한 5口 1戶 1년 식량 90석의 1/9, 총소비의 1/15에 해당하는 10석이었지만 별로 풍성한 축제도 벌일 수 없었다면,[119] 秦의 절일정책은 소농

---

118) 臘日 조상과 五祀를(門·戶·中霤·竈·行) 비롯한 百神을 모두 함께 제사한 것은 그 대표적인 예라 하겠다.

119) 拙稿, 〈戰國時代 國家와 小農民生活〉, pp.131-138 참조.

민의 실제 생활수준을 고려한 것이며, 漢의 그것은 오히려 그 현실을 무시한 것이었다고 해도 과언은 아닌 것 같다. 漢이 民爵賜與와 함께 음주와 향연의 허용을 의미하는 '大酺'를 선포하면서 牛와 酒를 하사한 소농민의 축제가 '酒肉 없는 향연'으로 끝날 것을 우려한 때문으로 해석되지만,[120] 漢이 대폭 허용한 축제는 대부분의 소농민에게는 별로 의미가 없었을 것이다. 더욱이 臘日 국가가 대소 관원에게 臘錢을 개인별로 등차 지급한 것, 귀가한 관원이 개인적으로 향리의 친지를 청하여 주연을 베푸는 至日의 관행(주 88 참조), 武帝時 伏日 東方朔이 천자가 하사한 고기를 갖고 귀가하였다는 일화[121] 등을 상기하면 漢代 절일은 이미 공동체적 축제와 향연의 계기가 아니라 개별 家 중심의 명절이었다고 해도 과언은 아니다. 궁핍한 소농민은 향리 호족층이 베푸는 연회에 초청되지 않으면 사실상 절일의 향연은 그들에게는 무의미하였을 것이다. 결국 漢代 절일은 豪族層이 자신의 公的인 휴식과 오락을 확대하면서 빈궁한 소농민에게 은덕을 과시함으로써 사적인 지배력을 확대할 수 있는 계기였던 것이다. 대토지소유제 발전을 기반으로 성장한 호족층의 유교적 독서인화 및 관료화가 진행되면서 漢代의 절일이 확대되는 한편 관료의 休沐制度의 확립, 나아가 부분적인 官府外宿食이 허용된 것은 극히 자연스러운 일이었다. 秦末 〈曆譜〉와 前漢末 〈日記〉에서 확인되는 차이는 바로 호족사회의 발전 유무에 기인한 것이었다.

끝으로 附言하고 싶은 것은 〈역보〉중 그 해 시행되었다는 진시황의 악명 높은 焚書政策이 전혀 반영되지 않은 사실이다. 雲夢秦簡 〈編年記〉와는 달리 〈역보〉와 〈일기〉는 모두 중앙 정부의 동향이나 정책에 무관심하였지만, 〈일기〉에는 異變을 계기로 강화된 동남 제후국에 대

---

120) 그러나 당시 財政 수지로 보아 소농민에게 실제 牛·酒가 하사되었을 가능성은 희박한 것 같다. 拙稿, 〈虛像의 太平 : 漢帝國의 瑞祥과 上計의 造作〉, pp.144-146 참조.

121)《漢書》 卷65 〈東方朔傳〉, "伏日 詔賜從官肉 大官丞日晏不來 朔獨拔劍割肉 謂其同官曰 伏日當蚤歸 請受賜 卽懷肉去".

한 조정의 특별 감찰이 반영되어 있다. 이것은 〈일기〉 주인이 직접 그 감찰에 참여하였기 때문인데, 군현과 무관할 수 없는 정책이나 명령이 군현 屬吏의 備忘에 注記되는 것도 자연스러운 일이며, 〈역보〉에도 불공정한 獄吏를 長城 축조와 南越 개척에 징발한 조처가 반영되어 있다. 따라서 정부에 대한 비판은 물론 의약·점복·농업를 제외한 《詩》,《書》, 百家語를 30일 이내에 신고하여 소각하지 않으면 엄벌에 처하며, 사실을 알고도 처벌하지 않는 관리도 同罪로 처벌한다는 秦始皇 34년의 분서정책이[122] 남군 속리의 〈역보〉에 흔적이 없다는 것은 다소 설명이 필요한 것 같다. 더욱이 〈역보〉의 주인은 상당한 서책을 소지한 인물이었던 만큼 焚書 명령이 郡에 하달되었다면 결코 무관심할 수 없었을 것이다.

자신의 공무는 물론 동료의 인사관계도 注記한 〈역보〉 주인이 그 충격적인 명령의 접수나 관련 조처를 전혀 언급하지 않은 것은 분서 명령이 실제 남군에 하달되지 않았기 때문일 수도 있다. 그러나 그 다음해 진시황이 '이전에 불필요한 천하의 서적을 모두 수거하였다'고 자랑한 것을 보면[123] 그 시행 여부야 어쨌든 황제의 조서가 군현에 하달되지 않았을 가능성은 희박하다. 또 焚書 詔書가 경고한 바와 같이 '위반자를 알고도 처벌하지 않는 관리'는 있을 수 있지만, 중앙 정부의 명령을 屬官에게도 하달하지 않는 지방관이 있을 정도로 당시 秦제국의 지방 장악이 취약하였을 가능성도 희박하다. 秦末의 반란이 대체로 먼저 중앙에서 파견한 長吏의 살해로 시작되었다는 것은[124] 秦末 지방관이 중앙정부의 의지를 충실히 대변한 존재로 인식되었기 때문일 것

---

122)《史記》 卷6〈秦始皇本紀〉 34年, "臣請史官非秦記皆燒之 非博士官所職 天下敢有藏詩書百家語者 悉詣 守尉雜燒之 有敢偶語詩書者 弃市 以古非今 者族 吏見知不擧者 與同罪 令下三十日不燒 黥爲城旦 所不去者 醫藥卜筮 種樹之書 若有學法令 以吏爲師 制曰可".
123)《史記》〈秦始皇本紀〉 35年, "始皇聞亡 乃大怒曰 吾前收天下書不中用者 盡去之".
124) 池田雄一,〈漢代における地方小吏についての一考察〉,《中央大學文學部紀 要》 62號, 1972, p.48.

이다. 그러므로 필자는 면직된 〈역보〉의 주인이 酈山陵의 공사에 징발된 것으로 추정되는 6월 18일 이후 焚書 명령이 南郡에 도착하였고, 따라서 注記의 대상이 되지 못한 것으로 추정한다. 그의 부장품 서책이 점복·의약·농사류에 국한된 것도 결코 우연이 아니라면, 〈역보〉에 흔적이 없다는 이유로 南郡에서 焚書政策이 강행된 것을 의심할 필요는 없는 것 같다.

附 : 元延 2년 羽山의 立冬祭[125]

〈일기〉 중 '宿羽'는 '羽'는 東海郡 내의 장소가 분명하다. 그러나 東海郡 내에 羽라는 현·향도 확인되지 않지만, '羽' 뒤에 傳舍·亭·鄉이 없는 것으로 보아 縣이나 鄉이 아닌 것이 분명하다면, '羽'는 東海郡의 명산 羽山으로 보는 것이 가장 자연스럽고, '宿羽'는 羽山 방문, 숙박한 것을 의미한다. 〈일기〉의 주인이 羽山을 방문한 것은 2월 2일에서 4일까지, 10월 3일에서 4일까지 2회인데, 그 목적은 모두 명시되지 않았다. 2월 초 방문은 전날이 宿家였고, 羽山이 그 향리에 인접한 곳이기 때문에 일견 사적인 방문으로 보이며, 특히 明代 張峰의《海州

---

125) 필자는 〈前漢末 郡屬吏의 宿所와 旅行〉에서 〈元延2年日記〉 중 2월 3일과 4일의 "宿羽", 10월 3일의 "立冬 從卿之羽宿博望置", 4일의 "宿羽北—"을 분석하여 2월의 羽山行은 仲春의 高禖儀式, 10월의 羽山行은 '冬至'祭를 위한 것으로 각각 추정하였다. 그러나 〈日記〉는 10월 3일을 입동, 11월 20일을 동지로 각각 명기하였다. 그럼에도 불구하고 필자가 10월 3일을 동지로 착각하는 중대한 과오를 범한 것은 오로지 필자의 경솔함 때문이며, 맹성만으로도 부족한 어처구니없는 실책이었다. 더욱이 이 실책을 근 1년 반 이상 깨닫지 못하고 2000년 3월 4일 일본 郭店楚簡研究會 제6회例會 兼 中國出土資料學會 臨時例會에서 〈簡牘資料と思想史研究の擴大—尹灣漢墓簡牘の分析を中心として〉를 발표하면서 이 실책을 반복하였는데, 東京大學의 平勢隆郎敎授의 지적으로 비로소 그 실책을 알게 되었다. 平勢 교수에게 깊은 감사를 표한다. 이 부분은 前稿의 과오를 수정하기 위하여 첨가한 것이다.

214

志》가 보고한 온천이[126] 漢代에도 이용되었다면, 온천욕으로 즐기기 위한 여행이었을 가능성도 전적으로 배제할 필요가 없는 것 같다. 그러나 그가 羽山에서 일단 귀가하지 않고 곧바로 歸府한 것은 무언가 공무의 일환이었을 가능성을 시사하는데, 특히 10월의 2차 羽山行은 "從卿(경을 따라)"이 명시되어 공무였을 가능성을 강하게 시사한다.

〈일기〉에도 ‘主簿 蔡卿’(4월 20일)을 비롯하여 역시 東海郡의 속리로 추정되는 인물들이 ‘薛卿’(5월 15일), ‘董卿’(5월 18일) 으로 기록되었고, 〈일기〉 주인 師饒에게 보낸 名謁도 그를 ‘師卿’으로 표현하였지만[127] 〈贈錢名籍〉에 보이는 인물들의 字에 ‘卿’字가 즐겨 사용된 것을 보면 당시 ‘卿’은 광범위하게 사용된 일반 존칭이 확실하다. 그러나 이처럼 성을 생략한 채 ‘卿’만 표기한 것은, 이것으로 그 의미가 혼동될 우려가 없었기 때문일 터인데, 이것은 군내의 최고직인 태수로 보는 것은 가장 자연스럽다. 漢代 속리들이 태수를 지칭하는 용어로는 ‘府君’도 널리 사용되었으며, 尹灣簡牘〈名謁〉 중 〈일기〉의 주인이 奏記 1封을 올리며 “東海太守功曹史師饒再拜 謁 奉府君奏記一封 饒叩頭叩頭”란 謁을 올린 것도 바로 그 예이다. 한편 〈東海郡吏員簿〉의 “君卿門下”와 “胡君門下”는 태수의 또 다른 칭호를 보여주고 있는데,[128] 어쨌든 〈일기〉 10월 3일의 ‘卿’은 ‘君卿’의 略으로 보아도 대과는 없을 것이다.

10월 3일 羽山 방문의 목적은 그날이 바로 立冬이었다는 사실이 단서를 제공한다. 그 해 冬至는 11월 20일, 〈日記〉 중 11월 1일 이후 23일까지는 이날의 ‘冬至’가 유일한 기록이다. 앞에서 이미 지적한 바와 같이 한대 동지 전후 5일은 휴무가 선포되었으며 後漢 章帝 元和 2년(A.D. 85)에는 冬至의 行旅도 금하는 關梁의 폐쇄를 명하기도 하였

---

126) 〈尹灣漢墓發掘報告〉, p.155 참조.

127) 《尹灣漢墓簡牘》〈名謁〉, “進卒史 師卿”; “進東海太守功曹 師卿”; “奏主吏師卿”.

128) ‘胡君’은 당시 太守의 姓 胡에 君을 붙인 것인데, ‘君卿’에서 ‘胡卿’이란 칭호도 나올 수 있었을 것이다.

다.[129] 물론 雲色의 관찰, 晷景의 측정, 八能之士의 黃鐘·六律·五聲·陰陽의 조화 儀式 등의 일련의 冬至 의례가 後漢 조정에서 거행되었다면,[130] 당시 성행한 陰陽五行說과 新石器時代 이래 동지 의례의 광범위한 전통을 고려하면 郡 차원에서도 모종 형식의 동지 의례가 거행되었을 가능성도 일단 배제할 필요는 없다.

그러나 武帝時 冬至祭의 성격으로 출발한 것으로 보이는 甘泉의 泰一祠와 汾陰 后土祠는[131] 武帝 天漢 元年(B.C. 100) 이후 3년에 한 번씩 정월과 3월에 각각 거행되는 것으로 정착되었고 永始 4년, 元延 2년과 4년 정월과 3월에도 두 제사는 규정대로 거행되었다.[132] 冬至의 圓丘 祭天, 夏至의 澤中方丘 祭地를 각각 규정한 《周禮》〈春官·大司樂〉에 근거한 冬至의 南郊 陽神祭, 夏至의 北郊 陰神祭는 王莽 改制 이후의 제도였던 만큼[133], 당시 동지 당일의 특별한 國家 儀禮는 없었던 것으로 보인다. 그렇다면 〈일기〉가 '冬至'만 명기하였을 뿐 그날을 전후하여 일체 기록하지 않은 것도 동지를 전후한 郡 차원의 공식 祭儀가 없었기 때문으로 해석하는 것이 오히려 자연스러운 것 같다. 이에 비해 《後漢書》〈祭祀志〉와 〈禮儀志〉는 立冬 의식을 다음과 같이 전하고 있다.

(1) 立冬의 날 겨울[冬]을 北郊에서 맞는다. 黑帝 玄冥을 祭祀하며, 車旗服飾은 모두 흑색으로 하고 玄冥歌를 부르고 八佾로 育命舞

---

129) 《後漢書》 卷3 〈章帝紀〉 元和 2년 冬 11월 壬辰, "日南至 初閉關梁".

130) Derk Bodde, *Festivals in Classical China : New Year and Other Annual Observance During the Han Dynasty*, Princeton University, 1975, pp.166-188 참조.

131) 《漢書》 卷6 〈武帝紀〉 元鼎 4년, "十日月甲子 立后土祠汾陰脽上 禮畢 幸行滎陽";同 元鼎 5년 "十一月辛巳朔 冬至 立泰畤于甘泉 天子親郊見…民或飢寒 故巡祭后土 祈豊年".

132) 《漢書》 卷10 〈成帝紀〉 永始 4년, "春正月 行甘泉 郊泰畤…三月 行河東祠后土". 元延 2년과 4년에도 동일한 기록이 보인다.

133) 《漢書》 卷25下 〈郊祀志下〉, "(王)莽又頗改其祭禮曰…以日至冬使有司奉祠南郊 高帝配而望群陽 日夏至使有司奉祭北郊 高后配而望郡陰".

216

를 춘다(〈郊祀志中〉).
(2) 立冬의 날 夜漏 5刻이 未盡한 時刻 京都의 百官이 모두 黑衣[皁
衣]를입고 北郊[黑郊]에서 (겨울의) 氣를 맞는다. 禮가 필하면 모
두 絳衣를 입으며, 冬至가 되면 일을 중단한다[絶事](〈禮儀志
中〉).

이것은 '迎時氣'의 일환으로서, 입춘 · 입하 · 입추에도 계절에 상응한
方位 · 神名 · 色 · 歌 · 舞만 다를 뿐 동일한 성격의 의식이 각각 거행되
었는데, 참가범위는 모두 '京都의 百官'으로 명시되어 있다. 《後漢書》
〈祭祀志〉에 의하면 이 의식이 《禮讖》과 月令에 근거하여 後漢 明帝
永平 年間(A.D. 58-75)에 前漢末의 元始年間(A.D. 1-5) '故事'를 채택
하여 시행되기 시작한 것이라고 한다.[134] 따라서 元延 2년에는 國家 祭
儀에 '迎時氣'가 포함되지 않은 것 같은데,《後漢書》〈祭祀志〉下는 다
음과 같은 立春 儀式을 별도로 전하고 있다.

立春의 날 모두 청색의 幡幘으로 東郭의 밖에서 봄을 맞이한다. 童男
1인에게 靑巾을 쓰고 靑衣를 입게 하고 먼저 東郭 밖의 들에 나가 있게
한다. 봄을 맞는 사람들이 이르면 (그 童男이) 들에서 나오는데, 맞이하
는 자들은 그에게 절을 하고 돌아오며, 祭는 올리지 않는다. 三時(立
夏 · 立秋 · 立冬)에는 맞이하는 의식이 없다[三時不迎].[135]

이것은 京師의 百官이 참석하는 '迎時氣'와는 별도로 지방 郡縣에서
거행하는 '迎春'의식인데,[136] 인용문의 마지막 구절 '三時不迎'은 계절맞

---

134)《後漢書》〈祭祀志中〉, "迎時氣 五郊之兆 自永平中 以禮讖及月令有五郊
　　迎氣服色 因采元始中故事 兆五郊于雒陽四方".
135)《後漢書》〈祭祀志下〉, "立春之日 皆靑幡幘 迎春于東郭外 令一童男冒靑巾
　　衣靑衣 先在東郭外夜中 迎春至者 自野中出 則迎者拜之而還 弗祭 三時不
　　迎".
136) 이 기사가 縣邑에서 거행되는 社稷 · 先農 · 風伯 · 雨師 祭祀에 연속된
　　부분이란 점도 이 迎春祭儀가 郡縣에서 거행된 것을 추측하게 하지만, 立
　　夏 · 立秋 · 立冬儀式의 경우《後漢書》禮儀志와 祭祀志가 모두 京師 百官
　　의 迎氣儀式만 전한 반면 禮儀志의 立春 儀式은 京師 百官의 儀式과 아

이 제의가 立春에 국한되었음을 단적으로 말해 준다. 《後漢書》〈禮儀志〉와 〈祭祀志〉는 이 迎春의식의 기원을 언급하지 않고 있다. 그러나 입춘의식은 단순한 계절맞이가 아니라 사실상 신년의식의 성격이 강하였던 만큼, 陰陽·五行思想에 근거한 '迎時氣' 의식이 성립하기 이전에 영춘의식은 신년의식의 일환이었을 가능성이 농후하다. 따라서 이 의식은 前漢의 京師와 郡縣에서도 거행되었을 것으로 추측되지만, 유감스럽게도 〈일기〉에는 입춘조차 보이지 않는다. 그 해 입춘은 전년 12월 25일이었기 때문이다. 어쨌든 元延 2년 지방 군현에서 입동일 '迎冬' 또는 '迎冬氣' 祭儀를 거행할 의무는 없었다. 따라서 東海郡의 太守와 屬吏들이 立冬日 羽山을 방문하여 2泊한 것도 겨울맞이 祭儀와는 일단 무관한 것처럼 보인다. 그러나 羽山의 성격을 고려하면 문제는 달라진다.

　羽山은 풍광은 아름답지만 동서 1.5km, 남북 1km, 해발 269.5m의[137] 작은 야산에 불과하다. 그럼에도 불구하고 《漢書》 地理志가 東海郡 내에서는 유일하게 산명을 명기하였고, 《元和郡縣圖志》 역시 臨沂縣條에서뿐 아니라 朐縣條에서도 그 위치를 특기한 것은[138] 《漢書》 地理志도 "鯀所殛"으로 명시한 바와 같이 이곳이 禹의 父 鯀이 처형당한 羽山으로 알려졌기 때문인 것 같다. 先秦 이래 鯀·禹의 신화적 전승을 전하는 자료도 비교적 많지만, 그 골자는 다음과 같이 요약될 수 있는 것 같다.

　즉 鯀은 治水와 관련, 실패 또는 명을 어겨 堯·舜 또는 '帝'에 의해 羽山에서 처형 받은 후 黃熊으로 변하여 羽淵으로 들어갔으며, 息壤으로 洪水를 막고 九州의 치수에 성공하여 夏王朝의 시조가 되었다

　울러 "郡國縣道官下至斗食令史皆服靑幘　立靑幡　施土牛耕人于門外　以示兆民"을 전한 것은 郡縣의 迎春儀式을 단적으로 입증한다.

137) 〈尹灣漢墓發掘報告〉, p.155.

138) 《元和郡縣圖志》 卷11 〈河南道〉 7 海州 臨沂縣, "本漢舊縣也　屬東海郡…羽山　在縣東南一百一十里　與海州胊山縣爲界"；同　胊山縣, "本漢胊縣也　屬東海郡…羽山在縣西北一百里".

는 그 아들 禹는 西夷 또는 西羌의 출신으로 石에서 출생하였는데, 특히 그의 탄생은 鯀의 復蘇로 알려지는 한편 사후에는 山川主 또는 社神 后土가 되었다는 것이다.[139] 아울러 鯀과 유사한 전승을 가진 共工과 鯀이 동일한 실체이며, 따라서 그 아들 句龍도 곧 禹이며, 共工과 鯀이 죽어서 化生하였다는 '黃熊'은 곰이 아니라 三足鼈이라는 것,《華陽國志》와《水經注》에 전하는 蠶叢·杜宇 望帝·開明(鼈令)의 전승도 鯀·禹 전승의 四川版이라는 것 등이 대체로 인정되는 것 같다.[140] 즉 鼈 또는 石을 매개로 탄생한 禹의 출생지는 羽淵이며, 禹는 사후에 祈雨와 多産·豊饒를 기원하는 社神이 되었다는 것이다. 다시 말해 禹는 단순한 치수에 성공한 古聖王이 아니라 재생과 다산·풍요의 신으로도 신앙되었다는 것이다.

최근 四川省 서북 高山地帶의 古羌族의 후예들은 아직도 石紐를 비롯한 禹의 각종 전승을 지명으로 보존하고 있으며, 氐羌의 白石信仰 전통도 계승하고 있는 것이 확인되었지만[141] 東海郡 羽山의 서남에도 羽泉이란 淵水 즉 鯀이 化生하였다는 羽淵도 있었다고 하는데,[142] '羽'는 본래 '禹'와 同音이었다는 것이다.[143] 이처럼 東海郡에 鯀·禹의 전승이 특히 확인되는 것은《漢書》地理志가 "故國 禹後" 즉 '禹 후예의 故國'으로 注記한 郯縣 서북의 繒縣과 유관한 것 같다. 禹와 同姓인 姒姓 鄫國(曾, 繒)은 周初 現 山東省 臨沂地區 蒼山縣 西北 古 鄫城으로 遷徙하였으며, 魯 襄公 6년(B.C. 567) 莒에 의해 멸망되었다.《後漢書》郡國志 琅邪郡 臨沂縣의 叢亭은 바로 宋襄公이 會盟에 늦게 도착한 鄫子를 희생으로 제사한 次睢之社로서《博物志》가 전하는 속칭 食

---

139) 顧頡剛,〈鯀禹的傳說〉,《古史辨》7책, 1941을 참고하는 것이 편리하다.

140) 童書業,〈鯀共工與玄冥馮夷〉,《古史辨》 7책 ; 丁山,《中國古代宗敎神話考〉, 香港, 1961, pp.30-47〈后土爲社〉 참조.

141) 工藤元男,〈禹の傳承をめぐる中華世界と周緣〉, 岩波講座世界歷史 3《中國の形成と東方世界》, 1998, pp.114-119.

142)《後漢書》〈郡國志〉 東海郡, "祝其 有羽山". 注, "博物記曰 東北獨居山 西南有淵水 卽羽泉也 俗爲此山爲懲父山".

143) 御手先勝,〈夏の始祖傳說〉,《中國古代の神神》, 東京, 1984, p.128.

人社인 大叢社인데, '叢'은 '曾'에서 비롯된 명칭이었다는 것이다.[144] 四川의 羌族 후예들이 아직도 禹의 전승을 保持한 것을 상기할 때, 後漢의 班固가 羽山을 社神 鯀·禹의 聖地로 특기하면서 그 전승의 擔持集團으로 추정되는 존재도 명시한 이상, 당시 羽山에서 어떤 형태건 그 제의가 없었다면 오히려 이상할 것이다. 즉 당시 살아있는 禹社의 존재를 상정하는 것도 결코 무리한 비약만은 아니라는 것이다.

鯀·禹 전설의 四川版 蠶叢·杜宇 望帝·開明의 전설을 분석한 결과 蠶叢을 蜀叢, 즉 叢社에서 재생을 주관하는 冬至의 태양신(縱目의)으로 추정한 최근의 견해를[145] 참고하면, 漢代人이 禹 후예들의 叢社에서 立冬日 冬至의 태양신을 제사하는 것도 자연스러운 일이지만, 특히 훗날 立冬의 '迎冬氣'의식에서 北方神 水神 玄冥이 제사된 사실, 당시 역시 북방 水神으로 알려진 玄武가 蛇와 龜의 결합체였다는 사실,[146] 禹의 본래 형체가 蛇였다던가 羽淵의 三足鼈에서 復蘇한 水神이었다는 神話, 禹가 冬官 司空이었다는 전승 등을 아울러 고려하면 鯀·禹의 聖所 羽山에서 모종의 겨울 제의가 없었다면 오히려 이상한 것 같다. 특히 10월 4일의 숙소 '羽北一'이 혹 羽山의 最北端을 의미한다면, 그 장소 역시 '迎冬氣'의 장소 北郊에 상응하는 만큼, 이 羽山行이 겨울 제의를 위한 성격이었음을 다시 한번 뒷받침해 주는 것 같다. 그러므로 필자는 동지일 東海郡 태수 일행의 羽山行은 禹의 聖地에서 겨울 제의를 거행하기 위한 것으로 추정한다.

---

144) 何光岳,《夏源流史》(江西敎育出版社, 1992), pp.148-150.

145) 原島春雄,〈蠶叢考〉, 中國古代史硏究會編,《中國古代史硏究》7, 1977, pp.15-19 참고.

146) 1978년 洛陽 車站廣場 西側 金谷園村 以東에서 발견된 新 王莽期墓의 벽화에는 '迎時氣'에서 제사된 東方 句芒神·西方 蓐收神·南方 祝融神·北方 玄冥神의 형상이 포함되어 있는데, 玄冥神은 신체는 곰을 연상케 하여 水神의 성격에 어울리지 않는다. 이 벽화에 水神 玄武가 다시 포함된 것은 바로 이 때문인 것 같은데, 중국 고대 신화에서 북방 수신은 대체로 蛇나 龜와 관련된 것으로 인식되는 것이 보통이었다. 洛陽博物館共稿,《洛陽漢代彩畵》(河南美術出版社, 1986), pp.40-52 참고.

天子가 3년에 한번 3월에 汾陰에서 后土를 제사하였고[147] 漢代 지방
관들이 공인되지 않은 '淫祀'를 적극적으로 탄압한 사실을[148] 상기할
때, 東海郡 태수가 전통적인 鯀과 禹(后土)의 聖地에서 立冬에 공식 규
정에도 없는 冬祭를 거행하였다는 것은 무척 흥미 있는 일이다. 이것
은 當地의 전통적인 민간 祭儀를(무해하지 않다고 판단한) 체제 안으
로 포섭하려는 지방관의 노력과 이것을 용인한 국가의 정책적 배려가
없었다면 불가능한 일이었겠지만, 불과 10여 년 후 立冬祭儀가 京師의
'迎時氣'에 수용되었고, 다시 後漢에서 공식으로 제도화된 사실은 바로
지방 民間祭儀에 대한 漢 帝國의 포용정책을 짐작하게 한다. 물론 '迎
時氣'에도 군현 단위의 立冬 儀禮는 규정되지 않았다. 그러나 元延 2년
입동일 東海郡 태수 일행이 羽山의 祭儀에 참여하였다면, 京師의 '迎時
氣' 의례가 확립된 이후에도 입동일 태수가 참석하는 羽山의 제의는
계속되었을 것으로 추정되는데, 이것은 羽山이 겨울 제의의 전통적인
聖地로 이미 정착되었기 때문일 것이다.

147) 后土를 3월 중 언제 제사한 것인지는 확인되지 않으며, 3월은 季春이므
　　로 后土祭가 夏祭의 성격은 아니다. 한편《漢舊儀補遺》卷上, "漢法三歲
　　一祭天于雲陽甘泉壇　以冬至日祭天　天神下　三歲一祭地于河東汾陰后土宮
　　以夏至日祭地　地神出　五帝于雍時"은 甘泉의 祭天과 汾陰의 后土祭祀 시
　　점을 각각 동지와 하지로 전한다. 그러나 본래 감천의 제사는 태일을 제
　　사한 것이었고, 冬至에 南郊에서 天을, 夏至에 北郊에서 地를 제사하는
　　郊祀는 甘泉과 汾陰 제사를 폐한 이후에 성립한 것이므로, 이 기사는 신
　　빙성이 없다.
148) 增淵龍夫, 〈漢代における巫と俠〉, 同著, 《中國古代の社會と國家》, pp.135-137.

數字의 體系와 漢代人의 생활

崔 振 默[*]

Ⅰ. 머리말
Ⅱ. 方士들의 數觀念과 체계
 1. 天圓地方의 수량화
 2. 周期숫자
Ⅲ. 陰陽의 조화와 홀짝수의 운용
Ⅳ. 생활상에서 數의 활용
 1. 著作의 체계
 2. 明堂과 都城의 구도
 3. 兵陣法과 禮俗
Ⅴ. 맺음말

Ⅰ. 머리말

숫자가 사물을 측정하고 계산하는 부호로서 현실생활의 실용적인 측면에서 크게 이용되었던 사실은 고대중국을 포함한 전통 중국사회에서 별로 특이한 일은 아니다. 밭의 측량, 비례식을 통한 곡물의 환산, 안분비례, 넓이 계산, 토목공사용 부피 계산, 세금용 곡식의 운반 등 경제 방면의 필수불가결한 계산에서 숫자는 폭넓게 활용되었다. 漢代 《周髀算經》을 이은 《九章算術》의 단계에서는 이미 이러한 방면에서의 수학적 연구와 성과가 상당히 축적되어 있음을 과시하기도 했다. 더구나 이 응용수학을 이론적으로 뒷받침해 주었던 2원1차 연립방정식의 해법, 다원1차 방정식, 피타고라스정리의 응용 등 理論數學 방면에서도 당시 세계적 수준에 있었다는 평가이다.[1]

---

* 서울대 강사.

1) 김용운 · 김용국, 《중국수학사》(민음사, 1996), pp.75-100.

그러나 실용성과 이론수학적 측면에서의 숫자의 사용은 고대 수학의 일면만을 지적한 것일 뿐이다. 고대중국, 특히 漢代에 있어서 숫자는 실천적 측면 이외에도 어떤 상징적인 가치와 의미를 담고 있는 부호로 자주 사용되었다는 점에 주목할 필요가 있다.[2] 필자는 다른 논문에서 漢代 象數易學에서 天地의 數 55와 大衍의 數 50 및 九宮의 數 15, 萬物의 數 11520등이 天地의 구조를 설명하는 숫자로 등장하였으며, 이러한 數들은 당시 曆法였던 三統曆의 基本常數와 밀접한 관련을 갖는다는 사실을 언급한 바 있다.[3] 이러한 數개념의 등장은 우주의 일체의 존재가 실질상 數로 표현된다는 관념 하에 萬物과 數의 상관성을 강조하면서 數의 배열과 표현형식으로 우주의 일체만물을 설명할 수 있고, 인간도 역시 이 數의 규정에서 벗어나지 않는다는 숫자신비주의 관점을 표출한 것으로 이해할 수 있다. 사실 숫자는 天·地·人 三者의 일체를 최고의 理想으로 여겼던 方士들에게 그 일체화를 나타내는 가장 적합한 표현방식이었음이 틀림없다. 천상에 나타나는 前兆나 자연재해 등의 이변이 政治와 人事와 관련된다는 災異說이 확고하게 정착하고 있었던 漢代社會에서 이 天人相關의 이념에 논리적인 합리성을 부여할 수 있는 수단이 바로 숫자였던 것이다. 고대중국에서 神意에 기초한 巫的 秩序가 史로 표현되는 역사세계로 가는 理性化過程은 數의 장악을 통해서 가능했다는 지적도[4] 숫자가 갖는 순서와 공식 등 논리관계의 객관성을 古代人들이 인정하고 있었다는 의미이다. 그렇기 때문에 天數와 地數, 人數가 상호 대응되는 것을 보임으로써 天·地·

---

2) 실용상의 숫자 계산을 현대적 의미에서 數學이라고 하고 신비적 상징적 개념을 갖는 數의 사용을 數術이라고 할 때, 漢代 당시 이 양자를 확실히 분리하는 것은 물론 어렵다. 그러나 漢代에 있어서 數術이 數學의 지위에 비해 높았고, 數學은 數術 중의 外算에 불과할 뿐이라는 지적은 타당한 것 같다(劉鈍, 《大哉言數》, 遼寧教育出版社, 1995, p.71 참조).

3) 拙稿, 〈漢代 方士文化와 數術學의 盛行〉, 서울大學校 東洋史研究室編, 《古代中國의 理解》 4, 지식산업사, pp.218-227 참조.

4) 李澤厚, 〈說巫史傳統〉, 同著, 《己卯五說》, 中國電影出版社, 1999, pp.46-50.

人 三者가 각각 구조상에서 동일한 형태를 갖는다는 사실을 강조하는 것은 어떤 다른 상징부호를 통한 설명보다 설득력이 있었을 것이 분명하다.

따라서 本稿는 숫자의 실용성보다도 신비한 상징부호라는 方士들의 숫자관념에 주목하였다. 天地人의 구조와 운동규율이 숫자상으로도 대응된다는 그들의 인식이 漢代 정치·사회 등의 제도와 생활 위에 어떻게 반영되었고 어떠한 영향을 미쳤는지, 또한 실제 天數를 인간사회에 적용하기 위해 어떠한 노력과 방법이 등장했는지에 대해 검토해 보고자 한다. 天地人一體의 사상이 단순히 논리와 관념에만 그친 것이 아니라, 실제 숫자를 통해 생활상에서도 나타나고 있다는 점의 파악은 數術學의 현실적 응용을 해명하는 데 매우 중요한 요소임은 말할 것도 없다.

Ⅱ. 方士들의 數觀念과 체계

고대중국의 數字가 그 기저에 어떤 다른 상징적인 가치를 갖고 있다는 것은 각종 制度와 생활상에 나타나는 숫자가 그 자체 내포하고 있는 어떤 제도의 규모나 비교치 등을 정확히 알려주는 수량적 의미와는 별 관련이 없다는 사실을 의미한다. 그런데 이런 점은 각종 통계에 나타나는 숫자에서 자주 찾아볼 수 있다. 숫자의 사용이 숫자 그 자체가 가진 크기와 가치를 정확히 그대로 반영하지 못하고 과장이나 축소 혹은 허수로 이용되어 현실상황을 크게 왜곡하는 경우도 제법 존재하는 것이다. 예컨대 戰國時代 인적 물적 자원의 통제와 분배 등 정확한 수치파악에 의해 조직된 질서가 漢代에 와해되면서 計數에 능한 俗吏에 의해 장부상의 수치가 조작되었다는 사실,[5] 三國시기 戰勝을 과시하기 위해 대개 숫자상 10배의 과장이 습관화되고 있었다는 점,[6] 역대 통계

---

5) 李成珪,〈虛像의 太平 : 漢帝國의 瑞祥과 上計의 造作〉,《古代中國의 理解》4, 지식산업사, 1997, pp.140-146 참조.
6) 宮崎市定,〈首虜數〉,《アシア史研究》1, 同朋舍, 1957 ; 1975, p.431.

224

상 보이는 戶口數는 실제 人口數와 항상 차이가 있었다는 사실 등은[7]
그러한 例 가운데 일부일 것이다. 이러한 사례들 때문에 사료에 나타
나는 숫자가 갖는 그 수량적 가치를 그대로 믿지 않으려는 경향도 나
름대로 충분한 이유가 있다. 그러나 위와 같은 예들 중 일부 숫자의
누락과 착오에 의한 통계상의 차이는 정치적 목적 등 특별한 의도를
갖고 조작된 일부의 것을 제외한다면, 수량상의 대체적인 분위기는 현
실과 별반 차이가 없었다고 보아도 좋을 것이다. 따라서 이러한 통계
상의 숫자는 숫자 그 자체에 내재하는 어떠한 특별한 상징성에 주목했
다기보다는 숫자계산과정에서 당연히 발생할 수 있는 오차정도로 이해
할 수도 있다. 그러나 漢代 제도와 생활에 반영되어 있는 각종 숫자
중에는 計數나 記數 등 實數의 범위를 벗어나 숫자가 갖는 특정한 의
미와 배열에 의해 선택된 경우가 적지 않다. 그 숫자가 갖는 상징성
내지는 또 다른 의미는 天數, 즉 天地宇宙의 구조를 이해하는 것에서
부터 출발하는 것 같다.

1. 天圓地方의 수량화

고대 중국인에게 있어서 宇宙는 모든 가치의 본원이었다. 宇宙天地
에 대한 관찰과 상상을 통해 인간사회의 일체의 질서를 규율하고 조직
하였으며, 인간 자신도 그 행위의 근거를 우주천지에서 찾았을 만큼
우주는 모든 합리성의 근거였다. 따라서 天地를 상징한 圓丘나 明堂
등에서 天地에 祭祀를 지내거나 四郊에서 四方에 제사하는 등 天子가
행한 상징의식들은 天의 권위와 합리성에 의거하면서 天에 대응되는
질서를 지상에 구축하려는 의도를 표출한 것이며, 인간관계를 규율하
는 禮的 秩序도 우주천지의 질서에 대한 상징을 내포하고 있는 것이라
고 지적하는 것이다.[8] 그러므로 先秦 이래 方士들의 數觀念 형성에 가

---

7) 葛劍雄, 《中國人口發展史》(福建人民出版社, 1991), pp.70-85.
8) 葛兆光, 《七世紀前中國的知識 , 思想與信仰世界》 (復旦大學出版社, 1998),
   pp.127-138.

장 많은 영향을 끼쳤던 것도 바로 이 宇宙生成과 構造, 運行에 관한 문제였던 것 같다.

　천지우주의 형성과 근원에 대한 관심은 사변적이고 철학적 개념 등 여러 방식을 통해 설명되었지만, 數로써 우주의 본원을 인식, 해석하려는 시도는 우주의 운동규율이 일정한 주기를 갖는다는 점을 고려할 때 다른 어떠한 설명방식보다 적절한 접근이었을 가능성이 있다. 고대중국에서 우주의 생성과정을 數理的 측면에서 설명하는 방식은 두 가지 계통이 있었던 것으로 보인다.[9] 첫째는 《老子》에서 말하는 "道生一, 一生二, 二生三, 三生萬物"로[10] 1→2→3→萬物로 연결되는 구도이다. 이 논

---

9) 朱伯崑, 《易學哲學史》上冊(北京大學出版社, 1989), p.64. 여기서 두 계통은 《老子》와 《周易》의 설명방식인데, 이 외에도 《列子》 天瑞篇에서는 "易無形形埒 易變而爲一. 一變而爲七 七變而爲九, 九變者究也 乃復變而爲一"이라 하여 易에서부터 1→7→9→1로의 宇宙生成 演化過程을 말하고 있다. 그러나 이는 《周易》 繫辭傳에서 말하는 陰陽 2氣의 消息중 陽爻의 변화(7→9)를 설명하는 것으로 《주역》과 같은 계통으로 보는 것이 타당한 것 같다.

10) 《老子》(《老子校釋》, 中華書局, 1987), 42章, p.174. 최근 발견된 郭店楚簡 《老子》에는 '太一生水'라는 우주생성에 관한 또 다른 이론이 소개되고 있다. 이 '太一生水'와 현존 《노자》 42장과의 관련에 대해 학계에서 많은 관심이 집중되고 있지만, 현재 공통된 결론에 도달하지는 못한 실정이다. 다만 '太一生水'는 기존 수리적 우주생설론이 氣論 중심인 것과는 달리 尙水的 논리로 계통을 달리한다고 보는 견해도 있고(許抗生, 〈初讀"太一生水"〉, 《道家文化硏究》 17 《郭店楚簡》 專號, 1999, pp.312-315 ; 陳鼓應, 〈"太一生水"與"性自命出"發微〉, 《道家文化硏究》 17, pp.396-402) 혹은 현존 《老子》의 사상 이전에 존재하는 早期道家의 우주론으로 그 계통성을 인정하여 선후관계로 보려는 입장도 있다(李存山, 〈從郭店楚簡看早期道儒關係〉, 中國哲學 20 《郭店楚簡硏究》, 遼寧敎育出版社, 1999, p.197). 한편 太一이 北極에 常居하면서 오행 중의 水(북방)을 시작으로 주행한다는 점에 착안하여, 이 '太一生水'論이 戰國中後期 道家가 陰陽數術家의 영향을 받은 사상흐름의 한 표현이라고 지적한 견해도 있다(李學勤, 〈太一生水的數術解釋〉, 《道家文化硏究》 17, pp.297-300). 그런데, 사실상 '太一生水'論도 反輔 즉 循環相生의 관념을 제외한다면 太一에서 天地, 神明, 陰陽, 春夏秋冬 등으로 분화되는 과정은 기존 문헌상의 우주발생론과 별로 다르지 않으며, 오히려 후술할 《周易》에 나오는 '太極生兩儀'의 논리와 유사한 측면도 있다. 이러한 점을 고려할 때 '太一生水'論도 수술가들의 수리적

226

리는 漢代 方士들에게 계승되어 《淮南子》에서는 '1은 不生이므로 陰陽
으로 나눠지는 것이고 陰陽이 합하여 만물이 생긴다'는 해석도 제시되
었다. 그러나 《老子》의 이 구절은 매우 난해하여 다양한 해석이 병존하
는 실정이다. 한가지 유력한 해석방식은 1은 陰陽 미분화 이전의 宇宙
混沌 일체를 상징하고 2는 우주가 陰陽으로 나눠진 것, 3은 음양운동으
로 새로운 和諧 統一體가 생성된 것으로 이해하는 방식이다.[11] 음양과
그 운동으로 새로운 통일체가 형성된 후 비로소 만물이 등장한다는 것
이다. 1은 氣, 2는 陰陽의 氣, 3은 陰陽의 和氣로 보는 견해도[12] 이와 유
사하다. 그러나 또 다른 견해는 道가 자연·사회·인류의 공동근원이라
는 점을 인정하면서, 道에서 宇宙(시간과 공간)가 나오고 우주는 또한
氣를 생성하는데 그 氣는 二分된다는 해석이 있다. 이 氣가 자연과 사
회·인간에 작용하게 되므로, 道(1)·陰陽(2)·五行(3)으로 우주기원과
구조가 설명된다고 보는 것이다.[13] 또는 위 구절을 '道生天, 天生地, 地
生人'으로 읽고 '三生萬物'에서 三은 一과 二로 나눠야 한다는 독특한
견해도 제시되었다. 1, 2, 3은 각각 天, 地, 人을 지칭한다는 논법이다.[14]

이 밖에 '一分爲二 謂天地也'라는 사상의 기초 하에 2는 天地를 의미
한다는 등의 견해도 흥미 있지만,[15] 이들 견해의 공통적인 특색은 여기
에 등장하는 숫자가 구체적 수량을 의미하는 것이 아니라 어떤 상징성
을 갖고 있다는 前提이다. 대체로 2를 음양으로 보는 것은 많은 학자
들이 동의하는 것 같으며, 3에 대한 해석은 다소 엇갈리고 있지만 음
양의 운동과 그 결과의 파생이라고 보아도 무리는 없는 것 같다. 이
《老子》의 논지에 따른다면 3에서 萬物로 분화되므로 결국 3은 우주생

우주론과 밀접한 연관이 있다는 점만은 확실한 것 같다.

11) 呂錫琛, 《道家與民族性格》(湖南大學出版社, 1996), p.53.

12) 謝松齡, 《天人象 : 陰陽五行學說史導論》(山東文藝出版社, 1989), p.106.
木村英一도 2는 陰陽으로 보나 3을 陰, 陽과 沖氣로 보는 점만 약간 다
르다(《老子の新硏究》, 創文社, 1959, p.555).

13) 葛兆光, 《道敎與中國文化》(上海人民出版社, 1987), pp.38-42.

14) 蔣錫昌 編, 《老子校詁》(成都古籍書店, 1988), p.279 참조.

15) 葉舒憲·田大憲, 《中國古代神秘數字》(社會科學文獻出版社, 1998), p.21.

성과정 중의 한 단계 완성이라는 의미를 갖게 되는 것이다. 周代 昭穆制度에서 나타나는 3 숭배도 이런 관념의 반영이고,[16] "數는 1에서 시작하여 10에서 끝나고 3에서 완성된다"며 3의 역할에 주목한 司馬遷의 논지도 이에 상응하는 견해인 것 같다. 완성으로서의 3의 의미는 典章制度와 정치조치 등에 반영된 흔적이 있다. 西周 이래 오래된 전통인 三公(前漢의 大司馬 · 大司徒 · 大司空, 後漢의 太尉 · 司徒 · 司空)도 그 반영이지만, 九卿制度도 3의 의미에서 파생된 것이 분명하다. 다음 기사를 주목해 보자.

> 王된 자가 三公九卿을 세운 이유가 무엇인가?…天道는 3으로 이루어지지 않은 것이 없는데, 天에는 日月星 3光이 있고 地에는 高下平 3形이 있으며 人에는 君父師 3尊이 있다. 그러므로 1公은 3卿이 보좌하고 1卿은 3大夫가 보좌하며 1大夫는 3元士가 보좌한다.[17]

고대 官制 중에 나오는 숫자에 상징적 해석을 하고 있는 위 기사는 董仲舒가 주장한 "天數, 人의 形態, 官制는 서로 참고하여 얻어진 것"[18]이라는 논리를 구체적으로 입증하고 있는 것이다. 天에 나타나는 3이라는 숫자에 바탕하여 인간사회의 官制도 구성되었다는 논리이다. 天道의 구현으로서의 3의 용례는 이 외 漢代의 事例에만 한정해 보아도 법률을 기록하는 竹簡 길이를 3尺으로 하는 '三尺法', 고조의 '約法三章', 三族의 刑罰을[19] 비롯하여 '官三人一選'制[20] 등에서 나타난다. 특히 禮制에는 첫 단계의 완성을 의미하는 숫자 3의 상징성이 크게 반영되

---

16) 龐朴, 〈"數成于三"解〉, 同著,《一分爲三》, 海天出版社, p.113.

17)《白虎通義》(《白虎通疏證》, 中華書局) 卷4〈封公侯〉, pp.129-131, "王者所以立三公九卿何 曰…天道莫不成於三 天有三光 日月星 地有三形 高下平 人有三等 君父師. 故一公三卿佐之 一卿三大夫佐之 一大夫三元士佐之".

18)《春秋繁露》(蘇輿撰,《春秋繁露義證》, 中華書局, 1992) 第24〈官制象天〉, p.218, "以此見天之數 人之形 官之制 相參相得也".

19) 吳慧穎,《中國數文化》(岳麓書社, 1996), p.20.

20)《春秋繁露》第24〈官制象天〉, p.216, "官三人而成一選 三公爲一選 三卿爲一選 三大夫爲一選 三士爲一選".

228

있는데 君師父를 三尊으로 하거나 三綱의 도덕윤리도 강조되었지만, 禮에서의 三讓, 三揖, 三年服喪, '三思而行', 探病에서의 3問, 弔喪에서의 3住, 사망에 3不弔, 3不孝, 3大孝 등등 매우 다양한 형태가 3의 의미 속에서 강조되었다.[21] 숫자 3이 가진 완성 내지 한 단계 종결의 의미 때문에《老子》에 나오는 숫자 3을 天地人 三才로 해석하는 견해도 있다.[22] 3은 두 개의 사물에 한 개가 개입된 형태이므로 天地가 인간을 생성했다는 의미로 본 것이다. 그러나 三才는 본래 易學에서 파생된 개념이므로,[23] 이것은 기본적으로《老子》본래의 의도와는 구별할 필요가 있는 것 같다. 우주생성에 관해 易學에서는《노자》와는 다른 방식의 수리적 해석을 하고 있기 때문이다.

둘째, 宇宙生成과 演化에 관한 또 다른 수리적 해석은 1→2→4→8로 이어지는《周易》에 나타나는 사상이다. 다음 기사를 참고해 보자

> 易에는 太極이 있는데, 이것은 兩儀를 만들고, 兩儀는 四象을 만들며, 四象을 八卦를 생성한다. 八卦는 吉凶을 정하고 吉凶은 大業을 만든다.[24]

漢代 이 기사는 八卦生成의 원리를 설명하는 구절로, 그 근원을 太極에까지 연결시켜 太極으로부터 宇宙萬物이 형성되고 변화가 생기는 과정을 해석한 것으로 이해되어 왔다.[25] 여기서 兩儀는 天地로 이해하는 것이 일반적이고, 四象은 주로 春夏秋冬 四時로 보는 것 같다. 팔괘

---

21) 兪曉群,〈數與數術學〉,《文史知識》1993-7, p.119.

22) 葉舒憲·田大憲,《中國古代神秘數字》(社會科學文獻出版社, 1998), pp.47-48.

23) 張德鑫,〈說"三"〉, 同著,《數理乾坤》, 北京大學出版社, pp.114-115.

24)《周易集解》卷8〈繫辭傳〉, pp.598-599, "是故易有太極 是生兩儀 兩儀生四象 四象生八卦 八卦定吉凶 吉凶生大業". 이 구절은 馬王堆漢墓 帛書《繫辭》에도 기본상 금본《周易》繫辭와 일치하는 형태로 보이지만,《呂氏春秋》〈仲夏紀〉에도 "太一出兩儀 兩儀出陰陽 天地變化 一上一下"라는 유사한 구절이 나타난다.

25) 물론 宋 이후 이 구절은 우주만물의 형성과정을 설명한 것이 아니라 筮法에서 揲蓍나 卦의 그리는 과정을 표현한 것이라는 해석되었다(朱伯崑,《易學哲學史》上冊, 北京大學出版社, 1989, p.62 참조)

는 天·地·雷·風·水·火·山·澤의 성질을 갖는 우주만물을 상징
한다는 것은 이미 주지의 사실이다. 따라서 이 논리는 太極이 우주공
간[天地]과 시간[四時]을 갖춘 후 비로소 만물을 만든다는 우주분화와
발전의 논법임을 알 수 있다. 그러나 이것은 기본적으로 팔괘 형성의
이유를 설명하는 것이므로 易學의 논리만으로 본다면 兩儀는 陰陽이
되고 四象은 易의 변화논리인 太陽·少陰·太陰·少陽으로 해석된다.
그런데 馬王堆帛書《黃帝四經》에서도《주역》의 위 문장과 유사한 "陰
陽未定 吾未有以名. 今始判爲兩 分爲陰陽 離爲四時"[26]라는 구절이 존재
했지만,《禮記》에도 역시 "무릇 禮는 반드시 大一에 기초하지만 나뉘
어 天地가 되고 (이것이) 전환하여 陰陽이 되며 변하여 四時가 된다
(夫禮必本於大一, 分而爲天地, 轉而爲陰陽 變而爲四時)"[27]라는 표현이
등장한다. 이 구절을 참고하면 天地는 陰陽으로 전환될 수 있다는 점
이 명백하다. 결국 陰陽은 天地의 다른 표현에 불과하고 사실상 같은
것이 되는 셈이다. 易의 四象(太陽·少陰·太陰·少陽)의 경우도 四時
에 배당되는 것이므로[28] 서로 동일한 것으로 보아도 무방하다. 그렇다
면 여기에 나타나는 1, 2, 4, 8은 각각 상징성을 갖고 있는 의미 있는
수가 되는데, 이 배열은 $1=2^0$, $2=2^1$, $4=2^2$, $8=2^3$ 이 되고 64卦(2^6
=64)도 이 구조로 설명 가능하므로《周易》에서는 만물형성과 변화과
정을 2^n의 도식으로 파악했음을 짐작할 수 있다.

따라서 사회제도나 생활상에 나타나는 2의 배수, 즉 짝수 형태는
《周易》의 이 논리로 이해할 수 있을 것인데, 4와 8은 특히 天地와 人
體 등에 자주 나타나는 숫자로 주목되는 것은 당연하였다. 天의 4계절,
地의 4方, 人의 4肢, 동물의 4足 등이 자연스럽게 연상되는데, 이에서
8節氣(二至二分, 四立), 8方(四方四維), 8會穴(氣·血·骨·髓·筋·

---

26)《黃帝四經》(谷斌等注譯,《黃帝四經今注今譯》, 中國社會科學出版社, 1996)
　　〈經〉, 觀, p.75.
27)《禮記》(孫希旦 撰,《禮記集釋》, 中華書局) 卷22〈禮運〉, p.616.
28) 尙秉和,《周易尙氏學》, 中華書局, 1980；1988, p.301, 春은 少陽, 夏는
　　老陽(太陽), 秋는 少陰, 冬은 老陰(太陰)으로 배당한다.

230

脈·臟·腑의 각기 會合하는 穴), 奇經8脈 등의 개념이 파생되었다. 4
나 8은 주로 사물의 분류나 분화과정 및 배열·배치·대칭을 표현하는
데 사용되었다. 우선 4는 士農工商, 衣食住行 등 신분과 생활의 기본적
요소를 4분하는 데도 이용되었지만, 易의 元·亨·利·貞의 4德, 孟子
의 4端, 儒家의 孝·悌·忠·信의 4德, 노자의 4大(道大·天大·地
大·人大) 등도 대표적인 4분법의 예들이다. 숫자 8 역시 八卦를 비롯
하여 箕子가 周武王에게 말했다는 施政의 기본 八政(食·貨·祀·司
空·司徒·司寇·賓·師), 太卜이 8事를 卜問했다는 8命(征·象·與·
謀·果·至·雨·療), 太宰가 제출한 통치기술인 8柄(爵·祿·予·
置·生·奪·廢·誅)을 비롯하여 8종 재료로 만든 악기의 8音, 8방의
8風, 四正四奇의 진법인 8陣法, 孔子가 말한 大夫 季氏의 8佾舞 등이
연상된다.[29]

　이상 두 종류의 宇宙生成 演化論에서 숫자 1과 2는 공통이지만, 《老
子》에서의 3과 《周易》에서의 2^n의 배열, 즉 4부터는 달라지기 때문에
양자는 서로 별개의 설명방식으로 인식될 수도 있다. 그러나 이 둘이
완전히 평행적이고 아무런 연관이 없는 것은 아닌 것 같다. 우주생성과
분화에 관한 관념만으로 볼 때 《老子》와 《周易》의 선후관계에 대해서
는 《周易》에서 太易이 太極으로 된 점, 太極의 혼돈미분의 상태는 道
의 영향이라는 점 등을 들어 《周易》이 《老子》의 영향을 받았다는 견해
가 일견 설득력이 있지만,[30] 이들 기사의 성립연대를 명확히 확정할 수
없는 상황에서는 어느 한쪽의 일방적 영향이라기보다는 상호교류와 상
호작용의 결과라고 보는 것이[31] 오히려 논리적일지 모른다. 선후관계야
어쨌든 今本 《周易》의 우주생성 구절과 거의 똑같은 내용이 기록된 帛

---

29) 吳慧穎, 《中國數文化》(岳麓書社, 1996), pp.24-36 참조.

30) 陳鼓應, 《易傳與道家思想》(三聯書店, 1997), pp.188-189. 이 견해에 따
　　른다면 帛書 《繫辭》나 今本 《周易》 繫辭의 우주론은 老子思想의 영향을
　　받아 진일보한 형태라는 평가도 가능하다(許抗生, 〈略談帛書《老子》與帛書
　　《易傳繫辭》〉, 《道家文化研究》 3, 1993 참조).

31) 李存山, 〈從郭店楚簡看早期道儒關係〉, 《郭店楚簡研究》(中國哲學 20), 遼
　　寧敎育出版社, 1999, pp.199-203.

書《繫辭》가 戰國 이후 前漢 중기까지 활동한 道家 '易'學派의 작품이라고 한다면,[32] 이 시기 道家와 易의 결합이 존재하였음을 인정할 수 있고 위에 제시한 두 종류의 우주생성 분화론은 결국 같은 계통으로 통합되었다고 보아도 무방할 것이다. 그러나 《노자》와 《주역》의 우주형성론의 차이가 숫자상 3과 4에서부터 시작된다고 볼 때, 이들이 왜 각기 3과 4의 숫자에 관심을 갖고 있었는가, 3과 4는 어떠한 매개로 상호 연관될 수 있었는가, 이 숫자상 차이는 무엇을 의미하는가 등의 문제에 대해서는 관심이 가지 않을 수 없다.

이 문제는 고대인들의 天地의 構造에 관한 인식 속에서 찾을 수 있을 것으로 보인다. 漢代 蓋天說, 渾天說, 宣夜說 등의 우주론에 대해 새삼 상기할 필요는 없지만, 이들 우주론에서의 중심적인 개념이 天圓地方의 인식이었다는 사실은[33] 주목할 필요가 있다. 이 天圓地方의 天地模型에서 數의 또 다른 상징성이 나타나기 때문이다.

數의 체계 속에서 홀수는 天을, 짝수는 地를 의미한다는 점은 이미 상식에 속하지만, 그 관념은 단순히 음양관념에서 온 것만은 아닌 것 같다. 《周髀算經》은 "數의 法은 圓과 方形에서 나온다"고 주장했는데, 이에 대해 漢代 趙君卿은 注에서 다음과 같이 해석하고 있다.

> 원은 지름이 1이나 둘레길이는 3이다. 사각형(方)은 지름이 1이나 둘레길이는 4이다.…원과 사각형은 天地의 형태이고 陰陽의 數이다. 그러므로 周公이 天地에 대해 물을 때 商高는 원과 사각형을 펼치고 그 형태를 보여주며, 홀짝수로써 그 (운행의) 법을 설명했다.[34]

이 기사를 통해 원은 숫자 3-天-陽-홀수로 이어지고 사각형(方)은

---

32) 王葆玹,〈帛書《繫辭》與戰國秦漢道家《易》學〉,《道家文化硏究》 3, 1993, pp. 85-88.

33)《周髀算經》 卷上, "方屬地 圓屬天 天圓地方";《呂氏春秋》〈季春紀 · 圓道〉, "天道圓 地道方 聖王法之 所以立上下";《大戴禮記》 卷5〈曾子天圓〉, "天道曰圓 地道曰方".

34)《周髀算經》(四部備要本) 卷上, 趙君卿注.

232

숫자 4-地-陰-짝수로 연결되는 구도를 발견할 수 있다. 원이 숫자 3과 관련되는 것은 원주율(π=3.141592)을 의미하는 것이며, 사각형은 정사각형을 말하는 것으로 숫자 4는 네 변의 길이의 합이 4가 된다는 뜻이다. 이 도식을 참고하면 곧 天은 원형이므로 3과 地는 방형이므로 4와 관련되는 사실이 명확해진다.

漢代 易學의 大家였던 京房이나 《주역》을 해석했던 鄭玄 등도 이 《주비산경》의 논지를 수용하고 있다는 점을 고려하면,[35] 《주역》 說卦에 있는 "參天兩地而倚數 觀變於陰陽而立卦"라는[36] 언급도 天圓地方의 견지에서 해석할 필요가 있는 것 같다. 물론 여기서 문제가 되는 것은 "參天兩地"의 해석이다. 이에 대해 魏의 關朗은 '天3地2'로 이해하고 이것을 기본수로 天地의 변화를 설명했지만,[37] 다른 견해는 이 구절을 "三其天 兩其地"로 이해하여 3배의 天數와 2배의 地數의 곱의 배합이 數를 이룬다고 해석해야 한다는 지적도 있다.[38] 후자의 견해는 곧 (3×1×2×2)이므로 天3 地4가 되는 것이다. 이 도식에 따른다면 12, 24, 36, 72, 144, 216, 360, 11520 등 《주역》에서 천지구도를 설명하면서 제시된 모든 수가 χ=n(3×4)=2n(3×2)의 공식으로 설명 가능하게 된다.[39] 《주역》의 수들은 모두 3과 4의 교합과 그 배수들의 조합에 의해 형성된다는 의미이다. 이렇게 볼 때 後者의 견해는 趙君卿의 《주비산경》 해석과도 일치하여 前者보다 설득력이 있는 것 같다.

---

35) 京房의 《京氏易傳》에는 "三者 東方之數 東方日之所出 又圓者 徑一而開三也. 四者 西方之數 西方日之所入 又方者 徑一而取四也"(卷下)라는 구절이 보이는데, 鄭玄도 《周易》〈乾鑿度〉의 해설에서 이것을 그대로 인용하고 있다.

36) 《周易集解》 卷10 〈說卦〉, p.686.

37) 楊希枚, 〈中國古代的神秘數字論稿〉, 同著, 《先秦文化史論集》, 中國社會科學出版社, 1995, pp.630-632 참조. 예컨대 24=4(3×2), 36=(3×2)^2, 72=2(3×2)^2, 360=10(3×2)^{2}의 식으로 天數 3과 地數 2의 곱으로 天地의 구도 속에 나오는 숫자를 설명한다.

38) 楊希枚, 〈中國古代的神秘數字論稿〉, pp.632-633.

39) 예컨대 144=2×72=(3×4)^2=2(3×4)(3×2), 216=3×72=18(3×4)=3(3×4)(3×2), 360=5×72=30(3×4)=5(3×4)(3×2), 11520=160×72=80(3×4)^2=160(3×4)(3×2)가 된다.

위의 논지에 따라 숫자 3은 天圓, 숫자 4는 地方에 연결되는 것이 확실하기 때문에 3과 4는 天圓地方이라는 우주구조를 설명하는 숫자로서 천지의 변화를 만드는 基礎數가 된다고 인식되었던 것 같다. 물론 여기서의 天圓地方을 반드시 圓과 方이라는 天地의 형상에만 한정할 필요는 없다. 圓은 성질상 始終도 없이 부단히 변화하고 운동하기 때문에 天의 순환운동을 상징한다고 볼 수 있고, 方 역시 지상만물이 서로 대체할 수 없는 천차만별의 형상을 의미한다면,[40] 天圓地方은 결국 天動地靜 즉 天道와 地道라는 天地의 원리를 설명한 것으로 이해해도 무방한 것 같다.

이렇게 볼 때 우주생성론에서 3에서 만물이 직접 생성된다고 주장한 《老子》는 天圓 즉 天道를 해설한 것이고, 4에서 8로 변화한다고 본 《周易》은 地方 즉 地理 방면에 관한 설명으로 이해된다. 그러나 天地를 장악 관통하는 고대 巫師들이 동시에 圓과 方形을 도형할 줄 아는 規矩의 전문가이고 이런 시대적 특징을 담은 기물로 玉琮 등이 존재한다는 사실을 감안할 때,[41] 일찍부터 天과 地 방면 두 계통 지식의 융합이 이루어진 것도 사실이다. 天地는 다른 구역에 속해 있지만 동일한 기능을 하는 것이라는 인식이 보편적으로 존재했던 것 같다. 그럼에도 天과 地를 완전히 병렬적인 존재로 파악하지는 않은 것 같다. 天의 주도적 위치와 地의 보조적 작용을 인정하는 天地論도 있었지만,[42] "天尊地卑"라는 극단적인 天重視 관점도[43] 유행했던 것을 보면, 이러한 입장이 오히려 합리적이고 현실을 적절히 반영하는 것으로 평가되었는지도 모른다. 이렇듯 天과 地의 관계와 그 해석이 고정화되어 있지 않은 상

---

40) 周桂鈿, 《秦漢思想史》(河北人民出版社, 2000), pp.493-494.

41) 張光直, 〈談"琮"及其在中國古史上的意義〉, 同著, 《中國靑桐時代》 第2集, 臺北, 聯經出版事業公司, 1990, pp.70-72.

42) 《鶡冠子》第11 〈泰錄〉, "天也者 神明之所根也…地者, 承天之演 備載以寧者 也".

43) 《莊子》〈天道〉, "尊卑先後 天地之行也 故聖人取象焉. 天尊地卑 神明之位 也"; 帛書 《繫辭》, "天尊地卑…動靜有常 剛柔斷矣"; 帛書 《黃帝四經》〈十 大經〉 果童, "觀天于上 視地于下…以天爲父 以地爲母".

234

황 속에서 天3과 地4의 두 학설은 병존과 융합을 거치면서도 각기 독자적 영역을 갖고 지속적인 발전을 계속했던 것도 사실인 것 같다. 천지의 관통과 융합을 보여주는 각종 기물 중에는 玉琮같은 內圓外方의 禮器와 錢幣나 式盤 등 外圓內方의 형태의 서로 다른 두 종류 기물이 등장한다는 점이 바로 그러한 증거일 것이다.

內圓外方의 도형은 良渚文化遺址와 商代 婦好墓, 戰國시기 曾侯乙墓 등에서 발견된 玉琮뿐만 아니라, 安徽含山 凌家灘에서 발견된 玉龜玉版에 새겨진 각종 도안에서도 발견된다. 이중 玉琮은 본래 祭地의 器物이었고, 바깥의 方柱상에《周易》의 四象과 八卦를 새긴 것도 존재했던 점 등을 감안하면 우주론상《주역》계통의 관점을 반영한 것이 분명하다. 따라서 內圓外方의 도안은 天地의 相通을 설명하면서도 기본적으로 天圓에 대한 地方의 상대적인 우월을 강조하려는 地重視의 입장을 나타내기 위해 方形을 바깥으로 圓을 안쪽으로 도안했을 것이라는 추측도 가능하다. 天3 地4는 길이상으로 볼 때 地가 길은 것은 당연하고 이를 융합하여 도형으로 표시할 때는 자연스럽게 內圓外方형태가 될 수 있었기 때문에 이러한 입장은 이론적으로도 충분한 근거가 있었다. 그렇지만 현실의 우주는 天이 地보다 훨씬 큰 것이 자명하였기에 천지 융합의 결과는 外圓內方의 형태가 되는 것이 옳다는 점이 문제가 아닐 수 없었다. 따라서 外圓內方의 도형을 갖는 文物들은 이론적 宇宙構造論보다는 현실적 天體論을 반영하기 위해 등장했던 것으로 추정된다. 외원내방의 형태로 나타나는 기물로는 錢幣뿐만 아니라 각종 式盤, 日晷, TLV紋鏡, 六博局盤 등이 존재하는데 그 선후관계의 논의는 분분하지만,[44] 기본적으로 천지우주의 현실적 공간관념을 반영하고 있다는 점에는 異論이 있을 수 없고, 地보다는 天의 우위를 인정하려는 입장인 것도 부인할 수 없다.

---

44) 이 선후관계를 式에서 博局을 거쳐 TLV鏡으로 혹은 日晷에서 博局을 거쳐 TLV鏡으로 간 것으로 추정하는 견해들이 있다(李建民, 〈馬王堆漢墓帛書'禹藏埋胞圖'箋證〉, 《中央研究院歷史語言研究所集刊》 65-4, 1994, p.781, 注191 참조).

이러한 우주구조론상의 이론과 실제의 차이는 宇宙論의 발전에 따라 점차 실제의 공간구조를 반영하는 측면으로 극복되었고, 外圓內方의 도형형태는 우주구조의 주도적 도식으로 자리잡게 되었던 것으로 생각된다. 따라서 늦어도 漢代 宇宙構造論이 다각도로 제기되는 시점에서 天圓과 地方의 두 학설은 완전히 융합되었다고 보는 것이 타당할 듯하고, 이 과정에서 신화적 색채가 가미된 '天圓地方'의 宇宙論과 數術學 계통의 '天3地4'論도 완전한 통합이 이루어졌다고 보는 것이[45] 타당한 것 같다. 원주율과 사각형의 길이비율인 3과 4는 方士들의 天圓地方이라는 우주구조론상에서 天地를 대표하는 數로 고정화되었던 것으로 이해된다. 宇宙生成論이 宇宙構造論과 결합하면서 숫자의 상징성은 더 풍부해졌던 것이고, 만물 변화의 설명방식도 다양해져 갔던 것 같다.

그러나 天圓(3)과 地方(4)의 결합, 즉 내원외방이든 외원내방의 형태이든 양자의 융합은 天地의 중심론을 통해서 보다 확고해질 수 있었던 것이다. 內圓外方이든 外圓內方이든 본질적으로 地球中心論의 입장이라는 지적이 제기되는 것도[46] 바로 이 때문이다. 宇宙의 중심에 관한 사상은 天體가 단지 上下四方의 고정된 구도로만 구성된 것이 아니라 일정한 규율속에 左로 회전하는 회전체라는 관념이 존재했음을 의미하는 것이다. 천체에 회전관념을 가미했을 때 공간구조 속에 시간변화를 설정할 수 있었고 천지우주간 일체의 만물에 내재하는 모든 변화의 원리를 설명할 근거를 제시할 수 있었을 것임은 자명하다. 天地에는 중앙과 사방이 있고 중앙은 사방을 통어하는 中心이라는 관념 하에서 고대 중국인들은 자신이 우주의 중앙에 위치하고 있음을 方格規矩鏡 등 각종 物象을 통해 표시해왔다.[47] 이 신념이 현실상에서 '中國'이라는 개념을 형성시키고, 동시에 중앙집권적인 秦漢帝國의 정치적 통일도 가

---

45) 葉舒憲·田大憲,《中國古代神秘數字》(社會科學文獻出版社, 1998), p.76.

46) 蕭兵,《中庸的文化省察》(湖北人民出版社, 1997), p.373.

47) 林巳奈夫,《漢代の神神》(臨川書店, 1989), p.10. 물론 중앙에 자신을 위치시키는 이유는 우주 운행과의 동조를 통해 不死와 立身出世, 물질적 행복 등 현세생활에서의 만족을 추구하는 논리임은 부인할 수 없다.

속화시켰음은 물론이다. 이런 배경 속에서 우주의 생성과 구조를 수리적 측면에서 이해하려고 노력한 일단의 方士들도 필연적으로 中心이라는 개념 속에 다양한 數系統을 통일화시켜 萬物을 일원적으로 파악하는 데 관심을 기울인 것 같다. 이들의 전문분야였던 作圖 과정에서 方形도 그렇지만 특히 圓形은 中心을 설정하지 않으면 작도 자체가 불가능했을 것임은 자명하다. 따라서 이들 도형의 수량화에 성공했던 方士들이 中心이란 개념을 통해 적어도 1에서 10까지의 數의 계통과 체계를 일원화하여 통합할 필요성을 제기하였던 것은 당연하다고 할 수 있다. 이 과정에서 등장하는 것이 바로 中心數에 관한 인식이었다.

본래 五行說에서의 5는 사실 만물을 포괄하는 상징성이 부각되는 中心數 개념이다. 3이 공간배치상 양극의 중심이라면 5는 四方의 중심인 동시에 두 개의 三位(前中後와 左中右)의 合이 되기도 했지만, 五位와 四隅로 구성되는 九宮의 기초이기도 했기 때문이다. 공간구도에서 5는 3과 9와 더불어 중심에 위치하게 되고 반면에 2, 4, 8 등의 짝수는 주변을 상징하는 숫자로 인식되었기에 전자를 五行에 후자를 陰陽에 결부시켜 술수학에서의 숫자를 두 계통으로 분류한 견해도 있다.[48] 공간상의 중심에 5를 배당하여 五行說의 중심성을 인정하고 숫자를 통한 음양설과 오행설의 기원과 그 결합을 해명했다는 측면에서는 주목할 만한 관점이다. 그러나 5가 중심수의 개념으로 확고한 자리를 잡기까지는 그렇게 단순한 것만은 아니었다. 1에서 10까지의 자연수상에서의 중심적인 위치만을 고려한다면 숫자 6도 5 못지않은 중심적인 성질을 갖고 있기 때문이다.

"天六地五 數之常也"라든가[49] "무릇 5와 6은 天地의 中合이다.…그러므로 日에는 6甲이 있고 辰에는 5子가 있으며 11이 되어 天地의 道

---

48) 李零, 〈從占卜方法的數字化看陰陽五行說的起源〉, 《北京大學古文獻硏究所集刊》 1, 1999, p.55.

49) 《國語》 卷3 〈周語下〉, 〈單襄公論晉周將得晉國〉, p.103. 여기서 天六은 六氣, 地五는 五行을 의미한다고 해석한다(葉舒憲·田大憲, 《中國古代神秘數字》, 社會科學文獻出版社, 1998, p.94).

가 완성되니 끝나면 다시 시작한다고 말하는 것이다”는[50] 기사를 고려해 보면 5와 6이 數의 중심자리에서 오랫동안 대칭적으로 사용되어 왔을 것임을 직감할 수 있다. 오행설이 등장하기 이전에 5와 6은 암묵적인 경쟁이 있었다고 보는 것도 이때문이다.[51] 사실 1에서 10까지의 숫자 중에서 홀수 1·3·5·7·9의 중앙은 5이므로 天數의 중심수는 5이고, 2·4·6·8·10의 중앙은 6이므로 地數의 중심수는 6이 되기 때문에 ‘五臟六腑’, ‘五運六氣’, ‘五苦六辛’, ‘五性六情’ 등 5와 6의 병칭사례도 존재한다. 《難經》에 “臟이 5개라고도 하고 6개라고도 말하는데 무슨 뜻인가?”라는[52] 질문은 당시 5와 6의 병존상황을 충분히 짐작하게 해준다. 5와 6이 우주의 중심을 상징하는 신비숫자라는 관념이 자리잡고 있는 것이다.[53] 특히 馬王堆帛書 중 《足臂十一脈灸經》과 《陰陽十一脈灸經》에서는 11脈이 등장하는 데, 이것은 후에 手厥陰脈이 등장하여 12脈으로 발전하기 이전의 미완숙의 단계로 인식하기도 한다.[54] 그러나 이는 그 자체의 완전성을 인정하여 天地의 中心數 5와 6의 합 11로 天地의 道가 완성된다고 하는 신념의 반영으로 평가하는 것이 옳을 것이다.[55] 《足臂十一脈灸經》과 《陰陽十一脈灸經》의 11脈을 구체적으로 살펴보면 手 5脈과 足 6脈으로 구성되어 있고 이는 天5 地6의 숫자와도 상응한다. 더구나 《足臂十一脈灸經》과 《陰陽十一脈灸經》에는 아직 五行說의 흔적도 뚜렷하지 않다면,[56] 당시까지만 해도 5와 6 어느

---

50) 《漢書》 卷21上 〈律曆志上〉, p.981, “夫五六者　天地之中合…故日有六甲辰有五子　十一而天地之道畢　言終而復始”. 六甲 중에는 오직 甲寅으로 시작되는 10일 간에만 子가 빠져 있으므로 辰에 5子가 있다고 말했다는 孟康의 注가 참고가 된다.

51) 葉舒憲·田大憲, 《中國古代神秘數字》(社會科學文獻出版社, 1998), p.93.

52) 《難經》(廖育群譯注, 《黃帝八十一難經》, 遼寧敎育出版社, 1996) 第38難, 第39難, p.91, “臟唯有五　臟獨有六者　何也”; “經言臟有五　臟有六者　何也”.

53) 葛兆光, 《七世紀前中國的知識, 思想與信仰世界》(中國思想史 第1卷, 復旦大學出版社, 1998), p.392

54) 中醫研究院醫史文獻研究室, 〈從三種古經脈文獻看經絡學說的形成和發展〉, 《馬王堆漢墓研究》, 湖南人民出版社, 1979, pp.223-224.

55) 廖育群, 《岐黃醫道》(遼寧敎育出版社, 1995), p.187.

것도 주도적이지 못했다고 볼 수 있다. 그러므로 5와 6이 각각 天과 地의 中心數자리를 차지하고 상호 최고의 중심수자리를 놓고 각축하는 상태에서 그 中心數의 合으로 천지의 만물을 표현한다는 관념이 형성되었다고 보는 것이 타당한 것 같다.

더구나 賈誼《新書》에 나타나는 仁·義·禮·智·信에 樂을 더했던 6行과 6理·6法·6度를 비롯하여,[57] 《左傳》에는 水·火·金·木·土에 穀을 더한 6府가 나타나는데,[58] 이것은 馬王堆帛書《胎産書》에서 穀 대신 石이 추가된 형태로 바뀌기는 했지만[59] 사물을 숫자 6만으로 분류하려 했던 예도 적지 않다. 따라서 《新書》六術篇은 天地六合間의 일체의 사물을 6으로 설명하려는 경향이라는 지적도[60] 제기되었다. 그러나 이것이 秦부터 前漢 初期에 집중되어 나타나는 현상이라는 점에 주목하여 秦이 6을 숭상했던 사실, 秦始皇부터 漢武帝까지 天에 대한 관심이 극히 강했던 상황 때문에 五行에 天과 관련된 상위 한 요소가 추가된 것이고, 이른바 '六行說'은 존재하지 않는다는 지적도[61] 흥미롭다. 6의 등장은 秦에서 漢初의 일시적 현상이고 근본적으로 五行說에는 변화가 없었다는 입장이다.

그러나 여하튼 漢初까지 5와 6의 동시출현은 역사적 현상이며, 그 이후 五行說이 주도적이 되면서 5는 6을 대체했던 것만은 확실하다. 五行說의 기원과 내력에 대해서 기존 다양한 주장과 해석이 존재하지만, 특히 초기 水·火, 金·木, 土·穀의 6府體制에서 穀이 빠져 5行으

---

56) 赤堀昭, 〈"陰陽十一脈灸經"の硏究〉, 《東方學報》 53, 1981, p.324.

57) 《新書》(王淵明·徐超 校注, 《賈誼集校注》, 人民文學出版社, 1996) 〈六術〉篇, p.311.

58) 《春秋左氏傳》 文公7年條, "六府三事 爲之九功 水火金木土穀 謂之六府 正德利用厚生 謂之三事".

59) 《胎産書》(魏啓鵬, 胡翔驊, 《馬王堆漢墓醫書校釋》(貳), 成都出版社, 1992), pp.82-83, "四月而水受(授)之…五月而火受之…六月而金受之…七[月而]木 受[之]…八月而土受[之]…九月而石授之".

60) 新城新藏, 〈干支五行說と顓頊曆〉, 《東洋天文學史硏究》, 臨川書店, 1928.

61) 林克, 〈五行と《六行》〉, 《中國—社會と文化》 12, 1997, pp.121-122.

로 정착되었다거나,[62] 天上의 五行說과 地上의 五行說 즉 5方位說이 결
합하여 천지만물 중 포함되지 않는 것이 없는 웅대한 체계가 형성된
것이라는 지적은[63] 흥미롭다. 오행설 자체도 초기부터 완벽한 체계를
갖추어 시작된 것이 아니라 다양한 천지인식 속에서 점차 숫자 5로 통
일되어 갔던 상황을 짐작하게 하는 것이다. 《周禮》나 《商君書》 등에서
보듯 先秦時期부터 사회적 제 역량을 객관적 수량적으로 파악하려는
경향이 존재하였다고 지적하고 있고,[64] 이 방면에 특히 뛰어났다고 평
가할 수 있는 齊의 管仲이 민간질서를 5를 기본수로 하는 단위로 하여
정리하고 있다는 점은[65] 무척 시사적이다. 물론 고대 軍制와 營陣이 5
法을 기초로 하고 있다는 점도 지적하고 있지만,[66] 이 외에도 5를 기초
로 행정을 하는 예는 훨씬 많아 商代의 五官을 비롯하여 五等爵制, 五
刑, 五典, 五服, 五禮등 다양하다. 이렇듯 현실에서 숫자 5의 광범위한
활용이 결국 오행설로 연결되어 5를 골격으로 만물을 통일적으로 파악
하는 도식이 형성된 것으로 이해된다. 복잡다단한 세계만물의 모든 현
상과 변화가 중심숫자 5를 매개로 계통화되고 정리되어 상호 연계되었
던 것이다. 5의 등장으로 말미암아 천체구조상의 숫자 3·4와 함께 인
간사회는 숫자 5로 표시할 수 있게 되어 天·地·人의 구도가 최종적
으로 數로 體系化되었다.

  그러나 5의 선택은 方士들의 수학적 관점에서 비롯되었을 가능성이
매우 높다. 중심수 6은 3·4와 함께 어떠한 도형도 구성할 수 없었지만,
3·4·5는 직각삼각형의 원리가 적용된다는 점에서 수의 원리에 정통
한 방사들이 중심수로 인정하기에 충분한 조건을 갖추고 있었다. 《周髀

---

62) 吳慧穎, 《中國數文化》(岳麓書社, 1996), p.51.

63) 趙光賢, 〈新五行說商榷〉, 《文史》 14, 1982 참조.

64) 佐竹靖彦, 〈中國古代の數値主義について〉, 《堀敏一先生古稀記念　中國古
    代の國家と民衆》, 汲古書院, 1995, pp.44-52.

65) 《國語》 卷6 〈齊語〉, '管仲對桓公以霸術', p.256, "五家爲軌　故五人爲伍
    軌長師之　十軌爲里　故五十人爲小戎".

66) 李 零, 〈中國古代居民組織的兩大類型及其不同來源〉, 《文史》 28,
    pp.59-75.

算經》에서 직각자인 矩의 각종 사용방식에 따른 그 용도도 해설하고 있었지만,[67] 이른바 직각삼각형에 관한 피타고라스 정리를 말하면서도 특히 가로 세로 대각선이 3 : 4 : 5 비율인 직각삼각형만을 언급한 것은[68] 숫자 5가 도형을 수량으로 전환할 때 가장 의미 있는 숫자임을 인정한 결과이다. 더구나 大衍의 數 50도 수학도식으로 표현하면 $(3 \times 3) + (4 \times 4) + (5 \times 5) = 50$이 될 수 있다.[69] 즉 $3^2 + 4^2 + 5^2$ 의 형태인 것이다. 이런 견지에서 數術學과 서양의 피타고라스학파와의 유사성이 언급되는 것도[70] 자연스럽게 이해되는 것이다. 중심수 5의 등장은 또한 1에서 10까지의 자연수 배열이 입체화되어 시공간적으로 표시될 수 있음을 의미하는 것이다. 동시에 우주만물의 통일화가 5를 중심으로 완성되면서 우주만물의 변화는 五行의 生克制化의 논리로 설명할 수 있었지만, 수리적 측면에서는 易占의 揲蓍過程에서 만들어진 8·7·9·6의 숫자가 5와 함께 각기 오행에 배당되어 만물의 변화를 설명하는 기능을 담당하였다.

그러나 이와는 계통을 달리하여 天圓地方의 天體論을 설명하면서 天地·時間·季節 등의 질서를 규정하는 또 다른 數的 體系가 존재했다는 사실에 주목해야 한다. 이른바 三分損益法이라 불리는 數의 체계이다.

三分損益法은 9를 기준점으로 하여 ⅓씩 加減하여 만들어지는 9·6·8 세 개의 수를 중심으로 이루어지는 數體系이다. 9에서 ⅓을 감하면 6이 되고 6에서 다시 ⅓을 증가하면 8이 되는 식이다. 이것은 지금까지 12律管을 얻는 방식으로 알려졌고,[71] 구체적으로 編鐘의 제작방법

---

67) 《周髀算經》 卷上, "平矩以正繩 偃矩以望高 覆矩以測深 臥矩以知遠 環矩以爲圓 合矩以爲方".

68) 江曉原, 〈《周髀算經》—中國古代惟一的公理化嘗試〉, 《第七屆國際中國科學史會議文集》, 大象出版社, 1999, p.174. 저자는 일반화된 피타고라스 정리는 漢代 趙君卿의 《周髀算經》注 이후 완성되는 것으로 보고 있다.

69) 鄒學熹·鄒成永, 《中國醫易學》(四川科學技術出版社, 1990), p.134.

70) 孟乃昌, 〈道家思想與中醫學〉, 《中國文化》 6, 1992-9, p.172 ; 川原秀城, 〈術數學〉, 同著, 《中國の科學思想—兩漢天學考》, 創文社, 1996, p.54-56.

을 통해 三分損益法이 木星의 12방위법에 근거하고 있다는 점도 지적되어 왔다.[72] 12律管의 수치를 얻는 방법은 《淮南子》에 따르면 다음과 같다.[73] 기준이 되는 黃鐘의 길이가 9寸이므로 이를 제곱해서 얻은 81을 가지고 시작한다. ① 黃鐘 $A=81$, ② 林鐘 $B=\dfrac{2}{3}\times A=\dfrac{2}{3}\times 81=54$, ③ 太簇 $C=\dfrac{4}{3}\times B=\dfrac{4}{3}\times\dfrac{2}{3}\times 81=\dfrac{3^2}{2^3}\times 81=72$, 이런 식으로 南呂(48), 姑洗(64), 應鐘($42\dfrac{2}{3}\fallingdotseq42$), 蕤賓($56\dfrac{8}{9}\fallingdotseq57$), 大呂($75\dfrac{23}{27}\fallingdotseq76$), 夷則($50\dfrac{46}{81}\fallingdotseq51$), 夾鐘 ($67\dfrac{103}{243}\fallingdotseq68$), 無射($44\dfrac{692}{729}\fallingdotseq45$), 仲呂($59\dfrac{2039}{2187}\fallingdotseq60$)을 얻는다. 그런데 여기에는 두 가지 문제점이 있다. 첫째는 《淮南子》에서는 이들 숫자가 실제 정수로 이용되었는데 대체로 사사오입의 원칙이 적용되었으나 應鐘(42)과 夾鐘(68)은 그 원칙에 맞지 않는다는 점이다. 그렇기 때문에 《宋史》 律曆志에는 이것을 각각 43, 67로 고쳤으나, 《회남자》는 이전 律制의 尺度를 보존하려는 의도가 있었다고 평가하는 것 같다.[74] 둘째, 蕤賓(57)과 大呂(76) 사이는 본래 三分損益에 따른다면 ⅓ 감소시키는 곳인데 오히려 ⅓을 증가시켰다는 점이다. 이 방식은 《漢書》 律曆志가 기계적으로 ⅓씩 증감시킨 것과도 크게 다르다. 이를 규명하기 위해 《史記》 律書를 참고하면 《史記》에는 위와 같은 〈律數〉방식과 蕤賓(57)과 大呂(76) 사이에 이론에 맞게 ⅓을 감소시킨 〈生鐘分〉의 두 방식이 모두 기재되어 있다는 점이 주목된다.[75] 이런 두 방식의 존재는 결국 이론적인 숫자(生鐘分)와 현실에서의 실천에서 나온 숫자(律數) 사이의 모순이라는 지적이[76]

---

71) 그러나 馬王堆 1號漢墓의 竿律測量을 보면 竿律의 尺度가 전혀 三分損益法에 맞지 않는데, 이는 이 出土文物이 실용기물이 아닌 名器였기 때문이라고 지적한다(李純一, 《中國上古出土樂器綜論》, 文物出版社, 1996, p.381).

72) 平勢隆郎, 《中國古代紀年の研究―天文と曆の檢討から》(東京大學東洋文化研究所, 1999), 第2章 1, 2節 참조.

73) 《淮南子》 卷3 〈天文訓〉, p.113.

74) 吳文俊 主編, 《中國數學史大系》 第1卷(北京師範大學出版社, 1998), p.475.

75) 生鐘分에 따르면 大呂는 37과 27분의 25이 되고 계속하여 夷則부터는 다시 三分損益에 따라 夷則은 58과 81분의 46, 夾鐘은 33과 243분의 173, 無射는 44와 729분의 692, 仲呂는 29와 2187분의 2113이 된다.

타당한 것 같다. 사실 12律은 한 옥타브에 모두 들어가는 것이 音律상 타당할 터인데,《漢書》律曆志처럼 일률적으로 ⅓씩 증감한다면 직선상에 표시했을 때 한 옥타브를 넘는 것으로 지적되고 있다.[77] 따라서 《淮南子》에서는 이를 한 옥타브 내에 들 수 있도록 蕤賓(57)과 大呂(76) 사이에 ⅓을 증가시킨 것으로 현실의 음계를 중시한 것임을 알 수 있다.

그러나 이 12律制는 더 근본적인 문제점을 내포하고 있었다. 12방위는 1회전하면 다시 원점으로 돌아오는 것인데, 12律에서는 어떤 방식을 채용하든 원점으로 돌아오지 않는다는 점이다. 이 점은 역대 律學家들도 미해결의 문제인데, 京房이 착안한 60律制도 바로 이 문제를 해결하기 시도였던 것으로 평가한다.[78] 계산에 의하면 55번째 分勳은 8.64寸이 약간 넘는 수치가 나오는데 이는 9寸의 黃鐘과 아주 근사치인 것이다. 그런데 60律도 완전히 원점으로 회귀가 되지 않기 때문에 數理的으로 반드시 60을 채용할 근거는 별로 없었던 것은 분명하다. 그럼에도 京房이 60律制를 고집한 것은 결국 360(1年)이란 숫자로 정확히 분할 가능한 占術的 必要性 때문이라고 추정하는 것이[79] 타당한 것 같다.

이렇듯 律制에서 9 : 6 : 8의 비율로 나가는 三分損益法이 중시되었지만, 이러한 비율방식이 어떻게 생긴 것인지에 대해 12律制의 연구가들이 거의 언급하지 않는 것은 의아스런 일이다. 후대 河圖洛書 계통의 저작을 검토한 결과 이 비율은 方圓相容圖에서 유래된 것이라는 지적이 있다.[80] 天이 圓이고 地가 方이므로 도형상으로 원과 정사각형의

---

76) 任繼愈 主編,《中國哲學發展史(秦漢)》(人民出版社, 1985), p.592.
77) Lothar von Falkenhausen, *Suspended Music : Chime-Bells in the Culture of Bronze Age China,* University of California Press, 1993, pp.302-303.《呂氏春秋》와《漢書》를 비교한 도표를 보면 더욱 분명해진다.
78) 吳文俊 主編,《中國數學史大系》第1卷(北京師範大學出版社, 1998), p.477.
79) 川原秀城,〈後漢の四分曆と蔡邕の律曆思想〉, 同著,《中國の科學思想―兩漢天學考》, 創文社, 1996, p.255.
80) 董光璧,《易學與科技》(沈陽出版社, 1997), p.140. 同著,《圓方奧秘―易學

비례관계에서 이 숫자들이 얻어진다는 것이다. 따라서 이를 수학적으로 계산해 보니 9 : 6 : 8이라는 비율은 다음과 같이 얻어질 수 있었다. 우선 하나의 원에 내접하는 정사각형이 있고 그 정사각형 안에 다시 내접하는 원이 있는 도형을 연상해 보자. 이때 바깥 원은 지름을 $2\sqrt{2}$로 가정하고 원주율을 3.14로 계산한다면 원주길이가 대략 9(정확히는 8.87992)가 얻어진다. 내접하는 사각형은 한 변의 길이가 2가 되므로 네 변의 길이 합은 8이 되는데, 안쪽의 내접원은 지름이 2이므로 원주길이는 6.28(≒6)이 된다. 그렇다면 정수로 계산해 볼 때 대략 9 : 8 : 6의 비율이 얻어진다. 원과 사각형의 내접관계를 무수히 반복해도 역시 이 비율이 되는 것은 물론이다.

　만약 이러한 推論에 무리가 없다면 三分損益法은 무원칙하게 ⅓씩 加減했던 것이 아니라, 결국 圓(天)과 方(地)의 비율관계에 사상적 근거가 있을 수 있다는 점에서 흥미롭다. 天地의 관계를 수리적으로 표현한 것이 되는 셈이고 天圓地方을 수리적으로 이해하는 또 다른 계통이며 그 응용이라고 할 수 있을 것이다. 삼분손익법이 이렇게 天地關係의 응용이었다면 樂論의 근거가 宇宙에 있고 宇宙論의 출발점이라는 인식도[81] 자연스럽게 이해되며, 고대 사회에서 音律뿐만 아니라 度量衡, 曆, 五行에도 굳이 이 이론이 적용되었는지[82] 더 이상 설명이 필요없는 것 같다. 度量衡制에서 보면 度制의 기본단위인 寸은 黃鐘 基準管의 길이를 9寸으로 하여 정해진 것이고, 量制에서 龠은 9寸 基準管의 용적을 표시하는 것이다. 衡制도 1龠에 1,200개 黍의 무게를 12銖

　　與科學的互動》에 이 문제에 대한 專論이 있다고 하나 구득하지 못해 아래 論旨는 필자의 추론이다. 물론《周髀算經》에 이미 원과 정사각형의 내외접 관계에 대한 언급이 있다.《周髀算經》에서는 정사각형에 내접하는 원이 있을 때 圓方, 외접하는 원이 있을 때는 方圓으로 구분하면서, 이 方과 圓의 관계로 만물을 설명할 수 있다고 설명한다("此方圓之法 萬物周事而圓方用焉").

81)　栗原圭介,《中國古代樂論の硏究》(大東文化大學東洋硏究所, 1978), pp.54-56.

82)　平勢隆郞,《中國古代紀年の硏究—天文と曆の檢討から》(東京大學東洋文化硏究所, 1999), 第2章 1, 2節 참조.

244

로 한 것이기 때문에 도량형의 3개 표준은 모두 黃鐘律管의 길이에 따른 것이다.[83] 度量衡制가 기본적으로 律制에서 파생된 것임을 알려준다. 역대 왕조에 따라 척도가 바뀌면서 寸의 길이는 점차 길어졌지만, 기준점을 黃鐘律管의 길이로 한다는 이념은 계속 이어졌다.[84] 더구나 戰國시기 십진법제를 주로 하지 않았던 衡制와 국가 간의 교환비율이 거의 9, 6, 8의 기본단위와 그 배수를 중심으로 이루어졌다는 사실,[85] 漢代의 衡制도 이와 별반 차이 없다는 점 등을[86] 고려하면 三分損益法이 도량형제의 기초로 활용되었다는 사실을 어렵지 않게 짐작할 수 있다.

삼분손익법에 의해 나타나는 9·6·8은 지상의 12방위에 배당하여 12地支 배당을 한다면 子辰申, 丑巳酉, 寅午戌, 卯未亥의 三合(12방위에서 정사각형의 꼭지점)이 얻어진다. 이것이 이른바 三合理論이고, 기존의 널리 알려진 五行과 地支배당과는 다른 방식이다. 이 방식이 12律과 관계된다는 점에서 六情 12律에 기초한 翼奉風占이 이 방식의 地支配當을 도입한 이유도 여기에서 명확해지는 것이다. 그런데 여기서 子를 9로 하면 未가 6이 되고 寅이 8이 되는데, 未의 대칭위치인 丑을 未로 대체한다면 寅·丑·子로 夏·商·周 三正과도 연관시킬 수 있다. 이런 논리에 의해 丑을 正月로 하는 夏正은 夏商周 이후 새로운 주기의 正統曆이 될 수 있다는 견해를 제기하기도 했고, 동시에 前王의 死去年에는 元年을 칭하지 않는 踰年稱元法도 冬至와 立春 등 시작점을 두 개를 갖는 夏正과 이념상 일치하므로 9·6·8의 數의 논리가 적용되었다고 보기도 한다.[87] 그러나 이러한 설명방식이 아니더라도 黃

83) 易水,〈我國古代近代計量法制概述〉,《中國古代度量衡論文集》, 中州古籍出版社, 1990, pp.429-430.

84) 丘光明,〈乾隆嘉量考―兼談黃鐘與度量衡的關係〉,《中國古代度量衡論文集》, 中州古籍出版社, 1990, p.456.

85) 林巳奈夫,〈戰國時代の重量單位〉,《史林》51-2, 1986, pp.115-125.

86) 郭正忠,《中國的權衡度量(三至十四世紀)》(中國社會科學出版社, 1993), pp. 104-105 참조.

87) 平勢隆郎,《中國古代紀年の研究―天文と曆の檢討から》(東京大學東洋文化

鐘의 數(9)의 제곱 81이 〈太初曆〉 日法의 基準數였음은 자명하고, 漢代에 律曆思想이라 할 정도로 律과 曆이 밀접한 관계에 있었다는 일은[88] 이미 널리 논증이 된 상태이다.

결국 삼분손익법은 天地關係의 다른 표현방식으로 音律을 비롯하여 度量衡·曆法 등에 폭넓게 활용되었으며, 易學理論을 빌린다면 9는 天, 6은 地, 8은 人을 각각 상징하는 것이 되므로[89] 天·地·人을 각각 3·4·5의 숫자로 이해한 방식과는 또 다른 계통으로 볼 수 있을 것 같다. 그러나 이 三分損益의 숫자배열은 원의 응축과정 및 원형과 방형의 호환과정을 상징한다고 볼 수 있고, 易占의 揲著過程에서 만들어진 8·7·9·6이라는 象數易學의 숫자와 일면 상응하기도 한다. 따라서 3·4·5가 天地의 生成과 構造를 설명했다면 9·6·8의 배열은 宇宙의 運動과 변화과정을 數理的으로 표현한 것으로 이해할 수 있는 여지가 있다.

2. 周期숫자

숫자는 시간의 척도로서 인간과 사회의 生活周期로 활용되기도 하였다. 인간이 시간의 구도 속에서 일정한 주기를 갖고 생활한다는 것은 고대로부터 자연스러운 인간 삶의 한 단면이었다. 漢代人의 생활도 마찬가지인데, 그들은 천체주기에 크게 영향 받고 있었다는 점이 특징이다. 숫자상 주기개념이 가장 명확히 드러나는 것은 10과 12였고, 숫자 신비주의 입장에 섰던 方士들도 가장 먼저 이 주기에 주목한 것 같다. 商周時期부터 인간의 손가락 숫자와도 일치하는 10이 天體의 운동규율을 상징하는 개념으로 등장하여 10天干이 하나의 周期가 되었다. 고대

연구所, 1999), pp.128-131 ; 同著, 《左傳の史料批判的研究》(東京大學東洋文化研究所, 1998), pp.18-22.

88) 堀池信夫, 《漢魏思想史研究》(明治書院, 1988), 第1章 2節 〈前漢曆法の展開および音律理論〉 참조.

89) 《周易》에서 각 爻名을 붙일 때 陽爻는 9를, 陰爻를 6을 사용한다. 그러므로 9는 天, 6은 地로 연결되고 8은 8卦로 人을 지칭하게 되는 것이다.

신화에서의 十日竝出神話, 十日迭出神話가 등장한 것도 이와 무관하지 않은 것이며, "수는 1에서 시작하여 10에서 끝난다"는[90] 논리는 10이 數의 最大數로서 다시 1로 돌아가는 순환주기상 마지막에 위치한다는 사실을 설명한 것이다. 적어도 10이 한 주기의 완성이라는 관념인데, 班固도 역시 "數는 一·十·百·千·萬이다"라[91] 하여 10을 단위로 하여 파생되는 數의 계통과 질서를 제시한 것을 보면 10을 주기로 하는 관념을 지지한 것으로 평가해도 좋을 것 같다.

이 10이 인간의 생활주기로 등장한 것은 인간의 懷胎周期에 기인한다고 보는 논법도 있다. "天의 大數는 10旬에서 끝나나…人間도 역시 10개월이면 생겨난다. 天數에 合하는 것이다"라는 지적이나,[92] "一은 日을 주관하고 日數는 10이다. 日은 인간을 주관하므로 10개월에 태어나는 것이다"라는[93] 언급이 바로 그것이다. 명확하게 人數와의 상관성을 나타낸 것이지만, 이것은 오히려 10이 天의 주기로 등장된 후 후대에 이에 상응한 人數로 선택되었을 가능성이 더 높은 것 같다. 그러나 여기서 10月懷胎의 자연법칙과 결부되어 이해됨으로 10이 가진 순환주기로서의 의미는 매우 견고해졌다는 점을 주목할 필요가 있다.

이와 같은 10의 주기성과 그 주기의 최종단계라는 인식 때문에 10은 完美, 齊備, 優美, 頂點 등의 파생된 의미를 갖기도 하였고,[94] 사물 생성발전의 最高數로 각종 생활상의 숫자로 자주 등장하게 되었다. 고대부터 曆法上에서 10일을 의미하는 旬이 여전히 주기단위로 사용되고 있었지만, 10의 주기성에 주목하여 軍隊의 편제도 10을 단위로 했고, 민간사회의 기층단위도 '十家爲什'이라 하여 10을 단위로 조직되었다. 漢代의 경우도 예외는 아니다. '十里一亭 十亭爲鄕'이라 하여 縣 이

---

90)《史記》卷25〈律書〉;《漢書》卷21上〈律曆志上〉, "數始于一 終于十".

91)《漢書》卷21上〈律曆志上〉, p.956.

92)《春秋繁露》第 43〈陽尊陰卑〉, pp.323-324, "天之大數 畢於十旬…人亦 十月而生 合於天數也".

93)《淮南子》卷4〈地形訓〉, p.143, "一主日 日數十 日主人 人故十月而生".

94) 吳慧穎,《中國數文化》(岳麓書社, 1996), pp.104-105.

하 지방조직의 편제는 10을 단위로 하고 있고, 後漢代에도 十家를 一什으로 하는 제도가 여전히 남아 있다. 특히 分·寸·尺·丈·引으로 구분되는 度制는 십진법으로 1引=10丈=100尺=1000寸=10000分이 되고, 龠·合·升·斗·斛의 量制는 龠과 合 사이만 제외하고 나머지는 십진법이어서 1斛=10斗=100升=1000合(=2000龠)이라는 사실도[95] 10의 주기성을 보강해 주는 증거이다.

그러나 이 숫자 10이 직접적인 천체운동 규율주기와 관련 있다는 증거는 거의 없다. 천체상에서 10을 주기로 하는 운동주기는 언뜻 연상되는 것이 없어 10월 태양력의 의미에 대해 여러 해석이 제기되었던 것도 이 때문이다. 이에 비해 숫자 12는 천체상의 주기성이 비교적 명확하였다. 11.86年으로 알려진 木星의 周期는 대략 12년으로 계산될 수 있었으며, 동시에 黃道上 달은 지구와 12次 會合周期를 갖는다는 점에서 12개월은 달의 운동주기를 반영한 개념이다. 歲星紀年法 및 太歲紀年法에 따라 숫자 12는 年이라는 循環周期를 뛰어넘어 12年 歲星 周期를 만들어냈지만, 이 이론적 기초는 각 방면에 응용되어 12次, 12時間制, 12地支, 12生肖 등의 성립으로도 나타났다. 더구나 12는 天圓(3)과 地方(4)의 곱에 의해 파생되는 숫자이기도 했기 때문에 天의 大數로 인식되었고, 고정된 우주구조 속에서 운동과 변화를 상징하는 의미를 가질 수도 있었다.

그러므로 이러한 천체운동의 숫자로서의 12의 특징은 天·地·人一體를 내세운 方士들에게는 자신의 논리를 뒷받침할 수 있는 매우 중요한 지표로 이용될 수 있었다. 우선 이 숫자는 人體와 밀접한 연관이 있는 것으로 설명되었다. 董仲舒가 "天數의 기미를 찾는 데는 人보다 나은 것이 없다. 사람의 몸에는 四肢가 있는데 每肢는 또 3節이 있으므로 3×4=12이고 12節로써 형체가 세워지는 것이다"라고[96] 말하며

---

95) 易水, 〈我國古代近代計量法制槪述〉, 《中國古代度量衡論文集》(中州古籍出版社, 1990), p.427.

96) 《春秋繁露》 第24 〈官制象天〉, p.218, "求天數之微 莫若於人 人之身有四肢 每肢有三節 三四十二 十二節相持而形體立矣". 또한 〈人副天數〉에도 비

12가 天數와 부응함을 설명했는데,《淮南子》도 역시 이와 비슷한 논점을 제시하였다.[97] 이 외에 許愼이 몸을 12등분한 것,[98] 심장의 무게가 12兩이라고 묘사된 점,[99]《黃帝內經》에 나오는 12經脈, 12地支에 대응되었던 10肢와 莖垂 등이 漢代에 알려진 人體에 존재하는 12의 개념들이다.

이렇게 12를 통해 인체와 천체가 조응될 수 있었기 때문에 사회상의 각종 제도도 이 12주기에 주목한 것은 당연하였다. 太初曆이 시행되면서 1晝夜 각 12時制가 도입된 것이나, 音律에서 12律制가 채택된 상황, 天象에 대응되게 땅도 12州로 분할한 것 등등이 그 표지이다. 數術家들이 그들의 각 占法에서 12를 응용한 예도 무척 많다. 각종 式盤에서 12支와 12月將을 두고 길흉을 판단했던 것은 이미 널리 알려져 있지만, 建除 12直을 포함하여 叢辰도 12辰을 이용한 占法이라는 사실, 星命術에서 12宮을 두고 命運을 점친 일 등 모두 12가 천체운동의 가장 기본적인 순환주기라는 점에 주목하였던 사실을 보여준다.

이러한 예는 충분히 더 지적할 수도 있지만, 그보다는 10과 12 숫자에서 파생되어 온 또 다른 주기에 대해 언급하고 싶다. 사실 사회에서는 10, 12보다 더 큰 주기개념이 필요한 경우가 많았다. 10과 12의 주기적 성격속에 이들 두 숫자의 조합인 60干支가 더 큰 주기로 형성되었던 것은 그런 사회적 필요 때문이었던 것으로 추정된다. 60주기에서 흥미로운 사실은 干支가 본래 숫자가 갖는 順序로서의 의미를 대신하게 됨에 따라 오히려 숫자는 다른 상징적 의미를 표시하는 수단으로 전환될 가능성을 갖게 되었다는 점이다. 干支의 序數詞로서의 역할은 주로 曆法上 紀時方面에 두드러졌지만, 이외에도 등급을 표시하거나

숫한 논지가 전개된다. "天以終歲之數 成人之身 故小節三白六十六 副日數也 大節十二分 副月數也 內有五臟 副五行數也 外有四肢 副四時數也".

97)《淮南子》卷3〈天文訓〉, "天有四時以制十二月 人亦有四肢以使十二節".

98)《說文解字》(湯可敬 撰, 《說文解字今譯》, 岳麓書社, 1997), p.562, "體 總十二屬也". 段玉裁注에서 12屬은 頭(頂·面·頤), 身(肩·脊·尻), 手(股·臂·手), 足(股·脛·足)인 것으로 해설되었다.

99)《難經》42難, "心重十二兩 中有七孔三毛 盛精汁三合".

조항의 나열, 불특정 人名 등으로도 사용되었다.[100]

干支紀日法의 사용으로 60이 일종의 생활주기로 등장한 것은 분명하지만, 이것은 天象에 나타나는 구체적인 天數와 직접적 관련은 없었기 때문에[101] 天數의 주기와 연계하려는 論者들은 천체구도를 그대로 드러내는 숫자에 관심을 기울인 것 같다. 秦始皇이 천하를 통일하고 地方을 36郡으로 나눈 것이나, 後漢末 黃巾賊이 36方을 설치한 것 등은 천체상에 12를 뛰어넘는 주기에 대한 관심과 그 필요성의 반영으로 평가할 수 있을 것 같다. 36이 12의 배수이기는 해도 문제는 왜 36을 선택했는가 하는 것인데, 종래 36의 기원에 대해서는 다음과 같은 다양한 견해가 제시되었다. ①《周易》의 太陽 六六之數에서 36종의 機變이 파생되었다는 견해,[102] ② 彝族 十月太陽曆에서 1개월 36일을 쓰는 개념에서 등장했다는 설,[103] ③ 秦人의 숫자 6을 숭상하는 풍조와의 관련설,[104] 혹은 ④ 半坡 仰韶文化遺址에서 발견된 1에서 8까지의 숫자배열 陶片(합하면 36이 됨) 및 商代 五祀制度의 周期性에서 유래를 찾기도 한다.[105] 각 학설 나름대로 근거를 제시하고 있지만, 이 중 관심 가

---

100) 吳慧穎,《中國數文化》(岳麓書社, 1996), pp.211-212.

101) 60干支法이 천상의 주기와 관련이 된다는 지적도 있다. 甲子60年 周期를 계산해 보면 朔望月과 回歸年의 會合周期라는 것이다. 60년은 恒星月(27.321893日)로 따지면 60년=365.25日×60=21915日=802.10401恒星月인데, 21915日은 朔望月(29.530589日)로 하면 742.11184朔望月이 된다. 그런데 742.11184朔望月=60년+22.11184朔望月=60년+22閏月+3.3015日이다. '3年 1閏 19年 7閏法'에 의해 60년에는 대략 22개 閏月이 존재한다. 이로 보면 甲子 60年은 삭망월과 회귀년의 주기가 일치하는 기간이다(田合祿·田峰,《中國古代曆法解迷—周易眞原》, 山西科學技術出版社, 1999, p.94). 그러나 이 주기는 生活周期라기보다는 歷史周期 범주에 속하는 것이고, 漢代人들이 이런 주기를 인식한 증거도 별로 없다.

102) 葉舒憲·田大憲,《中國古代神秘數字》(社會科學文獻出版社, 1998), p.278.

103) 劉堯漢,《中國文明源頭新探》(雲南人民出版社, 1985), p.153.

104) 葉舒憲,《莊子的文化解釋—前古典與後現代的視界融合》(湖北人民出版社, 1997), p.332 참조.

105) 葉舒憲,《莊子的文化解釋—前古典與後現代的視界融合》(湖北人民出版社, 1997), pp.335-341.

250

는 것이 天道의 순환주기에서 파생되었다고 보는 ②와 ④의 관점이다.
그런데 ④의 논증과정에서 보듯 商代 周祭制度 중 第1祀에서 第10祀
까지 각 祀가 36旬 내지 37旬으로 구성되어 있는 것은 사실상 太陽年
의 시간과 동일하다는 점에서 ④는 ②의 彝族曆法과 동일한 내용을 달
리 설명한 것에 불과하다. 이들은 36이 주기성을 갖는 숫자라는 점에
착안하여 그것이 숫자 10의 주기성에 기초하고 있다는 점을 논증하고
있는 것이 특징이다. 이 논지를 뒷받침해 주는 재미있는 또 다른 학설
이 있는데, 漢代 數術家들이 주로 사용했던 '36雨'의 개념이다. 36雨는
일 년 중 36일 비가 내리면 천하가 태평하고 五穀이 풍년드는 징조로
해석된다는 것인데,[106] 이 주장의 사실 여부는 차치하더라도 이 경우 10
일에 한 번 비가 오는 셈이 되므로 숫자 10이 이 주기의 토대인 것이 분
명하다.

한편, 6甲에서 36의 기원을 구하는 견해는 오히려 숫자 12에서 그
근원을 찾고 있다. 다음 기사를 살펴보자.

> 지금 36의 의미를 풀어본다면 6甲의 數에서 취하여 式盤에서 응용하
> 는 것이다. 12屬에 12支를 배당하고 12支에는 각각 3禽이 있으므로 모
> 두 36禽이 된다. 支를 3분하는 까닭은 1日이 3時 즉 旦·晝·暮로 되어
> 있기 때문이다. 이것은 위로 天星에 상응하고 아래로 年의 命運에 속하
> 는 것이다.[107]

이런 논리는 일부 方士들의 주장이겠지만, 36의 기원을 12支와 이에
의해 파생된 60甲子의 周期와 연관시켰다는 점이 특징이다. 12주기에
1일을 3분하여 새로운 36의 尺度를 만들었다면, 36의 실질적 기초는
12인 것이 분명하며 숫자 12가 갖는 주기적 성격에서 파생된 것으로
보아도 별 잘못은 없는 것 같다.

---

106) 京房,《易飛候》, "太平之時 十日一雨 凡歲三十六 此休徵時若之應".
107)《五行大義》 卷5〈論三十六禽〉, p.212. 이 방식은〈十月太陽曆〉에서 말
   하는 "12獸가 1日을 맡아 순환하면서 3번 돌면 36日이 되어 1개월이 되
   고, 30번 돌면 360日 1年이 된다"는 논법과 매우 유사하다.

　그렇다면 36은 10과 12가 갖는 주기성을 모두 반영한 것으로 이해
되며, 이 주기의 토대 위에 고대중국에서 자주 등장하는 72의 개념형
성도 가능했을 것 같다. 72는 36의 배수이므로 자연스럽게 36의 의미
를 계승했을 것으로 추정할 수도 있겠지만, 그렇게 단순하지만은 않다.
72의 내원은 세 가지 계통이 있었던 것으로 보인다. ① 72는 오행설의
유행에 따라 1년 360일을 5分 할 때 나타나는 숫자라는 점이다. '72候',
'72風' 등의 술어에서 볼 수 있듯이 五行說에서 72는 四季와 五行의 부
정합성을 해결할 수 있는 논리였다. 오행설이 유행했던 先秦부터 前漢
시기에 72숫자가 특히 자주 등장했던 것도 이 때문이라고 지적한다.[108]
② 72는 象數易學 계통에서 나온 數槪念이란 견해이다. 象數易學에서
는 홀수를 天數로, 짝수는 地數로 지칭하는데, 1에서 9까지의 숫자 중
天數의 가장 큰 9와 地數 중 가장 큰 8의 곱이 72가 된다는 논법이
다.[109] 天地가 교감하여 나온 至極之數이기 때문에 만물의 모든 변화를
상징하며 무한대의 의미를 가진 수가 되는 것이다. ③ 曆法에서 72의
내원을 찾는 발상이다. '1년을 5계절로 나누고 각 계절은 雌雄 두 달이
있으므로 72일이 된다'는[110] 彝族 十月太陽曆은 72를 설명할 수 있는
好例이다.

　이상 3개의 학설 중 오행설과 상수역학계통으로는 72와 36의 직접
적인 연관성을 찾기는 어렵다. 다만 彝族 太陽曆만은 1년 10개월 5계
절이므로 각각 36과 72가 동시에 출현할 수 있다는 점이 흥미롭다. 이
역법설에 따르면 72가 주기적 성질을 갖는 숫자가 되고, 자연스럽게
10과 12에서 시작한 숫자주기가 36에서 72까지 확대된 것으로 이해가
가능하다. 그러나 오행설이든 상수역학이든 굳이 十月曆이 아니더라도
曆法의 數와 무관한 것이 아니고, 天象에 나타나는 변화를 숫자로 처

---

108) 聞一多,〈七十二〉,《民國叢書》第3編, 90《聞一多全集》, 上海書店, p.217
　　甲.

109) 楊希枚,〈論神秘數字七十二〉, 同著,《先秦文化史論集》, 中國社會科學出版
　　社, 1995, pp.671-691.

110) 劉堯漢,《中國文明源頭新探》(雲南人民出版社, 1985), p.153.

리하려고 했다는 점에서는 기본적으로 동일한 성격임을 주목할 필요가 있다. 사실 72는 천체구도를 지상의 변화에 반영할 때 나온 숫자인 것만은 틀림없다. 黃帝가 蚩尤와 72日 싸웠다든지, 泰山에서 封禪한 자가 72家 혹은 72代라든지, 孔子의 제자 중 六藝에 정통한 자가 72人이라든지, 漢高祖의 왼쪽어깨에 72점이 있다는 등 72에 관계된 언급은 제법 많다.[111] 그런데 72는 36이 그 수량을 첨삭할 수 없었던 데 비해 다소 자유로웠던 것 같다. 사료에 등장하는 '70' '70餘' 등도 72와 같은 의미로 이해하는 것이 일반적이기 때문이다.[112] 후대 주기적 성질의 숫자는 72에서 108로 전개되지만, 아직 漢代에는 나타나지 않는다. 그러나 만물의 수로 알려진 11520은 이 72의 연장선상에서 이해하기도 한다.《周易》에 소개된 乾策 216(72×3), 坤策 144(72×2)은 물론 그 合인 360(72×5)도 72의 배수이지만, 그 두 策으로 만들어내는 11520도 160×720이므로 72와의 연관 속에서 설명된다는 것이다.[113]

Ⅲ. 陰陽의 조화와 홀짝수의 운용

통상 10 이하의 숫자는 홀수와 짝수의 구분이 있고 이것은 음양설에 따라 음수와 양수로 나눈다. 象數易學에서는 홀수를 양수로 짝수를 음수로 보는 것이 일반적이다. 음양관념의 보급 이후 이렇게 홀짝수에 각각 음양관념이 개입되면서 숫자로 천지만물을 해석하는 경향이 두드러지게 되었다. 그런데 易에서 말한 "一陰一陽之爲道"란[114] 음양의 조화를 의미하는 것이므로 일방적인 陰數나 陽數의 편중보다는 陰數와

---

111) 72에 관련된 사료들은 전게 聞一多, 楊希枚, 劉堯漢, 吳慧穎 등의 글에 상세히 소개되어 있다.

112) 吳慧穎,《中國數文化》(岳麓書社, 1996), pp.127-128.

113) 楊希枚,〈中國古代的神秘數字論稿〉, 同著,《先秦文化史論集》 中國社會科學出版社, 1995, p.627

114)《周易集解》 卷8〈繫辭傳〉, p.552.

陽數의 조화가 가장 이상적인 상태로 인식되었다. 鄭玄이 1에서 5까지의 五行의 生數에 6에서 10까지의 成數를 배합시킨 것도[115] 음양이 홀로 존재하지 않고 相合에 의해 만물이 형성된다는 관념을 표시하기 위한 것임이 분명하다. 따라서 天·地·人 三者의 조화에 집요할 정도로 집착하였던 方士들이 수리적 측면에서의 陰陽의 調和 즉 홀짝수의 均衡과 相合이 天人相應을 의미한다고 생각한 것은 논리적으로 당연한 귀결인 것이다.

사물의 음양분류와 평형이라는 관념 하에서 홀수속성은 홀수속성과 짝수속성은 짝수속성과 결합되는 것이 이상적이었다. 예를 들면 희생제사에서 鼎俎같이 홀수인 祭器를 쓸 경우 鼎에 넣는 희생제물은 소·양·돼지등 동물인데, 이것은 鼎이 3족으로 陽의 속성이므로 똑같이 陽의 속성으로 분류되는 동물을 넣는다는 것이다. 반면 籩豆는 짝수여서 음으로 분류되므로 제물도 陰의 속성인 식물을 넣어야만 하는 것이다. 이러한 것은 婚禮에서도 제후가 聘享의 禮에서도 역시 마찬가지였다.[116] 그러나 홀짝수가 일방적으로 편중되는 것은 물론 허용되지 않는다. 각종 제사나 예절에서 홀짝수가 유기적으로 포함되어 있어야 했는데 귀족들이 鼎을 사용할 때는 반드시 簋를 수반했으며 그 형식은 9鼎8簋, 7정6궤, 5정4궤, 3정2궤 혹은 1정1궤의 방식을 취했다는 사실이다. 또한 周武王에 5男2女가 있었다는 견해는 晉代 皇甫謐의 주장이기는 하지만[117] 다수의 자녀가 번영과 福을 의미한다는 차원을 넘어 男陽女陰의 조화를 염두에 두고 있음이 분명하다. 天地 陰陽의 數가 조화를 이루어야 한다는 관념을 여기에서 엿볼 수 있다. 양의 속성은 양수로 음의 속성은 음수로 표시하여 음양의 조화를 꾀하였음을 짐작할 수 있다. 심지어는 漢代 이후 12生肖의 동물배당도 陰陽을 고려한 것이라는 견해가 제시되기도 했다.[118] 地支는 기본적으로 陰의 속성이지

---

115) 이 이론에 따르면 天 1과 地 6, 地 2와 天 7, 天 3과 地8, 地 4와 天 9, 天 5와 地 10이 합쳐져 時空間上에 배열된다(《禮記》〈月令〉의 疏 참조).

116) 黃有漢, 〈論中國古代數字的崇拜〉, 《史學月刊》 1998-5, p.24.

117) 《詩經》〈召南〉何彼穠矣 序, 孔穎達疏 所引 皇甫謐云.

254

만 음양설에 따라 그 중에서도 홀수 번째는 陽에 해당되고 짝수 번째
만 陰에 속하게 된다. 따라서 홀수 번째인 동물들 예컨대 쥐·호랑
이·용·원숭이·개는 5개의 발톱을 갖는 부류이고, 소·양·닭·돼지
는 4개의 발톱을 토끼와 뱀은 2개(뱀은 2개의 혀)를 갖는다는 것이다.
동물안배도 특별히 발톱의 수를 고려하여 이루어졌다는 인식이 존재했
다는 것은 음양설을 합리화시키는 논리에 불과하지만 12생초의 배열
에 대한 초보적 이론이라는 점에서는 의미가 있다.

그러나 이러한 홀짝수의 조합은 단지 陰陽說의 영향에 기인하는 것
만은 아닌 것 같다. 수학적으로 볼 때 숫자의 홀짝수배열은 경우에 따
라 대칭·중첩 등 매우 재미있는 결과를 가져오기 때문이다. 홀짝수의
배열을 통해 본 숫자가 가진 신비성은 상식을 초월할 정도로 흥미로우
며, 신묘한 대칭 및 중첩관계로 말미암아 사회생활 중에서도 한 쌍이
나 대칭의 숫자에 대한 선호감을 불러일으켰을 가능성이 많다. 물론
이러한 숫자의 특성을 漢代人들이 인식하고 있었다는 직접적인 증거는
거의 없다. 그러나 《九章算術》에는 "91분의 49를 약분하면 얼마인가"
(方田章 第6題)라는 질문에서 이미 최대공약수로 약분한다는 '等數'의
개념도 나오고 있다는 점을 주목할 필요가 있다. 이 방식은 $r_1 =$
$91-49=42$, $r_2 =49-42=7$, $r_3 = 42-7-7-7-7-7=7$로 r_2 와 r_3 는
等數가 되는 것이다.[119] 이에 대해 劉徽가 "相減한다는 것은 等數의 중
첩이므로 등수로 약분한다"고[120] 해설했던 점을 고려하면 數의 중첩에
대한 일정한 수준의 지식이 축적되어 있었을 것을 충분히 추측할 수
있다. 비단 이뿐만 아니라 천체운행주기를 계산하는데 일종의 약분술
인 '通其率'이 등장했고,[121] 《太玄》은 3진법제를 사용하고 있으며,[122] 九

---

118) 吳慧穎, 《中國數文化》(岳麓書社, 1996), pp.477-478.
119) 劉純, 《大哉言數》(遼寧敎育出版社, 1995), p.127.
120) 《九章算術》(郭書春 匯校, 《九章算術》, 遼寧敎育出版社, 1990) 卷1 〈方
     田〉, p.183.
121) 吳文俊 主編, 《中國數學史大系》 第1卷(北京師範大學出版社, 1998),
     pp.422-429.

宮의 數에 의한 가로 세로 대각선의 합이 同數인 초보적인 魔方陣이
이미 존재했음 등을 고려하면,《주비산경》이나《구장산술》에 보이는
漢代 數學은 이미 算數의 수준을 넘는 것이 분명하다. 이러한 수준을
고려한다면 加減乘除法 정도를 파악하지 못했다고 말하기도 어려운 것
이 사실이다. 더구나 신비적 수세계에 관심이 높았던 方士들이나 象數
易學者들이 數가 갖는 규칙과 공식에 의해 나타나는 수 배열의 신비적
특성에 무관심했을 리도 만무하다. 따라서 漢代人들이 수의 대칭과 중
첩 등 균형성을 상당 정도 인식하고 있었다고 보아도 무방할 것 같다.

그렇다면 홀짝수의 조합과 균형에 의한 이상적인 사회의 실현은 方
士들의 수적 세계관과 일정 정도 관련이 있다는 것은 명백하지만, 현
실에서는 홀짝수의 조합보다는 陽을 상징하는 홀수를 陰의 상징인 짝
수보다 훨씬 중시하는 경향이 존재했던 것으로 보인다. 일종의 홀수숭
배사상이다. 거실 방옥의 규모와 높이를 홀수로 한 것이나 고건축은
대부분 홀수 개의 대문을 갖는다든지, 古塔은 거의 홀수층 형식이라든
지[123] 건축방면에서 이러한 예는 찾기 어렵지 않다. 특히 宗廟祭祀 등
에서 홀수 제사방식은 西周時期부터 내려온 홀수숭배사상의 흔적이다.
더구나 신분에 따라 홀수의 선택도 달라졌다. "禮制에 天子는 9鼎, 諸
侯는 7, 卿大夫는 5, 元士는 3"이라는 지적,[124] 喪葬禮의 日期에서 "天
子 7일 동안 초빈하여 7개월 동안 葬하고 제후는 5일간 초빈하여 5개
월간 장하며, 대부 및 庶人은 3일간 초빈하여 3개월간 葬한다"는 기
술,[125] "천자는 3昭 3穆과 太祖의 廟를 합하여 7廟로 하고, 제후는 5묘,
大夫는 3묘, 士는 1묘"로 한다는 언급,[126] "천자의 堂은 9尺, 제후는 7
척, 대부는 5척, 士는 3척" 등등의[127] 사례는 무척 많다. 이러한 禮制의

---

122) 堀池信夫,《漢魏思想史硏究》(明治書院, 1988), pp.174-179.
123) 兪曉群,〈數與數術學〉,《文史知識》1993-7, p.121.
124)《春秋公羊傳解詁》桓公2年 何休注.
125)《禮記》卷13〈王制二〉, p.340.
126)《禮記》卷13〈王制二〉, p.343.
127)《禮記》卷23〈禮器〉, p.639.

규정들은 9가 가진 존엄성과 陽의 極數, 天子를 상징하는 의미를[128] 강조하여 天子가 9로 시작된 면도 없지 않겠지만, 기본적으로는 홀수숭배사상이 분명하다.

특히 曆法上 홀수가 겹친 重數日은 크게 중시되어 節日로 지켜지는 경우가 대부분이다. 正月 1日이 元旦인 것을 제외해도 3월 3일은 上巳日(간지상 3월 첫 巳日, 潑水節이라고도 함)이고, 5월 5일은 단오, 7월 7일은 칠석, 9월 9일은 重陽節이다. 이러한 重數節日의 성립시기는 대체로 後漢末에서 삼국시기로 추정하고 있는데,[129] 역법상 干支紀日에서 점차 숫자의 중요성이 강조되는 시대적 분위기를 반영한다는 점에서 흥미롭다. 그런데 節日이 생활의 리듬과 악센트를 준다는 점에서 거의 2개월 간격의 이 重數節日은 매우 효과적이었을 가능성도 있다. 그러나 이미 대보름·淸明·夏至·中秋·冬至 등을 비롯하여 伏·臘日 등 다양한 축제일을 갖고 있던 상황에서 4개 중수절일의 추가는 그다지 바람직한 현상이 아니었을 것도 분명하다. 이런 중수절일은 오히려 생활상에서 避凶求吉 日字로의 성격이 강하다는 것이 일반적인 인식인 것 같다. 3월 3일이 東流水에 모든 더러움을 씻고 災厄을 떨어내는 목욕의 날로 정해졌고,[130] 5월 5일은 팔에 오색실을 두르고 辟兵과 귀신을 몰아내 질병을 예방하거나[131] 동시에 伍子胥가 변신한 濤神·潮神을 맞이하는 날이었다.[132] 7월 7일도 織女에게서 기술을 구하는 날이기도 했지만, 織女의 神性과 결부되어 생활의 풍요·아들의 祈求·長壽 등을 기원하는 풍속을 갖고 있었다.[133] 重陽節인 9월 9일은

---

128) 吳慧穎, 《中國數文化》(岳麓書社, 1996), pp.93-95 ; 葉舒憲·田大憲, 《中國古代神秘數字》(社會科學文獻出版社, 1998), pp.212-217.

129) 池田溫, 〈中國古代における重數節日の成立〉, 《中國古代史研究》 第6, 研文出版, 1989, p.33.

130) 《後漢書》〈禮義志上〉, p.3110, "是月上巳 官民皆絜東流水上 曰洗濯祓除 去宿垢疢爲大絜".

131) 《風俗通義》 佚文, p.415, "五月五日而五綵絲繫臂者 辟兵及鬼 令人不病 溫".

132) 《後漢書》 卷84 〈烈女傳〉, p.2794(曹娥의 故事).

黃帝가 신선이 되어 登天했다는 날이기도 하여 수유열매를 몸에 차고 쑥을 먹고 菊花酒를 마시며 登高하여 長壽를 꾀하는 날로 알려졌다.

　이러한 重數節日은 3월 上巳日은 다소 문제가 있지만[134] 홀수가 양수를 상징한다는 관념 하에 주로 陽數의 중복이라는 점에서 흥미롭다. 陽數의 중첩은 陽氣極盛의 良日이므로 그 陽氣를 받아야 한다는 성격이 강한 것이다. 특히 9월 9일은 말 그대로 重陽의 의미가 가장 강한 날이었다. 9는 數의 체계상 陽數의 끝이고, 象數易學에서 보면 老陽(太陽)의 數에 해당하기 때문이다. 국화주를 마시는 이유도 술은 水 중에서도 極陽의 속성을 가진 사물이므로 중양에 어울린다는 해석이다.[135] 重陽日을 釀酒日로 삼는 후대의 풍속도 이와 관련된다. 이렇게 볼 때 重數節日은 홀수숭배사상의 극단을 보여주는 것이며, 음양관점에서 吉日 중의 吉日 즉 大吉이라는 의미가 강하게 작용했기 때문인 것으로 보여진다. 이와 함께 數理的 측면에서 月과 日의 同數에서 오는 對稱과 중첩이라는 의미가 어우러져 파생된 것으로 판단해도 좋을 듯하다. 陽數의 중복 외에 陰數의 중복인 2월 2일, 6월 6일등도 무언가의 의미 속에서 후대 節日의 의미를 갖기 시작했기 때문이다.[136]

　한편 陽數日이라도 5월은 惡月이나 凶月로 인식되어 각종 금기가 붙

---

133) 張君,《神秘的節俗》(廣西人民出版社, 1994), pp.196-205.

134) 이 중 3월 上巳日이 3일로 고정된 것은 魏晉 이후인 것으로 추정하고 있다(勞榦,〈上巳考〉,《勞榦學術論文集》甲編 下冊, p.1216 ; 池田溫,〈中國 古代における重數節日の成立〉,《中國古代史研究》 第6, 硏文出版, 1989, p.23).

135) 張君,《神秘的節俗》(廣西人民出版社, 1994), p.254.

136) 漢代는 干支紀日法의 사용으로 아직 序數日을 정확히 판단할 수 없는 한계가 있다. 그러나 龍이 머리를 내미는 春龍節로 알려진 2월 2일이 秦 漢 사회에서 春分 전후 第1戊日에 土地神에게 제사지냈던 풍습의 연장으로 볼 수 있다는 지적, 전설상 禹의 생일로 알려진 6월 6일은 虫王節 혹은 晒霉節인데 宋代 天貺節로 규정되면서 泰山에 封禪하고 京師에서의 살생을 금하는 등의 내용을 갖고 보다 활성화된 사실 등을 고려할 필요가 있다. 陰數의 중복도 대칭과 중첩의 의미 속에서 강조되기 시작했던 것을 알 수 있다.

어졌다. 漢代社會에 "5월에 지붕을 이면 대머리가 된다"든지,[137] "정월과 오월에 태어난 아이는 부모를 죽인다"든지[138] 특히 "5월 5일 生子는 아들은 부에게, 딸은 모에게 해를 끼친다"는[139] 등의 속설이 유행했다. 이로 볼 때 5월 5일 단오절은 다른 중수절일과는 달리 凶日의 의미도 강했던 것 같다. 5월에 붙은 이러한 俗說은 특정한 재앙이 전파과정에서 확대해석되었기 때문이라고 이해하기도 한다.[140] 그러나 陰陽說을 고려한다면 해가 길어지면서 5월이 陰과 陽, 生과 死가 격렬히 투쟁하는 중요한 1개월로 인식되었기 때문이라는 지적이[141] 설득력이 있다. 이 문제는 홀수숭배사상으로만으로 설명하기 어려운 부분이다. 이러한 문제점 때문에 東方지역은 짝수 8을, 西方은 홀수 9를 숭배했고 지방풍속에 따라 숫자숭배의 전통이 달랐다는 지적도 제기되었던 것이다.[142]

홀짝수의 운용에서 마지막으로 검토해야 할 문제는 인체의 설명에서 나오는 女7 男8의 숫자이다. 일반적으로 男은 陽이고 女는 陰이므로 당연히 男子가 홀수 女子가 짝수가 되어야 하는데, 《黃帝內經》에서는 여7 남8로 분류하고 있다는 점이 특이하다.[143] 이 관념은 남녀 신체 발육과정상의 차이에 주목하면서, 여자는 7세 남자는 8세부터 남녀 신체적 특징의 차이가 생기기 시작한다는 사실에 기초하고 있음이 분명하다. 여자가 성숙도가 남자보다 빠르기 때문에 7, 8세 이후 여자는 7의 배수로 남자는 8의 배수로 성장의 특징이 나타난다는 것이다. 이런 특수한 사정 때문에 醫學에서의 숫자는 象數易學의 숫자와는 달리 홀수가 陰이고 짝수가 陽이라는 주장도 제기되었다.[144] 그 논거는 《足臂

---

137) 《風俗通義》 佚文, p.436, "五月蓋屋 令人頭禿".

138) 《論衡》(《論衡注釋》, 北京大學歷史系《論衡》注釋小組, 中華書局, 1979) 卷23 〈四諱〉.

139) 《風俗通義》 佚文, p.434.

140) 馬新, 《兩漢鄕村社會史》(齊魯書社, 1997), p.371.

141) 張君, 《神秘的節俗》(廣西人民出版社), 1994, pp.164-165.

142) 張政烺, 〈帛書"六十四卦"跋〉, 《文物》 1984-3.

143) 《黃帝內經素問》 卷1 〈上古天眞論〉, pp.9-13. 第 4編, 注97 도표 참조.

144) 廖育群, 《岐黃醫道》(遼寧敎育出版社, 1995), p.186.

經》의 11맥 중 陽脈이 6개 陰脈이 5개인 것을 비롯하여《漢書》藝文志의 약물해설에서 나오는 '辯五苦六辛'이란 實數가 아닌 陰(苦)와 陽(辛)을 의미하기 때문이라는 것이다. 그러나 이 견해는 찬성하기 어렵다. 여7 남8이라는 숫자는 처음 7-8세에는 숫자 그대로 적용되는 自然數일지 몰라도 그 이후는 27은 14세, 37은 21세 하는 식으로 여자는 77의 49세까지 남자는 88의 64세까지 연결되는 等級數라는 점을 염두에 두어야 한다. 또한 '辯五苦六辛'는 전술한 대로 5와 6의 중심수경쟁이 완전히 결론 나지 않는 상태에서 나타난 개념으로, 秦漢初 6이 일시 풍미하는 현실을 반영하는 것으로 평가해야 할 것으로 보인다. 사실상 오행설이 완전히 정착한 뒤에는 이러한 예는 거의 찾아보기 어렵기 때문이다.

따라서 이것은 易學의 8·6·7·9의 변화과정으로 보아야 한다는 지적이[145] 타당하다고 여겨진다. 음이 극에 달하면 양이 되고 양은 또한 그 반대이므로 男兒가 8개월째 젖니가 생기고 8세에 훼손되는 것은 一陽一陰이 되고 다시 28(16세)에 남성으로서의 기능을 갖게 되면서 陽으로 변한다는 논지이다. 여아는 그 반대이다. 상수역학논리에 따르면 8은 少陰이고 7은 少陽의 氣인데, 남녀 각기 28(16세), 27(14세)에 이른바 天癸가 이르러 精氣를 갖거나 任脈이 통하므로 남자는 少陰에서 少陽으로 여자는 少陽에서 少陰으로 돌아간다고 볼 수 있는 것이다. 이렇게 본다면 여자가 77의 49세에, 남자는 88의 64세에 天癸가 고갈되는 것에 대한 수리적 설명도 가능해진다. 노년기 여자는 老陰(숫자 6)의 상태이므로 天地의 數(55)에서 6을 빼면 49가 되어 77가 합치하며, 남자는 老陽(9)의 상태이므로 천지의 수에서 9를 더하면 88과 일치하는 것이다.[146] 각기 7과 8에서 시작되어 77과 88에서 끝나는 등급수의 배열과 상수역학의 논리가 정확하게 부합되는 것이다.

그러므로 남녀의 성숙과정을 각기 7(8)에서 27(28)까지의 발육기,

---

145) 蔡璧名,《身體與自然—以“黃帝內經素問”爲中心論古代思想傳統中的身體觀》(國立臺灣大學出版會, 1997), pp.85-86.

146)《黃帝內經素問》卷1〈上古天眞論〉77에 대한 校注 참조(p.12).

37(38)에서 47(48) 사이의 장성기, 57(58)에서 77(88)까지의 노년기로 3등분한다면[147] 남자는 일생 少陰에서 少陽을 거쳐 老陽으로 가고, 여자는 少陽에서 少陰을 거쳐 老陰으로 가는 형태가 되는 것이다. 수리적으로 표현하면 남자는 8-7-9, 여자는 7-8-6이 되는 셈이다. 陰陽의 조화와 홀짝수의 운용이 時間의 흐름에 따라서도 변할 수 있다는 사실이 인체를 통해 확인되는 것이다.

IV. 생활상에서 數의 활용

天數, 地數, 人數의 연계를 통해 天人相應을 구현하려는 漢代 方士들의 의도는 정치제도나 사회관습 등에서 주로 표현되었음을 확인할 수 있었다. 그러나 제도나 관습 이외에도 天數를 人事에 적용하려는 시도는 다양한 형태로 존재했다는 사실에 관심을 가질 필요가 있다. 이들 중 주목되는 것은 著述의 체제, 都城과 明堂등 건축의 구조, 兵陣法에서의 응용, 결혼에서의 연령차등인데, 사실상 생활 전반에 걸쳐 天數와의 정합성을 추구하고 있었다고 해도 그리 틀린 말은 아닌 것 같다.

1. 著作의 체계

王充은 당시 "經傳의 編數에 어떠한 法則이 있다"는 俗說이 존재한다고 소개하면서, 고대 著作의 체제에 무언가의 의미가 있다고 생각하는 신념에 대해 통렬한 비판을 전개한 바 있다. 《尙書》가 본래 120편이었는데 秦始皇때 불에 타 29편만 남았다거나, 혹은 29篇이 맞기는 한데 이는 북두성과 28宿를 모방한 것이라는 논법, 《春秋》는 隱公 元年에서 哀公 14年까지 242년간의 역사를 編年體로 기록했는데, 12公은 12개월을 본받은 것이고, 242년은 인간의 수명 중 中壽(80세)3歲說을 따른 것이라는 속설 등이[148] 王充의 주된 비판대상이었다. 왕충의 비판

---

147) 鄒學熹 · 鄒成永, 《中國醫易學》(四川科學技術出版社, 1990), p.296.

요지는 經傳의 篇이나 卷數는 논지전개나 사건의 서술에 따라 달라지는 것이지 어떤 天象을 모방하여 의도적으로 정해진 것이 아니라는 것이다. 그러나 王充의 부정과 비판에도 불구하고 고대 저작을 면밀히 살펴보면 고대인들이 저작의 編數와 體系에 무언가 의미가 있다고 생각한 것도 무리는 아닌 것 같다.

前漢代 가장 대표적인 저작 중 하나인 《史記》를 저술한 司馬遷이 그 저술동기를 밝히면서 "究天人之際 通古今之變 成一家之言"했다고 설명한 것은 《史記》의 저술이 天과 人의 상관관계를 밝히는 데 있다는 점을 직언한 것으로 《史記》의 구성과 체계가 天象과 밀접한 연관이 있음을 시사한다. 《史記》에 구성체제에 대한 분석은 이 점을 분명하게 해주었다. 本紀·世家·列傳·表·書 등 《사기》를 구성하는 5體는 각기 天의 운행과 질서를 상징하는 의미를 담아 그 자체가 천인상관 관계에 입각한 구성이었지만,[149] 5體 각 부분의 卷數는 명백히 天數와 일치하였다. 물론 《史記》 5體의 卷數에 대한 해석은 매우 다양한 견해가 존재하는 것도 사실이다.[150] 그 중 《史記》注釋의 大家였던 唐代 司馬貞은 12本紀는 一歲(木星의 일 주기)를, 8書는 24節氣 중의 8절기, 10表는 剛柔10日, 30世家는 月에 있는 3旬을 상징하고, 70列傳은 은퇴의 年數에서 각각 취했다고 이해했다. 반면 唐代 張守節은 8書와 10表에 대해서는 대체로 司馬貞의 견해에 찬성하면서도 12本紀는 1년 12개월에서, 30世家는 1개월 30일 즉 수레의 1轂 30輻를 의미하며 70은 오행 중 1행이 배당되는 상징수 72와 관련있다고 해설했다. 이 두 견해를

---

148) 《論衡》 卷28 〈正說〉, p.1592.

149) 李成珪, 〈史官의 傳統과 中國歷史敍述의 特色〉, 近刊, 2001. 이 논문에서는 제왕의 역사를 서술한 本紀가 천체의 중심축(軸)에 해당하여 北極星에 비정된다면, 제후의 역사인 世家는 수레바퀴의 살(輻)같이 천체의 28宿에 비유되며, 表는 天運의 주기를 인간의 역사에 안배하여 시간의 좌표를 설정한 의미를 갖고, 書는 인간이 天意를 터득하여 실천하는 그 구체적 내용이며, 列傳은 북극성과 28宿 사이를 운행하는 衆星에 해당한다고 지적한다.

150) 鄭之洪, 《史記文獻硏究》(巴蜀書社, 1997), pp.143-144 참조.

비교해 보면《史記》각 부분의 이해에서 다소 相違는 있지만, 卷數의 상징성을 주로 年단위주기의 하위개념들인 月, 日, 節氣 등에서 찾고 있다는 점은 공통적인 특징이다. 이들 주석가들은《史記》전체 130권도 1년에 12개월과 윤달이 있는 것처럼 年을 상징한다고 보고 있는데, 이것은 결국《史記》의 권수가 단지 天體의 주기에 기초한 曆法의 數에서 차용되었다고 인식했기 때문인 것으로 보인다.

그러나 이 경우《史記》의 체제는 年단위의 小周期로 제한될 수밖에 없기 때문에,《史記》자체가 갖는 방대한 시공적 규모나 司馬遷이 제시한 역사의 순환주기를 고려할 때 천체의 더 큰 주기에서《史記》체제의 근거를 찾고자 하는 견해가 더 설득력이 있는 것 같다. 이 견해는 12本紀와 10表 및 8書는 명백한 우주의 聖數로 보고, 30世家는 실제 제후가 아닌 孔子와 陳涉世家를 제외시켜 28이 되면 司馬遷의 의도대로 28宿에 比定되며, 70列傳은 공자와 陳涉世家를 더하여 오히려 72가 되므로 天數의 주기와 일치하게 된다는 관점이다.[151] 여기서 72는 五行 중 1行만을 의미하는 것이 아니라《易》에서 채용한 천지·음양·오행을 포괄한 공간의 상징수로 폭넓게 이해해야 한다고 지적한다.[152]《史記》에 반영된 숫자가 12, 28 등 실제 천상에 드러나는 天文曆法의 數뿐만 아니라, 8卦와 72 등 우주구조와 운동을 상징화한 易의 數도 포함되어 있다고 보아야 한다는 입장이다.

---

151) 李成珪,〈司馬遷의 時間觀念과《史記》의 敍述〉,《東方學志》70, 1991, p.188. 성격이 다른 孔子와 陳涉世家를 굳이 世家에 포함시켜 30권을 만든 것은 本紀(12), 表(10), 書(8)에 世家를 더하여 干支의 순환주기 60을 만들려는 의도였고, 十表 내에서도 三代世表(3), 十二諸侯年表(12), 六國年表(6), 秦楚之月表(2), 漢興以來諸侯王表(1)를 수리적 측면에서 살펴보면, 만물생성의 근원(1과 3)을 양측에 두고 중간에 이를 통해서 생성된 만물이 배치된 형태로 만물의 생성과 소멸의 순환과정을 표시한 것이며, 동시에 漢代 1이 선택된 것은 道(1)로 복귀함으로써 漢王朝의 정통성을 강조하기 위한 것이었다는 견해를 감안하면(李成珪,〈史官의 傳統과 中國歷史敍述의 特色〉참조),《사기》는 오체의 권수 및 그 내부구성이 누층적 성격을 띠고 天體宇宙의 聖數를 반영하고 있음을 의미한다.

152) 李成珪,〈史官의 傳統과 中國歷史敍述의 特色〉.

이상의 견해들은 내용상 다소 차이는 있지만, 기본적으로《史記》가 曆數이든 易數이든 간에 天數에 기반을 두고 저술되었다는 논점을 지지하고 立證하려고 했다는 점에서는 동일하다.《史記》130卷의 선택과 배열은 편의적이고 무의미하게 구성된 것이 아니라 필연적인 義例를 갖는 완비된 체제라는 점을 강조하는 것이다. 그러나《사기》의 이런 구성과 체계는《사기》만의 독창적인 선택이 아닌 것도 사실이다. 本紀를 구성하는 숫자 12는 이 점을 여실히 보여준다. 전술한 대로 12는 목성과 달의 운동주기이며 동시에 天子의 禮制를 한정하는 天의 大數로의 의미를 갖는다. 물론 이런 의미 속에서《사기》도 12의 숫자에 주목했겠지만, 12는《사기》이전부터 자주 사용되었던 저작체계의 중요한 구성요소였다.

실제《史記》저술에 있어서 司馬遷의 독창성보다는 모방성을 강조하려는 입장에서 12本紀가《呂氏春秋》12紀를 모방했다고 지적하기도 한다.[153] 그러나《春秋》를 계승하려고 했던 司馬遷의 저술동기 등을 고려할 때,[154] 12본기는 오히려《춘추》12公을 모방한 것으로 보는 견해가[155] 더 적절한 것 같기도 하다. 司馬遷이《사기》를 통해《춘추》를 계승하려고 했다면《사기》체제 중에서 구체적으로《춘추》의 정신을 반영하고 그와 연계될 수 있는 부분은 바로 本紀가 될 것이므로 12가 갖는 숫자의 상징성을 염두에 두지 않더라도 일단 형식면에서《춘추》의 형식을 차용했을 가능성도 충분히 존재하기 때문이다.

그런데《春秋》가 編年體이고 年이 서술의 가장 중요한 단위였다는 점을 고려할 때《춘추》12公은 1년 12개월의 의미를 담고 있을 것으로 추정되기 때문에,《춘추》에서의 숫자 12는 天文曆法의 數와 관련됨

---

153)《文心雕龍》〈史傳〉, "子長繼志 甄序帝績. 比堯稱典 則位雜中賢 法孔題經 則文非玄聖. 故取式呂覽 通號曰紀".

154) 李成珪,《史記─中國古代社會의 形成》(서울大學校出版部, 1987), 제2장 〈史記解說〉 참조.

155) 鄭之洪,《史記文獻研究》(巴蜀書社, 1997), p.138. 이 견해는 范文蘭,《正史考略》〈史記〉條에 나온다.

을 짐작할 수 있다. 그러나《呂氏春秋》12紀는 확실히 天地를 모방하여 만들었다는 점이 그 序意篇에 직접 명시되어 있다. 君子가 12紀의 의의를 묻는 데 대해 文信侯 呂不韋는 다음과 같이 대답하였다.

> 일찍이 黃帝가 顓頊에게 가르치기를 '大圓은 위에 있고 大矩는 아래에 있다. 너는 하늘과 땅의 법칙에 따라 民의 父母가 되라'고 하였다. 듣자니 옛 평화스럽던 세상에서도 天地의 법칙에 따랐다고 한다. 무릇 12紀라는 것은 치란과 흥망의 유래를 기록하여 長壽와 夭折, 吉凶을 해명하는 것이다. 위로는 天文을 헤아리고 아래로는 地理에 따라 살피고 가운데로는 人事를 살핀다.[156]

내용적으로도《呂氏春秋》12紀가 春秋時代 이래 온존하던 四時 및 大自然에 순응하는 주술적 성격도 농후한 전통적 가치를 여전히 현실에 적용하려는 실천적인 면모를 지닌다고 볼 때,[157] 天地의 법칙을 본받아 저술한다는 위 序文의 언급과도 일맥상통한다. 따라서 형식적 구성에 있어서 1년 12개월간 준수해야 할 時令을 서술해야 했으므로 12紀 형태로 나타나는 것은 필연적인 결과였을 것이다. 더구나 각 紀마다 5편씩 나눠 총 60편이 된 것도 干支紀日의 주기숫자에 합치한다는 점에서 天數와의 연관성을 염두에 두었을 가능성이 충분히 있다. 숫자 60은 $60=5(3\times4)=10(3\times2)$으로 분해되기 때문에 전술한 法天象의 상징배열인 $\chi=n(3\times4)=2n(3\times2)$의 공식에 합치되기 때문이다.[158]

여하튼《春秋》나《呂氏春秋》의 형식에 영향을 받은《史記》12본기는《漢書》12본기의 설정에 직접적인 영향을 주었을 뿐만 아니라, 기본적으로 宋代 이전 역대 史書들에게도 계속 이어졌던 것으로 확인된다.[159] 고대 중국의 저작의 체계가 적어도 12의 형식을 매개로 宇宙를

---

156)《呂氏春秋》卷12〈序意〉.
157) 李成九,《中國古代의 呪術的 思惟와 帝王統治》(一潮閣, 1997), 제4장 〈時令的 支配의 지향〉 제1, 2절 참조.
158) 楊希枚,〈古籍神秘性編撰型式補證〉,《先秦文化史論集》, 中國社會科學出版社, 1995, p.722.

縮影하고 天數와 조응시킨다는 관념을 반영했음을 알 수 있는 것이다. 그러나 古代 著作에서는 직접적인 天體運行의 周期數 즉 曆數 및 그것을 상징화한 易數만이 모방대상이 된 것은 아니다.

古本《莊子》의 실제 편수는 內篇(7), 外篇 (28), 雜篇(14)로 이루어져 순환의 기본성질과 함께 六合(東西南北上下)의 중심으로서의 의미가 강한 7과 그 배수로 이루어져 우주상징의 의의를 담고 있었지만, 〈내편〉은 본래 古人의 이름을 假借해 논의를 제기한 寓言 19편과 똑같이 古人을 이름을 빌렸지만 新論을 펼친 重言 17편을 합친 36편이라고 주장되고 있기도 하다.[160] 7은 天地人에 四時를 더한 개념으로도 보기 때문에[161] 무한 시간과 공간을 상징하는 신화적 宇宙 極數로서의 의미를 갖고 있고, 12의 배수로서 36도 전술한 대로 명백한 宇宙의 聖數이기 때문에 명언하지 않았지만《莊子》에 당시 신화적 공간관념과 우주론이 담겨있음을 알 수 있다. 실제 天體의 周期數보다는 상징적 관념적 宇宙가 반영된 數를 강조한 것이다.

한편, 완벽히《周易》을 모방한 占筮의 서적으로 알려진 楊雄의《太玄》3卷이 天地人 三才의 관념에 기초하여 3의 배수형태를 존숭한 서술방식을 채택한 것은[162] 易의 數를 반영한 것으로 이해된다. 동시에《태현》은 81首 729贊으로 이루어져 있는데 81은 太初曆에서 시작한 81分法의 모방임이 분명하여[163]《태현》이 당시 천문역법의 성과를 흡수, 曆數를 고려하여 저술된 것임을 알게 해준다. 그러나《태현》81玄首는 每首가 4.5日을 주관하여 1년 364.5일을 해설한다는 발상인바,[164]

---

159) 李成珪,〈史官의 傳統과 中國歷史敍述의 特色〉.

160) 葉舒憲,《莊子的文化解析》(湖北人民出版社), 第6章 1-4節 참조.

161)《漢書》〈律曆志上〉, "七者 天地人四時之始也".

162)《漢書》卷87下〈楊雄傳下〉, p.3575, "故玄三方 九州 二十七部 八十一家 二百四十三表 七百二十九贊 分爲三卷曰一二三 與泰初曆相應 亦有顓頊之曆焉".

163) 町田三郎,《秦漢思想史の研究》(東京 : 創文社, 1985), p.315.

164) 鄭萬耕 校釋,《太玄校釋》(北京師範大學出版社, 1989), 前言, p.6. 81首가《周易》의 64卦에 해당된다면 729贊은《周易》384爻의 爻辭에 해당된다고

81로써 1년 4계절의 변화과정을 망라한다는 것이다. 이는 孟喜 등의 卦氣說을 채용한 형태로《태현》이 사실상 당시 象數易學의 영향을 상당히 받고 있었음을 시사해 주는 것이라 할 수 있다.《태현》은 陰陽 五行 天地人등 당시 모든 만물을 포괄하는 복잡한 세계도식을 갖고 음양 2기의 消長과 만물의 순환운동 과정을 81首로 설명하려고 했던 것이다.

이러한 분위기를 고려하면 "《春秋》242년 人道가 두루 미치고 天道가 갖추어졌다"고 설파하고 天數와 官制·人數의 부합을 지속 주장했던 董仲舒가 자신의 저작인《春秋繁露》에서 天數와의 형식상 정합성을 추구하지 않았다고 생각하기는 어렵다. 현재 전하는《춘추번로》는 82篇이지만 董仲舒의 著作들이 그의 생전에 아직 계통적으로 정리되지 않았고 고정된 書名도 없었다고 한다면,[165] 그 篇數를 그대로 믿기는 어렵다. 실제로 陳振孫은 闕文 3편을 빼고 79편으로 보아야 한다고 주장했고, 王應麟은〈玉杯〉〈竹林〉두 편은 後人이 첨가한 것으로 보고 전체가 80편이라는 견해를 밝혔다.[166] 이런 견해를 고려하면 현재 《춘추번로》의 편수를 무리하게 고정할 필요는 없는 것 같다. 다만 그 편수를 대략 80편 전후로 추정한다면, 武帝期 太初曆의 제정에 따라 유행했고《太玄》에서도 참고했던 日法 81의 숫자가 이와 연결될 가능성이 충분하다.

이 밖에 부분적으로 존재하거나 현존하지는 않고 이름만 전해오는 著作중 天數와 연관되었을 것으로 판단되는 것도 적지 않게 존재한다. 예를 들면 愼到의《十二論》,《列仙傳》72傳, 仲長統의《昌言》24卷, 劉劭의《都官考課》72條 등이 그것이다. 실제 天體周期의 數이든 이를 응용한《周易》의 數이든 간에, 이렇게 저작에서 天數와의 數理的 整合

볼 수 있으므로《太玄》이《周易》의 체계를 모방했다고 평가해도 무리가 없다.

165) 李威熊,《董仲舒與西漢學術》(臺北 文史哲出版社, 1978), p.7.

166) 蘇興撰,《春秋繁露義證》(中華書局, 1992), 附錄 2〈春秋繁露考證〉, pp.496- 499.

性을 유지하려는 관습은 戰國末 이후 前漢 中期까지의 신비숫자 신앙의 성행과 호응하여 유행되어 왔다고 지적한다.[167] 그러나 당시 모든 저작이 이런 체계에 따랐던 것은 물론 아니고, 다만 전체적으로 볼 때 天數와의 형식의 일치를 의도하는 저작들의 출현이 돋보인다는 사실이다. 王充이 소개한 俗說대로 漢代 方士들이 저작체계도 天數와 일치해야 한다는 신념을 갖고 있었다는 사실 그 자체가 큰 의미가 있는 것이다. 그렇기 때문에 때로는 견강부회하게 天數와의 연관성이 주장된 경우도 있었을 것이다. 앞에서 거론한 愼到《十二論》은 司馬遷이《史記》에서 주장한 것이지만 徐光은 注에서 41篇으로, 班固는 42篇으로 추정하는 등[168] 일률적이지도 않다. 司馬遷이 자신의 天人相應 관념을 다른 저작에도 무리하게 적용, 해석했을 가능성도 있는 것 같다.

2. 明堂과 都城의 구도

한편 고대 건축방면에서 특히 明堂은 고대 都城에서 빼놓을 수 없는 法天象地의 대표적 건축이므로 宇宙의 구도와 天數의 반영이 명확하게 드러나는 중요한 사례이다. 先秦 이래 明堂은 우주의 무한한 생명력과 合一하여 天德을 체현·감응하는 일종의 神殿이었고, 聖人帝王이 天·人의 매개자로서 갖가지 주술적 의례를 거행하고 時令을 반포하는 장소였다.[169] 특히 數術家들이 "明堂義和史卜의 職"에서 나왔다는《漢書》藝文志의 언급을 상기하면, 天體와의 一體를 강조해 왔던 方士들이 자신들의 활동장소이기도 했던 明堂을 天數와 일치하는 小宇宙로 만든다는 것은 지극히 당연한 논리이다. 明堂의 구조에 대해 異說이 분분하지만 대체로 다음과 같이 지적하고 있다.

---

167) 楊希枚,〈古籍神秘性編撰型式補證〉,《先秦文化史論集》, 中國社會科學出版社, 1995, p.736.

168) 許殿才,〈《愼子》簡論〉,《歷史文獻研究》(北京新6輯), 北京師範大學出版社, 1995, p.105.

169) 李成九,《中國古代의 呪術的 思惟와 帝王統治》(一潮閣, 1997), pp.149-153.

明堂은 위는 둥글고 아래는 방형이며, 여덟 개의 창과 네 개의 통로가 있다. 위가 둥근 것은 天을 본딴 것이고, 아래가 方形인 것은 땅을 본딴 것이다. 여덟 개 창문은 八風을 상징하고 네 개의 통로는 사계절을 상징한다. 9室은 9州를, 12座는 12月을, 36戶는 36旬을, 72개의 들창은 72侯를 각각 상징한다.[170]

이 기사를 통해 明堂이 法天象地의 원칙에 매우 충실한 구조로 이루어졌다는 점을 알 수 있는데, 평면배치뿐만 아니라 立面形式, 외관, 공간구획 등이 모두 '宇宙的 圖案'이라는 지적이다.[171] 이를 참고해 明堂의 수리적 구조를 도표화한 것이 다음의 표이다.

〈표〉 明堂에 나타나는 數와 그 상징의미

尺度 및 形式	象徵 意味
堂方 144尺	坤策, 地方
堂徑 216尺	乾策 天圓
太室 每面 6丈, 합계 36方丈	陰變
通天屋頂 둘레 9丈, 藻井徑 9尺	圓蓋方載
通天屋 높이 81尺	黃鐘 99數
9 室	9 州
12 堂	12月, 12辰
28 柱	28 宿
36 戶	陰變, 36雨
72 牖	五行日數
8 達 (8 階)	8 卦
堂高 3尺 3丈 土階 3等	3 統
明堂 外廣 24 丈	24節氣
4面 對稱	4時, 4方
方垣墙	地, 陰
環水沟	4 海

* 後漢 洛陽 九室明堂을 기준으로 함

---

170)《後漢書》〈祭祀志〉, p.3177.

171) 一丁·雨露·洪涌,《中國古代風水與建築選址》(河北科學技術出版社, 1996), p.174.

이 도표는《大戴禮記》盛德記, 蔡邕의《明堂論》,《三輔黃圖》에 나오는 明堂의 구도를 종합한 것인데, 이를 통해 보면 天圓, 28宿, 12月, 4時, 3統, 72候 등 천체의 모방과 地方, 9州, 4方, 4海 등 지상의 모방 및 象數易學理論, 陰陽五行說의 활용이 명당구조의 핵심임을 알 수 있다. 명당의 입체구도는 上圓下方의 형태가 되지만, 평면구도는 각 요소가 天數·地數의 어떤 한 요소와 개별적으로 결합하는 양상으로 나타난다. 그런데 이 평면구도 중에서 靑陽(동)·明堂(남)·總章(서)·玄堂(북) 등 4堂을 두고 각각 좌우에 한 개씩 小堂을 두어 12堂으로 했다는 사실에 대해서는 별 異論이 없다. 그러나 앞이 트인 堂과 달리 四面이 막힌 폐쇄성 공간인 室체제에 대해서는《考工記》에 기초한 5室明堂說과《呂氏春秋》,《大戴禮記》등에 근거를 둔 9室明堂論이 병존했던 것으로 알려지고 있다.[172] 前漢의 長安明堂은 중앙에 太室을 두고 사방에 4室을 두는 5室體系로 구성되어 있는 반면, 後漢 洛陽明堂은 通天臺에 太室을 두고 네 壁에 각기 2개의 室을 두는 9室體系로 유지되었다는 것이다. 〈표〉에 보이는 36戶(門), 72牖(창)은 9실체계의 반영임이 분명하다. 각각의 室이 3戶 6牖를 가지므로 8실이면 24호 48유가 되는데, 太室은 각 面이 3호 6유가 되므로 총 12호 24유가 되는 것이다. 그러므로 9실 전체로 보면 36호 72유가 되는 것이 타당하다.

이러한 明堂의 평면구도에서 관심을 끄는 것이 九宮의 數(15)와의 연관성 때문이다. 5실이든 9실이든 상관없이 明堂圖는 필연적으로 九宮圖의 형태를 띠게 되며, 명당이 洛書九宮圖와 일정한 관련이 있다는 것이 일반적인 견해이다. 太一九宮占法에 따라 고대 皇帝는 각 宮에 1년 중 45일 내지 46일을 거처하면서 九宮을 순환하며 布政하는 것이 순리였다. 그런데 가로·세로·대각선의 각각의 합을 15로 하는 구궁도는 "洛書는 圓의 形象이다"라고《周髀算經》에서 언급한 대로 결국 圓의 직경을 의미하는 것이므로, 명당은 圓의 도형을 方의 형태로 바꾼 것으로 이해할 수도 있다. 평면배치에서 각각의 숫자가 天數와 일

---

172) 楊鴻勛,〈明堂泛論—明堂的考古學研究〉,《東方學報》(京都) 70, 1998, p.59.

치하기도 했지만, 圓과 方의 호환이라는 것은 곧 天의 형태가 지상에 구현되면서 地의 형태로 변형될 수 있다는 것을 수학적으로 설명하는 것이다. 어떤 설명보다 天地의 合—과 —體를 가장 완벽하게 보여주는 것이 아닐 수 없다.

한편 고대 都城도 역시 天體를 모방하여 천체의 구도를 지상에 구현시킨다는 法天象地의 관념이 개입되어 있다. 천체를 모방하여 天漢이라고도 불려졌고, 宮闕은 星座에 비견되었으며 도로는 星辰의 운행괘도를 상징하는 것으로 여겨졌다. 天圓地方의 원리에 따라 方正型이 모델이 되었으며 對稱을 강조하여 중심선이 설정되었던 것도 이 때문이었다. 戰國시기 伍子胥가 修建한 闔閭城도 天界 중의 八風名을 본딴 것으로 언급되고 있고, 秦都의 天極 閣道 營室 端門 紫宮 天漢 牽牛 등은 모두 天象星宿의 명칭이라는 등 咸陽의 평면배치 및 공간구조가 천체운행의 축소판이라고 지적되며,[173] 역시 漢 長安城도 성 남쪽은 南斗形 북은 北斗형으로 만들어져 斗城으로 불렸다는 기록도 있다.[174] 특히 漢代 長安城을 중심으로 북으로는 天齊祠 남으로는 子午谷으로 연결되는 거대한 건축기선이 존재했고, 여기에 陵墓·都城 등이 일관되게 배치되어 북에서부터 남으로 天·先王·王·地를 상징하는 배열이 이루어졌다는 분석도 고려하면,[175] 都城에 표현된 法天意識과 天地人 관통의 역할을 충분히 확인할 수 있다.

이러한 배경 하에 도성 자체의 구도도 우주의 聖數를 반영했을 것임이 분명한데, 漢代 長安城의 세부적인 건축구조는 不明하지만, 전체 규모상 수적 체계는 九宮의 數 15와 합치된다고 지적한다. 문헌상으로 長安城이 "經緯 각각 길이 15里"라는[176] 기록도 있지만, 발굴조사에 의

---

173) 程建軍,《中國古代建築與周易哲學》(吉林敎育出版社, 1991), pp.64-65.

174)《三輔黃圖》卷1〈漢長安古城〉, p.58, "城南爲南斗形 北爲北斗形 至今人 呼漢京城爲斗城是也"

175) 秦建明·張在明·楊政,〈陝西發現以漢長安城爲中心的西漢南北向超長建築 基線〉,《文物》1995-3, pp.4-15.

176)《三輔黃圖》 卷1〈漢長安故城〉, p.63. 한 長安城의 총둘레는 여기에서 도 유동적이어서 65里라고도 하고, 經緯가 각각 32里 18步라고 하는 등

하면 동은 6,000미터 남은 7,600미터, 서는 4,900미터 북은 7,200미터로 총길이는 25,700미터가 된다. 이것을 里로 계산하면 62리가 약간 넘는 것이다.[177] 이 보고에 따르면 사방의 길이는 다소 큰 차이가 있어 약 서쪽이 12里, 남쪽은 18里까지 계산되지만, 전체길이의 평균으로 보면 15.5里 정도가 되는 셈이다. 구궁의 수와 큰 오차가 존재하는 것은 아니다. 또 다른 분석은 동서를 6,250미터, 남북을 6,180미터로 보아 각각 14.97里, 14.81里가 된다고 계산하기도 했다.[178] 이 경우도 거의 15里와 일치한다. 여하튼 도성을 천상구도를 맞게 건설한다는 方士들의 관념이 長安城에 표시된 것이 확실하다. 더구나 皇帝가 거주하는 未央宮은 北宮, 桂宮, 明光宮, 長樂宮 등 여타 궁전이 長方形인 것과 달리 正方形인 점에서 차이가 있는데, 이것이 각기 거주자의 지위와 관련된다는 견해에[179] 동의하지만, 기본적으로 方形은 天圓의 관념을 지상에 반영할 때 나타나는 형태로 명당과 같은 관념의 소산이라는 점을 고려하지 않으면 안 된다. 明堂도 그렇지만 都城 자체도 대우주에 대비되는 소우주인 셈이다.

3. 兵陣法과 禮俗

九宮의 數가 군사방면에 응용되었는지도 검토의 대상이다. 黃帝가 蚩尤와 매번 싸워 졌지만 玄女(式法)의 도움으로 이길 수 있었다는 故事는 式法과 군사의 밀접한 관련을 시사하는 것이지만,[180] 九宮의 數는 陣法에 활용되었을 가능성이 많다. 河南省 密縣에서 발견된 《風后八陣兵法圖》는 총 9폭의 그림이 그려져 있는데, 한 폭의 八陣正圖와 陣勢

서로 다른 수치가 제시되어 있다. 그러나 대체적으로 60리 즉 九宮의 數 범주에서 크게 벗어나지는 않는 것 같다.

177) 宋治民, 《戰國秦漢考古》(四川大學出版社, 1993), p.164.
178) 周山, 《周易文化論》(上海社會科學出版社, 1994), pp.213-214.
179) 劉慶柱, 〈漢長安城布局形制及其所反映的社會變遷〉, 서울大學校 東亞文化研究所 主催 國際學術會議發表論文, p.1.
180) 李零, 《中國方術考》(人民中國出版社, 1993), p.28.

를 그린 8폭의 그림으로 나눠진다. 그림에는 陣名 및 문자로 攻守秘訣
의 설명도 첨부되어 있다.[181] 구궁의 수는 8風占과도 연결되는 등 특히
8과 연관이 크기 때문에 이 八陣圖도 九宮圖와 어떤 연관이 있을 것으
로 추정된다. 종래 八陣法은 後漢末 三國初 諸葛良의 작품으로 알려져
일종의 군대배열방식인 것으로 인식되어 왔다. 그러나 그 정확한 내용
을 알 수 없어 異論만 분분한 실정이고, 銀雀山漢簡에서 《孫臏兵法》이
발견되면서 8陣은 布陣法의 범칭으로 사용되었을 가능성도 언급되었
다.[182] 이 8진에 대해서는 종래 두 가지 이해방식이 있다. 하나는 方
陣·圓陣·牝陣·牡陣·冲陣·輪陣·浮沮陣·雁行陣 등으로 불리는 8
종 진법이라는 것이고, 다른 하나는 1陣의 8體라는 학설이다. 전자는
구체적 陣形이 어떻게 전개된 것인지 확인되지 않고 있으나, 후자는
天·地·風·雲·龍·虎·鳥·蛇 혹은 金·木·水·火·土·天·地·
人 등으로 분류하여 군대를 배열한다는 것이다.[183] 《孫臏兵法》이후 후
자의 견해가 유력해졌는데, 이 陣法의 배열은 다음과 같다. "天陣은 乾
에 위치해서 東門이 되고 地陣은 坤에 위치해 地門이 되며 風陣은 巽
에 위치하여 風門이, 雲陣은 坎에 위치하여 雲門이, 飛龍은 震에 위치
해 龍門이, 武翼은 兌에 위치에 武翼門이, 鳥翔은 離에 위치에 翔門이,
蛇盤은 艮에 위치해 盤門이 된다".[184] 이러한 팔진의 배열을 도식화하
면 九宮圖와 거의 유사한 형태가 된다. '294, 753, 618'의 위치에 각각
'天蛇雲, 虎[중앙장군]龍, 地鳥風'이 들어가는 형태이다. 이런 기본배치
상에서 행군작전 등에서는 변화를 주었던 것으로 생각된다. 구체적 변
화방식은 알 수 없지만, 기본적 배치가 九宮圖의 형태라는 점에서 奇
門遁甲의 數術과 유사할 것으로 추정되기도 한다. 姜太公의 '九軍八陣',

---

181) 譚良嘯, 〈"風后八陣兵法圖"在河南發現〉, 同著, 《八陣圖與木牛流馬》, 巴蜀
    書社, 1996, p.34(原載：《成都晚報》1990年 7月 18日).
182) 譚良嘯, 〈試論諸葛良的八陣圖〉, 同著, 《八陣圖與木牛流馬》, 巴蜀書社,
    1996, p.8.
183) 張震澤, 〈八陣考〉, 《孫臏兵法校理》(新編諸子集成), 中華書局, 1984；1990,
    pp. 69-70.
184) (唐)李筌, 《太白陰經》(文淵閣四庫全書, 臺灣商務印書館), pp.726-205.

周公의 '農兵陣' 諸葛良의 '八陣圖' 등 고대 진법이 대체로 方陣이나 圓
陣의 형태였고,[185]《孫臏兵法》에 나오는 '九地', '九天' 등의 용어가 고대
式法에서 나온 것으로 대체로 遁甲式 중의 陰遁九局이나 陽遁九局과
같을 것으로 추정하는 견해가 타당하다면,[186] 당시 군사방면에서 數術
學의 상당히 응용되었음을 충분히 짐작할 수 있다. 이런 측면에서 八
陣圖가 九宮의 數를 응용한 것으로 보아도 무리는 없을 것 같다.

한편 풍속 상에서도 天數와의 합치를 이상적인 것으로 인식했는데,
禮制方面 특히 婚禮에서 유력한 증거가 있다. 고대 남녀의 혼인연령에
대해 諸說이 분분하지만 남자 30세, 여자 20세가 예법상 하나의 표준
으로 제시되었다고 보고 있다.《周禮》에 "남자는 30세에 장가보내고,
여자는 20세에 시집보낸다"는[187] 조항이 있는데 이와 유사한 구절이
《禮記》內則篇이나《大戴禮記》本命篇에도 나오기 때문이다. 그런데
그 근거에 대해《白虎通義》에서 매우 재미있는 해석을 하고 있다.

> 남자 30세에 여자 20세에 결혼시킨다는 말은 무슨 뜻인가? 양수는
> 홀수이고 음수는 짝수이기 때문이다. (그러면) 남자가 나이가 많고 여자
> 가 어린 것은 무엇 때문인가? 陽道는 천천히 가고 陰道는 빠르기 때문
> 이다. 남자 30세면 근력과 뼈가 堅强해져 父가 될 수 있고, 여자 20세면
> 피부가 살지고 탄력이 생겨 임신하여 母가 될 수 있기 때문이다. 합이
> 50인 것은 大衍의 數에 합치해야 만물을 생성할 수 있기 때문이다.[188]

혼인남녀의 연령합 50은 신체의 성숙도는 물론이지만 陰陽과 大衍
의 數(50)까지 고려하여 정해졌다는 논법이다. 물론 이 규정이 庶民에
게만 적용되었다거나, 이 연령은 혼인의 極限이고 대개는 남자 20, 여
자 15세에 혼인했다는 說도 있는데, 당시 사회상황으로 보아 후자가
타당성이 있다고 생각하는 견해도 있다.[189] 현실적으로 이 혼인연령은

---

185) 康寧,《古代戰爭中的攻防戰術》(人民出版社, 1992), p.51.
186) 李零, 〈讀"孫子"箚記〉,《"孫子"古本硏究》, 北京大學出版社, 1995, pp.308-310.
187)《周禮》卷2 〈地官司徒下 · 媒氏〉.
188)《白虎通義》卷10, 〈嫁娶〉, p. 453

너무 늦은 감도 있기 때문에 당시 이 규정이 얼마나 실행되었는지 의문을 제기하는 것도 당연한 일이다. 사실상 惠帝시기 "여자 15 이상 30세가 되도 시집가지 않으면 5算을 추가했다"는[190] 기사는 오히려 국가에서 早婚을 강조한 것 같기도 하다. 그러나 이 규정은 漢代社會에 일상생활에까지 얼마나 天數와의 수리적 정합성을 유지하는 데 관심을 기울였는지 알려주고 있다는 점에서 주목되는 것이다.

Ⅴ. 맺 음 말

이상에서 본 바와 같이 숫자는 가장 명확하게 天과의 일치 여부를 판단할 수 있게 해주었기 때문에 天人一致를 주장하는 方士들의 世界認識과 宇宙觀의 최종적인 도달점이었다. 따라서 사회의 많은 현상들이 우주의 聖數에 근거를 둔 숫자의 신비성을 통해 해석되고 이해되었다. 일반적으로 말해지는 天人感應說이 주로 天과 政治, 天과 인간의 행위 등의 연관성을 설명하기 위해 天의 의지를 강조하는 것과는 달리, 數理的 측면에서는 우주생성 및 구조, 천체의 운동규율과 그 주기 등이 인간사회의 제도와 생활 각 분야에 사용하는 숫자의 상징적 근거들로 제시되었다. 특히 天圓地方의 신화적 천체구조론은 漢代 宇宙論의 지속적인 발전에도 불구하고 상당한 영향력을 끼친 것으로 파악되었다. 모든 숫자는 각각 나름대로의 상징성을 갖고 方士들의 신화적인 우주천체관을 대변했지만, 이들 숫자는 天文曆法의 數만이 아니라《周易》계통의 數관념도 상당히 포함되어 있었던 것으로 확인된다. 易占 과정에서 나타나는 8괘와 64괘 및 6爻의 조작과 그 수리적 과정이 반영되었던 것으로, 당시 數術學이 음양오행설 뿐만 아니라 象數易學의 논리에도 상당한 영향을 받았음을 보여주는 것이다. 그러나 이들이 수

---

189) 錢玄,《三禮通論》(南京師範大學出版社, 1996), pp.579-581.
190)《漢書》卷2〈惠帝紀〉, p.91.

용한 《易》의 지식은 數라는 기능적 지식에 불과하여 易의 형의상학적
단계에까지 이르지도 못하였다. 그러므로 주술적 단계에 머물렀던 巫
的 傳統을 계승, 이를 한차원 승화시켰지만, 똑같이 易을 수용하여 역
사의 존망성패 등 형이상학 부분에까지 이른 道家의 우주론이나 儒家
의 단계와는 구분되는 것이다.[191]

　　더구나 漢代 方士들이 활용한 숫자는 분수개념이 없는 정수였다는
점이 한계였다. 천체 운행의 주기는 실제로 정수로 정확하게 떨어지지
않았음에도 불구하고 일 년의 길이도 대개 360일로 처리했다. 또한 수
학상의 숫자인 원주율도 3.15 정도의 정확한 수치를 알고 있었지만 오
랫동안 3으로만 계산했다. 따라서 오랜 시간의 경과는 상당한 오차를
만들 수밖에 없었고, 이러한 문제점이 결국 천체와의 완전한 정합성을
방해하는 요인이 되었던 것도 자명하다. 方士들이 생각한 숫자는 관념
상의 숫자였을 뿐이고 수학적 기하학적 의미의 숫자는 아니었던 것이
다. 이 때문에 상당한 수학적 지식의 축적에도 불구하고 현대적 의미
의 수학적 발전도 제한적이었지만, 이것이 다른 분야 발전의 토대가
되지 못했던 것도 사실이다.

---

191) 李成珪, 〈史官의 傳統과 中國歷史敍述의 特色〉. 이 논문에서는 易의 기
　　능적 지식을 흡수한 자를 陰陽家로, 易의 형이상학적 부분까지 흡수한 자
　　를 道家로 구분하였다.

漢代의 官과 爵

— 官爵賜與의 실제와 그 의미를 중심으로 —

李 成 珪[*]

Ⅰ. 머리말
Ⅱ. 無功爵과 軍功爵
Ⅲ. '高官'의 官爵 획득
Ⅳ. 官爵의 효용과 '高官'의 특권
Ⅴ. 官爵 使用의 범위
Ⅵ. 後漢 官爵의 向方
Ⅶ. 맺음말

Ⅰ. 머 리 말

爵制와 官制는 전통시대 중국 황제지배체제를 뒷받침하는 제도의 양대 축이었다. 官制가 그 제도의 '公'적 속성을 구현한 것이었다면, 爵制는 官制의 원리가 보장할 수 없는 황제와 관료의 '私'적 욕구를 보장한 제도적 장치였다.[1] 때문에 官制뿐 아니라 爵制 역시 많은 연구자들의 관심을 끌어왔으며, 특히 그 초기 발전, 확립단계인 秦·漢 爵制에 관한 연구는 이미 현존 자료로서는 더 이상 새로운 진척이 불가능할 정도로 진행되었다고 해도 과언은 아닌 것 같다. 그러나 戰國시대 商鞅 작제를 계승하였다는 秦·漢 20等 爵制 중 연구가 집중된 것은 최고 20등급인 列侯와 19등급 關內侯의 귀족작,[2] 그리고 1급 公士

---

　* 서울대 동양사학과 교수

1) 拙稿,〈中國古代 皇帝權의 性格〉, 東洋史學會編,《東亞史上의 王權》, 1993, 한울은 이 문제를 상세하게 논하였다.

2) 朱紹侯,〈簡論關內侯在漢代爵制中的地位〉,《史學月刊》(鄭州) 1987-1은

에서 8급 公乘에 이르는 이른바 '民爵'이었으며, 원칙상 600석 이상의 관리에게만 賜與된다는 9급 五大夫에서 18급 大庶長에 이르는 '官爵'[3] 은 별다른 관심을 끌지 못하였으며, 그 결과 官과 爵의 상호 유지적 보완관계에 대한 이해도 부족하였던 것 같다.

열후와 관내후는 제후왕과 함께 봉건제의 범주에 속한다. 때문에 황제지배체제 연구의 중요한 과제의 하나, 즉 군현·관료제도의 확립과 봉건제의 원리 및 제도의 잔존·變容이란 문제는 자연히 이들에 대한 관심으로 연결되지 않을 수 없었을 것이다. 한편 漢初 이래 군공 및 여타 국가에 대한 공헌과 무관하게 국가의 大事를(황제 즉위, 태자 책봉, 立皇后, 改元 및 災異와 瑞祥 등) 계기로 '천하 남자'에게 일괄적으로 1 내지 3급씩 하사하는 恩詔가 빈번히 반포되었고, 그 결과 서민 성인 남자의 대부분이 8급 公乘 이하의 有爵者였던 사실도[4] 관심을 끌기에 충분한 현상이었다. 爵은 모종의 특수 권익을 수반하는 것이 기본적인 속성이다. 따라서 거의 대부분의 서민이 유작자라면 설혹 그 爵이 일정한 특권을 수반한 것이었을지라도, 이미 그 특권의 의미는 사실상 상실된 것이나 다름이 없었을 것이다. 때문에 立功과 무관하게

列侯와는 달리 關內侯는 封國이 없었고 食邑도 수반되지 않는 예도 적지 않았다는 이유로 관내후를 귀족작으로 분류하는 것을 반대한다. 그러나 관내후는 그 이하 爵과는 달리 모두 세습되었을 뿐 아니라 많은 경우 식읍이 사여되었고, 국가의 주요 의례에도 참여하였던 만큼 굳이 귀족작으로 보지 않을 이유도 없는 것 같다.

3) 本稿가 사용한 '官爵'은 官과 爵이 아니라 漢代 20등 작제 중 9급 이상 18급까지의 작급을 의미한다. 이 명칭은 이 작급들이 600석 이상 고관에게 입공과 무관하게 사여된 것으로 알려지면서 생긴 것 같은데, 실제 13급 이상이 고관에게 일괄 사여된 예도 없었다(후술 참조).

4) 宣帝 元康 4년(B.C. 62) 廢封된 高祖 공신 열후 후손으로 1가의 요역·조세 면제의 은택을 받은 자들의 爵은 公士 31인, 上造 13인, 簪褭 12인, 不更 9인, 大夫 20인, 官大夫 2인, 公大夫 3인, 公乘 29인, 五大夫 1인이었고, 武帝時 새로 제정된 武功爵 官首와 秉鐸이 각각 1인이었으며, 奪爵된 無爵의 士伍는 단 2인이었다(栗原朋信, 〈兩漢時代の官民爵について〉 下, 《史觀》 26·27, 1941, pp.121-126). 이것은 결국 당시 거의 모든 서민 남자가 有爵者였음을 단적으로 입증한다.

‘천하의 民’을 유작자로 만든 ‘은혜’란 인민을 기만하는 虛飾에 불과한 것으로 치부하는 학자들도 적지 않으며, 後漢末 王粲의 다음과 같은 지적은 그 ‘은혜’가 사실상 그 대상자인 민과는 아무 관계없이 일방적으로 선포된 왕조의 행사였음을 말해 주는 것 같다.

> "민은 爵이 무엇인지를 알지 못한다. 그것을 빼앗아도 역시 두려워하지 않고 그것을 사여해도 역시 기뻐하지 않으니 이것은 空文書를 設한 것으로 無用한 것이다."[5]

그러나 그럼에도 불구하고 漢帝國이 왜 이와 같은 ‘기만적 虛飾’을 그토록 빈번히(前漢 53회, 後漢 36회)[6] 반복하였느냐는 것은 역시 정당한 의문이며, 바로 이 때문에 더욱 연구를 자극한 것으로 보인다.[7]

이에 비해 9급에서 18급까지의 官爵은 復除가 허용되었다는 것 외에는 별로 알려진 것이 없으며, 專論은 물론 관작 자체에 관한 큰 관심을 표한 연구도 거의 없었다고 해도 과언이 아니다. 이것은 일차적으로 관작에 관한 종래 문헌자료도 극히 한정되었을 뿐 아니라 民爵 연구에 크게 기여한 간독 자료에도 관작은 작명조차 거의 언급되지 않았기 때문인 것 같다. 그러나 또 다른 이유는 연구의 관점에서도 비롯된 것 같다. 즉 본래 軍功 포상으로 사여한 爵이 立功과 관계없이 민작으로 광범위하게 사여된 것을[8] 곧 군공작 자체의 유명무실화로

---

5) 《藝文類聚》 卷51 封爵部 總載封爵論 ; 後漢 王粲 〈爵論〉.

6) 西嶋定生, 《中國古代帝國の形成と構造》(東京, 1961), pp.160-191은 이 사례를 망라적으로 정리하였다.

7) 西嶋定生의 上揭 《中國古代帝國の形成と構造》는 바로 이 점을 漢제국의 성격을 이해할 수 있는 관건으로 착목하여, 民爵에 관한 자료를 망라적으로 정리 분석한 결과, 民爵은 황제와 민을 禮的인 관계로 설정하는 이념적인 매개였지만, 동시에 그 高下가 향리의 연령질서와도 중첩하면서 실제 民의 생활을 규제하였다고 주장한다. 民爵에 관한 한 더 이상 정리하기 어려운 역작이지만 민작의 실제 기능과 현실적인 의미에 대한 논증은 박약하며, 軍功爵과 이 民爵의 관계를 전혀 주목하지 않은 것도 유감이다.

간주함과 동시에 관작 역시 서민에 대한 賜爵과 마찬가지로 600석 이상의 관리에게 형식적으로 사여한 것 정도로 이해하였기 때문에 관작 자체에 별로 흥미를 갖지 못하였다는 것이다.

그러나 입공과 무관하게 일정 官秩 이상의 고관에게 관작을 일괄 사여하는 것도 民爵賜與 못지않게 황제 정치를 이해할 수 있는 중요한 관건의 하나이다. 爵의 중첩이 필요한 官과 그렇지 않은 官은 성격이 전혀 다르며, 官의 성격은 곧 지배체제의 성격을 규정하기 때문이다. 本稿는 종래 연구의 공백을 다소나마 메우기 위하여 관작 사여의 구체적인 실태와 그 현실적인 기능 및 의미를 고찰함으로써 漢代 정치구조에서 官과 爵이 갖는 의미, 특히 그 상호 유기적 보완관계에 대한 이해를 심화하려는 것이 목적이다. 먼저 종래 역시 간과되었던 無功의 民爵·官爵과 軍功爵의 관계를 검토해 보자.

Ⅱ. 無功爵과 軍功爵

20等 軍功 爵制의 체계 안에서 立功과 무관한 賜爵이 남발되었다면 (그것도 '天下男子'를 대상으로) 그 작제 자체의 형해화는 異論의 여지가 없다. 그러나 그 경우 새로운 군공 포상체계를 별도로 정비하지 않을 수 없을 것이다. 많은 학자들은 漢 武帝가 제정한 武功爵을 바로 이 관점에서 이해하고 있다.[9] 그러나 관련 기사를 재검토하면 그런 이해는 찬성하기 어려운 같다. 논증의 편의상 그 기사를 다음과 같이 3단으로 나누어 摘記해 보자.

---

8) 本稿는 이처럼 입공과 무관하게 이념적인 이유에서 편호제민에게 일괄 작을 사여하는 것을 '民爵賜與'로 칭한다.

9) 朱紹侯, 《軍功爵制試探》(上海人民出版社, 1980), pp.60-61 ; 高敏, 〈論兩漢賜爵制度的歷史演變〉, 《秦漢史論集》, 中州書畵社, 1982, p.48 ; 安作璋·熊鐵基, 《秦漢官制史稿》 下(齊魯書社, 1985), p.444.

(A) 有司가 民에게 爵을 매입시켜 禁錮의 형을 贖免케 하고 (다른 刑도) 감면시킬 것을 청하고 (아울러) 賞官의 설치도 청하였다. 이것을 武功爵이라 불렀으며 級당 17만 전으로[級十七萬] 그 (판매한) 값이 30여 萬金이었다. 武功爵을 매입한 자는 吏에 試補하여 먼저 임용하며 (武功爵) 千夫는 (군공작) 五大夫와 같이 (대우하고) 有罪의 경우 또 2등을 減한다.

(B) 작을 얻어 樂卿에 이르면 軍功을 현창한다[爵得至樂卿 以顯軍功]. 軍功이 많으면 등급을 초월하여 임용하며, 공이 큰 자는 侯에 封하거나 卿大夫의 (관에 임명하며)[大者封侯卿大夫] 작은 자는 郞에 補하니

(C) 吏道가 純一하지 못하고[雜] 여러 길이 있어 관직이 문란, 피폐하였다.(《漢書》食貨志下)

여기서 우선 武功爵 제8급 樂卿을 언급하면서 군공 포상을 논한 (B)만 보면 武功爵이 곧 새로운 軍功爵制라는 이해가 쉽게 도출되는 것 같다. 《史記》의 주석가 臣瓚이 《茂陵中書》에 기재된 武功爵 11등급을 소개하면서 "이것은 武帝가 제정한 것으로 軍功을 총애하기 위한 것이었다"로 해설한 것도[10] 바로 이 때문인 것 같다. 그러나 인용문 (A)를 보면 武功爵이 軍功에 대한 포상이 아니라 賣爵으로서, 그 대가는 형벌의 면제와 관직 임용의 특전이었다는 것이 분명하다. 이와 같이 (A)와 (B)가 武功爵에 대한 상이한 이해의 근거를 제시한 것은 결국 (B)의 "爵得至樂卿 以顯軍功" 때문인데, 실제 (A)의 의미는 의문의 여지가 없는 반면 (B)는 이 부분 때문에 전체가 애매하다. 그래서 필자는 일단 "爵得至樂卿"을 제외해 보았는데, 이것만 없으면 (A)는 賣爵인 武功爵, (B)는 군공작의 관리 임용 특전을 각각 전한 내용이 되는데,

---

10)《漢書》〈食貨志下〉 臣瓚注, "茂陵中書有武功爵 一級曰造士 二級曰閑輿衛 三級曰良士 四級曰元戎氏 五級曰官首 六級曰秉鐸 七級曰千夫 八級曰樂卿 九級曰執戎 十級曰政戾庶長 十一級曰軍尉 此武帝所制 以寵軍功". 朱紹侯,《軍功爵制試探》, p.61은 "此武帝所制 以寵軍功"을《茂陵中書》의 기사로 이해하였다. 그러나 서두의 "茂陵中書有武功爵"이란 표현은 이 기사 전체가 그 책에서 인용한 것이 아니라 그것을 참고한 臣瓚의 해설임을 잘 말해 준다.

이것이 곧 吏道의 문란, 피폐를 언급한 (C)의 논거가 되어, 상기 인용문 전체가 자연스럽다.

그렇다면 "爵得至樂卿 以顯軍功" 부분에는 무언가 脫誤의 가능성을 상정하지 않을 수 없는데, 실제 이 의미 자체도 불분명하다. 물론 樂卿을 군공작으로 이해하면 어색하지만 일단 해석은 가능하다. 그러나 (A)에서 7급 千夫까지의 매작을 언급한 이상, 갑자기 8급 樂卿이 군공을 현창하기 위한 爵이었다는 것은 도저히 납득되지 않는다. 따라서 "爵得至樂卿"은 오히려 武功爵 매작자에 대한 특전을 소개한 (A)에 접속한 것이었으나, 현재 그 구체적인 특전을 언급한 부분이 탈루되었을 가능성이 농후하다. 또 武功爵이 11급이었다면 樂卿에 대한 특전과 아울러 9, 10, 11급에 대한 언급도 아울러 탈루되었을 가능성이 농후하다. 이에 비해 "以顯軍功"은 역시 군공에 대한 포상, 즉 武功 賞官을 언급한 (B)의 앞부분 기사로서 어색하지 않지만, 역시 그 앞에 군공을 현창하게 된 배경이나 그 수단에 대한 언급이 탈루된 것으로 보인다.[11] 그러므로 상기 기사는 무공작의 매입에 의한 免刑 또는 관리임용과 군공자를 더 우대하여 관리에 임용하는 두 가지 제도를 소개한 것인데, 실제 武功 賞官은 對 흉노전에서 공을 세운 戰士 즉 軍功爵者들에게 특혜를 부여하기 위하여 제정된 것도 분명하다.[12] 따라서 상기 기사를 내용과 성격이 다른 두 가지 제도 중 어느 하나로만 이해한 종래의 연구는 재고되어야 할 것 같다.

이상의 추론이 대과가 없다면, 결국 武功爵의 제정이 기존의 군공작제를 대체하였을 가능성도 희박하지만, 실제 高敏이 지적한 바와 같이 이 武功爵은 武帝 이후 계속 시행된 흔적도 없으며[13] 前漢 晚期로 추

---

11) 그 내용은 매작 武功爵에 비해 군공작을 우대하여 軍功을 현창한다는 정도일 가능성이 농후하다.

12)《漢書》 卷6〈武帝紀〉元朔 6년, "日者大將軍巡朔方 征匈奴 斬首虜萬八千級 諸禁錮及有過者 咸蒙厚賞 得免其罪 今大將軍仍復克獲 斬首虜萬九千級 受爵賞以欲移賣者 無所流貤 其議爲令 有司奏請置武功賞官 以寵戰士".

13) 高敏,〈論兩漢賜爵制度的歷史演變〉, p.48.

정되는 漢墓에서 출토된 竹簡資料는 軍功 포상으로 사여되는 20等爵制의 건재를 전하고 있다.[14] 결국 20등작제의 틀 안에서 無功爵과 軍功爵이 병존한 셈인데, 爵名은 동일해도 양자를 구분하는 모종의 장치가 없었다면 이러한 상황은 오래 계속될 성질은 아니다. 따라서 이런 상황이 적어도 前漢末까지도 계속되었다는 것은 양자를 구분하는 장치의 존재를 강하게 시사한다. 그러나 漢代 작명에 특별한 주기를 붙여 이것을 구분하였다는 증거는 확인되지 않는다. 그래서 필자는 秦爵에 부수된 '賜' 즉 구체적인 賞給과[15] 아울러 列侯의 封邑도 대소가 크게 상이하였지만[16] 특히 關內侯의 경우도 그 식읍의 규모가 최소 200호에서 최다 5,000호까지의 격차가 있었고 때로는 食邑조차 없었으며, 食邑 없이 '賜'만 있는 경우도 그 종류와 多寡도 개인에 따라 현격하였던 사실을[17] 상기해 보았다. 이것은 결국 본래 爵이란 爵級과 이에 부수된 '賜'로 구성되었지만, 당시 작제는 작급의 高下가 '賜'의 輕重이나 多寡와 반드시 비례되지도 않을 뿐 아니라 '賜'가 없는 爵, 즉 虛爵만의 사여도 가능하였던 사실을 말해 준다.

  그렇다면 無功의 爵과 有功의 爵이 동일한 작제체계 안에 통합되어도 별 문제는 없는 것 같다. 즉 有功爵에만 본래 爵의 속성인 '특수 권익' 즉 '賜'를 부여하면 유공작과 무공작 간의 형평성 문제가 발생할 여지가 없으며, 이 경우 무공작과 유공작을 합산·누증해도 별 문제는

---

14) 朱國炤, 〈上孫家寨木簡初探〉, 《文物》 1981-2, pp.50-51 ; 陳公柔·徐元邦·曹延尊·格桑本, 〈青海大通馬良墓出土漢簡整理與研究〉, 《考古學集刊》 5, 1987, pp.305-307 ; 藤田高夫, 〈漢代の軍功と爵制〉, 《東洋史研究》 53-2, 1994도 이 죽간을 漢代의 군공 작제로 소개하고 있다.

15) 拙稿, 〈秦의 身分秩序構造〉, 《東洋史學研究》 23, 1986, pp.18-19.

16) 열후의 봉읍 규모가 1만 호를 초과한 예도 있는 반면 수백 호에 불과한 예도 많은데, 邗侯 李壽는 150호, 高昌侯 董忠은 1100호가 삭감된 후 79호로 열후의 신분을 유지하였다. 《漢書》 卷17 〈功臣表〉 참조.

17) 朱紹侯, 〈簡論關內侯漢代爵制中的地位〉 참조. 예컨대 卜式은 食邑 없이 황금 40근과 田 10頃이 사여된 반면(《漢書》 卷58 〈卜式傳〉), 黃霸는 역시 식읍 없이 황금 100근과 增秩(2천석에서 中2천석으로)이 사여되었다 (《漢書》 卷89 〈循吏列傳·黃霸傳〉).

없을 것이다. 예컨대 無功爵 4급의 소지자가 유공작 2급을 추가하면 6급이 되지만 실제 그에게 보장된 '賜'는 2급분뿐이라면, 그가 '賜'가 없는 無功爵만으로 6급 이상 승작한 사람을 불평할 이유는 없을 것이다. 또 상급 無功爵者 역시 하급 有功爵者를 비하할 입장도 못 되었을 것이다.

漢代 '천하 민'에게 無功 賜爵을 반포하는 恩詔는 대부분 大赦令·牛·酒의 사여 및 大酺의 허용, 三老·孝·弟·力田·高年·鰥寡 등에 대한 帛의 하사를 포함한 것은 사실이다. 필자는 尹灣漢簡의 〈集簿〉를 분석한 결과 이 下賜가 '장부상의 향연'이었을 뿐 실제 牛酒와 帛이 민에게 전달되었을 가능성에 강한 회의를 표한 바가 있지만,[18] 설사 이것이 실질적인 하사였을지라도 전반적인 更始·祝祭의 분위기를 조성하기 위한 하사품이었을 뿐 爵에 대한 구체적인 '賜'로 사여된 것은 아니었다. 그렇다면 恩詔에 의한 無功爵이 '賜'를 수반한 증거는 없는 셈이다. 이에 비해 上孫家寨 漢墓 출토 木簡의 다음과 같은 규정들은 軍功爵에 '賜'가 수반되었을 가능성을 강하게 시사한다.

[180]□斬首捕虜者毋賜爵□(363).
　　(某 신분 또는 어떤 상황에서) 참수 또는 포획의 (공을 세운) 자에게는 작을 사여하지 않으며…
[182]□虜什二人以上拜爵各一級不滿□(150, 151).
　　12인 이상의 虜를…한 자에게는 각기 작 1급을 사여하며 (12인이) 되지 못한 자에게는….
[184]各二級爵毋過左庶長斬首捕虜拜爵各一級車千□□□斬首捕虜二級拜爵各一級斬捕五級拜爵(68, 375).
　　(某 신분이 모종의 공을 세우면) 각기 爵 2급을 (사여하되) 그 작은 左庶長을 초과할 수 없으며, (적 1인을) 참수·포획하면 爵 1급씩을 사여하고, 車千□□□이[19] 적 2인을 참수·포획하면 작

───────────

18) 拙稿, 〈虛像의 太平 : 漢帝國의 瑞祥과 上計의 造作—尹灣漢簡 〈集簿〉의 分析을 중심으로〉, 서울大學校 東洋史學研究室編, 《古代中國의 理解》 4, 1998, pp.141-145.
19) 이 부분은 [188] "兵車御右及把麾千鼓正成者"에 상당하는 것으로 보인다.

1급을 사여하며 적 5인을 참수·포획하면 작 □급을 사여한다.

[185]各二級斬捕八級拜爵各三級不滿數賜錢級千斬首捕虜毋過人三級拜
　　爵毋過五大夫必頗有主以驗不從法狀(356, 243, 340).

　　(某 신분이 모종의 공을 세운 경우)[20] 각기 작 2급을 (사여하며)
적 8인을 斬捕하면 爵 3급을 사여하는데, (사작 요건에 미달하는
斬捕 부분은) 1인당 1千錢을 (포상한다). (某 신분이) 斬捕의 공
으로 (賜爵되는 경우 공이 많아도) 3급 이상을 넘지 않도록 하며
그 작도 오대부 이상을 넘지 않도록 하며, 반드시 主管員을 두어
법에 부합되는지의 여부를 考驗한다.

[186]二級當一級以爲五大夫者三級當一級首虜不滿數者籍須復戰軍罷而
　　不滿數賜錢級(359, 349).

　　(참포의 공을 포상을 할 경우 某 신분은[21] 참포) 2인을 1인으로
계산하며 오대부가 되는 자는 (참포) 3인을 1인으로 계산하되
참수·포로의 수가 미달하면 기록한 후 다음 전투를 기다려 (그
때의 공을 다시 합산하며) 전쟁이 끝나도 수가 차지 않으며 참
포 1인당 錢 □을 사여한다.

[187]二千級若校尉四百級以上及吏官屬不得戰者拜爵各一級爵毋過五大
　　夫□(373).

　　(某 전투 단위 전체가 斬捕) 2천의 (전과를 올리거나) 校尉 (부
대가 참포) 400의 (전과를 올리면) 그 부대에 속한 吏와 官屬으
로서 전투에 직접 참여하지 않은 자들도 각기 작 1급을 사여하
되 그 작으로 오대부 이상이 되지는 못하게 한다.

[190]可擊之能斬捕君長有邑人者及比二千石以上賜爵各四級其毋邑人及
　　吏皆千石以上至六百石賜(380, 358).

　　공격을 할 수 있어 능히 군장이나 식읍을 가진 자 및 比 2천 석
이상의 관원을 참포한 자는 작 4급을 하사하며 식읍이 없는 (유
작자) 및 천석에서 600석의 관원을 참포한 자에게는 (작 □급을)
하사한다.

[191]□約者軍吏賜爵三級也吏賜□(73).

　　□約한 자는 軍吏의 경우 작 3급을 사여하고 也吏는[22] (작□급

---

20) 이 부분은 내용상 [184]와 접속하는 것이 확실하여 '참포 5인의 공을
세우면' 정도로 추정된다.

21) 바로 연이어 "以爲五大夫者"가 언급된 것을 보아 이 부분은 [196]의
"□爲公乘者"로 추정된다.

22) 也吏는 文吏 또는 士吏의 오기로도 보이는데, 朱紹侯,〈從三組漢簡看軍

을) 하사한다.
[194]毋過人五級爵皆□(49).
　　(某 신분이 모종의 참포의 공을 세운 경우 공이 많아도) 5급 이
　　상의 작을 주지 말며 그 작도 某爵을 초과하지 않도록 한다.
[196]□爲公乘者(58).
[219]□長以上　食邑二百戶[斬]□.[23]

　이상은 전체 군공 포상령의 극히 일부이고 대부분 전후가 잘린 상태이기 때문에 불분명한 점이 너무 많다. 그러나 朱紹侯가 이미 지적한 바와 같이 이 賜爵 기준이 斬捕한 敵의 신분 고하, 斬捕者의 신분과 직위, 斬捕 數의 多寡를 종합한 것이었다는 것은 분명한데,[24] 여기서 필자가 먼저 주목하고 싶은 것은 사작 기준에 미달한 斬捕 부분을 錢으로 상급한다는 규정이다([182], [185], [186]). 이것은 爵으로 포상하지 못한 공에 대한 포상이므로, 일견 작이 사여되는 경우 錢이나 기타 '賜'는 없었던 것처럼 보인다. 그러나 이 軍功爵에 특수 권익인 '賜'가 수반되지 않았다면 이처럼 사작 기준 미달을 錢으로 포상할 이유도 없었을 것이다. 따라서 이것은 사작과 함께 그 錢보다도 훨씬 큰 실질적인 보상이 될 수 있는 '賜'가 수반되었을 가능성을 시사하는 것이다. 사실 이러한 '賜'가 없었다면 상기 규정들과 같은 정밀한 사작 기준을 제정할 필요도 없었겠지만, 사작시 경우에 따라 左庶長과(10급) 五大夫를(9급)를 각각 넘지 않도록 하라는 규정들도([184], [185], [187]) 작급간 '賜'의 차이를 상정하지 않으면 이해하기 어려울 것이다.

　특히 주목되는 것은 [190]의 "有邑人及比二千石以上"인데, 여기서 '有邑人'은 食邑의 소유자가 분명하며, 문맥상 比二千石 이상과 동격으로 보는 것이 타당하다. 물론 이 '有邑人'에는 열후와 관내후도 포함되었을 것이다. 그러나 열후와 관내후에 상응하는 관질은 각각 中二千石

功爵制的演變〉,《史學月刊》(長春) 1992-2는 '他吏'로 본다.
23) 이상 모두 靑海省文物考古硏究所,《上孫家寨漢晋墓》(文物出版社, 1993), pp. 192-194에서 인용.
24) 朱紹侯,〈從三組漢簡看軍功爵制的演變〉.

과 上卿이므로 이 ‘有邑人’이 이들만 지칭하였다면, 이것은 “有邑人及
中二千石以上”으로 표기하였을 것이다. 比二千石에 상응하는 爵은 少
上造(15급)였다.[25] 그러므로 이 ‘有邑人’은 少上造 이상의 유작자를 표
현한 것으로 보는 것이 타당하다. 이것은 역으로 少上造 이상의 ‘賜’에
식읍도 포함되었음을 입증하는데,[26] 근래 공개된 敦煌酥油漢代烽燧遺
跡 출토 漢簡〈擊匈奴降者賞令〉중에서도 武功者에 대한 “賜爵共分采
邑”과 아울러 少上造(15급)에 대한 황금과 食邑 100호의 하사를 명시
한 규정이 확인된 만큼(후술 참조) 이 문제는 더 이상 논란의 여지도
없게 되었으며, 따라서 關內侯 이하의 高爵에는 식읍이 없었다는 종래
의 통설도 수정되어야 한다.

　이와 같이 ‘賜’가 없는 恩詔無功爵과는 달리 軍功爵은 실질적인 특수
권익이 보장된 ‘賜’가 수반되었고, 이것으로 양자가 구분되었다면, 양자
가 동일한 작제에서 통합되어도 별 문제는 일단 없는 것처럼 보일지
모른다. 그러나 이것은 작급 간의 현격한 신분적 차이가 없는 경우에
만 해당된다. 公乘 이하에서는 有功爵에 부수된 ‘賜’가 신분적 변화를
수반하지 않았던 만큼 8급 公乘까지는 무공작과 유공작을 합산해도 별
문제는 없다는 것이다. 그러나 五大夫와 公乘 간에는 커다란 신분적
차이가 있었다는 것은 이미 잘 알려진 사실이지만, 상술한 바와 같이
15급 少上造도 食邑 유무의 기준이 될 수 있었다. 이런 조건 하에서
만약 유공작과 무공작을 그대로 합산하면, 예컨대 無功爵 8급을 받은

---

25) 작급과 관질의 상응 관계는《漢書》卷97〈外戚傳〉참조. “昭儀位視丞相
　　爵比諸侯王　倢伃視上卿比列侯　婕娥視中二千石比關內侯　容華視眞二千石比
　　大上造　美人視二千石比少上造　八子視千石比中更　充依視千石比左更　七子
　　視八百石比右庶長　良人視八百石比左庶長　長使視六百石比五大夫　少使視四
　　百石比公乘”.
26) 朱紹侯,〈從三組漢簡看軍功爵制的演變〉는 상기 [219]“□長以上　食邑二百
　　戶”중 “□長” 부분을 左庶長으로 추정하고 左庶長도 식읍 200호를 받은
　　것으로 추론하고 있다. 그러나 少上造의 식읍 100호 규정도 확인될 뿐
　　아니라 “有邑人”이 比二千石以上에 상응하는 것도 명백한 이상, 800석에
　　상응하는 10급 좌서장에게 식읍 200호를 상정하는 것은 무리일 것이다.
　　그러므로 필자는 “□長”을 17급 駟車庶長이나 18급 大庶長으로 추정한다.

자가 군공작 1급만으로 오대부가 될 수 있고, 다시 군공작 6급만 추가하여 少上造가 되는데, 이 경우 군공작 오대부나 少上造에 보장된 '賜'를 일체 허용하지 않는 것만으로는 문제가 해결되지 않는다. 漢제국이 恩詔 無功爵을 남발하면서 公乘을 초과하는 작급의 누적은 불허하고 대신 子나 同産 또는 同産子에게 양도를 허용한 것은[27] 바로 이 문제에 대한 입장을 천명한 것이었다. 이것은 결국 신분상의 변화를 초래하는 무공작과 유공작의 합산 누적은 일체 불허한다는 것인데, 이것이 허용될 경우 야기되는 문제를 예상하였기 때문일 것이다. 秦漢 官制와 爵制의 기본적인 특징은 경·대부·사의 層序的 구조였고,[28] 바로 이 때문에 양자가 상호 대응관계를 유지하면서 황제지배체제의 양축을 형성할 수 있었던 것이다. 물론 官秩과 爵級이 항상 일치하는 것은 아니었다. 그러나 동일 신분 내에서의 차이라면 별 문제는 없으며, 양자가 모두 實爵·實官이면 설혹 신분적인 괴리가 있어도 우월한 편을 취하여 예우하면 그만일 것이다. 예컨대 관질은 대부에 상당하나 爵은 士일 경우는 관질에 따라 대우하고, 또 작은 卿에 비정되나 관질은 대부 이하에 속한 경우는 작급으로 대우하면 그만이다. 그러나 '賜'가 전혀 없는 無功 高爵이나 無功爵과 유공작이 합산된 高爵의 '賜'가 하위 신분의 爵 수준에 불과하다면, 관질에 우선한 爵級의 적용은 허용될 수 없을 것이다. 그렇다면 신분을 초월한 無功爵의 누적은 사실상 의

---

27) 이 규정이 처음 명시된 것은 後漢 明帝 中元 2년 2월 恩詔 중의 "爵過公乘得移與者若同産同産子"(《後漢書》 卷2 〈明帝紀〉)이다. 그러나 앞에서 언급한 바와 같이 宣帝 元康 4년 高祖 공신 후손 중 公乘을 초과한 것은 단 1예에 불과한 것이나 居延漢簡에도 공승을 초과한 吏卒이 없는 것을 보면 이 규정은 前漢에도 이미 시행된 것이 확실하다.

28) 본래 商鞅 軍功爵制에서는 제1급에서 4급 不更이 士, 5급에서 9급 五大夫가 大夫, 10급 左庶長 이상이 卿으로 각각 비정되었으나(守屋美都雄, 〈漢代爵制の原流として見たる商鞅爵制研究〉, 《中國古代の家族と國家》, 東京, 1968, p.57), 후한 劉邵의 〈爵制〉 중 "自左庶長已上至大庶長皆卿大夫"이란 (《後漢書》〈百官志〉 5, 注 所引) 구절은 六百石官에 비정되어 명백히 대부급에 속하는 五大夫를 대부에 포함시키지 않은 문제는 있으나, 한대 공승 이하가 모두 士에 비정된 것은 잘 전한 것이다.

미도 없지만, 그럼에도 불구하고 이 누적을 허용한다면, 작제상의 신분적 顚倒는 물론 관과 작의 신분적 대응구조도 파괴될 뿐일 것이다. 다시 말해 그것은 官과 爵의 신분적 序層構造와 그 상호 대응·보완관계 위에 구축된 제국의 통치체제마저 변질될 위험이 있다는 것이다.

이와 같은 官·爵制의 구조와 특성은 어느 의미에서 西周 이래의 전통적인 신분질서의 漢代的 변용으로 이해될 수 있는 것 같다. 왜냐하면 황제-제후왕·열후-(관내후 19급)-경·대부 爵(18-9급)-士爵(1-8급)의 서층적 爵制와 이에 상응하는 丞相-600석 이상(경·대부)-600석 이하(士)의 서층적 관제구조는 西周의 王-諸侯-(附庸)-卿·大夫-士로 序層 질서를 계승한 성격이 뚜렷하기 때문이다. 西周的 질서구조는 본래 관제 발전 이전의 단계이므로 관제와의 상관성은 처음부터 없었다. 이에 비해 漢代의 작제는 '官'으로 만족할 수 없는 황제와 관료의 '私'를 충족시키기 위한 것이었던 만큼 관제와 분리될 성질이 아니었다. 그러나 20등 작제는 이미 그들에게는 적합한 것이 아니었다. 이 작제는 본래 軍功을 기준으로 사여되는 것이 원칙이었으며, 관료선발제도가 확립하기 이전에는 軍功爵者가 관료로 진출하는 것도 자연스러운 일이었다.

그러나 漢代의 관료들은 이미 대부분 軍功과는 무관하게 비교적 잘 정비된 관료선발제도를 통하여 임용되었다.[29] 그들은 '私'의 확대·충족을 위하여 취득한 官職을 특권적 신분으로 전화하기 위하여 爵이 필요하였지만, 군공작제의 원칙에 따라 그것을 획득할 가능성은 희박하였다. 앞에서 인용한 上孫家寨 출토 목간이 전하는 軍功爵制 법령은 군공작 1급의 획득도 쉽지 않다는 것을 말해 주지만, 특히 '五大夫 이상

---

29) 前漢 極末에 속하는 尹灣漢牘〈東海郡下轄長吏名籍〉에 의하면 東海郡 長吏 114인 중 軍功爵을 통하여 임용된 예는 전무하며 다만 범인 체포로 승진한 자가 9인, 전직 軍吏 출신이 6인이며, 軍吏의 범주에 속하는 것을 모두 합산해도 18인, 전체 장리의 15.8%에 불과하다. 拙稿,〈前漢 縣長吏의 任用方式 : 東海郡의 例—尹灣漢牘〈東海郡下轄長吏名籍〉의 분석〉,《歷史學報》 160, 1988, pp.108-109 참조.

을 넘지 않도록 하라'와 '左庶長을 넘지 않도록 하라'는 규정들은 오대
부 이상 高爵의 획득이 대단히 어려웠던 사정을 짐작하게 한다.

여기서 그들은 20등 작제를 폐기하고 관료에 적합한 새로운 작제를
제정하거나 기존의 작제를 자신에 맞게 변용하는 방법도 모색하는 한
편 실질적으로 私的 욕구를 확대·충족시킬 수 있는 관료제도도 강구
하지 않을 수 없었을 것이다. 바로 이 모색이 곧 漢代 官爵의 성격과
행방을 규정하였을 것이며, 魏晉 이후의 爵制도 이 연장선에서 이해될
수 있는 것 같다. 漢代 관작에 대한 본격적인 관심과 보다 심화된 이
해가 필요한 것은 바로 이 때문인데, 이 문제는 결국 법제상 大夫 이
상의 신분에 비정된 600석 이상의 官이 신분에 상응하는 高爵을 획득
하는 방법과 그 爵의 현실적인 의미에 대한 고찰을 요구한다. 장을 바
꾸어 먼저 官爵 획득 문제부터 검토해 보자.

Ⅲ. ‘高官’의[30] 官爵 획득

누차 언급한 바와 같이 600석 이상 官秩에 상응한 高爵은 9급 이상
이었고, 上孫家寨 漢墓 출토 목간과 敦煌 酥油 漢代 烽燧遺蹟에서 출
토된 〈擊匈奴降者賞令〉을 통하여 이 爵들이 前漢 晚期까지도 軍功에
의해서 취득된 사실도 이미 앞에서 확인하였다. 그러나 좀더 논의를
심화하기 위하여 다음과 같은 한간 자료를 다시 주목해 보자.

> [188]十一軍吏六百石以上兵車右御及把麾干鼓正成者拜爵賜論爵比士吏
> □(339).
> 십일(?) 군리 600석 이상과 兵車의 右御 및 麾竿·鼓·鉦·鉞
> 을[31] 파지하였던 자들은 (참포의 공이 없어도) 爵과 賜를 사여하

---

30) 本稿의 ‘高官’은 600석 이상의 관, ‘高爵’은 9급 오대부 이상의 작을 의미한
다.

31) “把麾干鼓正成者”를 “把麾竿鼓鉦鉞”로 표기한 朱紹侯, 〈從三組漢簡看軍
功爵制的演變〉의 釋讀을 따라 번역하였다.

　　　며, 그 爵은 士吏에 준한다.
　　[209]□其士吏以上拜爵者 皆單行 得至□(372).[32]
　　　사리 이상으로 拜爵하는 자는 모두 單行하여 □까지 이를 수 있다.
　　[X]從軍 斬首捕虜 爵單行 至右更(376).[33]
　　　종군하여 참수포로의 공이 있으면 爵은 單行하여 右更까지 이를
　　　수 있다.

　　士吏는 候官에 배속된 秩 比 200석의 軍吏,[34] 그러므로 [188][209]는
모두 비 200석 이상(600석 이상 포함) 軍吏의 군공작 사여에 관한 법
령인데, 유감스럽게도 여기서는 취득 가능한 작급이 확인되지 않는다.
한편 [X]는 "從軍"의 주어가 누락되어 右更(14급)까지 취득할 수 있는
신분이 분명치 않으나 [209]의 "皆單行"과 [X]의 "爵單行"이 동일한
내용이 확실한 만큼 역시 '士吏 이상의 군리' 또는 비 200석 이상의 관
으로 보아도 좋은 것 같다. 또 '單行'의 의미도 분명치 않지만, '(拜)爵
＋單行＋至＋爵級'의 기능은 앞에서 인용한 군공작 법령 중의 "拜爵＋
毋過＋爵級(左庶長 또는 五大夫)"([184], [187])에 상당하는 것 같은데,
전자가 일정한 작급까지의 취득을 허용한 반면, 후자는 일정한 작급의
초과를 불허하는 관용구로 이해해도 대과는 없는 것 같다. 그렇다면
여기서 우리는 당시 200석 이상의 軍吏 또는 從軍 관리가 斬首捕虜의
공으로 14급 右更까지 승작할 수 있는 사실을 일단 확인할 수 있는데,
[188]과 [X] 및 상기 [191] "□約者軍吏賜爵三級也吏賜□"은 이들의
爵이 적어도 右更까지는 일정한 爵級의 추가 누적으로 승작되었음을
잘 말해 준다.[35] 이에 비해 다음과 같은 敦煌漢簡의 〈擊匈奴降者賞者

---

32) 이상 《上孫家寨漢晋墓》, p.193.

33) 朱紹侯, 〈從三組漢簡看軍功爵制演變〉에서 인용. 《上孫家寨漢晋墓》와 陳
　公柔 등, 〈靑海大通馬良墓出土漢簡的整理與研究〉에는 모두 이 목간이 수
　록되지 않았다. 그러나 뒤에 일련번호(376)까지 붙어 있는 것으로 보아
　朱의 착오라기보다는 양자의 누락으로 판단된다. 이들은 朱國炤, 〈上孫家
　寨木簡初探〉이 소개한 "捕虜拜爵滿五大夫 欲先罷者 許之"(342)도 누락하
　고 있다.

34) 陳夢家, 《漢簡綴述》(中華書局, 1980), pp.144-145.

슈〉은 군공작 15급 이상의 賜爵조건과 그에 부수된 '賜'를 명시한 것이다.

    (1)擊匈奴降者賞令(1357).
    (2)□□者衆八千以上封列侯邑二千石賜黃金五百(1358).
      □□자 (흉노) 衆 8천 이상을 (항복시키면) 열후에 봉하고 읍을 사여하며 2천 석의 관리에게는 황금 500근을 사여한다.
    (3)取君長以爲君長皆令長其衆賜衆如隧長其斬□(1359).
      (항복한 흉노의) 이전 君長을 취하여 君長으로 삼고 그 무리를 사여하여 그 우두머리가 되게 하되 隧長처럼 한다.
    (4)□□賦二千石□□□□□言及武功者賜爵共分采邑(1360).
      □□賦二千石□□□□□ 말이 武功에 미친 자는 작을 사여하고 함께 채읍을 나눈다.
    (5)二百戶五百騎以上賜爵少上造黃金五十斤食邑百戶百騎(A).
      흉노 200戶 五百騎 이상을 (항복시키면) 少上造의 작과 황금 50근 식읍 100호와 100騎를 하사한다.
      二百戶五百騎以上賜爵少上造黃金五十斤食邑五百卅八卅八 (B)(1361).[36]
      흉노 200호 오백기 이상을 (항복시키면) 소상조의 작과 황금 50근 식읍 548 48(?)을 하사한다.

  斷簡들이라 의미가 불분명한 점도 많고 특히 (5)는 (B) 말미의 "五百卅八卅八" 때문에 (A)의 신빙성도 손상되지만, 일단 위의 해석대로 이해해 보자. 우선 (5)의 경우, 입공의 주체는 不明이지만 그만한 공을 세울 신분은 적어도 상당한 고위 군직으로 추정되는데, 14급 右更이 일정한 斬捕 人數에 비례한 爵級의 추가 누적으로 획득된 것과는 달리 15급 少上造는 일정 규모의 집단을 공격 투항시킨 공으로 일거에 취득되는 점이 주목된다. 앞에서 지적한 바와 같이 소상조 이상이 '有邑人' 즉 식읍의 소유자가 되는 것도 바로 이와 같이 그 포상의 방식과 차원

---

35) 그렇다면 '拜爵單行'은 이처럼 구체적인 斬捕의 다과에 따른 일정 작급의 사여와 그 누적을 의미하는 것이 아닌가 한다.
36) 吳礽驤 · 李永良 · 馬建華,《敦煌漢簡釋文》(甘肅人民出版社, 1991), p.141.

이 현격히 달랐기 때문으로 해석되지만, 이것은 20등 작제의 서층구조에서 소상조가 또 하나의 분수령이었음을 말해 준다.

한편 (2)는 '封侯邑'된 객체는 분명치 않으나 2천 석의 관리가 8천 이상을 항복시키면 황금 500근을 하사받는다는 것은 일단 분명하다. 그러나 (5)에 명시된 소상조의 賜爵 조건과(二百戶 二百騎 이상의 항복) '賜'(황금 50근 100호 100기의 식읍)를 고려하면, 8천 인을 항복시킨 2천 석의 관리에게 황금 500근(?)만 사여되었다면 부자연스럽다. 그러므로 이 역시 소상조보다 높은 爵과 더 많은 식읍 하사를 명시한 부분이 탈락된 것으로 추정되는데, (4)은 이것을 더욱 뒷받침해 주는 것 같다. (4)도 극히 불분명하지만 대체로 '2천 석의 관이 제시한 의견이 武功으로 실현되었을 경우 爵과 식읍을 하사한다'는 정도로 이해할 수 있기 때문이다.

상기 자료들은 고관 특히 2천 석의 관이 食邑과 황금이 수반된 關內侯 이하의 高爵을 취득할 수 있는 조건을 처음으로 밝혀 주었다는 점에서 대단히 중요하다. 그러나 이것은 본래 20등 작제의 賜爵 조건을 그대로 전한 것은 아닌 것 같다. 이 법령의 명칭 (1)이 말해 주는 것처럼 대흉노전을 위한 특별법이기 때문이다. 더욱이 (3)은 투항한 흉노 小君長에 대한 처우 규정이 명백하며, (5) 역시 식읍과 함께 100騎가 하사된 것을 보면 부중을 이끌고 투항한 흉노의 君長을 대상으로 설정된 규정으로 보는 것이 타당한 것 같다. (2)도 2천 석에 대한 황금 사여 앞 부분의 '封侯邑'의 객체는 흉노 군장일 가능성이 농후하다. 따라서 상기 법령을 곧 15등 소상조 이상 高爵의 사여 원칙으로 이해하는 것은 부당하며, 이러한 특별법의 제정은 원래 사작제도는 이와 달랐음을 오히려 반증하는 것 같다. 그러나 이 법령으로 흉노전에 참여한 고관도 황금과 식읍이 수반된 고작을 받을 것은 분명하다[특히 (2), (4)]. 또 이 賞令이 20등 작제 체계를 이용한 만큼 그 원리도 대체로 답습하였을 가능성이 농후하다면, 상기 법령으로 少上造 이상 고작의 '성격'을 이해하는 것도 그렇게 부당한 것은 아닌 것 같다.

그러므로 필자는 정규 군공작 少上造 이상도 작급의 누적이 아닌 大

功에 의한 일거 賜爵이었으며 식읍도 수반되었을 것으로 추정하는데, 식읍이 없는 關內侯도 적지 않았던 만큼 이 高爵도 반드시 식읍이 수반하는 것은 아니었을 것이다. 또 18급 大庶長에서 關內侯로의 승작도 단순한 작 1급의 추가로 허용되었을 가능성도 거의 없지만, 앞에서 추정한 바와 같이 駟車庶長(17급) 또는 大庶長(18급)의 식읍이 200석이었다면(주 26 참조) 소상조에서 대서장까지의 승작도 斬捕로 환산된 단순한 爵 1급의 추가로 허용되지는 않았을 것이다. 앞에 인용한 上孫家寨 목간 중 "斬首捕虜한 자에게 작을 사여하지 말라"는 [180]은 이 경우에도 해당되는 것 같다.

이민족과의 충돌이 빈번한 변군의 태수를 비롯한 관리들은 군공을 세울 기회가 많았고, 특히 중앙정부의 公卿도 장군으로 출정하는 경우가 드물지 않았던 사정을 감안하면 漢代의 관리들이 軍功으로 고작을 획득하는 기회도 그렇게 드문 것은 아닐지 모른다. 그러나 그것은 역시 전체 관료군의 극히 일부에 국한되었을 것이며, 그것만으로 적어도 600석 이상의 官秩을 특권적 신분으로 전화하려는 고관들의 욕구를 충족시킬 수 없었을 것이다. 그렇다면 買爵은 이 문제를 해결할 수 있는 방법이었을 것인가? 이 문제를 위하여 먼저 다음과 같은 前漢初의 買爵令을 주목해 보자.

> (1)民이 죄가 있으면 爵 30級을 매입하여 死罪를 면할 수 있다.[37]
> (2)民으로 하여금 변경에 粟을 보내되 600석이면 上造(2급)의 爵을 내리고 (급별로 조금씩 증가시켜) 4천 석이 되면 五大夫(9급), 1만 2천 석이면 大庶長이 되게 하는데, (粟의) 다소에 따라 爵級을 차등한다.[38]

(1)은 惠帝 원년(B.C. 194) 漢제국이 최초로 반포한 賣爵令이며, (2)는 文帝시 晁錯의 건의에 의해 시행되었다는 納粟授爵, 즉 변경에 곡

---

37) 《漢書》 卷2 〈惠帝紀〉 원년 12월 詔.
38) 《漢書》 卷24上 〈食貨志上〉.

식을 납부하면 그 다과에 따라 작을 사여한다는 법령이다. 양자가 모두 일정한 경제적 부담을 지불하고 작을 매입하는 것 자체는 동일하며, (2)도 이 정책의 건의자 晁錯의 발언 중 "今募天下入粟縣官 得以拜爵 得以除罪"라는 구절을(《漢書》食貨志) 참고하면 (2) 역시 면죄를 위한 작의 매입도 포함된 것 같다. 그러나 유작자의 특권의 하나로 지적되는 형벌 감면은 대부분 그에 상응한 爵級의 반납이 필요하였기 때문에 (1)은 작의 매입으로 유작자가 되는 것이 아니라 단지 속면에 필요한 작급 매입에 불과한 반면,[39] (2)는 실제 유작자가 되는 것이다.[40] 또 (2)는 爵 매각의 주체가 국가였지만, (1)은 주로 유작자 개인이었던 것 같다. 왜냐하면 (1)의 매각 주체 역시 국가였다면, 이것은 사실상 화폐에 의한 贖刑과 마찬가지이며, 따라서 굳이 이와 같은 작 매입이란 우회적인 형식을 마련한 필요도 없기 때문이다. 그러므로 (1)은 자연재해와 같은 특수 상황에서 유작자의 작 매각도 허용한 정책과[41] 표리를 이루면서 민간에서 구입한 작급 누적에 의한 형 감면을 허용한 것으로 보는 것이 자연스럽다.

또 하나 주목되는 것은 (2)에 제시된 작의 가격이 대단히 높다는 점이다. 더욱이 단순히 곡식을 관에 바치는 것이 아니라 변경까지의 수송도 요구된 것이었다면, 그 부담은 실로 대단하였을 것이다.[42] 이에

---

39) 유작자의 형벌 감면 특권은 대부분 그에 상응하는 작급 반납이 병행되었지만, 특히 20등 작제에서 爵 30級 매입이 운위된 것은 이 매입이 형 감면의 조건을 충족시키기 위한 것이었을 뿐 유작자를 만든 것이 아니었음을 단적으로 말해 준다. 後漢末의 應劭가 작 30급 매입에 의한 면죄를 당시의 縑 30필 납부에 의한 면죄와 같은 성격으로 이해한 것도(註43 참조) 바로 이 때문일 것이다.

40)《漢書》卷49〈晁錯傳〉, "郡縣之民 得買其爵 以自增至卿". 여기서 卿은 卿級의 高爵을 말할 것이다.

41) 有爵者 賣爵 허용의 가장 빠른 예는 惠帝 6년(B.C. 189)의 "令民得賣爵"(《漢書》卷2〈惠帝紀〉)인데, 文帝 후 6년(B.C. 158)의 "夏四月 大旱蝗 民得賣爵"(《漢書》卷4〈文帝紀〉)를 고려하면 이것도 惠帝 5년 "夏 大旱"에 따른 구휼정책으로 판단된다. 어쨌든 惠帝 원년의 매작령도 유작자의 賣爵 허용을 전제하지 않으면 이해하기 어려운 것 같다.

296

비해 (1)의 작 1급 가격을 後漢의 應劭는 2천 錢으로 전한다.[43] 한편 文帝시대 곡 1석의 가격은 10여 전으로 전한 자료도 있는 반면[44] 500 전으로 전하는 자료도 있다.[45] 전자는 文帝의 치세를 찬미하는 문맥에서의 언급된 것이며, 후자는 태평한 文帝시대의 곡가가 '1升 1전' 즉 1석 100전이었다는 傳聞을 부정하고 계속된 흉노와의 전쟁과 흉년에 시달린 文帝시대의 상황을 강조하며 언급된 수치이다. 곡 1석 100전도 태평성세의 표징처럼 언급된 것은 前漢의 1석 100전도 대단히 안정된 가격이었음을 말해 주지만, 특히 주목되는 것은 文帝시 穀 1석 500전을 전한 사람이 바로 (1)의 작 1급 가격을 2천 전으로 주석한 應劭라는 점이다. 이것은 應劭가 (1)과 (2)의 매작조건은 차원이 달랐고,[46] 따라서 (2)로 취득된 작과 (1)에서 매매되는 작도 차원이 다른 것으로 인식하였음을 시사한다. 즉 그는 高價의 穀을 다량으로 납입하고 취득한 작은 적어도 본래의 군공작에 부여된 특권이 모두 보장된 것으로 인식하였을 가능성이 농후하다는 것이다. 사실 應劭가 부정한 文帝시의 곡가 1석 100전만 적용해도 (2)에서 취득된 작을 단순한 면죄용이나 특권 없는 虛爵으로 주장할 사람은 없을 것이다. 이처럼 高價로 취

---

42) 이 수송 부담은 납속자의 위치에 따라 큰 차이가 있었겠지만, 예컨대 600석을 2천 리에서 수송할 경우, 牛車 24대(1대 25석 적재)로 약 50일의 (1일 약 40리) 여정이 필요한데 다른 경비는 차치하더라도 수송인원 약 50인 정도의 식량만도 약 250석(1인 월 3석) 이상이 필요하다. 漢代 물자의 수송 비용에 관한 문제는 拙稿, 〈前漢末 地方資源의 動員과 配分〉, 《釜大史學》 23, 1996, pp.5-7 참조.

43) "應劭曰 一級直二千 凡爲六萬 若今贖罪入三十疋縑矣".

44) 《史記》 卷25 〈律書〉, "歷至孝文帝卽位…故百姓無內外之徭 得息肩于田畝 天下殷富 粟至十餘錢 鳴鷄吠狗 煙火萬里 可謂和樂者乎".

45) 應劭, 《風俗通義》 卷2 〈正失〉 孝文帝, "(孝文皇帝)治天下升平 斷獄三百人 粟升一錢 有此事不 (劉)向對曰 皆不然 謹案…文帝自勞兵 至太原代郡 由是 北邊置屯待戰 設備備胡兵 連年不解 轉輸駱驛 費損虛耗 因以年歲穀 不登 百姓飢乏 穀糴常至五百".

46) 應劭의 계산대로라면 예컨대 上造(2급)에 필요한 600석의 가격만도 30만 전이 되어 (1)의 4000전에 비해 75배이며, 五大夫(9급)에 필요한 4천 석은 200만 전이 되어 (1)의 1만 8천 전의 100배 이상이다.

득된 작을 2천 또는 1천으로 매각한다는 것은[47] 상식적으로 납득할 수 없다면, 吏民 사이에 허용된 低價의 爵 매매는 일괄 사여된 民爵에 국한된 것으로 추측된다.

景帝 4년(B.C. 153) 이전으로 추정되는 湖北省 江陵地方의 향리문서에 등록된 戶人 25인 중 유작자는 公士(1급) 2인뿐이었다.[48] 惠帝 즉위년(B.C. 195)에서 景帝 4년(B.C. 153)까지 民에 대한 1급 사작이 9회(惠帝 즉위년, 원년, 5년, 高后 원년, 文帝 즉위년, 원년, 景帝 원년, 3년, 4년) 시행된 것을 감안하면 일반 서민 중 유작자의 비율이 이토록 적을 뿐 아니라 2급 이상의 작도 없었다는 것은 무척 의외이며, 앞에서 소개한 宣帝 元康 4년 폐봉된 高祖 공신열후의 후손이 거의 유작자였다는 것과는 무척 대조적이다. 이것은 결국 적어도 景帝初까지는 빈번한 민작 사여에도 불구하고 대부분의 민은 다시 奪爵되는 경우가 많았던 사정을 시사하는 것 같다. 그 면죄를 원하는 자와 민작 소지자 간의 작 매매도 그 탈작의 중요 원인이었다면, 그 범위는 생각보다 컸던 것 같다. 특히 25인 戶人은 평균 보유 경지가 불과 24.7畝에 불과한 빈농층이었다.[49] 만약 그들이 사여된 작 평균 3급을 매각하였다면 6천 전의 소득을 얻었을 것이다. 민의 賣爵 허용이 대체로 자연재해 대책의 일환이었던 만큼 곡가도 크게 앙등하였겠지만, 소농민들이 賜爵의 '은혜'를 그나마 실감할 수도 있었던 것은 그 작을 매각할 때였을 것이다.

한편 吏民 간의 爵 매매에 군공작 및 (2)의 방식으로 취득한 작도 포함되었을 가능성을 일단 생각해 볼 수는 있는데, 이 경우는 물론 본래 작에 부수된 실질적인 특권도 함께 轉移되어야 할 것이다. 이 문제를 위하여 武帝時 武功 賞官 설치에 관한 다음과 같은 기사를 다시 주목해 보자.

---

47) 《漢書》 卷10 〈成帝〉 鴻嘉 3년 夏四月, "赦天下 令吏民得買爵 賈級千錢".
48) 裘錫圭, 〈湖北江陵鳳凰山十號漢墓出土簡牘考釋〉, 《文物》 1974-7, pp.51-52 鄭里廩簿 및 p.54 참조.
49) 裘錫圭, 〈湖北江陵鳳凰山十號漢墓出土簡牘釋文〉, p.56.

대장군이 지금 계속 다시 승리를 거두고 전과를 올려 虜를 참수한 것
이 1만 9천 급이 되는데, 爵賞을 받고 移賣하려는 자가 流貤할 바가 없
으니[無所流貤] 의논하여 법령을 만들라. 有司가 武功賞官을 두어 戰士
를 총애할 것을 청하였다.(주12 참조)

여기서 관건은 "無所流貤"인데 應劭는 이와 관련하여 상기 기사의
의미를 다음과 같이 이해하였다. 즉 "貤의 音은 移이며, 軍吏와 士가
虜를 참수하여 (받은) 爵級을 移與하는 바가 없어 지금 武功賞官을 두
어 작이 많은 자는 부형·자제에게 분여하거나 타인에게 팔도록 한 것
을 말한 것이다."[50] 이것을 따르면 무공상관의 설치 이전에는 군공작의
移與나 매각이 없었으나 그 이후 가능하였다는 결론이 나온다. 그러나
이것은 작급의 분여·매각과 무공상관의 관계를 혼란시킬 뿐이다. 무
공상관은 군공자를 우대하여 관리로 임용하는 것인데, 여기서는 마치
작급을 분여·매각하는 규정처럼 보이기 때문이다. 이 때문인지 '貤'를
'重'으로 이해한 顔師古는 應劭의 해석을 반대하고 다음과 같은 의견을
제시하였다. 즉 "이 詔는 爵을 移賣하려는 자가 분별·등급이[差次] 없
어 마음대로 할 수 없었기[不得流放] 때문에 官級을 둔 것을 말한 것
이다."[51] 顔師古도 武功賞官 이전 軍功爵의 移賣가 불가능하였던 것을
인정하였으며, 그 원인을 差次의 부재로 보았다. 그러나 그 이하의 의
미는 대단히 애매한데, 일견 '官級을 두어 差次를 만들어 移賣를 가능
케 하였다'라는 해석도 가능한 것 같다. 그렇다면 顔 역시 應劭와 마찬
가지로 무공상관이 결국 군공작의 분여·매각을 위한 기준의 설정 정
도로 이해한 것이라 하겠다. 그러나 顔의 주해는 '差次가 없어 작을 移
賣하는 사람이 뜻을 이루지 못하기 때문에 대신 武功賞官을 두었다'라
는 해석도 가능하며, 이 경우 差次는 移賣하려는 작급에 따른 가격 등
급체계 정도로 이해될 수 있을 것이다. 다시 말해 顔의 註解는 무공상

---

50) "貤音移 言軍吏士斬首虜 爵級無所移與 今爲置武功賞官 爵多者分與父兄
　　子弟及賣與他人也".
51) "此說非也 許愼說文解字云 貤 物之重差第也 此詔言欲移賣爵者 無有差次
　　不得流放 故爲置官級也".

관이 오히려 군공작 이매 불허를 유지하기 위한 대안으로 이해할 수 있는 여지가 있다는 것이다.

이 문제의 관건은 '軍功爵 소지자가 작을 분여·매각하려 한다'는 것의 정확한 의미를 이해하는 데 있는 것 같다. 물론 이것은 단순히 작의 일부 또는 전부를 타인에게 분여 또는 매각하는 것일 수도 있다. 그러나 실질적인 특권이 보장된 군공작의 移賣를 원하는 사람이 과연 얼마나 될는지도 의문이지만, 이것은 대단히 복잡한 절차가 예상된다. 吏民 간의 民爵 매매는 단순한 작급의 누적에 불과하므로 1급의 가격을 국가가 정하면 간단하다. 그러나 군공작은 작급에 따른 '賜'와 신분의 격차도 현격한 만큼 納贖授爵令에 보이는 것과 같은 작급 가격등차도 별도로 설정되어야 하지만, 특히 작 일부의 移賣는 문제가 더욱 복잡할 것이다. 예컨대 18급 大庶長과 9급 五大夫가 각각 3급을 타인에게 양도할 경우 같은 3급이지만 그 내용은 현격하기 때문이며, 실제 어느 경우건 그 3급을 양수 받은 자를 3급 簪裏로 인정하는 것도 불합리하기 때문이다. 武帝의 무공상관 설치 이전 군공작의 분여·매각이 사실상 불가능하였던 것은 바로 이와 같은 복잡한 문제들이 개재되었기 때문일 것이다.

武功賞官의 설치는 軍功爵의 移賣를 원하는 사람들의 불만을 해소하기 위한 방안이었고, 이것이 군공을 현창하기 위하여 공이 많은 사람은 등급을 초월하여 관리에 임용한다는 것도 분명하다. 따라서 應劭가 주장한 바와 같이 이것으로 군공작의 이매가 가능해졌다면, 일단 두 가지 가능성을 상정해 볼 수는 있다. 즉 국가가 군공작을 이매 받는 대신 입공자를 관리에 임용하는 것과 군공작을 이매 받은 개인을 관리로 임용하는 것이 바로 그것이다. 그러나 이 경우 앞에서 언급한 군공작의 이매에 따른 기술상의 문제가 과연 합리적으로 해결될 수 있었는지도 의문이지만, 우선 전자의 경우 군공자는 無爵의 관리가 되는 반면 후자의 경우는 재력 있는 사람은 有爵의 관리가 되는 결과가 되는데, 이것이 과연 군공을 현창한다는 취지에 부합되는지 의문이다. 또 후자는 무공상관과 동시에 제정된 武功爵 즉 爵을 매입한 사람을 관리에 보임하는 것과 사실상 동일하면서도(爵의 買收 대상만 다를 뿐) 賣爵의 수입을 군공작자에게 돌려 일견 군공작자를 우대하는 것처럼 보이며, 군공작자가 임관 기회 대신 금전을 선호하였다면 그 희망을 존중한 셈이다. 그러나 돈을 내고 관이 되려는 욕구가 오히려 팽배한 사회였다면, 그리고 결과적으로 작위 소지자를 관에 임용하는 것이라면, 군공작자를 그대로 임용하는 것이 오히려 군공작자를 우대하는 것이었을 것이다.

그러므로 필자는 武功賞官으로 軍功爵의 移賣가 가능해졌다는 이해를 찬성할 수 없다. 그러나 무공상관의 설치가 군공작의 이매 문제에서 제기된 것도 분명하다면, 군공작자의 관리 임용도 무언가 이 문제와 관련하여 설명되어야 할 것이다. 지금까지 필자가 이 관계를 부정한 것은 이미 수여된 군공작만을 염두에 두었기 때문인데, 여기서 民爵 사여와 관련 公乘을 초과하는 작급은 子·同産·同産子에게 양이할 수 있다는 규정을 다시 상기해 보자. 이것은 곧 升爵 조건이 되어도 일정한 작급 이상의 승작이 불가능하여 잉여 작급의 발생과 그 처리에 관한 원칙인데, 이 문제는 군공작에서도(특히 고급) 예외는 아니었을 것이다. 앞에서 소개한 〈擊匈奴降者賞令〉 중 "爵毋過五大夫", "爵毋過左庶長", "斬首捕虜者毋賜爵", 또는 '士吏가 공을 세우면 右更까지 된다' 등의 규정만 상기해도 그 사정은 충분히 짐작할 수 있다. 이것은 결국 立功의 내용은 물론 입공자의 신분과 지위에 따라서도 군공작의 상한이 제한된 제도의 필연적인 산물인데, 당사자들은 이 잉여분에 대한 모종의 보상을 원하였을 것이며, 예컨대 公乘에게 허용된 것처럼 그 부분의 양도를 원하였을 가능성도 충분하다. 더욱이 그들에게 거부된 잉여 작급은 실제 입공에 상응하는 것인 만큼 쉽게 포기할 문제도 아니었을 것이다.

이상과 같은 추론은 軍功爵의 移賣 문제를 극히 제한된 범위로(그것도 충분히 입증되지 않는) 끌고 간다는 비난을 면치 못할 것이다. 그러나 상당한 신분적 특권이 보장된 군공작의(특히 고작의 경우) 이매를 원한다는 것 자체도 납득되지 않고 일반적인 이매의 측면에서는 武功

賞官과의 관계가 거의 설명되지 않는 상황이라면, 군공작의 이매문제를 일단 이 범위에서 이해하면서 논의를 진행하는 것도 전혀 무의미한 일은 아닐 것이다. 물론 이 잉여분의 이매도 간단한 문제는 아니었을 것이다. 예컨대 左庶長(10급)의 될 수 있는 공을 세운 사람이 五大夫(9급)로 제한된 경우와 少上造(15급)가 될 수 있는 士吏가 右更(14급)에서 묶인 경우 모두 잉여작은 1급이지만, 그 내용은 현격한 만큼 그들에게 모두 爵 1급의 이매를 허용하는 것 자체도 무의미하지만, 그렇다고 그 1급에 가중치를 부여하여 예컨대 少上造와 右更에 각각 부여된 특권의 차이로 그 가격을 정한다고 해도, 실제 買受者의 작급을 결정하는 것도 난제려니와 오히려 그 1급분의 소지자가 右更보다 많은 특권을 누릴 가능성도 예상된다.[52]

이와 같이 잉여 爵의 이매도 사실상 불가능하다면, 대신 실질적인 보상을 보장하는 방법을 강구하였을 터인데, 武功賞官의 다음과 같은 원칙이 바로 그것이었다. 즉 "군공이 많은 자는 등급을 초월하여 임용하여 공이 큰 자는 후에 봉하거나 경·대부의 관에 임용하며 공이 작은 자는 郎을 삼는다[功多者用超等 大者封侯卿大夫 小者郎]." 여기서의 핵심은 바로 "功多者用超等"이며, 경대부의 관은 600석 이상의 고관이다. 따라서 이것은 경이나 대부의 관으로 임용할 수 없는 작급이지만 공이 많은 경우는 그것을 초월하여 경이나 대부에 임용한다는 의미이다. 즉 爵制의 규정에 따라 일정한 爵級을 초과하지 못하였으나 그 작급이 요구한 공보다 실제 많은 공을 세워 사실상 잉여 작이 있는 경우는 작의 등급을 초월하여 관리로 임용한다는 것이다. 武功賞官이 군공작의 이매 문제를 나름대로 해결한 것은 바로 이 점에 있었다는 것이 필자의 추론이다.

이상, 군공작의 移賣 문제를 지나칠 정도로 천착한 것은 당시 사적인 買爵을 통한 高爵 취득이 불가능하였다는 사실을 입증하기 위한 것

---

52) 右更의 '賜'는 확인되지 않지만 少上造에게 식읍과 황금이 사여되었다면, 그 차이는 右更의 전체 특권보다 컸을 것으로 추정된다.

이었다. 그렇다면 買爵에 의한 고작취득은 결국 납속수작제를 이용하는 길밖에 없는 셈이다. 앞에서도 언급한 景帝 4년에 사망한 江陵 鳳凰山 10호 漢墓 주인의 직위는 鄕佐에 불과하였으나 그 爵은 600석에 비정되는 五大夫(9급)이었다. 漆棺도 사용되었을 뿐 아니라 高價의 칠기도 2, 30점이 부장된 것으로 보아 그는 상당한 재력가였음이 분명하며, 그 작도 납속수작으로 취득된 것으로 추측된다.[53] 변경의 군량을 확보하기 위한 납속수작제의 성격상 그 시행은 강제성을 띠었을 가능성이 농후하지만, 이처럼 재력 있는 지방 향리도 오대부의 작을 매입하였다면, 600석 이상은 물론 그 이하의 관리들도 고작을 매입한 예도 적지 않았을 것이다.

그러나 文帝期의 納粟授爵制는 徙民實邊策의 하나로 추진된 奴婢入公 授爵과도 병행된 것 같은데[54] 모두 常制로 정착되지는 못한 것 같다. 武帝時 대흉노전이 한창 진행되었을 때 재산의 반을 변경 군비로 출연하겠다는 卜式의 청원이 거절되고 그 후 다시 그가 변경으로 사민되는 빈민을 돕기 위하여 20만 전을 납부하였을 때 비로소 그를 中郎에(秩 比 600석) 보임하고 爵 左庶長(10급), 田 10頃을 하사한 예는 (《漢書》 卷58 卜式傳) 당시 納財에 의한 高爵 취득의 常制가 없었던 사정을 잘 말해 준다. 또 成帝 永始 2년(B.C. 15) 관동의 흉년시 곡물을 헌납한 자에게 그 값을 지급하면서 추가로 액수에 따라 차등 사작하거나(최고 14급 右更까지) 任官(최고 300석) 또는 승진을(吏의 경우) 허용한 것도[55] 1회적인 특별조치에 불과하였다.

그렇다면 일반 관리들이 軍功이나 買爵으로 官爵을(五大夫 이상의 高爵) 획득할 수 있는 기회는 별로 없는 셈인데, 여기서 관제와 작제를

---

53) 裘錫圭, 〈湖北江陵鳳凰山十號漢墓出土簡牘考釋〉, p.61.

54)《漢書》 卷49 〈鼂錯傳〉, "…不足 募以丁奴婢贖辜及輸奴婢欲以拜爵者 不足 乃募民之欲往者 皆賜高爵 復其家".

55)《漢書》 卷10 〈成帝紀〉 永始 2년, "關東比歲不登 吏民以義收食貧民 入穀物助縣官振贍者 已賜直 其百萬以上 加賜爵右更 欲爲吏補三百石 其吏也遷二等 三十萬以上 賜爵五大夫 吏亦遷二等 民補郎 十萬以上 家無出租賦三歲 萬錢以上一年".

아예 분리시키면 문제는 간단하다. 그러나 양자의 상관성을 유지하려면 적어도 600석 이상의 고관에게 특별한 입공이 없어도 고작을 사여하지 않을 수 없었을 것이다. 漢初 이래 열후가 계속 기용된 승상직에 武帝時 처음으로 열후가 아닌 公孫弘이 임명되었을 때 그를 열후에 봉하였고, 이후 비열후 승상을 열후에 봉하는 것이 관례가 된 것도[56] 爵과 官의 상관 관계를 가능한 유지하려는 원칙의 일환으로 이해되지만, 고관에 대한 無功賜爵은 惠帝初에 이미 시작되었다. 그 성격을 검토하기 위하여 그 사례를 모두 적기해 보자.

(1) 惠帝 즉위년(B.C. 195) 5월 “太子卽皇帝位 尊皇后曰皇太后 賜民爵一級 中郎郎中滿六歲爵三級 四歲二級 外郎滿六歲二級 中郎滿一歲一級 外郎不滿二歲 賜錢萬 宦官 尙食比郎中 謁者 執盾 執戈 武士 騶 比外郎 太子御驂乘 賜爵五大夫”(《漢書》惠帝紀).

(2) 景帝 後元 元年(B.C. 143) 3월 “赦天下 賜爵一級 中二千石 諸侯相 爵右庶長”(《史記》孝景本紀).

(3) 武帝 元狩 원년(B.C.122) 夏 4월 “赦天下 丁卯 立皇太子 賜中二千石爵右庶長 民爲父後者一級”(《漢書》武帝紀).

(4) 昭帝 始元 5년(B.C. 82) 6월 “其令三輔太常擧賢良各二人 郡國文學高第各一人 賜中二千石以下 至吏民爵 各有差”(《漢書》昭帝紀).

(5) 昭帝 元鳳 4년 春正月(B.C. 77) “帝加元服 見于高廟 賜諸侯王丞相大將軍列侯宗室下至吏民 金帛牛酒 各有差 賜中二千石以下 及天下民爵”(同上).

(6) 宣帝 本始 元年(B.C. 73) 5월 “鳳凰集膠東千乘 赦天下 賜吏二千石 諸侯相下至中都官 宦吏六百石 爵各有差 自左更至五大夫 賜天下人爵各一級 孝者二級”(《漢書》宣帝紀).

(7) 宣帝 地節 3년(B.C. 67) 夏 4월 “立皇太子 大赦天下 賜御史大夫爵關內侯中二千石爵右庶長 天下當爲父後者爵一級”(同上).

(8) 宣帝 元康 元年(B.C. 65) 3월 “迺者鳳凰集泰山陳留 甘露降未央宮…其赦天下徒 賜勤事吏中二千石以下至六百石 自中郎吏至五大

<hr>

56)《漢書》卷58〈公孫弘傳〉, “元朔中 代薛澤爲丞相 先是 漢常以列侯爲丞相 唯弘無爵…以高成之平津鄕戶六百五十封丞相爲平津侯 其後以爲故事 至丞相封 自弘始也”.

　　　夫 佐史以上二級 民一級”(同上).

(9)　宣帝 五鳳 元年(B.C. 57) 春正月 “皇太子冠 皇太后賜丞相 將軍
　　　列侯 二千石 帛人百匹 大夫人八十匹 夫人六十匹 又賜列侯嗣子爵
　　　五大夫 男子爲父後者爵一級”(同上).

(10)　元帝 初元 2년(B.C. 47) 夏 4월 “立皇太子 賜御史大夫爵關內侯
　　　中二千石 右庶長 天下當爲父後者爵一級 列侯錢各二十萬 五大夫
　　　十萬”(《漢書》元帝紀).

(11)　元帝 永光 元年(B.C. 43) 3월 “其赦天下 令屬自新 各務農畝⋯賜
　　　吏六百石 已上爵五大夫 勤事吏二級 爲父後者民一級”(同上).

(12)　元帝 永光 2년(B.C. 42) 春 2월 “其赦天下 賜民爵一級⋯又賜諸
　　　侯王公主列侯 黃金 中二千石以下至中都官長吏 各有差 吏六百石
　　　已上爵五大夫 勤事吏各二級”(同上).

(13)　元帝 竟寧 元年(B.C. 33) 春正月 “皇太子冠 賜列侯嗣子爵五大夫
　　　天下爲父後者爵一級”(同上).

(14)　哀帝 建平 4년(B.C. 3) 3월 “賜中二千石至六百石 及天下男子
　　　爵”(《漢書》哀帝紀).

(15)　平帝 元始 4년(A.D. 4) 2월 “立皇后王氏 大赦天下⋯賜九卿以下
　　　至六百石 宗室有屬籍者 自五大夫已上 各有差 賜天下民爵一
　　　級”(《漢書》平帝紀).

　이상 15례를 통하여 우리는 다음과 같은 사실을 확인할 수 있다. 첫째, 官爵 사여는 항상 民爵 사여와 병행되었다. 이것은 양자의 성격이 기본적으로 동일한 것이었음을 잘 말해 준다. 그러나 前漢과 後漢의 민작 사여가 각각 54회와 36회인 데 비해 관작 사여는 後漢은 전무하고 前漢에서도 15회에 불과하다. 이것은 관작 사여가 대단히 절제된 인상을 주는데, 특히 宣帝(B.C. 73-49)와 元帝(B.C. 48-33)가 각각 4회, 昭帝(B.C. 86-74)가 2회, 惠帝(B.C. 194-188)⋅景帝(B.C. 156-141)⋅武帝(B.C. 140-87)⋅哀帝(B.C. 6-5)⋅平帝(A.D. 1-5)는 각각 1회, 文帝(B.C. 179-157)와 成帝(B.C. 32-7)는 1회도 없었다. 이것은 昭帝에서 元帝 사이를 제외하면 관작 사여에 별다른 관심이 없었던 사정을 말해 주는데, 이 시대의 황제 정치가 600석 이상 고관에 대한 의존도가 높아진 것을 의미한다.

　필자는 漢初의 정치를 독점하던 열후 공신집단이 武帝 이후 완전히 해체되고 열후의 公卿 및 지방장관의 진출도 현격히 감소한 사실을 지적한 바 있지만,[57] 이러한 현상은 비열후 또는 無高爵 공경의 대거 진출과 표리를 이루었다. 景帝·武帝期에 각각 1회씩 公卿(中二千石)에 대한 관작 사여는(2, 3) 바로 이들에 대한 배려로 일단 해석된다. 그러나 한편 昭帝 이후 관작 사여의 집중은 외척 정권의 발전과도 관련된 것 같다. 주지하는 바와 같이 昭帝時代는 霍光의 전횡기였고 宣帝도 霍光의 주도로 昌邑王이 폐위되면서 옹립되었기 때문에 霍光은 죽을 때까지(B.C. 68) 정권을 농단하였으며, 元帝 이후에도 외척 정권이 계속되던 중 王莽에 의한 찬탈로 新이 성립되었다. 외척 권력의 근원은 물론 황태후이며 주로 內朝를 장악하는 형식을 취하지만 공경을 비롯한 600석 이상의 고관의 예우와 회유는 필수적이었을 것이다. 鹽鐵 전매를 비롯한 武帝시대 정치의 전반적인 토론을 벌인 '염철회의'의 소집과 병행된 (4)에서[58] 관료의 지지를 확보하기 위한 霍光의 의도를 간과하거나[59] 平帝가 독살되기 바로 전 해에 시행된 (15)를 王莽의 禪讓 공작의 일환으로 이해하지 않으면 오히려 이상할 것이다.

　둘째, 賜爵의 직접적인 계기는 다양하지만 官爵이 '爲父後者'의 賜爵과 병행된 경우가 현저히 많은 것이 특징이다. 당시 賜爵이 '爲父後者"에만 국한된 경우는 황태자의 책봉이나 冠禮인데, (2)·(7)·(10)은 황태자 책봉, (9)와 (13)은 太子 冠禮時의 賜爵이었다.[60] 전자의 대상은

---

57) 拙稿, 〈前漢列侯의　성격—郡縣支配下에서　封建制의　一變貌〉, 《東亞文化》 14, 1977, pp.210-218.

58) 《漢書》 卷7 〈昭帝紀〉 始元 6년 2월, "詔有司問郡國所擧賢良文學民所疾苦議罷鹽鐵榷酤"는 바로 (4)가 이 염철회의를 소집한 조처였음을 잘 말해 준다.

59) 西嶋定生, 〈武帝の死—《鹽鐵論》の政治史的背景〉, 《古代史講座》 11, 學生社, 1965는 霍光이 정권 확립을 위해 염철회의를 소집한 것을 잘 지적하였다.

60) (11)의 "爲父後者"는 전통적으로 衍文으로 주장되었고, 특별히 황태자와 관련된 사작이 아니기 때문에 일단 이것은 이 범주에서 제외하였다.

600석 이상의 관리인 데 비해 후자는 열후의 嗣子에 대한 五大夫 사작에 국한되었다. 文帝와 景帝도 황태자를 책봉하며 '民爲父後者(부를 계승할 자)'에게 작 1급을 하사하였으나 관작의 사여는 없었으며,[61] 景帝는 황태자의 冠禮時에도 '民爲父後者'에게 작 1급을 사여하였으나 역시 관작은 사여하지 않았다.[62] 한편 昭帝·成帝·平帝·哀帝는 모두 後嗣가 없었다. 따라서 황태자의 책봉이나 관례에 따른 관작과 '爲父後者'에 대한 1급 민작 사여의 병행은 武帝 이후 관례가 된 것으로 보아도 무방한데,[63] 이것은 양자의 의미를 동일 맥락에서 이해할 수 있는 가능성을 제공한다. 황태자도 '爲父後者'이므로 그의 책봉이나 관례에 따른 民 혹은 열후의 '爲父後者'에 대한 사작은 相應 恩典이며, 특히 (9)(13)과 같은 列侯 嗣子에 대한 五大夫 사작은 이 성격도 강한 것 같다.[64] 그러나 황태자와 '爲父後者'는 미래의 황제와 臣民의 관계가 되는 만큼 이 사작을 통한 양자 관계의 강조는 황태자의 장래를 '爲父後者'에게 위촉하는 의미도 강한 것 같다. 民 전체의 사작에도 별로 인색하지 않은 상황에서 유독 황태자의 경축사와 관련한 사작의 범위를 '民爲父後者'로 국한한 것은 바로 이 특수 관계의 설정을 강조하기 위한 것으로 해석되기 때문이다.

이에 비해 官爵 대상인 600석 이상의 관은 현 황제와 특수 관계로 설정된 신분이다.[65] 그럼에도 불구하고 황태자의 책봉이나 冠禮에 양자

---

61) 《漢書》卷4〈文帝紀〉원년 정월, "(有司)請建以爲太子 上乃許之 因賜天下民當爲父後者爵一級"; 同 卷5〈景帝紀〉7년, "立膠東王徹爲皇太子 賜民爲父後者爵一級".

62) 《漢書》卷5〈景帝紀〉後 3년, "皇太子冠 賜民爲父後者爵一級".

63) (11)의 "爲父後者"가 衍文이 확실하다 해도, 혹 '爲父後者'에 대한 민작 사여와 관작 사여의 병행이 관례화되었기 때문에 비롯된 착오일 가능성도 배제할 수 없는 것 같다.

64) 열후 계승 예정자에게 오대부란 작은 무의미하다. 그럼에도 불구하고 황태자와 관련 이 작을 하사한 것은 황제와 열후, 황태자와 列侯嗣子의 상응 관계를 다시 한번 강조하려는 의도 이외에는 생각하기 어렵다.

65) 雲夢秦簡의 다음과 같은 구절은 秦의 600석 이상의 官吏와 '仕宦하여 왕에게 알려진 자'가 동일한 범주로 취급된 것을 전한다. 즉 "何謂宦者及

를 동시에 賜爵한 것은 현 황제와의 특수 관계를 장래의 황제에게로 연속시키려는 의미로 해석되는데, 특히 관은 현직의 신분인 데 비해 작은 적어도 평생의 특수 신분임을 고려하면 이들에 대한 사작은 '평생 대를 이은 충성'을 강조한 것 같다. 이런 관점에서 보면 황제로 즉위하면서 황태자 시절의 御와 驂乘을 오대부에 拜한 것도[66] 같은 맥락에서 이해할 수 있으며, 昭帝의 加元服 즉 冠禮와 함께 사작된 (5)도 昭帝가 8세에 즉위한 이후 줄곧 霍光의 섭정 하에 있었던 것을 감안하면 太子 冠禮의 범주로 이해해도 대과는 없는 것 같다.

한편 瑞祥 출현을 계기로 賜爵된 2회가(6, 8) 모두 宣帝期에 집중된 반면 음양 부조화에 대한 황제의 자성을 계기로 사작된 2회는(11, 12)[67] 모두 元帝期였다는 것도 무척 흥미 있는 일이다. 이것은 재이와 서상이 표리를 이룬 천인감응 정치이론이 보다 본격적으로 응용된 시대상황을 반영한 것으로 이해할 수 있지만, 서상을 즐겨 조작·활용하여 정치적 성공을 과시하며 덕정을 반포한 宣帝와 災異와 실정에 항상 자성하는 자세로 덕정을 베푼 元帝의 정치적 스타일이[68] 관작 사여에서도 그대로 확인된 것이다. 어쨌든 서상과 재이는 모두 정치적 新轉機의 계기로 인식되었던 만큼, 이것을 계기로 관작이 사여된 것은 황

顯大夫 宦及知於王 及六百石以上 皆爲顯大夫"(睡虎地秦墓竹簡整理小組, 《睡虎地秦墓竹簡》, 文物出版社, 1978, p.233).《漢書》〈惠帝紀〉즉위년 詔의 "爵五大夫 吏六百石以上 及宦皇帝而知名者 有罪當盜械者 皆頌繫"는 바로 상기 秦代의 관념을 그대로 계승한 것이다.

66) 太子 御와 驂乘은 모두 관명은 아닌 것 같고 태자 庶子와 門大夫가 담당한 것으로 추정되는데, 이들은 모두 秩 600석이었다.

67) (11)은 그 배경을 "今不治者…咎在朕之不明 亡以知賢也 是故壬人在位而吉士壅蔽 重以周秦之弊 民漸薄俗 去禮義 觸刑法"이라 하여 직접 음양의 부조화를 언급한 것은 아니다. 그러나 다음해에 반포된 (12)는 赦免과 賜爵의 동기를 다음과 같이 언급하였다. 즉 "…陰陽未調 三光晻昧 元元大困 流散道路 盜賊并興 有司失牧民之術 是皆朕之不明 政有所虧 咎至於此 朕甚自恥". 이것은 元帝가 정치의 전반적인 실패를 자신의 不明에 따른 음양의 부조화로 인식한 것을 잘 보여 준다.

68) 拙稿,〈虛像의 太平：漢帝國의 瑞祥과 上計의 造作〉, pp.106-113.

308

제가 600석 이상의 고관과 새로운 전기를 함께 준비하는 의미로 해석
된다.

(2)가 景帝 後元 원년의 개원과 함께 반포된 것, (5)가 武帝 정책의
전면적인 재검과 새로운 변화를 모색하기 위한 준비의 일환이었다는
것, (15)가 王莽의 新왕조 창업의 준비였다는 것은 다시 설명할 필요
도 없지만, 哀帝 建平 4년 정월부터 말세의 구원을 선전한 서왕모 신
도들의 광란적인 행진이 26개의 郡國과 장안까지 휩쓸었던 것을 상기
하면[69] (14)도 기존 체제를 위협하는 민간신앙의 폭발적인 분출에 대한
왕조의 심기일전적인 대응이었을 가능성이 농후하다.

이상으로 황태자 儀禮와 관련되지 않은 나머지 관작 사여가 대체로
정치적 대전환을 위한 준비의 성격이 강한 것을 확인하였지만, 사실
황태자 책봉과 그 冠禮야말로 가장 큰 대전환의 준비라 해도 과언은
아닌 것 같다. 황제 정치에서 황제의 교체야말로 가장 큰 전환으로 인
식되었기 때문이다. 황제가 새로운 시대를 선포하는 개원을 반복하는
것은 주체적인 갱신의 반복을 통하여 자기 치세의 영속을 희망한 것이
었다면, 황제의 원만한 교체는 왕조의 영속을 보증하는 과정이며, 황태
자의 책봉과 그의 성장은 그 보증을 위한 가장 커다란 준비였을 것이
다. 그렇다면 관작 사여의 전체적인 의미는 주체적인 갱신을 위한 준
비의 일환으로 이해할 수 있는데, 그 직접적인 계기 중 황태자 관련
의례가 특히 높은 비율을 점한 것은 자연스러운 일이었다.

셋째, 관작 사여의 대상은 원칙상 中二千石 이하 600석 이상의 官吏
인데, (6)·(8)·(12)·(14)·(15)는 이것을 명시한 예들이며, (4)·
(5)·(11)도 문맥상 600석 이상 中二千石 이하를 포함한 것이 거의 틀

---

69) 이 사건은 《漢書》〈哀帝本紀〉와 〈天文志〉, 〈五行志〉 3곳에 기록될 정도
로 당시 지배층에게 심각한 충격을 준 것 같은데, 〈五行志〉가 그 광란적인
모습을 잘 전하고 있다. 즉 "哀帝建平四年正月 民驚走 持藁或梸一枚 傳相
付與 日行詔籌 道中相過逢多至千數 或被髮徒踐 或夜折關 或踰牆入 或乘車
奔馳 以置驛傳行 經歷郡國二十六 至京師 其夏 京師 郡國民聚會里巷仟佰 設
張博具 歌舞祠西王母 又傳書曰 母告百姓 佩此書者不死 不信我言 視門樞下
當有白髮 至秋止".

림없다. 이에 비해 (9)와 (13)이 列侯 嗣子, (1)이 태자의 御·驂乘에 각각 국한된 것도 의문의 여지가 없다. 문제는 中二千石을 右庶長에 拜한 (2)·(3)·(7)·(10)이다. 당시 中二千石에 해당하는 公卿은 10명을 약간 상회하는 정도였다. 따라서 이 기사들을 액면대로 이해할 경우 일반 民에게도 사작하면서 극소수를 제외한 나머지 600석 이상 관료들에게는 아무 은전을 사여하지 않았다는 결론이 되어 쉽게 납득하기 어려운 것도 사실이다. 그래서 필자는 혹 이 예들이 실제로는 中二千石에게 右庶長(11급)을, 600석에게 오대부(9급)를 각각 拜爵하면서 그 중간의 고관들에게는 10급(좌서장)을 사여하였을 가능성도 생각해 보았다. 그러나 이것을 입증할 만한 특별한 자료도 없고 앞에서 확인한 바와 같이 관작 사여 자체가 극도로 절제되었을 뿐 아니라 사여 대상이 극히 제한된 (1)·(9)·(13)을 고려할 때, 역시 中二千石에 대한 사작만으로 이해하는 것이 무리가 없는 것 같다. 그렇다면 실제 武帝期까지 관작을 받은 고관은 불과 20여 명에 불과하였으며, 그 이후에도 10여 명의 中二千石만 사작한 (7)과 (10), 열후 嗣子만 사작한 (9)와 (13)을 제외하면, 600석 이상이 모두 관작을 받을 수 있는 기회는 (4)(5)(6)(8)(11)(12)(14)(15)이다. 여기서 다시 이미 前漢의 소멸단계에 속하는 (14)와 (15)를 제외하면 6회에 불과하며, 시대별로 보면 昭帝·宣帝·元帝 시대가 각각 2회였다. 이상의 분석은 600석 이상의 관이 모두 관작을 가질 필요가 있다고 적극적으로 생각한 것은 그래도 昭帝·宣帝·元帝 시대 정도였음을 말해 주는데, 어쨌든 前漢 일대를 통하여 官爵을 가진 600석 이상의 관은 실제 많지 않았던 것 같다.

넷째, 관작은 官秩의 고하에 따라 等差的으로 사여되었으나 사작 대상의 최고 관질 中二千石에게[70] 拜爵된 것은 11급 右庶長이 4회(2, 3,

---

70) (7)과 (11)만 御史大夫의 關內侯 賜爵을 명기하였는데, 關內侯는 승상과 동등한 질 만 석이었으로(《西漢會要》 卷37〈職官〉7), 中二千石 이하의 賜爵에는 포함되지 않았을 것이다. 그러나 승상은 이미 열후의 신분이기 때문에 사작의 의미가 없지만, 2천 석 이하 600석 이상만 賜爵하면 결국 어사대부만 아무 은택을 받지 못하는 셈이다. (7)과 (11)은 바로 이 문제점을

7, 10), 12급 左更이 1회(6)이며, (8)의 "中郎吏"는 13급 中更의 誤文으로 추정된다.[71] 일반 민작이 級 단위로 사여된 것에 비해 이처럼 구체적인 작명으로 사여된 것은 관작은 작급의 누증으로 획득될 수 없었음을 시사한다. 어쨌든 관작의 기점인 오대부와 최고 사작의 차이가 대부분 2급, 많아야 3, 4급에 불과하였고, (11)과 (12)의 "賜吏六百石已上爵五大夫"도 모두 '600석 이상의 吏를 모두 오대부에 사작한다'로 이해하는 것이 타당하다면, 사실상 관작 사여는 최저급 선에서 억제되었다고 해도 과언은 아닌데, 前漢의 관질과 관작의 대응관계는 다음과 같다. 즉 中二千石과 關內侯, 大上造와 眞二千石, 少上造와 二千石, 中更·左更과 천석, 右庶長·左庶長과 800석, 五大夫와 600석.[72] 따라서 실제 사작은 이 기준에 크게 미달한 것인데, 문제는 이 작들이 작급의 추가로 升爵할 수 있었느냐는 것이다. 이것은 결국 600석의 관도 '民' 또는 '吏民'이 대상인 민작 사여에 참여하였느냐는 문제로 귀결되는 것 같다.

　모든 관리는 가장 넓은 의미의 '民'에 포함되었고, '吏'도 100석 이하의 斗食吏에서 中二千石도 포함한 전체 관원을 의미하는 경우가 많은 것도 사실이다. 때문에 사작 대상을 '民'만으로 명시한 경우도 600석 이하는 물론 그 이상의 고관도 포함되었을 가능성도 무조건 배제하기 어려운 것이 사실이다. 특히 後漢의 35회 사작 중 '吏'가 명시된 것은 1회에 불과하였지만 과연 後漢의 100석 이하의 少吏도(600석 이하의

　　보완한 조처로 보이는데, 혹 中二千石을 사작한 다른 경우도 어사대부에 대한 관내후 사작 또는 이에 상응한 은택이 사여되었을 가능성도 배제할 수 없는 것 같다.

71)《漢書補注》 同條, "劉攽曰 爵自中郎吏 文誤 蓋本云 自中更至五大夫 傳者誤以更爲吏 遂衍出郎者".

72)《漢書》 卷97上〈外戚傳〉 서문은 후궁의 관호와 관질·작등의 대응 관계를 다음과 같이 전한다. "昭儀位視丞相 爵比諸侯王　倢伃視上卿 比列侯　娙娥視中二千石 比關內侯　傛華視眞二千石 比大上造　美人視二千石 比少上造　八子視千石 比中更　充依視千石 比左更　七子視八百石 比右庶長　良人視八百石 比左庶長　長使視六百石 比五大夫　少使視四百石 比公乘…".

장리는 일단 차치하더라도) 사작에서 제외되었을는지는 극히 의문이다.[73] 한편 前漢의 경우 사작 대상이 '吏民'으로 병기된 최초의 예는 상기 사작 기사 (3)의 "賜中二千石以下 至吏民爵 各有差"인데, 사작 대상에 中二千石 이하의 모든 長吏와 少吏 및 일반 민이 포함된 것은 의문의 여지가 없다. 그러나 "至吏民"이란 표현은 이 '吏'의 지위나 신분이 '民'과 바로 접속된 존재였음을 시사하고 있어, 여기서의 '吏'는 少吏만을 지칭한 것으로 보아도 좋다. 그러나 사작 대상이 勤事吏와 民으로 구별된 (7) "勤事吏中二千石以下至六百石 自中郎吏至五大夫 佐史以上 二級"의 '吏'에는 600석 이하의 長吏도 포함된 것으로 이해하는 것이 타당하며, 이 점은 (12)의 '勤事吏'도 마찬가지이다. 그렇다면 "賜天下吏爵二級 民一級"[74] 또는 "賜天下勤事吏爵二級 民一級"[75] 같은 예는 모두 600석 이하의 장리도 사작된 것으로 보아야 하는데, (7)의 '勤事吏'에 中二千石 이하 600석 이상이 포함된 것을 보면 '天下吏'의 사작에 600석 이상의 모든 관리도 포함되었을 가능성도 일단 배제할 필요는 없는 것처럼 보일지 모른다.

그러나 상기 賜爵 기사 (1)을 검토해 보면 문제는 달라진다. (1)은 적어도 漢初의 "賜民爵一級"에 比 600석 이하의 吏民이 모두 포함된 사실을 확인시켜 준다. 기사 중 郎中을(比 600석) 비롯하여 그 이하의 황제 근시 신료 중 장기근무자에 대한 가중 사작을 별도로 규정하면서 특히 경력 1년 미만의 郎中은 1급 사작에 그친다는 것을 명시한 것은

---

73) 《後漢書》 卷3 〈章帝紀〉 元和 2년, "其賜天下吏爵人三級…令天下大酺五日 賜公卿以下錢帛". 이것을 제외한 後漢의 사작대상은 모두 天下男子·人·民으로 명시되었기 때문에 혹 여기의 '吏'가 '民'의 잘못일 가능성도 있다. 그러나 民에 대한 여타 사작이 모두 2급인 데 비해 이 예만 孝·弟·力田 등에 지급한 3급이므로 간단히 '民'의 오기로 처리할 문제도 아닌 것 같다. 어쨌든 後漢의 사작대상 天下男子·民·人에 600석 이상이나 그 이하의 長吏(200석 이상)의 포함 여부는 일단 유보하더라도 100석 이하의 소리가 포함되지 않았다고는 생각하기 어렵다.

74) 《漢書》 卷7 〈宣帝紀〉 元康 2년, 3년, 4년.

75) 《漢書》 卷7 〈宣帝紀〉 神爵 4년.

바로 여타 600석 이하의 吏가 모두 작 1급을 배수한 것을 시사하고 있기 때문이다. 사작대상에서 吏와 民이 분리된 예는 모두 양자의 사작 급수가 다른 것을 상기하면, 이와 같이 吏와 民이 民으로 단칭된 것은 양자를 구별할 필요가 없었기 때문일 것이다. (1)의 사작에서 600석 이상에 대한 관작 사여가 포함되지 않는 것도 분명하다. 600석 이상의 고관도 '賜民爵一級'의 대상이었다면 賜爵의 전체적인 균형이 너무 깨지는 것 같은데, 아무리 황제와 황태자의 近侍를 우대하는 조처였다 해도 600석 이상의 고관, 특히 공경까지도 일반 민과 마찬가지로 1급 사작에 그친 반면 比 600석의 郎中에게 2, 3급을 사작한 것은 납득하기 어렵기 때문이다. 그러므로 필자는 사작대상이 '民'으로 표시된 것은 '吏'가 포함된 것이지만, 이 '吏'는 600석 이하의 장리와 少吏만 지칭한 것으로 이해하며,[76] 따라서 오대부 이상의 관작을 가진 600석 이상의 고관이 '吏民'에게 사여된 작급으로 승작할 수도 없었을 것으로 추정한다.

　결론적으로 말해 600석 이상은 官爵을 배수할 기회도 적었을 뿐 아니라 배수한 관작도 규정에 미달하는 최저선에서 억제되었고, 吏民에 대한 일반 賜爵에서도 배제되어 升爵도 할 수 없었다. 결국 賜與를 통한 관작은 실제 少上造 이하로 제한되었는데, 소상조가 20등 작제에서 또 하나의 신분적 분절점으로서 식읍도 수반할 수 있었던 高爵이었음을 다시 상기하면 이와 같은 작급 제한의 의도는 넉넉히 짐작할 수 있는 것 같다. 즉 본래 군공작인 20등 작제에서 적어도 少上造 이상은 군공작만으로 유지하고 그 이하만 無功의 고관에게 베푸는 은전으로 활용하되, 이것도 가능한 절제함으로써 9급 이상 군공작의 형해화를 방지하려는 한편, 관료 중 이미 특수 신분으로 인정된 600석 이상 고관이 다시 작제에 참여하여 특수 신분의 중첩을 되도록 피하려고 하였던 것이다.

---

76) 本稿가 成帝 河平 원년 春 3월의 "賜天下吏民爵各有差"를(《漢書》〈成帝紀〉) 관작 사여 예에 포함시키지 않은 것은 이 때문이다.

IV. 官爵의 효용과 '高官'의 특권

앞장의 논증이 대과가 없다면 漢제국은 600석 이상 고관의 有爵者化를 가능한 억제한 셈인데, 이것은 600석 이하의 吏와 民을 가능한 有爵者化하려는 빈번한 '民' 또는 '吏民'에 대한 賜爵 정책과는 크게 대조적이다. 제국의 정책을 사실상 농단한 600석 이상의 고관이 官爵을 크게 욕구하였다면, 이것은 이해하기 어려운 정책이다. 따라서 600석 이상의 고관도 관작 자체에 별다른 관심이 없었을 가능성이 농후한데, 이것은 결국 관작이 그들에게 별다른 실익이 없었기 때문이었을 것이다. 우선 20등 작제에서 세습이 보장된 것은 열후와 關內侯뿐이므로 18급 이하 9급까지의 관작은 신분의 세습도 없었다. 그러나 일반적으로 유작자에게 허용된 형벌의 감면 특권은 부여되었다. 앞에서 언급한 武帝時 武功爵과 관련하여 '千夫를 五大夫와 같이 예우하며 유죄의 경우 2등을 감한다'는 규정, 특히 惠帝初 반포된 조서에 吏民에 대한 賜爵과[상기 사작 기사 (1)] 아울러 다음과 같은 은전도 포함된 것은 이것을 단적으로 입증한다.

> 爵 五大夫와 吏 六百石 이상 및 황제에게 仕宦하여 (황제가) 그 이름을 알고 있는 자는 죄를 지어 盜械를 加해야 할 경우 모두 완만하게 묶는다[皆頌繫]. 上造 이상 및 (황실의) 내외 公孫·耳孫 중 죄가 있어 肉刑[刑]을 받거나 城旦·春에 처해야 할 경우 모두 耐爲鬼薪·白粲에 처한다.

그러나 이와 같이 오대부 이상의 유작자에게 허용된 형 감면특권이 吏 600석 이상에게도 동일하게 적용되었다면, 형벌 감면을 위하여 吏 600석 이상이 오대부 이상의 爵을 취득할 필요가 전혀 없는 셈이다. 또 오대부 이상은 復除가 허용된 것은 주지의 사실이지만 상기 詔書는 600석 이상을 조세상 優免하는 다음과 은전도 포함하고 있다.

吏는 民을 다스리는 (짐의 대리인)이다. 그들이 능히 진력하여 다스리면 民이 그들을 의지하기 때문에 그 祿을 무겁게 하는 것은 民을 위한 것이다. 금후 吏 600석 이상의 부모·처자와 동거 및 전직 吏[故吏]로서 장군과 都尉의 印綬를 차고 군대를 지휘하였거나 二千石의 官印을 찼던 자의 家는 軍賦만 납부하고 나머지는 모두 면제한다[唯給軍賦 他無有所與].

또 종묘 의례의 舞人을 선발할 경우 吏 2천 석 이하 600석의 아들과 關內侯 이하 오대부의 아들 중에서 먼저 선발한다는 규정도[77] 600석 이상의 官만으로도 오대부 이상 관작자와 동일한 예우를 받은 증거이지만, 이 밖에는 600석 이상의 관리에게는 다음과 같은 특전도 확인된다. 즉 유죄의 판결을 받은 경우 그 처결은 먼저 황제의 허가가 있어야 집행되었으며,[78] 官府에서의 '不趨' 특권도(종종걸음하지 않는) 있었고,[79] 民을 위압할 수 있도록 특별한 거마·복식의 威儀가 인정되었으며,[80] 質帝 本初 원년(A.D. 146)에는 대장군 이하 600석 吏의 아들을 모두 太學에 취학시킬 수 있는 은전도 부여되었다.[81] 물론 이 은전들이 오대부 이상의 유작자들에게도 허용되었을 가능성도 농후하다. 그러나

---

77) 《周禮》〈春官·大宗伯·樂師〉 鄭衆注, "漢大樂律 卑者之者 不得舞宗廟之酎 除吏二千石 到六百石 及關內侯 到五大夫 子先取適子…以爲舞人".

78) 《漢書》 卷8〈宣帝紀〉 黃龍元年 4월, "吏六百石 位大夫 有罪先請". 이 제도는 後漢 광무제 建武 3년 7월의 "吏不滿六百石 下至墨綬長相 有罪先請"(《後漢書》 卷1上〈光武紀〉)에 의해 300석 또는 400석의 小縣의 長과 侯國의 相까지 확대되었다.

79) 武威出土 王杖詔令 중의 "延元三年正月壬申下 制詔御史 年七十以上杖王杖比六百石 入官府不趨"(李均明·何雙全編, 《散見簡牘合集》, 文物出版社, 1990, p.17). 또 武威 磨咀 18호 漢墓에서 출토된 王杖 10簡 중에도 "制詔御史曰 年七十受王杖者比六百石 入官廷不趨 犯罪耐以上毋二尺告劾"이란 구절이 보인다(同書, p.4).

80) 《漢書》 卷5〈景帝紀〉 中元 6년 5월, "詔曰 夫吏者民之師也 車駕衣服宜式 吏六百石以上 皆長吏也 亡度者 或不吏職 出入閭里 與民亡異 令長吏二千石 車朱兩轓 千石至六百石 朱左轓".

81) 《後漢書》 卷69上〈儒林列傳〉, "本初元年 梁太后詔曰 大將軍以下至六百石 悉見子就學".

은전 대상에서 오대부 이상보다 吏 600석 이상이 언급된 예가 더 많았을 뿐 아니라 오대부 이상이 포함된 경우 600석 이상의 吏가 제외된 예가 없다는 것은 600석 이상의 관이 오대부 이상의 유작자를 선망할 이유가 없었던 사정을 시사한다.

그러나 御史大夫는 關內侯, 中二千石은 右庶長, 天下의 父後繼者는 작 1급을 각각 하사하면서 열후는 20만 전, 오대부는 10만 전을 각각 하사한 상기 (10)은 오대부만 특별한 은전 대상이 된 예처럼 보인다. 여기서 "列侯錢各二十萬 五大夫十萬"이 열후 이하 오대부 이상의 高爵 전체에 대한 사여를 표현한 것일 가능성이 거의 없다면,[82] 관내후에서 右庶長에 이르는 유작자는 모두 제외하고 유독 오대부에게만 賜錢한 것은 설명을 요한다. 이 사전의 시점에서(B.C. 47) 오대부를 검색해 보면 B.C. 73년과(사작기사 6) B.C. 65년에 사작된(사작 기사 8) 오대부 중 생존자는 별로 없었을 것으로 추정된다면,[83] 당시 오대부는 대부분 B.C. 57년 列侯嗣子로서 사작된(사작 기사 9) 자였을 것이다.[84] 또 이 사작이 황태자의 책봉과 관련되어 '天下當爲父後者'의 사작이 중심이었던 만큼 열후 사자에 대한 오대부 사작도 병행되었을 가능성도 있지만, 여기서의 오대부는 열후 사자를 주로 염두에 둔 것으로 추정해도 대과는 없는 것 같다. 다시 말해 당시 오대부는 대부분 열후 사자였기 때문에 열후와 함께 그 사자인 오대부들에게 사전하면서 그 대상을 열후와 오대부로 표현하였을 가능성이 높다는 것이다. 사실 이 외에는 유독 오대부만 열후와 함께 사전할 이유를 달리 설명할 길도 없

---

82) 만약 열후 이하 오대부까지의 高爵 전체에 대한 등차적인 사여였다면 "自列侯錢各二十滿 至五大夫十萬 各有差" 정도로 표현되었을 것이다.

83) 당시 600석리의 평균연령은 물론 추정하기 어렵다. 그러나 後漢 順帝時 左雄의 "請自今孝廉年不滿四十 不得察擧"가 채택된 분위기를 고려하면 600석으로 승진한 연령은 적어도 40세 이상 50세 정도는 되었을 것으로 추측된다.

84) 물론 이 시차도 10년이며, 이 열후 사자 중 상당수는 이미 열후가 되었을 것이다. 宣帝末 열후의 총수는 대체로 약 150명으로 추정된다. 拙稿, 〈前漢列侯의 性格〉, p.219 표 Ⅱ 참조.

는 것 같다.

이에 비해 民爵 사여와 함께 中二千石 이하의 관에게 錢·帛·황금 등을 사여한 예는 적지 않다. 상기 사작 기사 (9)와 (12)도 그 예에 속하지만 景帝의 遺詔가 제후왕·열후에게 말 2駟를, 이천석에게 황금 2근을 각각 하사하였으며,[85] 宣帝 甘露 2년(B.C. 52)에도 제후왕·승상·열후·중이천석에게 각각 금전이 차등 하사되었다.[86] 한편 600석 이상에 대한 관작 사여가 전혀 확인되지 않는 後漢의 경우 이러한 사례는 더욱 많아지고 그 대상 관리의 범위도 크게 확대되었다. 예컨대 明帝 永平 15년(A.D. 70)의 민작 사여와 병행된 관리에 대한 帛 사여는 말단 少吏인 書佐·小史에게까지도 확대되었으며,[87] 章帝 元和 2년(A.D. 85)의 민작 사여시에는 公卿 이하에게 錢帛이 하사되었고,[88] 같은 해 서상이 발견된 지방의 주민에 대한 제한적인 賜爵에서도 太守·令·長·丞·尉는 각각 帛을 하사받았다.[89] 또 和帝 永元 3년(A.D. 91)에는 三公·特進·中二千石이 황금을, 將·大夫·郎吏·從官이 각각 帛을 하사받았으며,[90] 安帝 延光 3년(A.D. 124)에는 서상이 발견된 縣의 長吏와 吏卒들에게 帛이 사여되었고,[91] 順帝 永建 4년(A.D. 129)에

---

85)《漢書》卷5〈景帝紀〉後元 3년 정월 甲子, "帝崩于未央宮 遺詔賜諸侯王列侯馬二駟 吏二千石黃金二斤 吏民戶百錢". 二千石 이하의 장리에 대한 등차적인 恩賜는 생략된 것으로 보는 것이 오히려 자연스러울 것이다.

86)《漢書》卷8〈宣帝〉甘露 2년 춘정월, "賜諸侯王丞相將軍列侯中二千石金錢 各有差".

87)《後漢書》卷2〈明帝紀〉永平 15년, "賜天下男子人爵三級 郎從官二十歲以上帛百匹 十歲以上二十匹 十歲以下十匹 官府吏五匹 書佐小史三匹".

88)《後漢書》卷3〈章帝紀〉元和 2년 5월, "賜天下吏爵人三級 高年 鰥寡 孤獨帛人一匹…賜公卿以下錢帛 各有差".

89)《後漢書》卷3〈章帝紀〉元和 2년 9월, "詔曰 鳳凰黃龍所見亭部 無出二年租賦 加賜男子爵人二級 先見者帛二十匹 近者三匹 太守三十匹 令長十五匹 丞尉半之".

90)《後漢書》和帝 永元 3년 춘정월, "皇帝加元服 賜諸侯王公將軍特進中二千石 列侯宗室子孫在京師奉朝請者黃金 將大夫郎吏從官帛 賜民爵及粟帛 各有差".

91)《後漢書》卷5〈安帝紀〉延光 3년 2월, "濟南上言 鳳凰集臺縣丞霍收舍樹

도 公卿 이하의 대소 관리들에게 금백이 하사되었으며,[92] 獻帝 建安 20
년(A.D. 215) 천하 남자에게 1급을 사여할 때 公卿 이하의 관에게는
곡물을 하사하였다.[93]

한편 官爵은 그 신분이 적어도 종신 보장된다는 것이 큰 장점이다.
그러나 漢代의 관리들은 한자리에서 久任하는 것도 특징이었지만, 별
다른 과실이 없는 한 승진을 거듭하며 평생 관직을 유지하는 것이 보
통이었으며[94] 이유 없는 관직 사퇴는 불허되었고 멋대로 관직을 포기
하는 것은 처벌되었으며[95] 은퇴에 관한 특별한 규정도 없었다. 그러나
병이나 나이를 이유로 은퇴가 허가된 원로대신이나 총신들에게는 현직
의 祿俸을 전액 또는 약간 하향하여 종신 지급한 예도 적지 않았으
며,[96] 특히 平帝 元始 원년(A.D. 1)에는 比 이천석 이상이 노령으로 致
仕한 경우 그 녹봉의 3분의 1을 종신 지급하는 법령도 반포되었다.[97]
아울러 앞에서 언급한 전직 이천석 이상 家의 租稅優免, 그리고 2천석
이상으로 3년을 근무하면 同産 또는 아들 1인을 郎에 保任할 수 있는
규정[98] 등을 상기하면, 적어도 2천석 이상의 고급 관료의 신분적 특권

上 賜臺長帛五十匹 丞二十匹 尉半之 吏卒人三匹".

92)《後漢書》卷6〈順帝紀〉永建 4년 정월, "帝加元服 賜王主貴人公卿以下金
帛".

93)《後漢書》卷9〈獻帝紀〉建安 20년 춘정월, "立貴人曹氏爲皇后 賜天下男
子爵人一級 孝悌力田二級 賜諸王侯公卿以下穀 各有差".

94)《後漢書》卷33〈朱浮傳〉, "大漢之興 亦累功效 吏皆績久 養老於官 至名
子孫 因爲姓氏";《漢書》卷86〈王嘉傳〉, "孝文時 吏居官者或長子孫 以官
爲氏 倉氏庫氏則庫吏之後也 其二千石長吏亦安官樂職"; 末次信行,〈漢代の
地方統治策について─地方長吏の在職期間の考察を中心として〉,《東方學》
68, 1984는 한대 지방장리의 久任 정책과 그 실제를 잘 지적하고 있다.

95) 張景賢《漢代法制研究》(黑龍江教育出版社, 1997), pp.79-80.

96)《西漢會要》卷42〈職官〉12 致仕 ;《東漢會要》卷25〈職官〉7 致仕 참조.

97)《漢書》卷12〈平帝紀〉元始 元年, "天下吏比二千石以上年老致仕者 參分
故祿以一與之 終其身".

98)《漢書》卷11〈哀帝紀〉綏和 2년 6월 詔, "除任子令及誹謗詆欺法". 應劭 注
"任子令者 漢舊儀注吏二千石視事滿三年 得任同産若子一人爲郎 不以德選 故
除之".

은 사실상 종신 보장되었다고 해도 과언은 아닐 것이다.

이와 같이 吏 600석 이상의 吏에게 보장된 각종 특권과 우대는 食邑도 없고 세습도 불허된 高爵에 비해 오히려 우월하였고, 이들 고관이 官爵을 받아도 별다른 優免이 추가되는 것도 없었다면, 그들은 官爵대신 黃金·錢·帛 등의 하사를 선호하는 한편 官秩의 승진에 보다 많은 관심을 가졌을 것이다. 앞에서 소개한 고관에 대한 경제적 은택은 물론 다음의 사례들도 모두 이런 각도에서 이해될 수 있을 것이다. 즉 平帝 元始 원년(A.D. 1) 민작 1급 사여와 함께 200석 이상의 모든 관리의 秩을 官秩 그대로 인정하였으며,[99] 後漢 明帝 永平 17년(A.D. 75) 천하 남자에 爵 2급을 사여할 때 郎從官에 대한 帛의 사여와 함께 中二千石 이하의 관리 중 貶秩奉贖한 자에게 그 속금을 환급하였고,[100] 桓帝 建和 원년(A.D. 147) 男子에게 작 2급을 사여할 때 관리들에게는 '更勞一歲'(1년 근무 평점)를 추가 인정하였다.[101]

한편 근년 발굴된 居延新簡〈斬捕匈奴虜反羌購賞科別〉의 다음과 같은 규정들은 이러한 추세를 보다 직접 증언하는 것 같다.

(1) 其生捕得酋豪王侯君長將率者一人□吏增秩二等 從奴與購如比 223.
(흉노의) 酋豪·왕후·군장·將率者 1인을 생포하면 吏는 增秩 2등을 하사하며 從奴는 比에 따라 상금을 지급한다.

(2) 其斬捕匈奴將率者將百人以上一人購錢十萬 吏增秩二等不爲□ 224.
100인 이상을 지휘한 흉노의 將率者 1인을 생포하면 상금 10만 전을 주고 吏는 增秩 2등을 (허락하며)…

(3) 有能生捕得匈奴間候一人 吏增秩二等 民與購錢十□□人命者除其罪 225.
흉노 간첩 1인을 생포하면 吏는 增秩 2등을, 民은 10만(?) 전을 주

---

99)《漢書》卷12〈平帝紀〉元始 元年 춘정월, "賜天下民爵一級 吏在位二百石以上 一切滿秩如眞".

100)《後漢書》卷2〈明帝紀〉永平 17년 夏 5월, "其賜天下男子爵人二級…郎從官視事十歲以上 帛十匹 中二千石 二千石下至黃綬 貶秩奉贖在去年以來 皆還贖".

101)《後漢書》卷7〈桓帝〉建和 원년 춘정월, "大赦天下 賜吏更勞一歲 男子爵人二級".

　　고…인명을 (해친 자는?) 그 죄를 면한다.
　(4)　有能生捕得反羌從徼外來爲間候動靜中國兵欲寇盜殺略人民吏增秩二
　　　　等 民與購錢五萬 從奴它購如比 233.[102]
　　　　변경 밖에서 와서 중국 군대의 동정을 엿보거나 인민을 살해·약
　　　　탈하려는 反羌을 생포하면 吏는 增秩 2등, 民은 상금 5만 전을 주
　　　　며, 從奴의 상금은 比에 따라 지급한다.

　　이 문서는 A.D. 23년 隴西에서 자립한 隗囂 정권이 '舊制'를 근거로
제정한 것인데,[103] 앞에서 소개한 前漢 후기로 추정되는 上孫家寨 漢墓
출토 군공 포상법과 敦煌 출토 〈擊降匈奴者賞令〉과의 차이는 명백하
다. 즉 군공포상 방법이 爵과 '賜'에서 吏의 增秩과 賜錢으로 변한 것
이다. 이처럼 작제에 의한 군공 포상이 철저히 사라진 것은 王莽 정권
이 20等 爵制 대신[104] 5等 爵制를 시행한 것과 관련된 것으로 보이는
데, 그가 이미 전권을 장악한 平帝 元始 원년 관리에게 爵 대신 '更勞
一歲'가 사여된 것을 상기하면, 그렇게 갑작스러운 것도 아닌 것 같다.
물론 王莽 역시 관제와 작제를 개편하면서 고관들에게 대대적인 賜爵
을 단행함으로써[105] 官을 爵으로 장식하는 것도 잊지 않았다. 그러나
王莽이 봉록의 다과로 표시되었던 官秩을 卿·大夫·士로 개칭한 것
은[106] 사실상 官 자체의 爵的인 성격을 인정한 것으로 해석되는데, 官

---

102) 이상　甘肅省文物考古硏究所·甘肅省博物館文化部古文獻硏究室·中國社
　　會科 學院歷史硏究所,《居延新簡》(文物出版社, 1990), p.492.
103) 朱紹侯,〈從三組漢簡軍功爵制的演變〉 참조. 朱는 이 '舊制'를 前漢末
　　내지 王莽 정권의 제도로 추정한다.
104) 그러나《漢書》卷96中〈王莽傳中〉始建國 元年, "賜吏爵人二級 民爵人一
　　級"은 적어도 8급 이하의 爵은 그대로 활용한 것을 전하는데, 新居延漢簡의
　　"故甲渠候官第十八燧長公乘張護　始建國□年功勞案"(《居延新簡》, p.11);
　　"□□第二十一燧長居延沙陰里上造周揚年二十八始建國三年…"(《居延新簡》,
　　p.46)은 公乘 이하의 爵이 왕조 교체에도 불구하고 그대로 사용되었음을
　　입증한다.
105)《漢書》卷99中〈王莽傳中〉始建國 元年, "又按金櫃 輔臣皆封爵…是日封
　　拜卿大夫 侍中 尙書官 凡數百人".
106)《漢書》卷99中〈王莽傳中〉始建國 元年, "更名秩百石曰庶士 三百石曰下

이 이미 爵을 동반할 필요 없이 그 자체로 유작자(關內侯 이하)보다 우월한 특권을 향유하고 있는 현실을 반영한 것으로 보아도 대과는 없는 것 같다.

V. 官爵 使用의 범위

개인의 신원에 신분을(官 또는 爵) 명시하는 것은 그것이 다른 사람과 차별하는 기준이 되기 때문이다. 따라서 공적 또는 사적으로 개인의 작급이 명시되는 범위가 반드시 그 특권과 예우를 기대할 수 있는 범위는 아닐지라도 그 신분의 표시가 없으면 신분에 부수된 특혜를 향수할 수 없다면, 신분의 표시 여부는 현실적인 특권 향수의 범위와 무관할 수는 없을 것이다. 漢代 개인의 신원을 공적으로 표시할 경우 신장과 피부색까지 포함한 경우도 많지만 대체로 (官職)＋(郡)＋縣＋里＋(爵)＋성명＋연령을 기재하면 완전한 표기로 간주할 수 있는데, 상황과 필요에 따라 이 요소들이 생략되기도 하였다. 여기서 本稿의 관심은 爵의 표기 여부이므로 먼저 관계자료를 성격별로 나누어 적기하며 검토해 보자.

(1) 太史令茂陵顯武里大夫司馬遷 年二十八 三年六月己卯除 六百石.[107]

(2) 玉門千秋燧長敦煌武安里公乘呂安漢 年卅七歲 長七尺六寸 神爵四年六月申酉除 功勞三歲九月二日…故不史今史.[108]

(3) 故吏間田金城里五士周育年卅二可補高沙燧長代張意

(4) 甲渠當曲燧長□里公乘張札年卅七　能不宜其官換爲殄北蘇第六燧長代徐延壽

(5) □□□隊長上造李欽…張掖延城大尉元丞音以詔書增欽勞□□.[109]

士 四百石曰中士 五百石曰命士 六百石曰元士 千石曰下大夫 比二千石曰中大夫 二千石曰上大夫 中二千石曰卿".

107)《史記》卷130〈太史公自序〉索隱 引 博物志.

108)《敦煌漢簡考釋》, p.122(1186).

(6)　□□□公乘鄣池陽里解淸　老　故小男丁未丁未丙辰戊寅乙亥癸巳癸酉
　　　令賜各一級　丁巳令賜一級..[110]

　　(1)은 司馬遷의 관직(太史令), 貫籍(茂陵縣 顯武里), 작(5급 大夫),
성명, 연령, 현직에 제수된 날짜(元封[111] 3년 6월 己卯), 관질(600석)을
기록한 것으로서 현직 중심의 신상명세 정도로 보인다. 이에 비해 (2)
는 燧長 呂漢의 신장과 필사능력(史)의 여부, 功勞(공식으로 환산된 근
무연수)가 추가되었는데, 승진에 필요한 功勞를 계산 확정한 功勞案이
다. (3)의 五士는 탈작된 무작자 士伍의 오기가 분명하다. 만약 周育이
유작자였다면 士伍 대신 爵이 기재되었을 터인데, 어쨌든 이것은 燧長
보임 추천사의 일부이다. 이에 비해 (4)는 張札이 甲渠當曲 燧長으로
서는 능력이 부족하니 殄北蘇第 6 燧長으로 전보할 것을 건의한 것이
거나 전보된 경위를 기록한 문서이다. 이 예들은 관리의 임명, 승진,
전보와 관련된 인사기록부에 기재된 신원은 爵을 반드시 포함하였던
증거인데, 항상 연령과 관적이 爵과 수반된 것이 주목된다. 이에 비해
詔書에 의한 增勞를(근무연한 할증) 기록한 (5)는 관적과 연령을, 公乘
으로 작급이 누증된 경위를 기록한 (6)은 연령을 각각 생략하였으나
역시 관리의 인사기록에 爵을 기록한 범주에 속한다.
　　(1)은 관작은 아니지만 600석 이상의 관도 인사 관련 기록에 爵을
기재한 증거이다. 그러나 현재 居延·敦煌漢簡에서 600석 이상의 관의
관작이 표기된 예도 확인되지 않지만, 居延漢簡의 다음과 같은 자료들
을 보면 문제는 간단하지 않은 것 같다. 즉 "張掖屬國司馬趙□功一勞三歲

---

109) 이상《居延新簡》, p.78, E.P.T 27:8, p.176, E.P.T 51:63, p.381, E.P.T
　　　59:339.
110) 謝桂華·李均明·朱國炤,《居延漢簡釋文合校》(文物出版社, 1987), p.266, 16
　　　2·10.
111) 司馬遷이 太史令이 된 것은 元封 3년(B.C. 135), 따라서 여기의 '3년 6
　　　월'은 元封 3년 6월이 분명하다. 이때 나이가 28세가 분명하다면 그의 생
　　　년은 B.C. 135년이다. 그러나 張守節의《史記正義》는 28세 대신 38세로
　　　된《博物志》의 기사에 근거하여 B.C. 145년설을 주장하여 역대 논란이
　　　분분하다.

十月卅日”, “都尉丞何望功—勞三歲—月十日”, “西河北部都尉董永勞二歲五月三日”, “信都相長史吳尊功—勞三歲六日”.[112] 이들은 상기 (2)와 동일한 성격으로 보이며, 屬國司馬·都尉丞·信都相 長史는 모두 600석이며 北部都尉는 2천 석이다. 그럼에도 불구하고 여기서 爵은 물론 관적·연령도 기록하지 않았다는 것은 600석 이상과 100석 이하 少吏의 공로안이 다른 형식으로 작성되었을 가능성, 또는 적어도 600석 이상은 공로안에도 爵을 기록하지 않았을 가능성을 시사한다. 더욱이 前漢末 東海郡 長吏의 군외 출장자, 휴가자, 면직자와 사망자, 탄핵된 자, 未到官者의 명단을 기록한 윤만한독도 단지 관명과 성명만 기록하였으며, 1천석에서 300석 이상의 관질에 해당한 東海郡 屬縣 장리의 名籍에도 모두 관명, 관적(郡과 縣), 성명, 전직, 현직에 제수된 경위만 기록하였을 뿐 爵·연령·里도 일체 생략되었다.[113]

윤만한독 長吏名籍의 작성연대는 대체로 永始 3년(B.C. 14) 12월 이후에서 延元 2년(B.C. 11), 3년 사이로 추정되는데,[114] 이 이전 마지막으로 600석 이상에 관작을 사여한 것은 元帝 永光 2년(B.C. 43, 상기 賜爵資料 12)이라면, 명적의 작성 당시 東海郡의 장리 중 관작을 가진 사람은 거의 없었다고 해도 과언이 아니며, 따라서 관작이 기록되지 않았을 뿐이라는 주장도 가능할지 모른다. 그러나 永光 2년 이후 B.C. 13년 사이 民爵 사여는 8회나[115] 있었던 만큼 이들도 모두 公乘 이하의 爵은 소지하였겠지만, 문서 자체가 爵의 기록을 요구하지 않은 것으로 이해하는 것이 타당하다. 물론 東海郡의 장리명적 중 (1)과 같은 형식

---

112) 《居延漢簡釋文合校》, p.93, 53·8, p.528, 336·13, p.71, 41·10, p.93, 53·7.

113) 連雲港市博物館·中國社會科學院簡帛硏究中心·東海縣博物館·中國文物硏究所, 《尹灣漢墓簡牘》(中華書局, 1997), 〈東海郡下轄長吏名籍〉, 〈東海郡下轄長吏不在署 未到官者名籍〉 참조.

114) 拙稿, 〈前漢 縣長吏의 任用方式 : 東海郡의 例—尹灣漢牘 〈東海郡下轄長吏名籍〉의 分析〉, 《歷史學報》 160, 1998, p.80, 주12 참조.

115) 元帝 永光 원년, 2년, 建昭 5년, 竟寧 원년, 成帝 建始 3년, 河平 원년, 4년, 鴻嘉 원년.

이 없었다고 단정할 필요는 없다. 그러나 이 명적이 상계문서의 저본이었음을 상기할 때, 장리의 공식 명적은 이미 爵과 里를 기록할 필요가 없었던 것으로 추측해도 대과는 없는 것 같다.

> (7) 第十三戍卒河南郡成皐宜武里公乘張秋年卅四三石具弩一　藁矢銅鏃五
> (8) 田卒淮陽郡長平業陽里公士兒尊年卄七襲一領犬絑一兩　袴一兩　私絑一兩貫贊取.[116]
> (9) 戍卒魏郡鄴安衆里大夫呂賢　有方一完　櫝一完

(7)은 兵器를, (8)은 皮服을 각각 수령한 기록,[117] (9)는 戰死者를 수습하는 관을 수령 또는 수령한 물품의 상태를 점검한 기록 정도로 보이는데, 군수품의 지급과 관리 관련 문서에는 직책, 군·현·리·작·성명·연령까지 모두 기재한 관행을 입증한다. 그러나 居延漢簡 중 식량과 봉록을 수령한 문서에는 직책과 성명만 기록한 것도 기억할 필요가 있다. 장리 또는 600석 이상 官도 이런 경우 동일한 형식으로 기록되었는지의 여부는 전혀 확인할 수 없다.

> (10) 戍卒河東郡北屈務里公乘郭賞年卄六　庸同縣橫元里公乘間彭祖年卅五

이것은 北屈縣 務里 출신의 수졸이 45세의 同縣 橫元里 公乘 間彭祖에게 고용되어 대신 戍役하는 사실을 기록한 것인데, 漢簡 중 이 형식의 문서에서 고용자와 피고용자의 爵이 모두 확인되는 예는 양자의 爵이 (1)의 예처럼 동일한 예가 많은 반면 오히려 연령은 상당한 차이가 있다.[118] 피고용자의 연령이 훨씬 적은 것은 보다 건장한 병력을 확보

---

116) (7), (8)《居延漢簡釋文合校》, p.334, 214·7, p.32, 19·40.

117) 永田英正에 의하면 물품 앞에 '私'를 冠한 것은 私物, '官'을 冠한 것은 관급품, 관물과 함께 등재되면서 아무 표기가 없는 것은 사물이라고 한다.《居延漢簡研究》(東京, 1989), p.124.

118)《居延漢簡釋文合校》, p.271, 170·2, "張掖居延庫卒弘農郡陸渾河陽里大夫成更年卄四　庸同縣陽里大夫趙勛年卄九賈二萬九千"；《居延新簡》, p.247, E.P.T 51:270, "□□□駕里公乘陳回年卄七　庸長親里公乘張擧年卅九". 한

하려는 국가의 의지가 작용하였을 것으로 짐작되며, 동급 爵 간의 代役이 많은 것 역시 국가의 요구에 의한 것으로 보인다. 이것은 국가가 民爵에 대한 현실적인 의미를 부여하려는 노력의 일단으로 추측되지만, 이것이 보다 확실히 입증된다면 漢代 민작의 구체적인 기능에 대한 이해도 진일보할지 모른다. 600석 이상의 官에게 이런 상황은 상정할 수 없는 만큼, 여기서 관작의 표기 여부를 논할 성질은 아니다.

    (11) 乃驗問燧長忠卒賞等辭皆曰名郡縣爵里年姓官除各如牒
    (12) ●狀辭皆曰名爵縣里年姓官祿各如律.[119]

(12)는 訴訟·治獄에서 爵까지 포함한 피의자의 신원 확인이 율령으로 규정되었음을, (11)은 실제 그것이 시행된 사실을 잘 전하고 있으며, 실제 漢簡 중 피의자의 爵을 명시한 예들도 적지 않다.[120] 爵이 형벌 감면의 참고사항인 만큼 이것은 당연한 일이며, 江陵 張家山 漢墓 출토 奏獻書 16건도 피의자가 유작자인 경우 모두 爵을 표시한 것 같으며, 특히 제15예는 官米를 절취한 醴陽令의 恢의 爵 左庶長을 명시하고 爵에 의한 감면여부를 논하고 있다.[121] 이것은 600석 이상 관리도 형벌의 감면을 위하여 官爵을 확인, 명시한 증거를 제공한다. 그러나

편 E.P.T 51:234는 27세의 某人이 39세의 공승을 대신한 것이며, E.P.T 51:269는 23세가 41세를 대신한 것이다. 그러나《居延 漢簡 釋文 合校》, p.497, 303·13, "田卒大河郡平富西里公士昭逯年卅九庸擧里嚴德年卅九"는 연령이 동일한 경우도 허용되었고 有爵者의 無爵者 대역도 가능하였던 증거이다.

119) (9), (10), (11), (12)《居延新簡》, p.180, E.P.T 51:113, p.178, E.P.T 51:86, p.192, E.P.T 51:228, p.458, EPT 68:34.

120) 예컨대《新居延漢簡》, p.498, "…乃爰書驗問恭辭曰上造居延任仁里年廿八歲姓秦氏…"; p.500, "●牀辭曰公乘年五十二歲姓陳氏…"(353) ; "●牀辭曰公乘居延廣地里年卅二歲姓孫氏" 등.

121) 江陵張家山簡整理小組,〈江陵張家山漢簡《奏獻書》釋文(1)〉,《文物》1993-8, p.24, "七年八月己未江陵丞言 醴陽令恢盜縣官米…恢秩六百石 爵左庶長…恢當黥爲城旦 令吏盜 當刑者刑 毋得以爵減免贖 以此當恢 恢居酈邑建成里".

주목되는 것은 醴陽令의 형이 확정된 다음과 같은 이유이다. 즉 '吏가 盜罪를 범하여 육형 처분을 받게 될 경우 그대로 형을 가한다는 令의 규정에 따라 爵으로 감면하거나 속죄할 수 없다.' 결국 盜罪를 범한 유작자 관리는 일반 유작자들이 향유할 수 있는 형벌감면 특권도 적용받지 못하였으며, 질 600석 관리란 신분은 형벌감면의 특혜는커녕 오히려 불리한 조건이었던 셈이다. 이 奏讞書 첫 머리에 기록된 "七年八月己未"는 漢 高祖 7년(B.C. 200),[122] 이에 비해 앞에서 언급한 惠帝 즉위년(B.C. 195) 詔 즉 '五大夫와 吏 600석 이상을 모두 頌繫한다'는 원칙은 600석 이상의 吏란 신분만으로 형벌상의 혜택을 오대부 이상의 유작자와 동등하게 보장한 조처였다. 물론 이 조서는 600석 이상의 무작자 관과 오대부 이상에게 모든 형벌감면의 특권을 동등하게 허용한 것은 아니다. 그러나 이후 600석 이상 관리에게 보장된 조세감면과 '先請' 제도 등을 감안하면 그들이 오대부 이상의 유작자와 동일한 형벌 우면을 받았을 가능성은 충분하다. 그렇다면 형벌감면을 위한 것이라면 그들은 관질만 표기하여도 족하며, 굳이 爵을 명시할 이유는 없었을 것이다.

惠帝 이후 600석 이상의 治獄 爰書나 奏讞書가 보고된 예는 없다. 그러나 新居延漢簡 〈建武3年甲渠候栗君所責寇恩事〉 冊은 이 문제에 약간의 단서를 제공한다. 이것은 甲渠障候 栗君이 寇恩에게 일정한 금액을 조건으로 魚 판매를 위탁하였으나 寇恩이 그 액수를 채우지 못하였다는 이유로 고발한 사건을 조사한 과정과 결론을 기록한 문서이므로, 본래 栗君은 피고도 아니며 그 관질도 600석 바로 아래인 比 600석에[123] 불과하여 本稿에 적합한 예는 아니다.[124] 그러나 반복 조사 결과 居延縣廷의 최후 판결은 栗君을 '政不直者'로 처벌해야 한다는 것이

---

122) 李學勤, 〈《奏讞書》解說(上)〉, 《文物》 1993-8, p.28.

123) 永田英正, 《居延漢簡硏究》, p.463.

124) 拙稿, 〈兩漢交替期 河西生活의 一端—新發見 栗君訴訟文書의 解釋을 中心으로〉, 《韓佑劤博士停年紀念史學論叢》, 1981은 全文과 함께 그 내용을 대략 소개한 후 여기에 반영된 생활상을 해석해 본 것이다.

었다.[125) 따라서 고소인이 사실상 피고가 된 셈인데, 문서 전체를 통하여 율군의 爵은 물론 이름도[126) 거명되지 않고 甲渠障候란 관명과 栗君이란 존칭이 사용되었다는 것은 比 600석의 官 자체가 얼마나 예우되었는가를 알 수 있다. 물론 그에게 오대부 이상의 爵이 있었을 가능성은 없지만, 이런 상황에서 그 이하의 民爵을[127) 기록할 이유는 없었을 것이다. 그러므로 필자는 600석이상의 관 자체만으로 각종 특권이 증가함에 따라 치옥관계의 문서에서 長吏, 특히 600석 이상 고관 피고의 爵은 점차 기록하지 않았던 것으로 추정한다.

(13) □□槥櫝絜堅約刻書名縣爵里槥敦參辨券書其衣器所以收(《居延》7·31).

이것은 棺에 작을 포함한 성명·관적을 刻한다는 것으로서, 종군 사졸 전사자의 시신을 관에 수습하여 향리로 보내는 정책이 변경 근무자에게도 적용된 것을 입증해 준다.[128) 임지에서 사망한 漢代 관리들이 향리에 歸葬되는 것이 일반적이었고, 특히 유공자의 귀장은 국가가 호송하기도 하였던[129) 만큼 600석 이상 변경 관리의 시신 역시 대체로 향리로 귀장되었을 것이며, 그 棺 또는 旌銘에 官과 爵·성명이 기록되었을 가능성은 농후하다. 그러나 현재 그 실례도 확인되지 않았지만,

---

125) 兪偉超, 〈略釋漢代獄辭文例—份治獄材料初探〉, 《文物》 1978-1, p.40. 兪에 의하면 同出한 "建武四年五月辛巳 朔戊子　甲渠 塞尉 枚行 候事 敢言之"(E.P.F 22：45)와 같이 판결 후 5개월도 못 되어 甲渠塞尉가 甲渠候事를 대행한 것은 栗君이 이 죄로 면관된 증거라고 한다.

126) 兪의 上揭 논문 p.35는 동출 新居延漢簡, "建武三年十二月癸丑朔丁巳 甲渠障候發叩頭死罪敢言之"(E.P.F 22:187)를 근거로 그의 이름을 '發'로 고증하였다.

127) 建武 3년(A.D. 27) 12월 이전 栗君이 賜爵될 수 있었던 기회는 王莽 始建國 원년(A.D. 9), 平帝 元始 원년(A.D. 1), 哀帝 建平 4년(B.C. 3) 정도였을 것이다.

128)《漢書》卷1〈高祖紀〉8년 11월, "令士卒從軍士爲槥 歸其縣 縣官給衣衾 棺葬具 祠以少牢 長吏視葬".

129) 楊樹達《漢代婚喪禮俗考》(華世出版社, 1933년 초판, 1976년 臺 1판), pp.197- 206.

병사자의 명단과 사망자(물고자)의 소지품 목록에 ·직책·군·현·리·
성명만 기재되었을 뿐 爵이 포함된 예가 없는 것으로[130] 보아 棺에 爵
을 기록하지 않는 관행도 용인되었던 것 같다. 더욱이 지방 소리의 旌
銘을 "府決曹掾"으로 기재하였다는 예,[131] 武威磨咀子 4호 後漢墓 출토
旌幡의 墨書 "姑藏西鄕闌道里壺子梁之", 同 23호 출토 旌銘의 墨書
"平陵敬事里張伯升之柩 過所毋留" 등은[132] 旌銘에 爵을 포함시키지 않
는 관행을 시사한다.

> (14) □弘敢言之祝里男子張忠臣與同里□
>   □年卅四歲譚正□大夫年十八歲皆毋官獄□
>   □□物苟留之如律令 / 令史始□□
> (15) □部陽里大夫封□ 年卅八 長七尺二寸 黑色 牛一車一輛五月戊戌出
> (16) 出吏轢得高平里 公乘范吉年卅七 迎司御錢居延 八月戊戌入 □□甲辰出
> (17) 河內郡溫西故里大夫蘇罷軍年卅五 長七尺三寸黑色.[133]

(14)는 개인 家事로 居延縣 市에 가서 매매하려는 崔自當을 위하여 鄕
嗇夫가 여행증(傳)의 발부를 청한 다음과 같은 한간과 동일한 성격이다.

> "永始五年閏月己巳朔丙子 北鄕嗇夫忠敢言之 義成里崔自當自言 爲家
> 私市居延謹案自當毋官獄徵事 當得取傳 謁移肩水金關居延縣索關 敢言
> 之…"[134]

---

130) 예컨대《居延漢簡釋文合校》, p.486, 287:24, "戍卒轢得安國里毋建國病死
     (이하 의복과 錢 기록 생략)"; p.557, 418:2, "出物故 戍卒魏郡內黃東郭里
     詹奴(이하 병기 목록 생략)"; p.490, 293:5, "田卒平干國襄垣石安里李彊年
     卅七 本始五年二月丁未疾心腹丈滿死右農前丞報". 물론 예가 너무 적고 이
     들이 모두 무작자였을 가능성도 있어 단정은 피하는 것이 좋다.

131)《漢書》卷83, "池陽令擧廉吏獄掾王立…掾慙恐自殺…其以府決曹掾書立之
     柩 以顯其魂".

132) 李如森,《漢代喪葬制度》(吉林大學出版社, 1995), p.29 참조.

133) (13), (14), (15)《居延漢簡釋文合校》, p.12, 7·31, p.75, 43·13, p.272,
     170·7, p.524, 334·28.

134)《居延漢簡釋文合校》, p.24, 15:19.

그러므로 (14)는 공식 여행증의 발부에 필요한 신원에 작을 포함시 킨 증거인데, (15)는 爵뿐 아니라 여행자의 연령·신장·모발색과 아 울러 대동한 牛·車輛과 出關한 일시까지 기록한 것이며, (16)은 關所 를 출입한 자의 여행목적과 출입일시와 아울러 그 신원을(연령과 작을 포함) 기록한 것이다. (17)은 변경 근무를 마치고 귀환하는 吏卒(罷軍) 의 신원을 기록한 것이다. 따라서 여행하는 민간인 또는 吏卒의 신원 에 爵을 반드시 기록한 것은 의문의 여지가 없다. 묘주의 지하행을 신 고하는 告地策은 바로 이 현실의 여행허가 형식이 그대로 반영된 것인 데, 매장연대가 文帝·景帝時代로 추정되는 江陵 10호와 168호 前漢墓 출토 告地策은 墓主의 신분을 모두 五大夫로 명기하고 있다.[135] 이것은 600석 이상 관리의 告地策이나 符傳에도 관작이 기록되었을 가능성을 크게 높여 주는 것 같다. 그러나 長吏의 關所 통과는 符傳이 필요하지 않았으며,[136] 특히 고급 관리는 행차시 騎吏의 호종을 받으며 符傳 대 신 棨戟 또는 棨信으로 신분을 표시하였는데,[137] 1973년 居延肩水 金關 유지에서 발견된 棨信의 "張掖都尉棨信"이란 墨書 6자는[138] 棨信에 관 명만 명기된 사실을 확인시켜 주었다. 결국 600석 이상 고관의 출행이 나 여행에는 爵을 사용할 필요는 없었던 것 같다.

    (18) 鉼庭燧卒鳴沙吏大夫范弘年卅四(父·妻·弟의 명과 연령 기재 생략).[139]

    (19) 三墩燧長居延西道里公乘徐宗年五十(처, 남녀 同産, 자녀의 수와 宅 1區, 田 50畝, 用牛의 2의 가격 기재는 생략함).

    (20) 候長觻得廣昌里公乘禮充年卅(小奴, 大婢, 用馬, 宅區, 用車, 田, 輜

---

135)《散見簡牘合輯》, p.67, "四年後九月辛亥平里五大夫倀偃□□地下偃衣器物 所以□□器物□令 □以律令從事"; p.77, "十三年五月庚辰江陵丞敢告地下 丞 市陽五大夫燧少言…".

136) 林劍鳴 編譯,《簡牘槪述》(陝西人民出版社, 1984), pp.134-135.

137)《後漢書》〈輿服志上〉, "公以下至二千石 騎吏四人 千石以下至三百石 縣 長二人 皆帶劍持棨戟爲前列".

138) 李學勤,〈談"張掖都尉棨信"〉,《文物》1978-1 참조. 이 棨信은 홍색의 직 물인데, 길이 21cm 폭 16cm의 크기라고 한다.

139)《居延新簡》, p.430, E.P.T 65:145.

　　車, 服牛의 수와 자산가격 기재는 생략함).[140]

　　(16)은 家屬의 이름과 연령만을 기재한 것이며, (17)은 家屬의 수와 전택·牛의 소유상황을, (18)은 노비·田·牛·馬·宅·車의 보유 현황을 각각 기록한 문서이다. 이것을 변경 吏卒의 신상 명세서 정도로 이해하는 견해도 있으나,[141] 口賦·算賦 및 자산세 賦課를 위한 장부 또는 그 조사 자료나 신고서[142] 정도로 이해해도 대과는 없는 것 같다. 五大夫 이상의 復除를 상기하면 이런 문서에 爵을 기재하는 것은 당연하다면, 實例는 확인되지 않았으나 이 종류의 문서에 五大夫 이상의 관작도 명시되었을 것이다. 그러나 앞에서 지적한 바와 같이 600석 이상의 租稅 優免을 상기하면 현직 600석 이상은 관명이나 관질만 표기하여도 소기의 목적을 달성할 수 있는 만큼 굳이 관작까지 병기할 필요도 없었을 것이다.

　　(21)　肩水候官令史觻得敬老里公乘糞土臣熹昧死再拜上言⋯.[143]
　　(22)　長安敬上里公乘臣廣昧死上書皇帝陛下⋯.[144]

　　(21)은 少吏(令史)가, (22)는 元延 2년(B.C. 11) 후반 경[145] 70세 이상으로 王杖을 받은 노인이 각각 황제에게 올린 상서의 첫머리인데, 자신의 신원을 (職)＋縣＋里＋爵＋臣＋名의 형식으로 밝힌 것이다. 이 형식이 모든 신민의 상서에 적용되었다면, 600석 이상의 고관도 爵이 있었다면 상서문에 당연히 爵을 명기하였을 것이다. 그러나《史記》,

---

140)　(17)《居延漢簡釋文合校》, p.34, 21·1 ; (18) 同, p.61, 37·34.
141)　永田英正,〈禮忠簡と徐宗簡について—平中氏の算賦申告書說の再檢討〉,《東洋史研究》28-2.3 合號, 1969.
142)　平中苓次,〈居延漢簡と漢代の財産稅〉, 同著,《中國古代の田制と稅法》, 東京, 1967, p.218.
143)《居延漢簡釋文合校》, p.548, 382·2.
144)《散見簡牘合輯》〈甘肅武威磨咀漢墓王杖詔令冊〉, p.16.
145)　이 上書에 대한 황제의 制가 元延 3년 正月 壬申이므로 상서는 전년 후반기 정도로 추정된다.

330

《漢書》,《後漢書》에 수록된 수많은 상서문의 첫머리는 "官職＋臣＋名＋昧死言"으로 시작하였고 상서한 관료의 爵을 표기한 예는 전무한데, 다음과 같은 죽간 자료들을 보면 史書에 수록된 예들이 결코 생략된 형태도 아닌 것 같다.

> (A) 御史大夫吉昧死言　丞相相上大尙昌書言　大史丞定言　元康五年五月二日壬子日夏至….
> (B) 守大司農光祿大夫臣調昧死言守受簿丞慶前以請詔使護軍屯食….[146]
> (C) 丞相方進　御史臣光昧死言　明詔哀安元　臣方進　御史光言.[147]

(A)는 元康 5년 하지 행사에 관한 상서인데, 御史大夫 吉은 丙吉, 승상 相은 魏相이며 당시 이들은 모두 열후였다.[148] 大常 昌도 元康 4년에 太常이 된 蒲侯 蘇昌이 분명한 만큼[149] 그 역시 열후였다. (B)의 守大司農 光祿大夫 調는 元光 2년에 대사농(中二千石)이 된 光祿大夫(比 2천석) 非調가[150] 분명하다. 따라서 (B)는 永光 2년(B.C. 42) 내지 3년의 상서인데, 영광 元年과 2년에 각각 600석 이상의 관리에게 爵 五大夫를 사여한 것을 상기하면(사작 기사 11, 12), 非調가 적어도 오대부 爵을 소지한 것은 의문의 여지가 없다. (C)는 永始 3년(B.C. 14) 조서의 첫 부분이므로, 승상은 翟方進, 御史大夫는 孔光이며,[151] 翟方進도 승상 임명과 동시에 열후가 되었다.[152] 한편 孔光은 元始 5년(A.D.

---

146) (A)《居延漢簡釋文合校》, p.16, 10:27 ; (B) 同, p.337, 214:33A.

147) 薛英君,《居延漢簡通論》(甘肅敎育出版社, 1991), pp.202-204, 附《永始三年詔書》에서 인용.

148)《漢書》卷19下〈百官公卿表下〉地節 3년, "正月甲申 丞相賢賜金免 六月壬辰 御史大夫魏相爲丞相", "六月辛丑太子太傅丙吉爲御史大夫 八年遷", 同卷 74 魏相傳 "宣帝卽位 徵相爲大司農 遷御史大夫 四歲 大將軍霍光薨…相逐代爲丞相 封高平侯 食邑八百戶", 同 丙吉傳 "宣帝卽位初 賜吉爵關內侯…地節三年…遷御史大夫…其封吉博陽侯 邑千三百".

149)《漢書》〈百官公卿表下〉元康 4년, "蒲侯蘇昌復爲太常 六年病免".

150)《漢書》〈百官公卿表下〉元康 4년, "光祿大夫非調爲大司農".

151)《漢書》〈百官公卿表下〉永始 2년, "十一月壬子 執金吾翟方進爲丞相" ; "十一月壬子 諸吏散騎光祿勳孔光爲御史大夫 七年 貶爲廷尉".

1) 70세로 사망하였으므로 B.C. 66년에 출생하였는데, 20세 미만에 이미 議郎(比 600석)이 되었고, 光祿勳 匡衡의 方正 천거로 諫大夫(800석)가 되었으며, 일시 貶職과 免職을 거쳐 成帝初 박사로 발탁된 이후 줄곧 尙書(600석) 이상의 고관을 역임한 인물이었다.[153] 한편 匡衡이 光祿勳이 된 것은 元帝 建昭 2년(B.C. 37)이었다.[154] 따라서 孔光이 관리가 된 이후 永始 3년 이전까지 600석 이상의 관에게 오대부를 사여한 것은 永光 원년(B.C. 43)과 2년의 두 차례가 있었지만, 당시 그의 관질은 모두 사작 기준에 미달하였기 때문에 그가 오대부 이상의 爵을 소지하였을 가능성은 희박하다. 그러나 그의 출생 이후 永始 3년까지 민작 사여만(父後者 사작을 제외한) 15회였다면[155] 그의 民爵도 公乘은 되었을 것이다.

그렇다면 상기 자료들은 적어도 600석 이상 고관은 열후와 오대부 이상의 관작 또는 그 이하의 민작을 소지하여도 少吏와 民과는 달리 상서문에서 爵을 칭하지 않았던 사실을 입증하는 것이다. 上書는 관리와 황제가 문서를 통하여 직접 면대하는 수단이었다. 그럼에도 불구하고 고관이 上書에서 爵을 칭하지 않았다는 것은 결국 일상 업무에서 황제와 高官의 관계는 爵의 추가적 매개가 더 이상 불필요하였음을 시사하는데, 상하 관리간의 업무의 지시와 보고, 문서의 하달과 접수를 기록한 수많은 한간에서도 長吏와 少吏를 막론하고 관련자의 관명과 名만 표기된 사실을 아울러 고려하면 적어도 행정업무의 통속관계에서도 爵은 고려하지 않는 원칙이 있었던 것으로 추정된다.

이상 공식문서에서 해당 吏民의 民爵이 표기된 경우, 즉 吏員名籍 및 인사 관련 문서, 병기 · 피복 등 官物受領, 訴訟 · 治獄, 歸葬棺, 戍役

---

152)《漢書》卷84〈翟方進傳〉, "遂擢方進爲丞相 封高陵侯 食邑千戶".

153)《漢書》卷81〈孔光傳〉, "(光)年未二十 擧爲議郎 光祿勳匡衡擧光方正 爲諫大夫 坐議有不合 左遷虹長 自免歸教授 成帝初卽位 擧爲博士…光年七十 元始五年薨".

154)《漢書》〈百官公卿表下〉建昭 2년, "太子少傅匡衡爲光祿勳 一年遷".

155) 宣帝 元康 元年, 2년, 3년, 4년, 神爵 원년, 4년, 五鳳 3년, 甘露 2년, 3년, 元帝 初元 4년, 永光 원년, 2년, 建昭 5년, 成帝 河平 원년, 鴻嘉 원년.

代役, 통행증명의 신청 및 발급, 조세부과 자료 등에서 600석 이상 관리의 관작도 표기되었을 가능성을 검토해 보았지만, 그 결론은 대체로 부정적이다. 그렇다면, 공문서의 관작 표기문제는 그 원칙 여하를 떠나서 이미 그것을 표기하지 않는 관행이 점차 확립된 것으로 추정해도 대과는 없는 것 같다. 이와 같은 관행은 私的인 생활에서도 이루어진 것 같다. 예컨대《史記》卷 105 扁鵲·倉公列傳에는 倉公 淳于意가 작성한 것으로 보이는 일종의 진료카드 25매가 수록되었는데, 無爵者 환자는 '臨淄氾里女子薄吾', '安陽武都里成開方' 등으로, 無官有爵者는 '安陵阪里公乘項處'로 각각 표기한 반면, 齊 侍御史·齊 郎中令·齊 中御府長·齊 中尉·陽虛侯 相·齊 中大夫·齊 中郎 등의 대소 관리들은 모두 官名 아래 名 또는 성명만 기록하였다. 淳于意는 文帝 13년(B.C. 167) 肉刑廢止의 계기가 된 上疏를 올린 淳于緹縈의 아버지로 알려졌으며,[156] 이 진료카드는 文帝에 대한 答問 형식의 문장 안에 들어 있다. 따라서 이 진료카드는 B.C. 167년 이전에 작성된 것으로 추정되는데, 漢初 이래 이 해까지 600석 이상에 대한 관작 사여는 없었다. 그러나 民에 대한 爵 1급 사여는 7회가(父後者에 대한 賜爵 1회를 포함)[157] 있었기 때문에 倉公이 진료한 관리 전원이 무작자였다는 것은 납득하기 어렵다. 결국 창공의 진료카드는 관리가 아닌 사람은 爵으로 그 신분을 표시한 반면 관리는 관명만을 사용하는 민간 관행의 형성을 시사한다. 淳于意의 선생 70여 세의 陽慶은 '臨淄 元里 公乘'으로 소개된 반면 淳于意는 故 齊太倉長으로만 알려진 것이나 大夫(5급)로 太史슈에 제수된 司馬遷도 자신의 爵에 관해서 일언반구도 하지 않았다는 사실도 결코 우연이 아닌 것이다.

한편 尹灣漢牘中 公私의 방문에 일종의 면회 신청서 또는 問安狀으로 사용된 名謁(또는 刺)에도 열후를 제외한 작명은 일체 보이지 않는

---

156)《漢書》卷4〈文帝紀〉13년 5월, "除肉刑法 語在刑法志", 同〈刑法志〉및《史記》卷105〈倉公列傳〉참조.

157) 高祖 2년(B.C. 205), 惠帝 즉위년, 원년, 5년, 高后 원년, 文帝 즉위년, 원년(B.C. 179).

다. 이것은 그 성격상 피문안자와 문안자의 신원이 기록되게 마련인데, 윤만한묘 6호에서 출토된 木謁 10건 중 2건은 묘주 자신이 사용하기 위한 것이며, 나머지 8건은 묘주를 문안한 사람들이 보낸 것이다. 묘주는 東海郡 졸사와 공조를 지낸 師饒(字 君兄), 元延 3년(B.C. 10)경에 사망한 것으로 추정된다.[158] 묘주가 사용한 목알은 '東海太守功曹史饒'를 자칭하였으며, 상대는 '府君'(東海태수)과 '長安令 兒君'이었다. 한편 묘주에게 보낸 목알은 묘주를 '卒史師卿', '東海太守功曹師卿', '主吏師卿', '師君兄' 등으로 '職名＋姓＋卿(존칭, 또는 字)'를 칭하였으며, 문안자는 '東海太守級', '沛郡太守長熹', '琅邪太守賢', '楚相延', '五官掾副' 등으로 '官名＋名'을 칭하였고, 열후의 경우는 '容丘侯', '良成侯願'처럼 '某侯' 또는 '某侯＋名'을 칭하였고, 제자인 경우는 '弟子＋명'을 칭하였다. 또 대리인을 보낸 경우 단지 성명만 쓰기도 하고 '南陽謝長平'처럼 '郡名＋성＋명(또는 字)'를 기재하거나 '卒史憲丘驕孺'처럼 '직명＋현명＋명(또는 字)'를 표시하였다.[159]

한편 後漢 光和 3년(A.D. 180) 10월에 건립된 〈三老趙掾之碑〉는 宣帝期 명장 趙充國의 일족의 漢初부터 後漢 三老 趙璜에 이르는 世系를 전하고 있는데, 前漢에 속하는 祖先의 고위 관직 少府(趙仲況)·諫議大夫(趙聖)·右曹中郎將(趙充國의 아들 趙卬)·侍中(趙充國의 동생 趙子聲)·雲中太守(子聲의 아들 君游)·朔農都尉(君游의 아들 游都)·高平令(君游의 아들 次卿)·護苑使者(君游의 아들 子游)·幽州刺史(君游의 아들)을 소개하는 것은 잊지 않았으나, 爵은 관내후(趙仲翁)과 열후(趙充國)만 특기하였을 뿐 그 이하의 爵은 일체 전하지 않았다.[160] 趙充國이 宣帝 甘露 2년(B.C. 52)에 86세의 고령으로 사망한 사실과[161] 그것을 전후한 600석 이상에 대한 관작 사여를(B.C. 82, 77, 73, 65, 43, 42. 상기 사작 기사 참조) 감안할 때, 趙充國의 고관 후손들에게 관작

---

158) 連雲港市博物館, 〈江蘇東海縣尹灣漢墓群發掘簡報〉, 《文物》 1996-8, p.24.

159) 《尹灣漢墓簡牘》, pp.133-137.

160) 沈年潤, 〈釋東漢三老趙掾碑〉, 《文物》 1964-5 참조.

161) 《漢書》 卷69 〈趙充國傳〉, "年八十六 甘露二年薨".

이 전무하였을 가능성도 희박하지만, 특히 趙充國의 아들 趙卬은 神爵 원년(B.C. 61) 趙充國의 羌族 토벌에 中郎將(比千石)으로 참여하였던 만큼[162] 적어도 B.C. 65년의 賜爵에는 참여하였을 가능성이 높다. 그렇다면 趙氏 世系는 爵을 무시하고 관명만 전한 것인데, 이것은 관작이 사실상 폐기된 비 건립 당시의 관념을 반영한 것일 수도 있다. 그러나 그런 상황일수록 오히려 前漢의 관작이 '진기'할 수도 있었다면, 전승된 관작을 생략하였을 가능성보다는 世系 傳承 자체에 이미 관작이 표기되지 않았을 가능성이 더 큰 것 같다. 이것은 공사 생활에서 관작이 거의 사용되지 않은 사실과도 부합되어, 다시 한번 관작의 무의미함과 불사용 관행을 방증해 주는 것 같다.

VI. 後漢 官爵의 向方

이상으로 고찰한 바와 같이 前漢 정부도 관작 사여를 극히 절제하기도 하였지만, 공문서는 물론 사적인 일상생활에서도 관작이 사용된 흔적을 거의 발견하기 어렵다는 것은 결국 관작이 고관에게 현실적인 의미가 사실상 없었던 사정을 시사한다. 王莽의 5等 爵制는 이러한 상태를 개선하여 전통적인 官과 爵의 상관·보완체제를 재건하기 위한 성격으로 이해되지만, 前漢의 舊制를 회복한 후한은 그나마 명맥을 유지해 온 관작 사여의 관행도 포기하였으며, 군공 포상으로 관작이 사여된 예도 확인되지 않는다. 그러나 20등 작제 자체는 결코 폐지되지 않았다. 後漢 정부는 민작도 계속 사여하였지만, 安帝 永初 3년(A.D. 109)과 桓帝 延熹 4년(A.D. 161)에 각각 關內侯와 五大夫를 관직과 함께 판매하였다.[163] 이것은 바로 관작도 필요한 경우 활용한 증거인데,

---

162)《漢書》卷69〈趙充國傳〉, "充國子右曹中郎將卬 將期門佽飛羽林孤兒 胡越騎爲支兵 至令居".
163)《後漢書》卷5〈安帝紀〉永初 3年, "三公以國用不足 奏令吏人入錢穀 得爲關內侯 虎賁羽林郎 五大夫 官府吏 緹騎 營士 各有差";卷7〈桓帝紀〉

光和 3년(A.D. 180)에 건립된 〈舜子巷義井碑〉 뒷면에 새겨진 출연자 약 100 중 31인이 오대부였다는 사실은[164] 당시 오대부 매매가 의외로 광범위한 경우도 있었던 사실을 잘 말해 준다.[165]

그러나 주목되는 것은 賣爵이 관내후와 오대부에 국한되었고 후한의 碑銘에서 그나마 등장하는 高爵은 오대부뿐이라는 사실이다. 이것은 대서장(18급)에서 10급(右庶長)은 사실상 폐기된 인상을 주는데, 前漢의 관작 사여 방식도 이미 이러한 방향을 시사하는 것 같다. 관작 사여의 최고급도 대체로 11급을 약간 상회하는 정도였지만, 600석 이상의 관을 오대부로 일괄 사작한 예도 2회나 있으며(元帝 영광 원년과 2년), 宣帝 五鳳 원년과 元帝 竟寧 원년에 각각 열후 嗣子에 대한 賜爵도 모두 최하급 오대부였기 때문이다. 이것은 오대부가 復除의 기점이고, 爵에 따른 '賜'가 원칙대로 부여되지 않으면 세습이 가능한 관내후를 제외한 18급에서 9급은 사실상 별다른 차이가 없었기 때문으로 해석되는데, 특히 앞에서 언급한 〈舜子巷義井碑陰〉은 이 문제에 단서를 제공하는 것 같다.

그 碑陰은 출연자를 31인의 오대부와 60인의 '分子'로 표시하고 있는데, '분자'가 오대부에 상응한 것인 만큼 역시 신분 또는 모종의 지위를 의미한 것으로 이해하는 것이 타당할 것이다. 《隷釋》의 撰者 洪适은 이 '分子'를 '토호 중 부 생전에 分居別財, 즉 生分한 아들'(土豪出分之子)로 해석하였다.[166] 확실히 洪适이 인용한 北海景君 비문 "鴞梟不

延熹 4年 秋 7월, "占賣關內侯 虎賁 羽林 營士 五大夫 錢各有差".

164) 《隷釋》 卷15 〈舜子巷義井碑〉, 〈義井碑陰〉 참조.

165) 수많은 (때로는 수백) 출연자를 새긴 後漢의 碑陰에서 오대부가 출현한 것은 이 밖에도 蜀君太守의 선정을 칭송하기 위하여 繁長 張禪 등이 건립한 비의 題名 〈繁長張禪等題名〉이 있는데, 夷人 24인을 제외한 13인의 長吏·掾曹·民 중 오대부 2인이 포함되었다(《隷續》 卷16). 따라서 이처럼 오대부가 대거 등장한 〈舜子義井碑陰〉은 극히 예외적인데, 혹 靈帝 光和 원년의 "賣官 自關內侯 虎賁 羽林 入錢各有差"에도 오대부의 매매가 포함되어 이 지역에 특별히 집중 매각되지 않았다면 이해하기 어려운 현상이다. 洪适은 《水經注》를 인용하여 이 義井이 隨縣 동남에 위치한 것을 밝혔다.

336

鳴 分子還養”의[167] ‘분자’는 ‘出分之子’의 의미가 분명하며, 洪适의 해석을 지지하여 〈舜子巷義井碑陰〉으로 漢代 ‘生分’의 성행을 이해한 연구도 있다.[168] 그러나 이처럼 가족 간의 특정 관계에서 유래된 용어로 신분이나 지위를 표시하는 것은 대체로 비난 또는 賞讚하여 특수 관리나 대우를 하기 위한 것이 보통이다. 주지하는 바와 같이 漢代 ‘生分’이 실제 성행하였지만 도덕적으로는 비난되었다면,[169] ‘生分子’가 자신을 ‘分子’로 자칭할 리는 없었을 것이다. 그러나 한편 生分子를 법제상 차별하여 예컨대 조세나 요역을 가중한 증거도 없다면, 이처럼 그들이 집단적으로 모종 사업에서 특별 출연한 것도 납득할 수 없거니와 명예로운 오대부와 비난되는 ‘생분자’만 골라 출연이 할당되었다는 것은 더욱 이해할 수 없는 일이다.

《水經注》에 의하면 義井는 隨縣城 동남에서 四時 湧出하여 溠水에 합류한 후 다시 남으로 溳水와 합류하는 천연의 샘이라고 한다.[170] 碑殘文에 보이는 “光和三年”는 비가 건립된 A.D. 180년을, “如縣記利廣興”은 거금을 들인 모종 사업의 결과로 각각 보아도 대과가 없다면,[171]

---

166)《隷釋》卷15, p.19a, “惟分子未詳 穀梁曰 燕 周之分子也 注云燕召康公之後 分子謂周之別孫也 景北海碑 鵃梟不鳴 分子還養 皆用家富子壯 則出分之語 謂惡逆之鳥鉗喙無聲 外爨之息婦奉三牲也 耿勳碑脩治狹道 分子效力 謂正丁已供差徭 分子亦來助役 此碑分子似指土豪出分之子 三碑皆與穀梁合”.

167)《隷釋》卷6〈北海相景君碑〉. 이것은 북해상 景君(名은 不傳)의 선정으로 ‘사나운 소리개가 울음을 멈추고 출분한 자식도 돌아와 부모를 봉양하였다’는 의미. 그는 後漢 順帝 安漢 2년(A.D. 143)에 사망하였다.

168) 牧野巽,〈漢代における家族の大きさ〉, 牧野巽著作集 제1권《中國家族史研究》(上), 東京, 1979, pp.139-140.

169) 宇都宮清吉,〈孝經庶人章〉, 同著,《中國古代中世史研究》, 東京, 1977, pp.254- 258.

170)《水經注》卷31〈溳水〉, “其水又南與義井水合 水出隨城東南 井泉嘗湧溢而津注 冬下不異 相承謂之義井 下流合溠 溠水又南流 注於溳”.

171) 이 부분은 1934년 발견된〈魯陽都鄉正衛彈碑〉잔문 중 彈을 결성하여 예상되는 이익을 열거하기 직전의 구절 즉 “府文于側 紀彈之利”에 상응하는 것 같다. 俞偉超,《中國古代公社組織的考察―論先秦兩漢的單-僤-

이 공사는 縣에 커다란 利를 가져온 수리공사로 추정된다. 또 비문 중 "彊者…弱者…"는 洪适의 지적대로 "강자는 재물을 출연하고 약자는 노동력을 바친" 것이라면, 2만 또는 1만 전과 1만 또는 3천 전을 각각 출연한 오대부와 '분자'는 縣의 강자, 즉 토호층으로 이해해도 대과는 없다. 양자의 출연액 차이로 보아 오대부가 훨씬 부유한 것이며, 바로 이 때문에 그들은 오대부 爵을 매입할 수 있었을 것이다. 다시 말해 오대부와 '분자'는 모두 재력 있는 계층으로서 공공이익을 위한 공사비용을 분담하였으며, 전자는 復除가 허용된 爵을 소지한 반면 후자는 그것이 없었다는 것 외에는 양자의 차이를 발견하기 어렵다는 것이다. 그러므로 필자는 '분자'를 '出分之子'로 이해하는 것은 일단 반대한다.

한편 《漢語大詞典》 '分子' 항은 第1義를 '공동으로 禮物을 보내거나 일을 籌辦할 때 매인이 분담하는 錢財'로 해석하면서 宋 趙彦衛 《雲夢漫鈔》 卷5에 언급된 〈舜子巷義井碑陰〉의 해석을 轉載하고 있다.[172] 물론 義井碑陰의 '분자'는 돈을 낸 사람의 신분이나 성격이지 결코 분담금 자체는 아니다. 물론 한자의 특성상 '분담금'에서 '분담자'의 의미가 파생할 여지는 충분하다. 그러나 비 건립비용 분담내역을 기록한 漢碑들은 개인별로 "故外黃守令尹松大德三百"의(《隷釋》 卷5 劉熊碑陰) 예와 같이 '官＋姓＋名＋字＋錢額'을 기록하였을 뿐, 그들을 '분자'로 표현한 예는 없다. 이것은 결국 '分子'가 일반적인 공동경비의 각출자는 아니었음을 의미하는데, 義井碑陰은 '五大夫＋魏充＋本＋二萬', '分子＋黃國＋本＋三千'과 같이 출연자의 人名과 錢額 사이에 '本'字를 삽입한 것이 특색이다. 오대부 문제는 일단 차치하면, '分子'의 의미는 이 '本'에서 실마리를 찾을 수밖에 없는 것 같은데, '本'의 의미는 〈魯陽都鄕正衛彈碑〉(이하 '魯陽碑'로 略함)의 "國服爲息 本存子衍 上供正衛 下給更賤"의 구절에서 분명히 드러난다.

彈》(文物出版社, 1988), p.135 참조. 이하 魯陽碑의 인용은 모두 이 책에 의거한 것이다.

172) 이에 비해 諸橋轍次,《漢和大辭典》의 '分子' 항은 제1義를 '出分之子'로 제시하였다.

後漢末 지방관의 주도로 결성된 彈은 요역의 不均과 부세징수의 번거로움을 개선하기 위하여 기금을 조성한 후 필요한 인력을 고용하기 위하여 조직한 것인데[173] 〈昆陽都鄕正衛彈碑〉(이하 '昆陽碑'로 略함)의 "調貧抑富 結單言府", 劉熊碑의 "爲作正彈 造設門更 富者不獨逸樂 貧者不獨□□"은 이 기금이 주로 부호에 의해서 출연되었던 사정을 시사한다. 앞에서 인용한 魯陽碑의 구절은 바로 기금의 운영방식을 언급한 것인데, 그 의미는 '국가가 상인 등에게 貸錢하여[174] 그 기금 본전은 보전되고 이식이 늘어나 위로는 正衛의 모집에 충당하고 아래로는 更役에 복역하는 자에게 임금을 지불한다'는 정도로 이해된다. 다시 말해 '本存子衍'의 '本'은 지속적인 사업을 위한 기금이었다는 것이다. 그렇다면 義井碑陰이 성명과 금전 사이에 '本'자를 삽입한 것은 바로 그 돈이 일회성의 비용이 아니라 지속적인 사업을 위하여 출연된 기금임을 명시한 것으로 해석되지만, 기금이 존속하는 한 출연자는 그 기금에 대한 일정한 관계를(예컨대 회원 또는 주주와 같은) 유지하였을 것이다. 일회성 비용 분담자에게는 사용된 예가 없는 '분자'로 기금을 분담 출연한 다수를 표현한 것은 '分子'가 바로 이 관계를 표현하기 위한 造語였다는 것이 필자의 추론이다.[175] 즉 '분자'는 기금성 자금의 분담 출연자를 의미한다는 것이다.

물론 오대부 역시 기금의 분담 출연자였다. 그러나 '분자' 대신 오대부 신분을 특히 명시한 것은 그 출연의 의미가 특수하였기 때문으로 추

---

173) 兪偉超,《中國古代公社組織的考察》, pp.144-155 참조.

174) "國服爲息"의 의미는 兪偉超,《中國古代公社組織的考察》, pp.148-149 참조.

175) 洪适은 자신의 입론을 증명하기 위하여 耿勳碑의 "脩治狹道 分子效力"을 "謂正丁已供差役 分子亦來助役"으로 해석하였다. 유감스럽게도 필자는 耿勳碑의 소재를 확인할 수 없어 확실한 논증은 유보한다. 그러나 洪适이 '出分之子'로 이해한 '분자'를 正丁 요역에서 일단 면제 또는 제 2선으로 유보된 자처럼 언급한 것은 도저히 납득되지 않는다. 그러므로 필자는 耿勳碑의 상기 구절도 '지속적인 협도 脩治를 위하여 기금을 조성하여 그 이자로 노동력을 고용하였는데, 기금의 출연자 '분자'도 공사에 자원하였다'는 정도의 의미가 아닐까 추측한다.

측되는데, 이 문제의 관건은 역시 그들이 復除가 보장된 신분이었다는 점일 것이다. 여기서 다시 中平 2년(A.D. 185)에 결성된 彈의 성립배경을 전한 昆陽碑의 "□若五大夫服屬□□□□爲□ 掌領衛單 錢復不徵"[176] 이란 구절을 주목해 보자. 이것은 결자가 많아 명확한 의미는 알 수 없지만 대체로 오대부는 正衛彈의 기금을 징수하는 대신 그 관리를 위임하였다는 의미로 추측되는데, 이 예외적인 조처는 법제상 요역이 면제된 오대부가 요역을 대체하기 위한 기금에 出捐할 필요가 없었기 때문일 것이다. 이에 비해 義井碑陰의 기금에 오대부가 대거 적극 참여한 경위는 알 수 없지만, 그 기금의 출연자 '分子'를 오대부와 '分子'로 구분한 것은 출연 의무가 없어도 출연한 오대부와 의무가 있어 출연한 '분자'로 대분함으로써 오대부의 관용과 미덕을 현창한 것으로 해석되는데, 일반 '分子'의 경우 당연히 소지하였을 것으로 추정되는 民爵을[177] 표기하지 않은 반면 오대부만 특기한 것은 그것이 爵級이라기보다는 復除가 보장된 신분임을 새삼 강조한 의도로 해석된다. 다시 말해 여기서의 오대부는 사실상 復除者의 대명사에 불과하였다는 것이다.

이상으로 義井碑陰에 대거 등장한 오대부의 의미를 지나칠 정도로 천착한 것은 18급에서 9급의 官爵이 復除란 특권을 매개로 사실상 오대부로 일괄 통합되고 나머지는 법제상의 具文에 불과하였음을 논증하기 위한 것이었다. 이 점은 後漢의 극말 獻帝 建安 20년(A.D. 215) 11월의 다음과 같은 작제 개혁에서 보다 선명히 드러나는 것 같다.

처음으로 名號侯(에서) 五大夫에 이르는 (작을) 설치하여 舊 列侯와 關內侯와 함께 무릇 6등의 작으로써 군공을 포상한다.[178]

---

176) 兪偉超《中國古代公社組織的考察》, p.132에서 인용. 이것은《隸釋》卷15〈都鄕正衛彈碑〉의 석문을 많이 보완하였다.

177) 비가 건립된 光和 3년(A.D. 180) 이전 35년 간 민작이 사여된 것은 靈帝 建寧 원년(A.D. 167)의 "賜民爵及帛 各有差", 桓帝 建和 원년(A.D. 147)의 "男子爵人二級 爲父後及三老 孝悌力田人三級", 質帝 本初 원년(A.D. 146)의 "賜民爵及粟帛 各有差", 質帝 즉위년(A.D. 145)의 "賜人爵 各有差" 등이다. 이상《後漢書》각 帝紀 해당년 인용.

裴松之는 《魏書》를 인용하여 이 구절에 다음과 같은 주를 달았다.

> 爵 18급의 名號侯와 爵 17급의 關中侯를 설치하여 모두 金印紫綬를 (주었으며), 또 爵 16급 關內外侯를 두어 銅印龜紐와 墨綬를 주었고 15급 오대부는 銅印環紐에 역시 墨綬를 주었다. (이들은) 모두 租稅를 수입으로 할당받는 특권이 없었으며[不食租], 舊 열후·관내후와 함께 6등급의 (작제를 이루었다.)

이 새로운 작제가 오대부를 15급으로 설정하였다면, 틀림없이 14급 이하도 爵이 존재하였을 것이다. 현재 14급 이하는 작명조차 전하지 않아 구체적인 성격은 알 수 없다. 그러나 이 6등 高爵은 오대부를 제외하면 모두 '侯'를 칭하였고, 특히 그 용도도 군공 포상용으로 명시하였던 만큼, 그 14급 이하는 이 6등 고작과는 동일한 차원에서 논할 성질은 아닌 것 같다. 이에 비해 6등의 新고작은 사실상 구 20등 작제 중 15등 少上造 이상을 개편한 것이 분명하다. 앞에서 지적한 바와 같이 소상조부터 식읍의 하사도 가능하였다면, 이 역시 20등 작제의 특성을 계승한 것으로 평가할 수도 있지만, 문제는 新작제가 15급 이상의 관작명을 모두 폐기하였을 뿐 아니라 舊制 10급에서 14급의 작명도 무시하고[179] 15급을 구제 9급인 오대부로 칭한 점이다. 이것은 결국 9급 오대부를 기준으로 유작자의 신분적 고하를 크게 양분한 舊작제가 15급으로 올린 오대부를 기준으로 다시 양분, 개편된 것을 의미하는데, 작급을 일단 차치하면 新制 6등 고작 중 열후 이하의 명칭은 사실상 關內侯와 五大夫를 세분한 것과 다름없다. 이것은 역시 舊制 18급에서 10급의 관작이 사실상 9급 오대부로 일괄 통합된 현실을 상정하지 않으면 이해하기 어려운 것 같다. 後漢의 高爵 賣爵이 關內侯와 五大夫에 국한된 것도 결코 우연이 아니었던 것이다.

---

178) 《三國志》〈魏書〉卷1 武帝紀 建安 20년 冬 11월, "始置名號侯 至五大夫 與舊列侯關內侯凡六等 以賞軍功".

179) 이 작명이 신제 14급에 잔존하였을 가능성도 있지만, 그 하위 爵인 9급을 15급으로 올린 것을 보면 역시 폐기하였을 가능성이 높다.

Ⅶ. 맺 음 말

官의 기본적인 성격은 일정한 능력과 자격을 기준으로 선발되어 법령에 따라 부여된 국가의 고유업무를 수행하는 대가로 일정한 보수(녹봉)을 받으며, 공정하고 객관적인 기준에 의해 考課·黜陟되고, 업무의 유무와 官의 고하에 의해서 그 권한과 위상이 규정되는 것이다. 필자는 이것을 '官의 원리'로, 국가 또는 황제의 공공적 기능과 그 성격을 '公의 원리'로 각각 규정한다. 황제의 정치가 '公'에 국한되었다면, 그것은 '官의 원리'만으로 유지될 수 있었을 것이다. 그러나 황제정치는 황제 개인과 家를 중심으로 형성되는 사적 욕구의 충족과 결합되지 않을 수 없었고, 이러한 황제의 '私'를 보장할 뿐 아니라 황제의 '公'과 '私'를 동시에 수행하지 않을 수 없는 관리에게도 일정한 '私'를 공적으로 보장할 수 있는 원리가 곧 爵의 원리였다. '皇帝'를 官, '天子'를 爵으로 규정하여 최고 통치자의 성격을 官·爵의 중첩으로 설정하면서 官職과 爵을 상응 또는 중첩시켜 상호 보완관계를 이루게 한 것은 바로 이 때문이다. 따라서 관료제도의 발전은 관료의 有爵者化를 필연적으로 촉진할 것으로 예상되는데, 이런 관점에서 본다면 漢代 관료에 대한 賜爵이 극히 절제되었을 뿐 아니라 前漢末 이후 사실상 형해화된 것은 이해하기 어려운 문제일 수도 있다.

그러나 중국 관료제도의 발전은 종족에 기초한 爵制的 질서의 극복 과정이었다. 戰國時代 이래 발전한 관료제도가 春秋時代까지 계속된 西周 봉건체제 즉 公·卿·大夫·士의 세습적 통치집단의 해체를 필연적으로 요구하였다는 것은 새삼 지적할 필요도 없지만, 西周 이래 爵과 官의 관계를 거시적으로 보면 작제에 속한 신분층에서 職事者를 선발하는 방식에서[180] 관직에 선발된 자에 대한 拜爵으로 전환되었다고

---

180) 閔厚基, 〈戰國 秦의 爵制 연구〉, 《東洋史學硏究》 69, 2000은 전국 秦에 국한된 고찰이지만 이 점을 잘 지적하였다.

342

해도 과언이 아니다. 바로 이 과정에서 전제권력을 확립한 군주는 父兄·종실 및 봉건 臣僚의 권력을 배제하기 위하여 族的 질서에서 이탈 또는 유리된 유능한 士를 私屬이나 近侍로 발탁, 관료화하였기 때문에 관료가 군주와 심정적으로 결합된 특권층으로 성장하는 것도 불가피하였다.[181] 그러나 이 전제 권력은 전통적인 봉건세력의 특권을 '私'로 규정하였던 만큼 신흥 관료를 적극적으로 封爵할 수도 없었겠지만, 그렇다고 권력의 수족인 관료를 '官'의 원리만으로 대우할 수도 없었을 것이다. 고관에게 사실상 爵的인 '私'를 방불케 하는 특권이 보강되면서 官爵이 극히 절제된 漢代의 상황은 바로 이런 각도에서도 일단 설명될 수도 있다. 그러나 이 문제는 역시 民爵을 포함한 漢代 작제 전체 속에서 보다 폭넓게 조명되어야 한다.

　漢代 작제의 가장 큰 특색은 황제와 함께 '私'를 향유하는 특권 지배층에 국한된 封爵이 아니라 전체 齊民의 有爵者化를 지향하였다는 점이다. 爵의 기본 성격이 본래 직접적인 臣屬 관계를 맺는 당사자 간에 授受되는 의무와 특권이었던 점을 고려하면 漢代 작제의 지향은 오히려 당연한 것 같다. 春秋時代 이전 군주와 직접 신속 관계에 있었던 봉건 귀족이 향유한 爵을 이제 황제의 직접 臣民으로 설정된 齊民에게 향유시키고자 한 것뿐이기 때문이다. 그러나 全 齊民의 有爵化는 사실상 全 齊民의 無爵化를 의미하였다면, 제민이 빈번히 사여되는 爵에 대한 별다른 관심을 갖기도 어려웠을 것이다. 앞에서 本稿는 간독 자료를 중심으로 民爵이 비교적 광범하게 사용된 것을 지적하였지만, 그것은 대부분 공문서였다는 점을 기억하지 않으면 안 된다. 실제 漢代人이 토지를 비롯한 일반 매매[182] 또는 외상거래 문서,[183] 유언장,[184] 묘

181) 增淵龍夫, 〈戰國官僚制の一性格〉, 《中國古代の社會と國家》, 東京, 1960 참조.

182) 吳天穎, 〈漢代買地券考〉, 《考古學報》 1982-1 ; 池田溫, 〈中國歷代墓券略考〉, 《東洋文化研究所紀要》 86, 1981에 수록된 漢代 買地券 참조.

183) 角谷常子, 〈居延漢簡にみえる賣買關係簡についての一考察〉, 《東洋史研究》 52-4, 1994에 종합 정리된 문건 참조.

184) 江蘇 揚州 胥浦 101호 漢墓 出土 先令券書(《散見簡牘合輯》, pp.105-106)

비,[185] 名謁(전술 윤만간독 명알 참조) 등의 실생활에서 民爵을 사용한 흔적은 현재 확인되지 않는다. 특히 일련의 상해사건을 기록한 江蘇 連雲港市 花果山 출토 前漢 晚期의 간독도 관련인을 '榮成里徐譚' 식으로 '里名＋성명'만 표기하였고,[186] 後漢 延熹 2년(A.D. 159) 입춘 祭儀에 필요한 토목 경비를 매해 부담할 것을 자청한 張景에게 후손까지 復除를 허락한 南陽郡과 宛縣의 왕래문서를 轉刻한 비문이[187] 民爵 정도는 틀림없이 소지하였을 것으로 추측되는[188] 張景을 '男子張景'으로

이 문건은 西漢 말기로 추정된다.

185)《隸釋》에 수록된 묘비 중 長吏와 少吏는 모두 직명을 칭하였고, 관리가 아닌 경우는 성명만 칭하거나 오히려 '故民'(《故民吳仲山碑》), '處士'(《處士 金恭闕》) 등을 칭하였을 뿐 爵을 칭한 예는 없다. 栗原朋信,〈兩漢時代の 官民爵に就いて〉(下)는〈陳球碑陰〉(《隸釋》 卷10)의 '公乘儀元表'와〈公乘 伯喬殘題名〉(《隸續》 卷2)를 8급작 公乘의 용례로 지적하였지만, 양자는 모두 姓으로 보는 것이 타당하다. 즉 陳球碑陰의 열명된 고리 '周淸文德' 과 '王茂季盛'이 성명 周淸·王茂와 字文德·季盛을 각각 연칭한 것이 분명한 이상, '公乘儀元表'도 성은 公乘, 名은 儀, 字는 元表로 읽어야 한다. 또 '公乘伯喬'도 그 아래 거명된 '郫審叔雍'이 郫縣의 審叔翁(숙옹은 字)이 분명한 이상, 公乘은 성, 伯喬는 字가 분명하다. 한편 栗原이 소개하지 않은〈公乘校官掾王幽題名〉(《隸續》 卷15 목록)은, 본문 부분이 탈락되어 확실한 논증은 유보할 수박에 없는 것 같다. 그러나 직명과 작명을 동시에 표기할 경우 관명＋貫籍＋작＋성명을 표기하는 관행을 고려할 때 公乘을 작으로 보면 대단히 부자연스러운 표기가 되지만, 公乘을 성으로 보아도 어색한 것은 역시 마찬가지라면, 탈오의 가능성을 배제하기 어려운 것 같다.

186)《散見簡牘合輯》, p.96 참조. 이 간독은 "榮成里徐譚十月十四日甲辰□□ 以刀刺西長里孫宣"과 같은 형식의 문장을 몇개 기록하였는데, 공식 治獄 문건은 아닌 것 같다.

187) 鄭杰祥,〈南陽新出的東漢張景造土牛碑〉,《文物》 1963-11 참조.

188) 당시 張景의 나이는 알 수 없지만, 工費 "六十十萬"을 자담한 대단한 재력가인 그가 延熹 2년 이전 약 40년 간 반포된 11회의 민작 사여에 한 두 번도 참여하지 못하였다면 오히려 이상할 것이다.《後漢書》本紀에서 조사된 賜爵年度는 다음과 같다. 安帝 永寧 원년(A.D. 120), 延光 원년 (A.D. 122), 3년(A.D. 124), 順帝 永建 원년(A.D. 126), 4년(A.D. 129), 陽嘉 원년(A.D. 132), 永和 4년(A.D. 129), 建康 원년(A.D. 144), 質帝 즉위년(A.D. 145), 本初 원년(A.D. 146), 桓帝 建和 원년(A.D. 147)

344

표기한 것을[189] 상기하면 민작 사용의 좁은 범위를 다시 한번 짐작할 수 있는 것 같다.

결국 국가는 民爵을 적극적으로 사여하고 개인의 공적인 신원에 불가결한 항목으로 표기함으로써 民과 황제 간에 설정된 작제 질서를 스스로 확인하려고 하였지만, 齊民 자신은 황제가 은혜롭게 하사한 爵位 자체에 별다른 흥미를 갖지 못하였고, 따라서 황제를 축으로 형성된 爵制秩序도 의식하지 못하였다고 해도 과언은 아닌 것이다. 이에 비해 600석 이상 고관에 대한 官爵 사여는 국가도 극히 소극적이었고 爵에 상응하는 특권을 오히려 관 자체에 첨가하였으며, 그 결과 公私 생활에서 관작이 거의 표기되지 않았다는 것은 官과 民, 官과 官의 관계뿐 아니라 황제와 관의 관계에서조차 爵의 매개적 기능을 가능한 한 배제하려는 의지로도 해석된다. 이것은 유작자에게 官事를 부여하던 제도가 官吏에게 爵을 사여하는 방식으로 전환된 이후, 다시 官과 爵의 연계를 절단하려는 단계인데, 황제통치의 도구이지만 그 특권적 대리인으로 성장하게 마련인 관료를 공적으로 '私'를 보장하는 爵의 원리로 다시 보강하는 것을 원하지 않았기 때문이었다는 것이다.

그러나 이 결과 지배층의 공공기능과 사적 욕구를 상호 조화 보완하였던 爵과 官은 이제 官과 民에 각각 분리 적용된 統治의 軸이 된 것이다. 즉 통치의 대상인 특권 없는 齊民은 형식적인 작제에 편입하여 황제와의 직접적인 신속과 은총·禮的인 관계를 확인시키는 한편, 특권이 보강된 官은 爵과 차단함으로써 원리상 '私'적인 요소가 배제된 관리로 하여금 은총 받은 齊民을 통치시킨 것이다. 이것은 유작자 官과 유작자 齊民 간에는 효과적인 법적 통제를 기대하기 어렵다고 판단하였기 때문으로 해석되지만, 표면상의 예적 관계를 강조하면서 내면으로는 법적 통제를 관철하려는 의지를 분명히 천명한 것이라고 해도 과언은 아니다. 그러나 이념상 官도 민의 연속적인 존재였고, 官과 民

---

189) 문장의 형식상 공문서를 그대로 轉刻한 것 같은데, 公文 원본에도 '남자'로 기록하였다면, 이미 공문서에서도 민작을 사용하지 않은 증거가 될 것이다.

의 연속성이 편호제민 지배체제의 핵심 중의 하나였던 만큼 民爵이 존재하는 한 官爵은 논리적으로 필요하였고, 바로 이 때문에 관작을 포함한 작제의 구조는 유지되었던 것 같다. 결론적으로 말해 漢王朝는 이념적으로 작제질서에 편입된 전 제민을 법령에 기초한 관료제도를 통하여 통제하였기 때문에 관작은 형해화되고 현실적인 의미를 상실하였지만, 동시에 전 제민의 有爵者化 이념 때문에 관작 자체도 폐기되지 않았던 것이다.

이상과 같은 漢代 官爵의 성격은 결국 황제와 齊民의 직접적인 臣屬 관계를 과거 지배층 간의 예적인 상하관계로 擬制하려는 이념에서 비롯된 것이었다면, 그리고 황제와 民의 직접적인 신속 관계의 완벽한 확립은 漢제국의 역사적 과제의 하나였다면, 적어도 이 이념적 강박관념이 극복된 이후에야 특권적 관리들은 다시 爵을 요구할 수 있었을 것이다. 編戶齊民 체제의 이념과 실제가 크게 후퇴된 魏晉·南北朝時代의 이른바 문벌귀족들이 5등 작제의 부활을 강력히 요구한 결과 부분적으로 관철된 것은 바로 이런 관점에서도 이해될 수 있는 것 같다. 아울러 漢代의 '天下吏民'의 有爵者化가 사상적으로 儒家와 法家의 합작이었다면, 그 포기와 관료 지배층만의 有爵者化는 儒家思想의 우세를 반영한 것으로 해석될 수 있을 것이다.

[中文摘要]

商周時代犧牲家畜的需要供給和禮制的功能

鄭夏賢

　　商末祭祀的盛行和肉食的流行惹起了牛羊豕等家畜犧牲的大量消費。卜辭裏關于犧牲的數值經常達到了大規模，比如一次的祭祀超過數十頭的大量消費不少見，甚至于達到了數百頭或者一千頭的消費。所以，有一些研究者主張商代畜牧業非常發達。但是，我估計商代畜牧業的水平決不超過西周的。如果考慮到這件事情，而且從當時的經濟力水平來看，商代家畜的消費不是正常的，而是非常過分的。在祭祀使用的犧牲和肉食占有當時需要的絕大部分。這些需要都是爲支配身分的，換句說話發揮了維持支配身分的威信財的功能。還有，只拿牛來看，用動力的需要，比如服牛等需要還沒到高的水平。尤其牛耕還沒被普及。

　　這樣的情況下，西周成立後面對了控制非正常的消費的必要性。同時西周不得不改善供給不穩定的問題。每次的犧牲消費差得很大一有的時候超過數百頭，有的時候從一頭到數頭一，我估計這種現像是由于供給不穩定的情況。因此，西周的禮制誕生了。當時只在經濟方面來說，禮制提供了比較穩定的供求一就是流通構造，這个構造在一邊控制過分的需要，在一邊造成合適的需要。最後，可能確保穩定的供給。

　　關于西周禮制的資料，除了《周禮》、《禮記》等禮書以外非常少，而且禮書的內容是和現實可能有距離的。儘管如此，這些禮書裏的禮制反映西周禮制。所以，用《左傳》、《國語》、《逸周書》等資料來補充禮書裏的記錄，就可能分析出西周禮制的實際。然後，諸禮書和卜辭資料比較一下，就可能發現，西周初在犧牲消費上出現了一些變化。一來，照應着四時的運行規定了消費，比如在春季不准用幼少家畜做犧牲。二來，犧牲的種類和數量上出現了定制化傾向，商末還沒有關于種類和數量的規定。三來，隨着身分差等制限了犧牲的使用。那个時候，肉類的消費被局限在士大夫身分以上。經過這些變化，禮制的經濟功能逐漸確立了。

當時人認識禮制的供求調節功能嗎？至少，《周禮》、《禮記》等諸禮的編者認識了禮制發揮這種功能。諸禮書關于經濟方面上禮制的功能擁有怎麼樣的看法？《周禮》春官大宗伯條裏有"以禮樂合天地之化百物之産，以事鬼神，以諧萬民，以致百物"的句子。這意味着'制作禮樂，合聚萬物，爲牲牢粢盛酒醴器服之等，以待賓客祭祀之事而用之也'(《禮記》〈聘義〉鄭注)。到底，諸禮書裏的禮制帶有供求調節的功能明白了，尤其祭禮和交聘禮等等就是。

從這種觀點來看，關于禮的起源問題注目交換功能─就是流通功能的研究引起我們的關心。如果認定禮制的流通功能，使我們注意到周武王做侈靡的問題。關于周武王有他做侈靡的說話。這句說話和傳統的武王像─爲了穩定民生，實踐儉約─不一致。商周革命後西周王朝面對了必須統合地方勢力的情況。我估計，經濟方面上流通的問題─尤其是造成供求穩定的條件─也被包括在西周面對的問題裏。這個問題惹起了西周王朝的苦悶，所以在說話裏面表現出來了。如果承受關于武王侈靡的解釋，西周禮制一邊強調儉約一邊鼓勵消費的態度決不是相互矛盾的。我們看到禮制上設置'隆'和'殺'的論理，這一對論理雖然看起來很像相互矛盾，但是通過這樣巧妙的論理構造，禮制可能維持供求的穩定。所以，荀子也說了"禮者，以財物爲用，以貴賤爲文，以多少爲異，以隆殺爲要"。

禮制發揮流通的功能的，局限在祭禮和食政方面上宗教的傾向濃厚的時期。現實的用途越增加，跟禮制有密切的關係的供求構造越弛緩了。這種變化在食用的擴大和服牛的增加等情況下起來了。雖然西周時期已經孕胎了變化的要因，但是春秋時期禮制下的供求構造才開始變成爲新的供求構造，這是和現實的用途有密切關係的供求構造。

中國古代的求雨習俗與徙市

李 成 九

　　本文將所謂徙市的求雨習俗規定爲封閉或者轉移作爲太陽神的降臨場所的市，以引導降雨的咒術行爲。從這些立場開始論證漢代以後徙市的變質而指明了市與桑林的相關性以及按照時代趨勢的兩者之間的共同變質。接著通過查對與徙市同種的行態，觀念的旱魃退治儀式，我對這徙市論證了我的見解。內容是如下。

　　首先依據稀疏的資料推定了徙市是爲消除陽氣的習俗，爲了補充這些脆弱點重點論證秦漢代的徙市喪失原來的意義。　在《春秋繁露》裏的暴巫與聚巫是以女巫的陰氣也就是擊退旱魃的咒術。這是商代的暴巫明明白白的被變質的。　那些徙市還是把陰氣地域的市轉到南方而阻擋陽氣的行爲。　這是已喪失原初意義的極人爲咒術的。

　　第二，能夠確認原始的市與扶桑，桑林，空桑的機能的類似性及類似的時代開展過程而通過這些指明雩祭場所的市是爲求雨而移轉的背影。　市與社在機能上有不少共同點。　這事實指出兩者是在未分離階段上本來同一聖所的。　那原出的聖所是與甘雨，豐收，多產的祈求有結的桑林和高禖。　這根據是祈雨，歌舞，戀愛的相關關係可以在市，社，桑林共同確認而且看到大喬木立在這地域就能明白。　祈雨與桑樹的相關性可以從桑的不具性開始的非世俗性與神界親和性而咒術性的視覺上說明。　不過能看桑樹的棲息地是濕地，川邊而扶桑忍耐熱的太陽。　所以桑樹是水氣的象徵，化身。因此生命力開始的源泉。

　　作爲桑樹信仰原泉的扶桑的生命力在原始階段的扶桑(空桑)是產生太陽的巨大的女性生殖器的觀念上得到證明。　扶桑表象的原初的性格是沒跟男性神交合也可以生殖的原始母神。　她的原形就是羲和＝女媧。　因此扶桑是兼有陰陽兩面的存在。　高禖的原形也是全能神女媧。　如此，原始的母神崇拜中心地的空桑是隨着父系社會的成立變成太陽神住處或者對太陽神的祭禮地域。 這又變成給權力者權威的聖所，就是初期權力借天神的權威演化成保存正統性的聖所。 到了《周禮》淪落成后管理的陰氣地域而其位置也從東邊轉到北邊。 這樣的扶桑的歷史上變貌過程是類似市的那些方面。 社也有了類似的歷程。 通過對這些過程的追跡，我們能够在新的角度上確認市可以當雩祭的場的原因及秦漢的徙市喪失原初意義的背景等。 而且按照父權制的確立和權力的强大，原初的聖所的性格和機能的變化下去。如此，市和扶桑，桑林，空桑是從原始母神的祭禮地域變到對太陽神的祭禮地域與陰氣地域。 從原始母神變樣到太陽神和女魃變質旱鬼不同的情況。市的陰氣化與市的行刑會有密切的關係。

第三， 以分析射日與處斷旱鬼的意義確認了支撐徙市的底邊觀念與陽氣退治觀念的相關性。 羿的射日及退治旱鬼的地域是桑林。 這事實證明在桑林的狩獵是旱鬼退治儀式。 在戰國時代銅器上我們看到採桑以及射禮的紋樣。 我們把那樣的紋樣推定在桑林通過採桑和狩獵爲求雨習俗還那在辟雍上再現的射禮或是后代的形態。 而且再現射日的射鳥是在漢代圖像石被見的樹木射鳥圖以射日神話的再現爲甘雨與豐穰的祈求。

第四，更清楚地能證明旱鬼的追放以跟徙市同一的觀念爲低邊。支撐旱魃退治習俗的低邊的觀念構造在女魃追放明顯，按照中國古代女神從原始母神淪落到男性神的對象而妖怪的過程，我們能夠把女魃當成羲和或女娲的前身，或者太陽神黃帝的分身或那卑俗化。 在《山海經》表示莊嚴的追走的女魃追放咒術的儀式由於旱鬼的權威低落，時間越流逝越苛刻把女魃投進河里。 后代達到了把女魃投在廁間弄死的地步。 這種儀式的共同點是把女魃追放到陰氣地域。 值得注意的是在《神異經》女魃給市的群衆施與善行的。 這女魃原來從市被祭禮的太陽神的唯一證明。

這些旱鬼退治的觀念能確定。 暴君驅逐大水還有被敵視關系的權力者關押在水牢的行爲。 據說射日儀禮也復數太陽當中只留下一個。 這是能明白多數權力者的出現所以引起來的混亂的告終行爲。 據說少數民族的新年儀禮的射日是把過年的舊太陽射消除的行爲。 這是能明白天地創造的再制定而中國的皇帝在一年來不幷立也就是隨着在一年只有一个太陽的觀念。 如此， 王死亡時的巷市儀禮也能明白隨着小太陽的死亡封閉過太陽神降臨場所的市儀禮的殘存。 這會做出結論， 這些脈絡上徙市是移轉到太陽神的降臨地域而要退治陽氣的旱魃退治習俗。

西方傳來文物與崑崙山神話

金 秉 駿

我在正文中全面探討了與中國文明的起源有關的從西方傳入重要先進文物的可能性。首先，從考古方面探討了西亞地區的靑銅器和鐵器向中國傳入的可能性。最近，在甘肅地區和新疆地區發現的許多遺物可以證實這一点。中原地區的紅銅階段幾乎无法確認，一部分被確認的也比較晚。而在甘肅地區大量的紅銅及砷銅又和西亞及中亞的有類似的特征。后者在時期上先于前者，所以靑銅器從西亞經過甘肅傳入中原的可能性非常大。因爲公元前2千年前半期，西亞馬車的基本形狀是西周時代馬車的典型形狀。雖然存在着車輪輻條多或是輿的位置不同這些細小的差異，但是可以通過中亞出土的馬車來確定這是從西亞傳入中國而變形的事實。和馬車相關的各種技術以及許多文物也一起傳入的可能性很大。在陝西省扶風縣西周宮殿遺址出土的兩個蚌形人頭像是證實這些人物主人公的很好的事例。但是据推斷他們直接傳入文物的情況是非常有限的。因爲不僅對這個'異人'民族很反感，而且中原地區周圍的羌族等諸戎接受了這個民族的文物而和中國有實質的文化接觸。

然而，西方文物的傳入不是只能從考古學資料來證實的。如果考慮傳入文物對當時社會的影響的話，在古代中國人長久的記憶中一定留有某些痕迹，筆者認爲這可以從整理古代記憶的神話中找到線索。中國神話中發明金屬的英雄蚩尤就具有許多西方神的特征，所以這個事實好像指示金屬從西方傳入的。但是問題在于除了蚩尤外中國文明的祖先黃帝也是以發明金屬的英雄出現的。又從和馬車相關的神話比馬的馴化傳入還早的事實來看，雖然可以推測西方傳入的事實，但却无法找到發明馬車的英雄奚仲也和西

352

方有直接關系的事實。 但是如果觀察一下金屬和馬車的其他神話和畫像石等的話， 都與在西方的昆侖山和西王母有密切的關系， 所以通過昆侖山神話可以進一步研究這個問題。

觀察一下昆侖山， 首先可以發現它的位置在西方， 問題在于昆侖山被記載是天下的中心。 一般古人把自己認爲是天下的中心， 在此地與神交涉。那麼怎樣理解除了自己中心以外還在遙遠的西方盡頭還有一個天下中心的昆侖山神話呢？ 爲了解釋這個問題， 我在正文中首先調查了昆侖山信仰的分布地區， 就發現到在商周時期以前， 中國西方邊境地區的三星堆文明和以周族的發祥地爲中心形成， 分布的事實。 而且如果認定另外的一個世界就由于與其接觸的話， 昆侖信仰分布在西方邊境的事實就可以說意味着通過中國的西邊相互接觸。 但是盡管接觸西方文化， 這不能簡單地創造在其他世界還有一個天下的中心的神話。 這個現象肯定由于從西方傳入的文物是非常重要的， 能給當時社會帶來重要的變化的。 同時， 一般的古人對外界的異人有强烈的恐懼和抵抗， 而且他們幾乎无了解對越過草原的遙遠的西方。 這種情況的綜合作用下， 昆侖山神話帶着'无法接近的神秘的地方'，'各種令人恐懼的神居住的恐懼的場所'。 只有這樣才能理解在自己的世界之外還有一個天下中心的昆倫山神話。

總之， 從西方傳入文物一說最近從考古學能得到證實， 這一点除了考古學外， 在中國神話的昆侖山神話中也能找到痕迹。 當然古代中國人在自身文化基礎之上把從外部接受的影響重新變形、受用的。 靑銅器、鐵器、馬車都是先從西方傳來以后直接以很快的速度擴大并以据中國特征的形態發展的。 而且在所謂'沈默交易'的古代社會交易特征上， 一般不能准確的記憶最早的文物傳來過程卽何時、 如何發生的事情， 所以隨着時間的流逝古代中國人把整個文明看作自己創造的， 而且把自己居住的地方看作天下的中心。因此，戰國時代以后在中國神話中靑銅器，鐵器，馬車的發明都自然的歸結于像黃帝等這些中國的文化英雄。 其反面， 從西方傳來文物的記憶隱藏在昆侖山神話里。 但是， 由于長期傳來的文物的記憶，神話的內容帶着另外的世界中心。《山海經》中的文明英雄是除了在中央地方以外只在西方出縣的事實也證明這樣的結論。

秦末及西漢末年郡屬吏的休息與節日
—對〈秦始皇34年曆譜〉與〈元延2年日記〉的比較分析—

李 成 珪

　　本文旨在比較分析江陵周家台30號秦墓出土的, 據推測由南郡屬吏注記的〈秦始皇34年曆譜〉與由前漢末東海郡屬吏注記的〈元延二年日記〉, 進而提出秦末與前漢末之統治方式上的有些異同。 該〈曆譜〉除了記載秦始皇34年精確的曆譜以外, 還記載秦嘉平節時, 從12月25日至除夕共休息五天, 以及秦末郡府對屬縣, 郡內都官(鐵官和監督鐵官機關的後府)的監察與控制, 由郡負責審議賜爵時附帶進行的賞賜之"賜"等內容。 有關秦鐵官的記載爲了解漢帝國的江南政策提供了重要的線索。 秦南郡鐵官原本繼承舊楚國都城一帶的鐵器生產傳統, 漢政府却將其廢除, 在楚國舊地實際上沒有設置鐵官, 其目的是使江南的鐵器文化從屬于中原, 防止在長江流域一帶再出現如楚國那樣的強國。

　　將該〈曆譜〉同約200年以後由西漢末年東海郡屬吏留下的元延2年(公元前11年)〈日記〉相比較, 就會發現秦帝國與漢帝國在統治方法上存在着非常有趣的差異。 首先對這兩份史料中有關宿舍的記載進行比較。 秦和西漢均實行官吏的官府內吏舍宿食制度, 但秦沒有如漢代那樣的5日1休沐制度,也沒有西漢末年對屬吏部分允許的府外個人宿舍制度, 秦官員出差只許宿於傳舍, 亭, 吏舍等國家設施。 由此可以看出, 在官吏也"需要家庭生活"這一点上,秦大大落后于漢, 特別是沒有認可少吏讀書及其它私生活所必需的時間和空間。

　　本文對〈日記〉中的8節, 伏, 臘以及〈曆譜〉中的歲末, 嘉平進行了比較, 得出如下結論。 漢代在伏日、臘日、立春、立冬、立夏、立秋時, 至少允許休息一天；冬至, 夏至時允許休息五天, 同時允許舉行各種祭祀, 宴會, 慶祝活動。 但秦除了從12月25日嘉平至除夕休息五天以外, 沒有規定其它的節日。 可見兩帝國在允許包括官民在內的所有人休息和娛樂方

354

面表現出不同的態度。 這種差異使我們聯想到《禮記》〈雜記下〉中子貢和
孔子對臘祭狂亂場面的相異的看法。子貢主張不能容認這種狂亂,孔子則認
爲這是"一張一弛"的"文武之道", 對其持肯定的態度。 子貢的主張同魏國
李悝只允許一年兩次的春秋社祭的盡地力之敎及秦的節日政策有相通的一
面,而孔子的主張同漢代允許編戶齊民充分休息和娛樂的節日政策有相似
的一面。

在古代集團性休息和娛樂主要是通過祭儀實現的, 因此國家要想控制民
的休息和娛樂, 就只好統制祭儀。 戰國以後國家對傳統祭儀盡可能予以合
幷, 其原因就在于此。 而漢代將主要節氣作爲節日予以公認, 從而擴大了
祭儀。漢帝國對人們生活的關心和照顧, 其理論根據是儒敎"文武之道"
的統治原理和災異論所强調的人類生活順應自然循環往復的時令和月令
思想。〈日記〉中有關風雨的記載, 就表明當時災異思想的盛行和災異被
政治所利用的事實。

李悝提出春秋兩次社祭時分配給小農民5人1戶的經費僅爲10石, 這相
當于五口一戶一年糧食總量90石的1/9,總消費量的1/15,農民僅靠這点兒
糧食根本無法過上豐盛的節日。 因此可以說, 秦的節日政策考慮到了小
農民的這種實際生活水平, 而漢的政策却不顧這種現實。 漢所允許的充
足的休息和慶祝活動對大多數小農民來說, 是沒有實際意義的。 漢代節
日已喪失作爲共同體的慶祝與聚會活動的意義, 而頹變爲個別家庭的節
日, 貧窮的小農民如果不被鄉里豪族所宴請, 那么節日對于他們是沒有
任何意義的。 可見漢代的節日是豪族階層自己享受國家公認的休息與娛
樂, 同時借機向貧窮小農民施以恩德, 作爲鞏固對農民統治的手段。 隨
着大土地所有制的發展和豪族階層的成長, 加速了其讀書人化和官僚化
過程, 此時出現漢代節日擴大化, 官僚休沐制度及官府外的宿食制度是
非常自然的現象。 秦末〈曆譜〉與西漢末〈日記〉內容上的差異,同豪族階
層的發展之是否密切相關。

末尾的附錄部分, 主要論證了〈日記〉中10月3日和4日的"從卿之羽"和
"宿羽"的部分, 是有關〈日記〉作者參加在東海郡緜, 禹的聖地羽山擧行的
立冬祭的內容, 借此了解漢帝國對未編入國家儀禮的民間祭儀的政策。 筆
者在舊稿中誤認爲其爲冬至祭, 在此予以修正。

數字體系與漢代人的生活

崔 振 默

在中國古代數字不但具有表示計數和實數等實用性, 而且還以代表某種象徵性的價值和意義的符號而被使用。 數字主要以追求天地人合一的神祕的象徵性要素而被使用。 本文主要探討中國古代數字的象徵性及其特徵以及對漢代制度, 社會生活的影響, 并探討數術學的實際應用問題。

數字的象徵性是在解釋宇宙生成演化的過程中產生的。 在當時從數理的角度來解釋宇宙的生成過程主要有兩個系統。 其一爲《老子》的所謂"道生一, 一生二, 二生三, 三生萬物"的"1-2-3-萬物"的結構。 由3分化爲萬物, 因此3意味着宇宙生成過程中一個階段的完成。 周代昭穆制度中對3的崇拜和司馬遷所說的"數始于一, 終于十, 成于三"都與此相符。 3代表完成其意義在三公, 九卿制度等典章制度和政治措施中反映出來。

對于宇宙生成的另一種數理解釋就是《周易》所指出的"易有太極, 太極生兩儀, 兩儀生四象, 四象生八卦"的"1-2-4-8"的結構。 兩儀代表天地, 四象代表四季節, 表明太極具備宇宙空間(天地)和時間(四時), 就會形成萬物的宇宙分化與發展的道理。這些數字以2^n的形式排列, 由此可知《周易》對萬物的形成和變化過程的解釋是以2的倍數形式進行的。 因此, 對于社會制度與生活中出現的2的倍數卽偶數, 可以用《周易》中的這一原理來解釋。

如上所說宇宙生成演化論中《老子》中的3和《周易》中的2^n的排列, 雖表現爲不同的系統, 但在天圓地方的天地結構論中可以找到它們之間的相互聯系。 在《周髀算經》中, 有"數之法出于圓方"的主張。 對此, 漢代趙君卿的注提出了 "圓-數字3-天-陽-奇數"和"四角形(方)-數字4-地-陰-偶數"的連接結構。 在圓的數字3代表圓周率, 在四角形的數字4表示四個邊之和。 對于"參天兩地而倚數, 觀變于陰陽而立卦"(《周易》〈說卦〉)中的"參

356

天兩地”, 不應解釋爲 天3地2, 而應解釋爲“三其天, 兩其地”。也就是天數的3倍與地數的2倍之積的配合, 卽(3×1×2×2), 因此, 是天3地4。這與趙君卿《周髀算經》的解釋是一致的。

如上所述數字3與天圓有關, 數字4與地方有關的話, 那么《老子》所解釋的就是天道卽天圓, 《周易》所解釋的就是地理卽地方。 雖然這兩個系統很早就融合, 但是對于玉琮等內圓外方的禮器和錢幣, 式盤等外圓內方的兩種不同種類的器物, 需加以說明。天3地4如果從長度考慮, 則地更長, 用圖形表示則爲內圓外方。 但實際上天比地更大, 所以外圓內方的形態是正確的。 這可能就是理論上的宇宙結構論與實際上的天體論之間的差異。 到了漢代由于宇宙結構論的發展, 兩種學說完全融合爲一。

對于宇宙生成與結構的認識在數理上得到解釋以后, 對宇宙中心的認識引起人們的關注。五行說中的5, 實際上是一個中心數的概念。若單從中心位置考慮的話, 數字6也不比數字5差。 因此在五行說出台之前, 5和6曾有一段時間的闇爭。 如“五臟六腑”, “五運六氣”等, 就是5和6的幷稱。 由于中心數沒有確定下來, 所以出現了如人體11脈那樣, 人們想以5與6之和來解決這一問題。直到提出五行說以後, 5最終代替了6, 于是天圓(3), 方(4), 人間(5)的所謂天地人的結構最終用數字系統化了。 從數理的角度來考慮, 5被選用似與直三角形的3：4：5的比率有關。

從天圓地方的天體結構論派生出的另一個數字體系就是“三分損益法”。三分損益法是以9爲中心, 加減其1/3, 得到9, 6, 8三個數, 以此三個數爲中心形成的數字體系。這種比率可能是從方圓相容圖中得到的。 圓形與其圓形內接的四角形, 再與其四角形內接的圓形, 其長度比率爲9：6：8。因三分損益法表現了天地關系, 所以在古代社會音律, 度量衡, 曆法等都利用這一原理。9爲天, 6爲地, 8爲人, 如果說天(3), 地(4), 人(5), 表現的是天體的結構, 那么它則表示天體的運動與變化。

另外數字作爲時間的尺度, 被用作人與社會的生活周期。 在數字中周期概念最明顯的是10和12。 據說十干中的10, 表示人類的生活周期, 是與人類的懷胎周期有關的。 但數字10與天體運動的周期規律無直接關聯, 因此天體的周期性比較明顯的12被選用。 12是天3地4交合的數字, 如12次, 12小時制, 12地支, 12生肖, 以及建除12直, 在方士們的占法中廣爲利用。 在天體中爲表示超過12的週期, 便選擇了36。從方士們常使用的“36雨”中可以看出，36周期的基礎是數字10和12。

　　將宇宙的形成，結構及運動規律數量化以後，方士們關心的下一個對象是奇偶數的運用。從天人相應論考慮奇偶數的均衡與諧調是最理想不過的。因此在各種祭祀和禮制中奇偶數需要有機地配合。這種考慮既與陰陽說有一定關系，而且也與方士對數的認識，卽對重疊與對稱等數字的排列和公式十分關心有關。那就是通過奇偶數的諧調與均衡實現理想社會的觀念。但在實際生活中奇數崇拜思想十分流行，奇數祭祀方法，曆法中重數節日等卽爲此。《黃帝內經》中女7男8的數字，不該用陰陽說解釋，而應按照象數易學的原理，用奇偶數的運用隨時間的變化而變化來理解。

　　除了制度和風俗以外，用宇宙的聖數解釋人的做法也是多種多樣的。首先漢代許多著作的卷數考慮到與天數的合一。《史記》中不僅是五體的構成，五體各部分的卷數也與天體周期的曆法的數有關。《呂氏春鞦》中12紀也模倣了一年12個月。另外，《太玄》3卷表示易的數字，81玄首和《春秋繁露》則受開始于太初曆的81分法的影響。明堂和都城的結構爲法天象地的典型事例已廣爲人知。明堂中出現的數字受天體運動周期，象數易學原理，陰陽五行說等影響，特別在平面結構上反映出九宮的數(15)是最明顯的特徵。九宮圖形態之明堂將圓轉爲方，就是用數學方式證明了天地的互換。長安城的規模也與九宮的數有關，將皇帝居住的未央宮設計成方形也與明堂是同一原理。九宮的數在八陣法中的運用表明天體數字在軍事方面也被廣泛利用。另外，在婚俗中適姻男女的年齡之合爲50，這成爲禮法的標準除了與身體的成熟度有關外，還與陰陽，大衍的數等有關。

　　如上所述，宇宙的生成，結構及運動的原理是數字的主要象徵性依據，特別是天圓地方的認識對數字的象徵性影響最大。方士們的數字體系，除了天文曆法的數之外，還包括《周易》的數的觀念。通過這些數，方士們將當時的知識體系在呪術階段的巫的傳統上加以升華，但卻未能達到合理的，理性的諸子學的階段。這些數字還只是觀念上的數字，不是數學的，幾何學意義上的數字。

漢代的官與爵

—以官爵賜予情況及其意義爲中心之探討—

李 成 珪

　　爵制與官制乃是中國傳統時代維護皇帝支配體制的兩大支柱。官是指按照一定基准而選拔的官吏依法執行法定的固有業務之制度，而代表着支配體制的公共性質；爵則是對有貢獻於國家者的一種補償，或對受皇帝恩寵者給予一定特權保障，以使皇帝和官吏的私欲得以滿足的一種制度。以往的研究，幾乎沒有注意到官與爵的互補關系，卽使是關於漢代情況的研究，也只是集中於20等爵制中的20級爵列侯與19級關內侯，8級以下的所謂民爵等，而對於原則上向600石以上的高官所賜予的18級以下，9級以上的"官爵"，則幾乎未予關注。本稿旨在探討漢代這種官爵賜予的實際情況及其意義，進而對官與爵的互補關系以及要求授爵的中國傳統時代官吏的性質加以理解。

　　漢代爵制的最大特色在於全齊民的有爵者化。皇帝對於無功之"天下吏民"，盡皆賜爵1級或2級，其爵級可累增至8級。這一事實似乎意味着原以軍功爵而成立的漢代20等爵制的破綻，許多學者把漢武帝的武功爵理解爲其代替方案。然而，武帝時的武功爵，不但沒有其在武帝以後施行的證據，而且其本身也不過是賣爵而已；一同施行的武功賞官，是對於那些雖在對匈奴作戰中建立了武功，但却沒有達到賜爵基准的有功者，將其任用爲官吏。近年來所發現的前漢末期上孫家寨漢簡與敦煌烽燧遺址中出土的《擊匈奴降者賞令》證明，直到前漢末，20等爵制作爲武功爵還存續。可見，向無功之民所普賜的民爵與向軍功者所賜予的軍功爵雖名稱相同，但前者沒有後者那種具體的特權卽"賜"。授予軍功爵，不僅考慮功之多寡，而且還綜合考慮立功者的地位，敵方之地位與身分而進行賜予，與以往人們所熟知的不同，甚至對第15級少上造也賜予食邑。

　　在漢代，向天下"吏民"普賜的民爵，似乎不授予600石以上的官吏。另外，文帝時所施行的納贖授爵制，也只不過是臨時性的特別措施；600石以上的官吏，從軍而以立武功來獲得9級以上高爵的機會亦并不多。因此，若想實現600石以上高官的全體有爵者化，不過是與立功無關，而是以皇帝恩寵的形式普賜官爵的方法而已。前漢時對高官的普賜共實行了15次，而後漢却無一例。官爵與民爵不同，它不是按級數而賜予，而是按官秩分等次地直接賜予爵級，而且亦無累增方式。官爵賜予雖然大體上與民爵賜予并行，但前漢和後漢的民爵賜予各有54次和36次，說漢代對於官爵賜予的立場非常消極也絕不爲大過。尤其是，第1次卽惠帝卽位年（B.C.195年）之賜爵，只不過是對太子時節御驂乘的五大夫賜爵；第2次景帝後元年（B.C.143年）之賜爵只局限於中二千石與諸侯相；第3次武帝元狩元年（B.C.122年）之賜爵則只局限於中二千石；其後過了40年才實行的第4次昭帝始元5年（B.C.82年）之賜爵，首次對中二千石以下，600石以上的高官等差地賜予官爵，這種賜爵總共不超過8次。漢代所賜予官爵的最高等級爲13級（第8次宣帝元康元年，B.C.65年），大部份爲11級左庶長。在15次賜爵中，　宣帝時與元帝時各4次；昭帝時爲2次；第13次爲元帝竟寧元年（B.C. 33年）；此後，經過成帝時期整整30年，於哀帝建平4年（B.C.3年）才賜予第14次官爵。

　　熱衷於齊民的有爵者化之漢王朝，對高官的有爵者化却意外地極其冷淡，而對這一問題比較關心的是從昭帝到元帝時代，　這一時期非列侯高官大舉出現。尤其是，以皇太子的冊封和冠禮爲契機，與對"爲父後者"的民爵賜予并行。官爵的賜予也高達5次之多。這一事實似乎意味着通過官爵賜予，以期望高官對世代延續之忠誠。這種消極的無功之官爵賜予，雖然會具有可以防止9級以上軍功爵的形骸化之效果，但是在漢代，比起高官的有爵者化來說，　似乎選擇把對有爵者所授予的特權擴大到也向高官授予之政策。卽對高官也減免刑罰和租稅；事實上終身在職也得以保障；可對庶民形成威嚴的服飾與車馬也得以制度化。在向民賜爵時，向高官所賜的則是錢、帛、黃金以及人事上的特惠等等（增秩及增勞），這樣，事實上單從官職角度，保障比關內侯以下的有爵者具有更優越的特權。

　　與此相并行，對建樹了軍功者也逐漸辨取以增秩（若爲吏的情况）和賞金來代替賜爵進行嘉獎，因此，擁有9級以上官爵者幾乎沒有了，而官爵也幾乎喪失了現實意義。無意義的民爵在前漢的公文書中也廣爲標記，但却沒有官爵的標記，官吏在上疏文中，也不稱自身之爵，在日常生活如名謁和碑文中，沒有發現官爵之名。後漢放棄官爵普賜，可解釋爲就是肯定這種現實。然而20等爵制本身絕沒有放棄，五大夫和關內侯的賣爵在後漢時也再繼續。買賣爵位的高官也會不少，而在碑銘中第9級爵五大夫也出現很多。然而，五大夫事實上只不過意味着將9級以上，18級以下官爵進行統合的復除資格這種身分，後漢獻帝建安20年(215年)制定的6等軍功爵,將15級定爲五大夫，將16級到18級設定爲關內侯的分化，就是反映了這一變化。

漢王朝積極賜予民爵，而對作爲個人"公"的身份不可缺少的項目則要求標記，以便自行確認編戶齊民和皇帝之間所設定的爵制秩序，但是，由於對齊民自身來說，皇帝恩賜的爵位本身并不具有什麼特別意義，他們的日常私的生活之中爵位幾乎沒甚麼用處，這樣，可以說齊民也意識不到以皇帝爲軸形式所形成的理念性爵制秩序。相比之下，本文的中心問題之官爵政策與官爵的現實機能可以說就是，不僅在官與民，官與官的關系中，而且在皇帝與官的關系中，盡可能要排斥爵的原理。這可以理解爲是因爲，當向有爵者賦予官事的初期制度轉換爲向官吏賜予爵的方式之後，那種向雖是皇帝統治的工具，但却是作爲統治的特權性代理人而成長的官僚，漢王朝不想重新公開地保障其"私"。

然而其結果是，對支配層的公共機能與私欲進行調和補充的爵與官，如今却成了對官與民各自分離適用的統治軸。卽對於統治對象之無特權的"齊民"，將其編入形式上的爵制，以確認其與皇帝之間直接的臣屬和恩寵禮制關系；而對於享有特權的"官"，則將其與爵切斷，使其成爲在原理上排斥"私"的因素之官吏,以統治得到皇帝私恩的齊民。雖然這可以解釋爲，由於認爲有爵者官與有爵者齊民之間難以期待會實現有效的法律統制，但在强調表面上的禮節關系的同時，却明確地闡明了要在內在上貫徹法律統制的意志。然而在理念上，官也是在民的延續線上存在的，因此，如果於編戶齊民支配體制民爵是不可缺少的，官爵也在道理上是需要的。似乎正因如此，包含了官爵的爵制結構才維持下來。所以說，在結論上，由於漢王朝通過以法令爲基礎的官僚制度，對於在理念上編入爵制秩序的齊民進行統制，因此，官爵雖然只是徒有虛名而喪失了現實意義，但同時由於全部齊民的有爵者化理念之故，官爵本身并未廢止。

　　上述這種漢代官爵的性質就是，在理念上，要把皇帝與齊民之間直接的臣屬關系，向周代那種支配層間的上下關系進行擬制；而且，皇帝與齊民之間直接的臣屬關系的完全確立乃是漢帝國的一大歷史使命，那么至少是，只有在這一理念性强迫觀念得以克服以後，特權性官吏們才能重新要求爵位。對於編戶齊民體制的理念與實際上大爲退行的魏晉，南北朝時代的所謂門閥貴族們，强烈地要求恢復5等爵制而得以部份貫徹這一点，似乎也可以從這一觀点的角度加以理解。而且，漢代試圖實現全齊民有爵者化，在思想上如果可以解釋爲是儒家和法家的合作，那么，放棄這一試圖而只是實行官僚支配層的有爵者化，則可以理解爲它反映了儒家思想的優越地位。

前號目次

◇제1집(1994년 12월 발행)

발간사

殷周時期 川西平原에서의 靑銅文明의 形成과 發展 :
　　　古代 地域文明의 形成에 대한 一摸索 ………………………… 金 秉 駿
戰國時代 國家와 小農民 生活 :
　　　李悝 ‘盡地力之敎’의 再檢討를 중심으로 …………………… 李 成 珪
戰國時代의 戰爭呪術과 그 觀念構造 ………………………………… 李 成 九
秦漢代 말[馬]의 이용과 需給 構造 …………………………………… 鄭 夏 賢
湖北省 江陵縣 鳳凰山 10호 前漢墓의 화물명세서와 그 物品 분석 :
　　　麻의 재배와 가공과정을 중심으로 하여 …………………… 朴 東 憲

◇제2집(1995년 12월 발행)

戰國時代 秦의 外交政策 ………………………………………………… 李 成 珪
戰國時代의 養生術과 德·聖人觀 ……………………………………… 李 成 九
戰國時代 川東地域의 巴國과 그 起源 :
　　　巴蜀文化의 形成過程과 관련하여 ……………………………… 金 秉 駿
中國 古代 家內 紡織經營의 성장과 그 의의 :
　　　漢代의 小農家庭을 중심으로 ………………………………… 朴 東 憲

◇제3집(1997년 4월 발행)

中國 古代 抑商 정책의 사회사적 배경 :
  賈와 祭儀의 관계를 중심으로 ……………………………李 成 珪
包山楚簡에 반영된 楚의 統治 體制 …………………………朴 俸 住
戰國末-漢初의 鄕村사회와 豪傑 :
  國家權力과의 관계를 중심으로 …………………………鄭 夏 賢
《春秋》의 時間敍述과 漢代 《春秋》解釋法의 變化 :
  時月日例를 중심으로 …………………………… 崔 振 默
漢代 春秋決獄과 權斷의 諸形態 …………………………李 仁 哲
漢代 太守府의 屬吏組織의 變化와 그 性格 :
  江蘇省 連雲港 出土 尹灣漢牘의 분석을 중심으로 …… 金 秉 駿
王莽의 禪讓革命과 正統性 …………………………………李 成 九
中文摘要

◇제4집(1998년 8월 발행)

발간사 : 紀念 閔斗基 先生 停年
閔斗基先生의 中國古代史研究 …………………………………李 成 九
楚國 官制에 대한 一考察 …………………………………朴 俸 住
虛像의 太平 : 漢帝國의 瑞祥과 上計의 造作 :
  尹灣簡牘 〈集簿〉의 分析을 중심으로 …………………李 成 珪
前漢 列侯 徙封考 :
  《漢書》侯表의 末格郡縣名에 대한 검토 ……………… 金 秉 駿
漢代 方士文化와 數術學의 盛行 …………………………………崔 振 默
中文摘要